大名の日本地図

中嶋繁雄

文春新書

352

大名の日本地図

目次

はじめに

慶長八年（一六〇三）二月、徳川家康が征夷大将軍をさずけられ、ここに江戸に徳川幕府が成立する。慶応四年（一八六八）正月、京都郊外鳥羽伏見で幕軍が薩摩長州主体の新政府軍に敗れて終止符をうつまで、二百六十五年の江戸時代の幕が開いたのである。

本書は、江戸時代全国に配置された二百八十家（幕末現在）の大名家（一万石以上）を網羅した。大名家は、現在の都道府県、市町村とちがい、領内の統治に関し、ほぼ完全な自治権を有した。各藩それぞれが、小さな政府といえる。現在の日本人の地方的な特色（気風・行事など土地独特なもの）は、江戸の藩時代につくられたものが多い。その一つ一つの〝政府〟が、借金地獄の藩財政をどう克服したか。産業活性化、政治改革、或いは、幼児を闇に葬らなければならない農村の貧困に、どんな手を打ったか、本書はその各大名家の実状をリアルに浮き彫りする。そこに、生きた江戸日本が見えてくる。そして幕末の維新革命により、個々の小さな政府は、近代国家日本となって再生する――。なお、各大名家の記述の末尾に、いまも残る史跡を紹介した。

大名家（藩）が一つの小さな政府として存在した例証として、各大名家は妻子を江戸屋敷におき、幕府への一種の〝人質〟としている。また参勤交替《さんきんこうたい》がある。街道をゆく大名行列で有名だ。

大名は領国に一年、江戸に一年（関東は半年交替）が決まりだが、幕末の文久二年（一八六二）大改正され、大大名は三年に一年、その他は三年に百日となり、妻子は自由に国もとへ帰れるようになった。大名の江戸屋敷には、二十万石以上〈三百八十五人〜四百五十人〉、十万石〈二百三十人〜二百九十人〉、五万石〈百六十七人〉、一万石〈五十三人〜五十四人〉の家来がいた。大名行列もだいたいこの人数で組まれるが、例外として加賀百万石は、二千五百人、薩摩七十二万石は千二百四十人の大行列だった。

　ドイツの博物学者ケンペルは元禄三年（一六九〇）日本にきたが、そのとき大名行列を目撃し、「すべての人はみな黒一色の絹布の服を着て歩き、実に規則正しいみごとな秩序を保ち、きぬずれの音や人馬の動きでやむを得ず起るかすかなざわめきのほかには、こんなに大勢の集団が騒音も立てずにしずしずと進んで行く——」（『江戸参府旅行日記』斎藤信訳、平凡社刊）と形容した。

　大名の一日の行程は約十里（四十キロ弱）で、宿場で大名は本陣《ほんじん》に泊り玄関に高張提灯《たかはりちょうちん》をかかげる。本陣という名の示すとおり、戦事下を想定している。一つの秘話がある。安芸《あき》広島四十二万石の幕末の藩主浅野長勲《ながこと》（明治に侯爵《こうしゃく》）は、本陣では〝敵〟の襲撃にそなえ、夜も不寝番をおき、「次の間で小姓が本を声高《こわだか》に読んでいる。やかましくて実際に寝られたものではない」と、赤裸々《せきらら》に告白した。

　大名の江戸城登城は、毎月朔日《ついたち》・十五日・二十八日、そして祝日という。江戸城での大名の控え室を詰所《つめしょ》という。御三家や徳川の主な親戚（松平）、外様《とざま》の大大名のつめる「大廊下」をトップに、溜《たまり》の間・大広間・帝鑑《ていかん》の間・柳の間・雁《かり》の間・菊の間・広縁の順となっている。詰所で食事は出ない。重箱持参、火鉢も座蒲団もないという。

前記、安芸広島四十二万石の浅野侯の回顧録によると、大名の日常生活は質素で、朝の食事は焼味噌と豆腐、昼と夜は一汁二菜である。食事は台所奉行が食味し、近習《きんじゅう》が毒味《どくみ》する。浅野侯は述懐《じゅつかい》する。食事の好き嫌いはいえぬという。「何か嫌いなものが出たために、目を白黒して呑込《のみこ》んだという話もある」と、書いている。御ぜんを一ぜん食べてから酒になるのである。風呂へ入るのも、なかなか窮屈である。湯加減がわるいと、湯につかる裸の大名御本人が、「熱い、熱い」と、独り言をいう。すると湯殿の外に控える側《そば》坊主が、「何か御意《ぎょい》がありますか」と、声を出すが、しかし殿様直接にはいえず、小姓がとりついではじめて、湯加減がなおされる。

さて本書は、各道府県別に各大名家を配したが、見出しの大名家の下の爵位《しゃくい》は、明治十七年（一八八四）七月の華族令《かぞくれい》（公爵《こうしゃく》・侯爵《こう》・伯爵《はく》・子爵《し》・男爵《だん》）により、旧大名家にさずけられたものである。またその下の番号は、①大名家の城或いは陣屋のあった場所　②城或いは城郭を持たない小藩主の陣屋の別　③藩政時代の領内の人口　④家臣の数——を示すものである。ちなみに本書は、徳川幕府が編纂《へんさん》した『寛政重修諸家譜《かんせいちょうしゅうしょかふ》』（22巻、続群書類従完成会刊）、『新編物語藩史』（12巻、新人物往来社刊）、『藩史大事典』（8巻、雄山閣出版刊）、『藩制一覧』（上下、日本史籍協会刊）のほか、日本史の研究書、地方文献、旅行記、伝記等を参考とした。

Ⅰ　北海道・東北

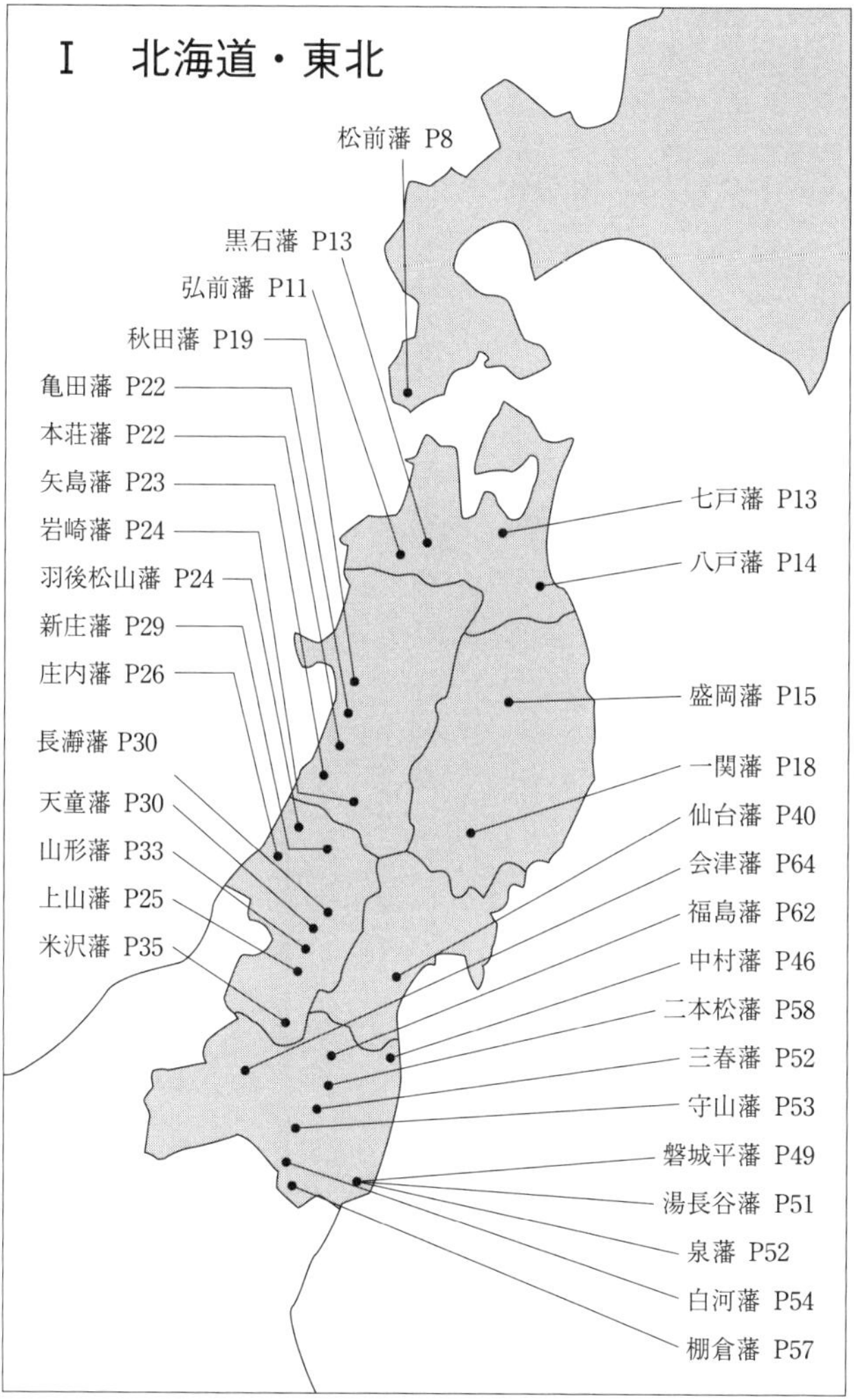
松前藩 P8
黒石藩 P13
弘前藩 P11
秋田藩 P19
亀田藩 P22
本荘藩 P22
矢島藩 P23
岩崎藩 P24
羽後松山藩 P24
新庄藩 P29
庄内藩 P26
長瀞藩 P30
天童藩 P30
山形藩 P33
上山藩 P25
米沢藩 P35
七戸藩 P13
八戸藩 P14
盛岡藩 P15
一関藩 P18
仙台藩 P40
会津藩 P64
福島藩 P62
中村藩 P46
二本松藩 P58
三春藩 P52
守山藩 P53
磐城平藩 P49
湯長谷藩 P51
泉藩 P52
白河藩 P54
棚倉藩 P57

北海道

松前藩三万石

松前家（子爵）

①松前郡松前町　②陣屋・城　③二万七千百人
（寛政十年〈一七九八〉）

天明八年（一七八八）、幕府より諸国の実状を視察する巡見使《じゅんけんし》が派遣され、七月二十日、日本最北の蝦夷《えぞ》島（北海道）松前に到着した。一行に随行した古川古松軒《こしょうけん》の記録『東遊雑記』には、津軽三馬屋《つがるみんまや》（青森県三厩村）の港から船出し松前の港に着いたときの情景を、「――市中軒を並べ、かかるよき所のあるべきとは、人びと夢にも知らざりしと目を驚かせしことなり。（略）その家宅の奇麗《ママ》なること、都めきし所にて――」と書かれている。

松前には蝦夷地の物産すべてが集まり、元禄十四年（一七〇一）、人口は五千人（全島和人の四分の一）、嘉永三年（一八五〇）には三万人に達した。

藩主松前氏の元の姓は蠣崎《かきざき》といった。発祥地は下北半島蠣崎（青森県川内《かわうち》町）。津軽の豪族安《あん》東《どう》氏の配下で、安東氏が蝦夷地に進出したさい家臣として渡島し、次第に勢力を強めた。

蠣崎五代目の慶広《よしひろ》の時代、豊臣秀吉が天下人となる。天正十八年（一五九〇）慶広は、急遽海路敦賀《つるが》へ向かい、琵琶湖を経由して京に赴き、聚楽第《じゅらくだい》で秀吉に謁見、従五位下《じゅごいげ》民部《みんぶ》大輔《たゆう》の官位を

年号早見表

(五十音順索引)

あ

安永《あんえい》 (1772--1781)
安政《あんせい》 (1854~1860)
延享《えんきょう》 (1744~1748)
延宝《えんぽう》 (1673~1681)

か

嘉永《かえい》 (1848~1854)
寛永《かんえい》 (1624~1644)
寛延《かんえん》 (1748~1751)
寛政《かんせい》 (1789~1801)
寛文《かんぶん》 (1661~1673)
寛保《かんぽう》 (1741~1744)
享保《きょうほう》 (1716~1736)
享和《きょうわ》 (1801~1804)
慶安《けいあん》 (1648~1652)
慶応《けいおう》 (1865~1868)
慶長《けいちょう》 (1596~1615)
元治《げんじ》 (1864~1865)
元和《げんな》 (1615~1624)
元文《げんぶん》 (1736~1741)
元禄《げんろく》 (1688~1704)
弘化《こうか》 (1844~1848)

さ

承応《じょうおう》 (1652~1655)
貞享《じょうきょう》 (1684~1688)
正徳《しょうとく》 (1711~1716)
正保《しょうほう》 (1644~1648)

た

天和《てんな》 (1681~1684)
天保《てんぽう》 (1830~1844)
天明《てんめい》 (1781~1789)

は

文化《ぶんか》 (1804~1818)
文久《ぶんきゅう》 (1861~1864)
文政《ぶんせい》 (1818~1830)
宝永《ほうえい》 (1704~1711)
宝暦《ほうれき》 (1751~1764)

ま

万延《まんえん》 (1860~1861)
万治《まんじ》 (1658~1661)
明治《めいじ》 (1868~1912)
明暦《めいれき》 (1655~1658)
明和《めいわ》 (1764~1772)

和暦・西暦対照表

(改元月日は陰暦)

和暦	改元月日	西暦
慶長 1	10.27	1596
2		1597
3		1598
4		1599
5		1600
6		1601
7		1602
8		1603
9		1604
10		1605
11		1606
12		1607
13		1608
14		1609
15		1610
16		1611
17		1612
18		1613
19		1614
元和 1	7.13	1615
2		1616
3		1617
4		1618
5		1619
6		1620
7		1621
8		1622
9		1623
寛永 1	2.30	1624
2		1625
3		1626
4		1627
5		1628
6		1629
7		1630
8		1631
9		1632
10		1633
11		1634
12		1635
13		1636
14		1637
15		1638
16		1639
17		1640
18		1641
19		1642
20		1643
正保 1	12.16	1644
2		1645
3		1646
4		1647
慶安 1	2.15	1648
2		1649
3		1650
4		1651
承応 1	9.18	1652
2		1653
3		1654
明暦 1	4.13	1655
2		1656
3		1657
万治 1	7.23	1658
2		1659
3		1660
寛文 1	4.25	1661
2		1662
3		1663
4		1664
5		1665

和暦	改元月日	西暦
寛文 6		1666
7		1667
8		1668
9		1669
10		1670
11		1671
12		1672
延宝 1	9.21	1673
2		1674
3		1675
4		1676
5		1677
6		1678
7		1679
8		1680
天和 1	9.29	1681
2		1682
3		1683
貞享 1	2.21	1684
2		1685
3		1686
4		1687
元禄 1	9.30	1688
2		1689
3		1690
4		1691
5		1692
6		1693
7		1694
8		1695
9		1696
10		1697
11		1698
12		1699
13		1700
14		1701
15		1702
16		1703
宝永 1	3.13	1704
2		1705
3		1706
4		1707
5		1708
6		1709
7		1710
正徳 1	4.25	1711
2		1712
3		1713
4		1714
5		1715
享保 1	6.22	1716
2		1717
3		1718
4		1719
5		1720
6		1721
7		1722
8		1723
9		1724
10		1725
11		1726
12		1727
13		1728
14		1729
15		1730
16		1731
17		1732
18		1733
19		1734
20		1735

和暦	改元月日	西暦
元文 1	4.28	1736
2		1737
3		1738
4		1739
5		1740
寛保 1	2.27	1741
2		1742
3		1743
延享 1	2.21	1744
2		1745
3		1746
4		1747
寛延 1	7.12	1748
2		1749
3		1750
宝暦 1	10.27	1751
2		1752
3		1753
4		1754
5		1755
6		1756
7		1757
8		1758
9		1759
10		1760
11		1761
12		1762
13		1763
明和 1	6.2	1764
2		1765
3		1766
4		1767
5		1768
6		1769
7		1770
8		1771
安永 1	11.16	1772
2		1773
3		1774
4		1775
5		1776
6		1777
7		1778
8		1779
9		1780
天明 1	4.2	1781
2		1782
3		1783
4		1784
5		1785
6		1786
7		1787
8		1788
寛政 1	1.25	1789
2		1790
3		1791
4		1792
5		1793
6		1794
7		1795
8		1796
9		1797
10		1798
11		1799
12		1800
享和 1	2.5	1801
2		1802
3		1803
文化 1	2.11	1804
2		1805

和暦	改元月日	西暦
文化 3		1806
4		1807
5		1808
6		1809
7		1810
8		1811
9		1812
10		1813
11		1814
12		1815
13		1816
14		1817
文政 1	4.22	1818
2		1819
3		1820
4		1821
5		1822
6		1823
7		1824
8		1825
9		1826
10		1827
11		1828
12		1829
天保 1	12.10	1830
2		1831
3		1832
4		1833
5		1834
6		1835
7		1836
8		1837
9		1838
10		1839
11		1840
12		1841
13		1842
14		1843
弘化 1	12.2	1844
2		1845
3		1846
4		1847
嘉永 1	2.28	1848
2		1849
3		1850
4		1851
5		1852
6		1853
安政 1	11.27	1854
2		1855
3		1856
4		1857
5		1858
6		1859
万延 1	3.18	1860
文久 1	2.19	1861
2		1862
3		1863
元治 1	2.20	1864
慶応 1	4.7	1865
2		1866
3		1867
明治 1	9.8	1868
2		1869
3		1870
4		1871
5		1872
6		1873
7		1874
8		1875

もらった。これより安東氏の支配下を脱した。さらに文禄二年（一五九三）には志摩守《しまのかみ》に任ぜられ、蝦夷地交易の独占権を認める朱印状《しゅいんじょう》を下付され蝦夷島支配者の地位を確立した。

中央政治の変化に、慶広は敏速に対応した。慶長元年（一五九六）、徳川家康に誼《よしみ》を通じたが、翌々年、秀吉が死去すると、家康に謁して、蝦夷島地図、家譜を差し出し、姓を土地の名にちなみ「松前」に改めた。

他藩と異なり、年貢《ねんぐ》米のかわりに、先住民アイヌとの交易の利益や海産物の移出により経済をまかなった。普通大名は一万石以上だが、松前氏の場合、石高がなく、最初、「蝦夷島主」とされた。五代将軍綱吉《つなよし》のときようやく、「交代寄合《こうたいよりあい》」（禄高は一万石以下だが、大名並みの格式）の資格をえ、享保四年（一七一九）一万石格とされて幕末にいたった。家臣の知行《ちぎょう》は、「商場《あきないば》知行」といい、アイヌ交易の権利であった。

幕末、外国船が渡来し、松前は北辺防備の重要拠点として浮上した。嘉永二年（一八四九）七月、当主崇広《たかひろ》は、幕府より城主として格付けされ、新城の築造を命ぜられた。六年をついやし安政元年（一八五四）、新城が完成。わが国最後の旧式築城といわれた。ところが完成直前、思いがけぬ政治情勢の変化があった。幕府が日米和親条約に調印、伊豆下田、蝦夷箱館《はこだて》（函館）の開港が決まり、箱館周辺の土地は幕府直轄《ちょっかつ》の地とされ、藩の領地が大幅に削られたのだった。藩存亡の危機に藩士と百姓代表らは上府して幕府に陳情した。ようやく幕閣が動いた。蝦夷地上知《じょうち》（領土の召し上げ）の代償として、陸奥《むつ》伊達《だて》郡梁川《やながわ》（福島県梁川町）、出羽《でわ》村山郡東根《ひがしね》（山形県東根市）の合計三万石の飛地《とびち》（本領から離れた領地）があたえられた。また出羽村山郡尾花沢《おばなざわ》（山形県尾花沢市）一万三百五十石が、預地《あずかりち》とされ、毎年一万八千両の金が支給された。

ここにいたり、形の上では無高一万石から三万石の大名に昇格したのだが、しかし蝦夷交易の収入が削られ、藩財政は悪化した。

幕末動乱の中で小藩の松前藩は動揺した。慶応四年（一八六八）一月、鳥羽伏見において新政府軍が幕府軍を破るや、藩主徳広《のりひろ》は三月、先代崇広の子敦千代《あつちよ》を代理として京へのぼらせ、新政府に忠誠を誓わせた。しかし家老の松前勘解由《かげゆ》らは、反政府の奥羽《おうう》列藩同盟に通じた。藩首脳の日和見《ひよりみ》政策に、下級藩士の不満が噴出、鈴木織太郎ら四十数名が正議《せいぎ》隊を結成し、クーデターを敢行する。七月二十八日大挙登城して藩主徳広に謁見し、建白書を呈した。正議隊に凱歌《がいか》があがり、勘解由ら佐幕派は謹慎を命ぜられた。かわって家老下国安芸のもと、鈴木ら正議隊幹部が実権を掌握した。ところが十月、新政府への徹底抗戦を叫ぶ幕府脱走部隊が蝦夷に上陸、箱館・五稜郭《ごりようかく》要塞を占領し、松前城に進撃してきた。正議隊主導の松前藩は、恐慌《パニック》におちいり、わずか百数十名で守る松前城はあえなく、榎本武揚《えのもとたけあき》（幕府海軍副総裁）指揮する幕府軍に攻略されてしまった。いち早く船で津軽に逃れていた藩主徳広は、弘前《ひろさき》の薬王院に落ちつくが、松前に帰ることなく病没した。二十五歳。翌明治二年四月、新政府軍が蝦夷地に上陸して、松前城を奪還。さらに五稜郭に進撃、五月十八日、榎本軍が降伏し、ここに戊辰戦争は終結した。

現在、松前城址には昭和三十六年（一九六一）に復元された天守閣が建ち、石垣に箱館戦争当時の弾痕が残っている。また城址近くの藩主菩提寺《ぼだい》法幢寺《ほうどう》（曹洞宗）に、歴代藩主の墓がある。

青　森

弘前《ひろさき》藩十万石　津軽家（伯爵）

①弘前市　②城　③二十七万八千八百人（明治二年〈一八六九〉）④一万二千四百六十人（家族を含む。明治二年〈一八六九〉）

津軽の地はもともと、南部氏（のち盛岡藩主）の支配地で、石川城（弘前市）にいた石川（南部）高信が君臨していた。のちに弘前藩藩主となる津軽氏はもと大浦と称し、藩祖為信《ためのぶ》は、南部氏の配下で父祖代々の大浦城（青森県岩木町、弘前市の西隣り）にいた。

為信は戦国の動乱にさいし、南部の支配を脱し津軽の覇者たらんと野望をおこした。大浦氏の源は藤原氏で、かつては津軽六郡を領していたという。ひそかに祖先の地奪還の機を狙う為信は、元亀二年（一五七一）五月、石川（南部）高信のいる石川城を奇襲し、これを陥《おと》した。以来十七年、つぎつぎ津軽の諸城を攻めほろぼし、津軽をおのが手に掌握した。

為信は、天正十八年（一五九〇）、秀吉の小田原北条征伐が始まるや、ただちに家臣十八騎をつれ海路上洛、ついで駿河《するが》沼津において秀吉に謁し、念願の津軽安堵《あんど》の朱印状を下付された。そして京都で血縁関係のある近衛家を訪れ、近衛家の家紋に似た「杏葉牡丹《ぎょうようぼたん》」の紋所使用を許された。これより為信は、大浦姓から「津軽」に改めた。同年九月、秀吉の命をうけた前田利家・片桐且元《かつもと》らの検地団がきて、津軽為信の所領を「四万五千石」と確定した。

慶長三年（一五九八）秀吉が没し、五年に関ヶ原役がおこった。為信は徳川に味方し、二千石を加増され四万七千石となった。津軽の領主として地位を確立した為信は、当時の高岡（寛永五年〈一六二八〉弘前と改称）に築城を計画、二代信枚《のぶひら》の慶長十六年（一六一一）に完成した。

弘前藩は本州北端の地にあって未開の原野が多く、新田開発に積極的に取り組んだ。元禄時代、新田は三十万石に達したという。

しかし藩の財政は次第に困窮し、宝暦三年（一七五三）、上方《かみがた》・江戸・国許の商人からの借財は、累計三十五、六万両に達した。ここに、七代信寧《のぶやす》は、藩士で経済学者でもある乳井《にゅうい》市郎左衛門（百五十石）を一躍勘定奉行に登用し、藩政改革に着手させた。けれども乳井の、貸借関係を一切帳消しにするなど、過激な改革は却って弊害を生じた。流通が滞り、やがて民衆から怨嗟《えんさ》の声が起った。宝暦七年、藩はついに貸借無差別令を撤回し、乳井を罷免したのだった。

明和三年（一七六六）から大地震・疫病・大洪水が続き、そして天明三年（一七八三）の大凶作により、津軽の野は餓死者が累々と横たわる惨状を呈した。死者は八万人を越えた。

慶応四年、戊辰戦争が勃発するや、弘前藩は奥羽列藩同盟を脱し新政府側につき、戦後仙台藩に替り奥羽触頭《ふれがしら》（新政府の命を伝える役）の地位についた。津軽家は一万石の賞典禄をえた。

ＪＲ奥羽本線弘前駅の西に、弘前公園とよばれる城址がある。寛永四年（一六二七）、五層の天守閣は落雷のため焼失し、いま、文化七年（一八一〇）再建の三層の天守閣が建っている。城址には五千本の桜が植えられ、春の季節、花見客で賑わう。

また、城址の西北茂森《しげもり》に、津軽家の菩提寺長勝寺《ちょうしょうじ》（曹洞宗）がある。二代藩主信枚は、領内の禅寺三十三カ寺をここにあつめ、城の出城《でじろ》としたという。長勝寺を中央に、両側に禅寺が並ぶ。「長勝寺構え」といわれる。入口に、戦国の砦《とりで》のような楼門が建っている。

黒石藩一万石　津軽家（子爵）

①黒石市　②陣屋　③一万五千人（明治四年〈一八七一〉）　④千八百人

弘前二代津軽信枚《のぶひら》の次男信英《のぶふさ》が、明暦二年（一六五六）分家し、五千石で黒石に封ぜられた。八代親足《ちかたり》のとき、一万石に加増され大名に列した。親足の次の順徳《ゆきのり》は、本家弘前藩十一代藩主に迎えられた。

七戸《しちのへ》藩一万一千石　南部家（子爵）

①上北郡七戸町　②城　③一万五千五百人　④二千人（家族を含む。明治二年〈一八六九〉）

盛岡五代藩主南部《なんぶ》行信《ゆきのぶ》の弟政信《まさのぶ》が五千石で分家し、五代信鄰《のぶちか》のとき六千石を加増されて大名に列した。戊辰戦争のときは本家とともに奥羽列藩同盟に加わり新政府に抗し、千石を減封された。
七戸《しちのへ》町の中心街に七戸城址があり、堀や土塁に面影が残っている。また、昭和四年（一九二九）この地で没した明治の歌人青山哀囚の、「大陸奥野わがたましひは、地にそひて北にあゆめり低く飛ぶ雲」の歌碑が、城跡の一隅に建っている。

八戸《はちのへ》藩二万石　南部家（子爵）

①八戸市　②城　③六万七千六百人（明治初年〈一八六八〜〉）**④三千九百六十人**（家族を含む。明治二年〈一八六九〉）

盛岡三代藩主南部重直《しげなお》が後嗣を決めずに死去したとき、幕命により遺領十万石が分割された。弟重信《しげのぶ》が八万石をもって本家を相続し、次の弟直房《なおふさ》に二万石が与えられ、八戸《はちのへ》藩が誕生した。

八代藩主信真《のぶまさ》は男子に恵まれず、後嗣を薩摩藩主家より迎えた。家老野村軍記《ぐんき》は、江戸の有名力士階《かい》ヶ嶽《たけ》を江戸藩邸に抱えて相撲好きの薩摩藩主島津重豪《しげひで》と誼《よしみ》を通じ、島津家より信順《のぶゆき》を嗣子として迎えたのだという。信順は安政二年（一八五五）従四位下《じゅしいげ》侍従に叙せられた。

戊辰戦争では、本藩盛岡同様、列藩同盟に加盟するが、事実は、藩主実家の薩摩藩主家との関係により新政府軍に協力的だった。

八戸市内の城址は、現在三八城《みやぎ》公園と称され、梅と桜の名所でもある。旧城の表門がいま、南部会館の表門として現存する。

岩手

盛岡藩二十万石　南部家（伯爵）

①盛岡市　②城　③三十五万八千二百人（宝暦五年〈一七五五〉）　④四千八百五十人（明治元年〈一八六八〉）

大正十年（一九二一）、東京駅頭で暗殺された原敬《たかし》は生涯、華族の爵位《しゃくい》や位階勲等《いかいくんとう》を辞退しつづけ〝平民宰相〟と呼ばれた。父祖の仕えた盛岡藩が新政府軍に敗れ、「賊軍」の汚名をきせられた屈辱を忘れることができなかったからだ。

『原敬伝』（前田蓮山）はいう。「かくして南部藩は亡びた。然るに天は、一人の復讐者……雪辱者を残した。健次郎（敬の幼名）はこの時の無念さを深く頭に刻みつけて、終生忘れなかった。彼は後年、雅号《がごう》を一山《いちざん》と称した。……一山《ひとやま》百文といふのは、戊辰戦争で勝ち誇ったところの薩長人が、敗戦の東北人を嘲笑した慣用句であったのである」

原の先祖は豪農だったが、一千両という大金を藩に献納し、三百石余の藩士の身分を買いとったという。

藩主の南部家は、甲斐《かい》源氏の末裔で、八幡太郎義家の弟新羅《しんら》三郎義光《よしみつ》のわかれだという。甲斐巨摩《こま》郡南部郷（山梨県南部町）にいて南部を姓とした。剛強な騎馬軍団で知られ、南北朝の争乱時代、幾度か長駆都《みやこ》へ駈けのぼった。

初代盛岡藩主となる信直《のぶなお》は、田子《たご》城主南部高信《たかのぶ》（弘前初代為信《ためのぶ》と戦った石川高信）の嫡男だった。田子は岩手との県境いの青森県田子町である。天正十年（一五八二）、南部宗家の晴政《はるまさ》に望まれて養子入りした。

天正十五年、前田利家の口添えで羽柴秀吉と誼《よしみ》を通じ、十八年、秀吉の小田原征伐に出陣、所領安堵《あんど》状をえた。はじめ三戸《さんのへ》城（青森県三戸町）にいたが、九戸《くのへ》城（岩手県二戸《にのへ》市）をへて、岩手郡不来方《こずかた》（盛岡市）の地に着目し、ここに築城を決意した。のちの盛岡城である。北上・中津・雫石《しずくいし》の三つの川が合流する花崗《かこう》岩台地で、天然の要害であった。

慶長三年（一五九八）から築城に着手、寛永十年（一六三三）、三代重直《しげなお》の時代に完成した。

寛文四年（一六六四）三代重直が江戸屋敷で病死した。世子を決めておらず、幕命により、次弟重信《しげのぶ》に八万石、三弟直房《なおふさ》に二万石と分割された。重信は四代藩主となり、直房は八戸《はちのへ》を領有した。盛岡八万石は天和三年（一六八三）、新田加増によりもとの十万石に復し、後には二十万石とされた。

前に述べた古川古松軒は、市中の人家三千余軒、「上方《かみがた》筋の城とは違ひて、寒国ゆえに白壁を用ゐずして板包みにせることにて、遠見には城とは見えぬことなり」と『東遊雑記』に記している。

盛岡藩は新田開発に積極的で、主要な米穀産地を藩の直轄地とした。しかし南部領十カ郡は、平地より山地が多く、松・杉・檜・黒檜・栗などの材木が豊富だった。ことに南部檜は有名で、平安末期、東北に君臨した平泉《ひらいずみ》の藤原氏は、その豊富な材木で、中尊寺金色堂等の豪華な建物をつくった。馬の産地としても諸国にきこえ、「南部駒《ごま》」の名は有名である。

一方、三陸《さんりく》沿岸では豊富な海産物がとれた。干《ほし》あわび類は九州長崎に送られ、外国へ輸出されたし、「南部の鼻曲り鮭《しゃけ》」で知られる鮭は、多くの浜《はま》成金を生んだ。

山岳が多く鉱産物にも恵まれた。「田舎なれ共《ども》南部の国は、西も東も金《かね》の山」との民謡が残っている。黄金のほかに鉄・銅もとれた。幕末、南部は日本の製鉄事業の草分けとなった。南部藩士大島高任《たかとう》は、釜石《かまいし》（釜石市）郊外に洋式高炉を建設し、年間百万貫の製鉄に成功。多くの大砲が鋳造され、戊辰戦争で敗れた盛岡藩が、新政府軍に引き渡した銃砲は、大砲三百二十二門、鉄砲一万四四百挺にのぼる。

漆器《しっき》も特産物の一つで、平安末期の奥州の覇者藤原秀衡《ひでひら》にちなむ「秀衡塗《ぬり》」が有名。五色の彩色と金箔《きんぱく》による雲形・源平菱《びし》・草花の模様を描いた大椀《おおわん》である。

しかし天明三年（一七八三）、東北地方は大凶作におそわれ、盛岡領内にも餓死者が続出した。翌四年には餓死者四万八八百、病死者二万三千、空き家一万五五百を数えた。

幕末、東北諸藩の運命を決する戊辰戦争がはじまる。盛岡藩は、仙台藩とともに、奥羽列藩同盟の中心的な役割を果した。家老楢山佐渡《ならやまさど》と仙台藩家老但木土佐《ただきとさ》の合議による。しかし敗北、情報不足のため、同盟諸藩のうち、もっとも遅く九月に盛岡藩は停戦した。

同年十二月、藩主利剛《としひさ》と嗣子利恭《としゆき》、家老楢山佐渡らは東京に召喚された。利剛は謹慎、利恭に十三万石(二十万石より減封)をもって家名相続を許され、仙台領白石《しろいし》移封を命ぜられ、翌年盛岡に復帰した。楢山佐渡は明治二年六月、一切の責任を背負い城下の報恩《ほうおん》寺で処刑された。

JR東北本線盛岡駅の東に盛岡城址がある。賊軍となったため、天守閣はじめすべての建物が壊され、本丸や二ノ丸跡に残る石塁、石段に往時の面影をとどめるのみだ。二ノ丸跡に、石川啄《たく》木《ぼく》の、「不来方のお城の草に寝ころびて　空に吸はれし十五の心」との歌碑がある。

一関《いちのせき》藩三万石　田村家(子爵)

①一関市　②陣屋　③二万二千七百人(安永四年〈一七七五〉)④二千七百人(家族を含む。明治二年〈一八六九〉)

当初一関《いちのせき》三万石の藩主として君臨したのが、伊達政宗の末子兵部宗勝《ひょうぶむねかつ》である。江戸中期、仙台藩を真っ二つに割った伊達騒動の張本人、伊達本藩乗っ取りの野望を抱いたとされる。幕府の介入により裁決がくだり、所領は没収、宗勝は土佐藩へ御預けとなった。

そのあと、政宗の孫で、政宗夫人の実家田村家をついだ宗良《むねよし》の子建顕《たてあき》が、岩沼《いわぬま》(宮城県岩沼市)三万石より一関に転封された。

JR東北本線一関駅の西に一関城址がある。現在釣山《つりやま》公園といわれる。小高い城跡に宗良をまつった田村神社がある。また市内祥雲《しょううん》寺に田村家代々の墓がある。

秋田

秋田藩二十万五千石　佐竹家（侯爵）

①秋田市　②城　③三十八万八千二百人（安政六年〈一八五九〉）　④三千二百三十人（嘉永元年〈一八四八〉）

藩主佐竹氏の家祖は源義光の孫昌義《まさよし》。発祥地の常陸《ひたち》久慈《くじ》郡佐竹郷（茨城県常陸太田市）の居址（馬坂《まさか》城）近くには、昌義の信仰した佐竹寺がある。

戦国時代の当主義宣《よしのぶ》は、常陸水戸五十四万五千石城主だった。関ヶ原役にさいし、親交のある石田三成への義理だてにより中立を保ったのが裏目に出た。家康の不興を買い、慶長七年（一六〇二）七月、秋田二十万五千石へ国替えを命ぜられる。

秋田にはいった義宣は翌年、久保田神明山（現・秋田市千秋公園の地）に築城を開始した。久保田城は本丸・二ノ丸・北ノ丸・三ノ丸の三重構造で、天守閣は築かなかった。

領内は、鉱産物が豊富だった。県南端の雄勝《おがち》町の院内《いんない》銀山は三成の名参謀・大谷吉継《よしつぐ》（敗死）の家臣村山宗兵衛が秋田に落ちのび、鉱山師として山々を歩き、ついに鉱脈を発見したところだ。最盛期の天保七年（一八三六）日産百貫（三七五キロ）の銀鉱石を採掘している。

北部の米代《よねしろ》川流域は、秋田杉の産地で、下流の港能代《のしろ》は、東洋一の木都といわれた。イカダに組まれた杉は日本海の北前航路《きたまえ》（北国《ほっこく》航路）により京都や九州に運ばれ、江戸へも大量に運ばれた。

ちなみに、西洋風の画法を用いた「秋田蘭画」は鉱山開発のため秋田にきた平賀源内《ひらがげんない》が、支藩の角館《かくのだて》藩士小田野直武《おだのなおたけ》に伝授したもの。八代藩主義敦《よしあつ》は直武から洋風画を学び、三冊の写生帖を残している。

紀行家橘南谿《たちばななんけい》（医師）の『東西遊記』によると、天明飢饉後の財政再建のため、秋田藩は思いきった改革をしたという。

九代藩主についた義和《よしまさ》の時代、先代義敦の弟左近義方《よしかた》が後見役をつとめた。義方が藩政立て直しの方策を藩内にはかったところ、目付役山口弥左衛門が忠誠の士の起用を提言してきた。「では誰が適任か」との問いに弥左衛門は長考ののち、先に町奉行をつとめた滑川《なめかわ》長蔵の名をあげた。

左近義方は決断し、百五十石の滑川長蔵を一躍、家老次席の元方奉行に抜擢した。

奉行の職についた長蔵は、庄屋・年寄を呼び集め、「上下同敷《おなじく》饑《うゆ》る時は（上の者は）下たる者より先きに饑《うゆ》るべき事当然の理《ことわり》也」と、説いた。そしておのおの精一杯の御用金を用立てるよう言い渡した。庄屋・年寄ら分限《ぶげん》者は、長蔵の熱意あふれる言葉に期待した。身上《しんしょう》に応じ三両五両から百両二百両までの金が差し出され、日ならずして二万両の巨額に達した。

秋田藩の財政はみごとに復活した。江戸の佐竹家出入りの町人は、この分では二、三年のうちに、もとの富裕の佐竹に戻る、と保証した。

しかし、改革は中途で挫折する。京都でその消息を耳にした南谿は、長蔵が元方奉行をやめ、推薦人山口弥左衛門は隠居、改革担当の役人十人が、みな職を辞したことを記したあと、「古来より大かたかくのごときもの也。噫《ああ》」と、記した。

幕末——慶応四年五月佐幕派と尊王派の抗争が熾烈《しれつ》化した。七日、新政府鎮撫《ちんぶ》総督九条道孝《くじょうみちたか》が秋田に入るや、藩主義堯《よしたか》は尊王に踏みきる。尊王派の吉川忠安《きつかわただやす》の門人らは、当時秋田にいた奥羽列藩同盟派の仙台藩士六名を斬って巷《ちまた》に晒《さら》した。しかし庄内藩主力の同盟軍と盛岡藩軍が南北から攻めこみ、藩領の三分の二が侵犯された。

九月、新政府軍が来援し、あやうく苦境を脱した。戦後この功により、藩主佐竹義堯は賞典禄二万石を下賜された。

ＪＲ奥羽本線秋田駅のすぐ西側に久保田城址があり、物見櫓《ものみやぐら》跡・隅《すみ》櫓跡・門跡が残り、御隅《おすみ》櫓が復元されている。また秋田駅から西へ八橋《やばせ》のほうへゆくと、草生津《くそうづ》川にかかる面影《おもかげ》橋の近くに、臨済《りんざい》宗全良《ぜんりょう》寺がある。本堂左手の林のなかに、戊辰戦争で倒れた新政府軍兵士の墓碑が、数多く並んでいる。薩摩・長州・肥前《ひぜん》はじめ十七藩の戦死者たちが葬られており、官軍墓地といわれる。墓地の右手の林に、世良修蔵《せらしゅうぞう》の墓がある。世良は長州藩士で奇兵隊軍監から奥羽鎮撫《ちんぶ》総督府参謀として転戦し、会津若松城攻めのため福島に滞在中、妓楼《ぎろう》に寝ていたところを襲われ斬殺された。

全良寺の官軍墓地は、寺の住職が発願し、明治二十八年（一八九五）完成した。五百二十三基のうち、現在三百二十三基（三百九十五霊）が残っている。

亀田藩二万石　岩城家（子爵）

①由利郡岩城町　②城　③二万三千二百人（明治二年〈一八六九〉）④二千七百人（家族を含む。明治二年〈一八六九〉）

藩主岩城《いわき》家の遠祖は、平将門《たいらのまさかど》に殺された平国香《くにか》（鎮守府将軍）といわれる。その後岩城姓を名乗った。関ヶ原役では西軍にくみして一時没落。貞隆《さだたか》の時代、大坂ノ陣にさいし家康の謀臣本多正信の陣営に加わって功をあらわし、信濃《しなの》川中島（長野市）一万石を与えられる。次の吉隆《よしたか》のとき亀田二万石に移封された。

幕末、戊辰戦争のさい、当初秋田藩とともに新政府軍にくみするが、途中より奥羽列藩同盟側に寝返り、二千石を減封された。

本荘《ほんじょう》藩二万石　六郷家（子爵）

①本荘市　②城　③二万三千九百人（延宝二年〈一六七四〉）④五百六十人（延宝二年〈一六七四〉）

本荘《ほんじょう》領内にはかつて、天下の景勝地「象潟《きさかた》」があった。文化元年（一八〇四）鳥海《ちょうかい》山麓一帯の大地震により海底が隆起して陸地となり、名勝は失われた。本荘藩はその跡地の新田開発を計画し、三年にして開発事業は成功し、藩の実収高は三万石を越えたといわれる。また、城下に接する古雪《ふるゆき》は、日本海の西廻り海運の寄港地として栄えた。

藩主六郷《ろくごう》家の祖先二階堂氏は鎌倉時代、政所《まんどころ》の執事職を世襲した。鎌倉幕府滅亡後、東北の小土豪に落魄《らくはく》するが、関ヶ原役がおこるや、東軍に味方し一万石の大名に取り立てられ、さらに大坂ノ陣の功により、本荘二万石に加増されたのだった。

戊辰戦争では新政府に味方した秋田藩に同調し、奥羽列藩同盟の庄内軍と戦い、領内の過半を焦土と化す奮戦をした。戦後、福井藩・福岡藩などの大藩と肩を並べ、賞典禄一万石の栄誉をえた。

城跡は現在、本荘公園となり、春の桜やつつじの名所として親しまれている。

矢島藩　一万五千石　生駒家（男爵）

①由利郡矢島町　②陣屋　③一万五千二百人（明治二年〈一八六九〉）　④七百七十人（家族を含む。明治二年〈一八六九〉）

生駒《いこま》家の先祖親正《ちかまさ》は、二百六十石の境涯から秀吉の上昇機運にのって出世し、讃岐丸亀《さぬきまるがめ》（香川県丸亀市）六万石をえ、その子一正《かずまさ》のとき、讃岐高松十七万石に封ぜられた。しかし孫の高俊《たかとし》の時代、家臣が徒党をくんで騒動した責《せめ》を問われて所領は没収。改めて一万石を与えられたその子高清《たかきよ》のとき、八千石の交代寄合《こうたいよりあい》（禄高は旗本だが、大名並みの格式）となった。

戊辰戦争では新政府軍に味方し、明治元年、大名に復活した。矢島《やしま》町にある龍源寺（曹洞宗）は生駒氏の菩提寺である。

岩崎藩二万石　佐竹家（子爵）

①湯沢市　②陣屋　③一万七千三百人（明治二年〈一八六九〉）④七百九十人（家族を含む。明治二年〈一八六九〉）

元禄十四年（一七〇一）、秋田藩三代藩主佐竹義処《よしずみ》の弟義長《よしなが》が、新田二万石を分与され、秋田新田藩《しんでんはん》として誕生した。当時は領地を持たず、本藩から蔵米《くらまい》を支給され、江戸屋敷に居住した。戊辰戦争がおこると、本藩とともに新政府軍にくみし、庄内軍と戦った。その功により、明治三年（一八七〇）、岩崎藩として立藩した。

山形

羽後《うご》松山藩二万五千石　酒井家（子爵）

①飽海《あくみ》郡松山町　②城　③七千四百人　④三百十人（文久元年〈一八六一〉）

正保四年（一六四七）、庄内初代藩主酒井忠勝《ただかつ》の三男忠恒《ただつね》が二万石を分与されて立藩した。三代忠休《ただよし》は本藩の重臣酒井図書《ずしょ》の子で、養子入りしている。幕府の奏者番《そうじゃばん》から累進《るいしん》し、宝暦十年（一七六〇）、幕府若年寄にのぼった。公儀の要職についたため費用がかさみ、藩財政が悪化。

藩内の不満がつのり、家臣二百七十人が連署して、藩主の隠居を求める事件に発展した。しかし幕府要職の忠休の地位はゆるがず、安永八年（一七七九）、五千石を加増され、羽後《うご》松山に築城をゆるされた。

戊辰戦争のさいは、同盟側に味方した本藩庄内藩にくみし、新政府側の秋田藩を攻撃した。敗戦により藩主忠良《ただよし》は隠居を命ぜられ、領地二千五百石を新政府に召し上げられた。

上山《かみのやま》藩三万石　松平家（子爵）

①上山市　②城　③三万一千三百人（明治二年〈一八六九〉）④千三百七十人（家族を含む。明治二年〈一八六九〉）

初代藩主は、松平重忠《しげただ》。徳川家と先祖を同じくする能見《のみ》松平である。元和八年（一六二二）から在城五年で摂津《せっつ》三田《さんだ》へ転封。寛永三年（一六二六）、会津藩主蒲生《がもう》忠郷《たださと》（氏郷《うじさと》の孫）の弟忠知《ただとも》が四万石で入ったが、忠郷病死により本家へ戻る。寛永五年、土岐《とき》頼行《よりゆき》が二万五千石で入封した。土岐氏時代、城下町が整備され、羽後街道の難所「がらめき峠」の改修工事が行われた。

土岐氏転封のあと一時無城となり、元禄五年（一六九二）、飛驒《ひだ》高山の金森頼旹《かなもりよりとき》が三万八千石で入封したが、五年後に美濃《みの》郡上八幡《ぐじようはちまん》に転封、藤井松平家の信道《のぶみち》が三万石ではいり、幕末まで在封する。藤井松平は、家康の先祖長親《ながちか》の末子の系統である。

ＪＲ奥羽本線かみのやま温泉駅の北西月岡《つきおか》公園に旧城址がある。昭和五十七年（一九八二）ここに四層の天守閣が復元された。藤井松平家の祖先をまつる月岡神社がある。

庄内《しょうない》藩十四万石　酒井家（伯爵）

①鶴岡市　②城　③十四万二千人（明和七年〈一七七〇〉）　④二千八百四十人

庄内ははじめ、会津若松城主上杉景勝《うえすぎかげかつ》が、関ヶ原役後は山形城主最上義光《もがみよしあき》が領した。義光の孫義俊《よしとし》が改易《かいえき》（所領没収）となるや、信濃松代《しなのまつしろ》（長野市）十万石の酒井忠勝《ただかつ》が入封。当初十三万八千石が、寛永九年（一六三二）十四万石余に加増された。酒井家は姫路藩主酒井家と同族で、先祖広親《ひろちか》は将軍家の始祖親氏《ちかうじ》と異母兄弟にあたる。姫路の系統を雅楽頭《うたのかみ》酒井家といい、庄内は左衛門尉《さえもんのじょう》酒井家と称した。左衛門尉忠次《ただつぐ》のとき、名をあらわす。忠次の夫人は家康の叔母（碓井姫）にあたる。家康の嫡男信康《のぶやす》が織田信長の命により切腹させられたとき、信長の命を伝える役目をした。次の家次《いえつぐ》は下総臼井《しもうさうすい》（佐倉市）三万石に封ぜられ、その後越後《えちご》高田十万石へ、家次の子忠勝が松代をへて庄内へ転封となった。

酒井家の財政は、酒田の大地主として名高い本間《ほんま》家を抜きにしては語れない。当初は新顔の町人だった本間家だが、宝永七年（一七一〇）、三百両を献金し、元文二年（一七三七）、領内の豪商のトップとなった。その子四郎三郎光丘《みつおか》の代には、一千八百余俵収穫の田地から一挙に規模をひろげ、一万三千九百余俵収穫高の田地を有するようになった。

庄内藩の財政は年ごとに悪化した。五代藩主忠寄《ただより》夫人蝶姫は、加賀の前田綱紀《つなのり》の養女で、交際が派手なことから出費がかさんだ。それに寛延二年（一七四九）忠寄が幕府老中に選任され、そのための費用がふえた。さらに、日光東照宮修理のため四万八千四百七十両が割り当てられた。これは領内の富豪から調達された。藩財政は落ち込み、すべての藩士の禄《ろく》と扶持《ふち》が取り上げられ、一人一日米六合、禄百石につき七百五十文の雑用金支給というところまで追い詰められた。

忠寄の孫の忠徳《ただあり》は十三歳で襲封した。収支の帳尻はすべて赤字で借財は二十余万両にのぼった。窮状を打開すべく、安永四年（一七七五）、本間光丘が江戸屋敷に呼ばれた。藩主忠徳は光丘への書状に、「前々不勝手の所、うち続く物入り多く、当時ひいしと差《さし》つかへ……」と、書いている。財政再建の全権が委任された光丘は思いきった改革案を示した。

数年間の米価の平均をとって年収を確定し、江戸屋敷の支出を二万五千両に押さえた。借金は年賦《ねんぷ》償還の計画をたてた。いっさいの金銭出納が、元締役所《もとじめ》に集中された。

天保十一年（一八四〇）、他国に類のない、藩の転封を阻止する「長岡転封阻止一揆」がおこった。ことは幕府が忠器《ただかた》（忠徳の子）に越後《えちご》長岡への転封を命じたことにはじまる。庄内へは、川越藩主松平斉典《なりつね》、川越へは長岡藩主牧野忠雅《ただまさ》をうつすというものだった。

斉典は、財政逼迫《ひっぱく》のため、富有な庄内への所替《ところが》えを希望したのだ。斉典の養子斉省《なりよし》は、大御所（十一代将軍）家斉《いえなり》の子、また川越松平の本家越前福井藩主松平斉承《なりつぐ》夫人は、家斉の娘だった。こうした将軍家との閨閥《けいばつ》の縁をたてに川越松平は庄内への転封を働きかけた。

領内百姓による、決死の直訴《じきそ》が行われたのは、天保十二年一月二十日。大老、老中らの江戸城登城を待ちうけ訴えた。直訴は厳罰のはずだが、取り調べの役人らは、「天地開闢前代未聞《かいびゃくぜんだいみもん》、百姓の亀鑑《きかん》——」と、農民らの行動を却って賞讃した。

七月十二日、阻止運動に凱歌《がいか》があがり、転封の命は撤回された。大御所家斉の死後、幕府政治が大きく転換していたし、川越松平家の世子斉省《なりよし》の死もまた、その要因となった。

幕末の庄内藩は、慶応二年（一八六六）、公武合体派が藩内の抗争に敗れ、佐幕派が藩の大勢を占めた。翌年、庄内藩兵一千人を主力とする諸藩兵が、江戸の薩摩屋敷を焼き打ち。戊辰戦争では奥羽列藩同盟に参加するが、明治元年（一八六八）九月二十六日、奥羽征討総督に軍使を派遣し降伏した。

元治元年（一八六四）庄内藩は十六万七千石に加増されていたが、降伏により十二万石に減封。会津若松、磐城平《いわきたいら》へ転封が命令されたが、七十万両献金することと引きかえに、取り消された。その金は本間家の五万両はじめ、上級藩士、豪商、大地主らにより醵出《きょしゅつ》され、明治三年までに三十万両が明治政府に献納された。残り四十万両は免除されたという。

ＪＲ羽越本線鶴岡駅の南西の地に、鶴岡城址がある。内堀と石垣に名残りをとどめる。いま鶴岡公園となり、桜・あやめの名所として知られる。城址の西隣りに酒井家御用屋敷の建物が致道《ちどう》博物館として一般に開放されている。酒田市には、大地主本間家の屋敷が残っている。母屋《おもや》は、旗本二千石の格式をもつ建物といわれる。

新庄《しんじょう》藩六万八千石　戸沢家（子爵）

①新庄市　②城　③四万七千四百人（明治二年〈一八六九〉）　④四百五十人（明治四年〈一八七一〉）

戸沢家の先祖は、平清盛の父忠盛《ただもり》の弟忠正《ただまさ》といわれる。雫石《しずくいし》荘戸沢（岩手県雫石町）に居をかまえ、戸沢を姓とした。のち角館《かくのだて》（秋田県角館町）に城を構え、秀吉の小田原征伐には当主盛安《もりやす》が急ぎ秀吉の本陣に馳《は》せつけた。次の次の政盛《まさもり》は、徳川の重臣鳥居元忠《もとただ》（関ヶ原役で伏見城代として戦死）の娘をめとって徳川に誼《よしみ》を通じた。関ヶ原役に徳川に味方し、元和八年（一六二二）六万石をもって新庄に入封した。

政盛は賢君だった。新田や鉱山を開発し、領内物産を上方《かみがた》へ売り出し、領内の活性化をはかった。表高《おもてだか》六万八千二百石に増え、江戸中期、領内人口が五万八千人にふくれ上った。

しかし時代が下るにつれ、全国的な凶作飢饉が領内にも波及。藩の負債は収入の三、四年分に匹敵する九万四千両に及び人口も四万五千人におちこんだ。幕末、漆《うるし》・桑栽培、養蚕・新田開発、絹織物・製陶と多角的な産業振興をはかり、かなり藩財政を好転させた。

幕末戊辰戦争で新政府軍につき、加賀藩、広島藩と並び一万五千石の賞典禄をえた。

現在、新庄沼田城址は最上《もがみ》公園となり、本丸城門跡と堀の一部に往時が偲《しの》ばれる。明治二十六年（一八九三）、地元住民により、初代藩主戸沢政盛をまつる戸沢神社が建てられた。戸沢家の墓は、市内の瑞雲院《ずいうん》（曹洞宗）にある。

長瀞《ながとろ》藩一万一千石　米津家（子爵）

①東根市　②陣屋　③二千四百人（嘉永三年〈一八五〇〉）

藩主の祖先米津藤蔵常春《よねきつつねはる》は、徳川草創期の十六武将の一人に数えられる。寛政十年（一七九八）、米津通政《みちまさ》が、出羽《でわ》村山郡長瀞《ながとろ》村に陣屋をかまえた。幕末の藩主政易《まさやす》は、庄内藩主酒井忠器《ただかた》の子で、次の政明《まさあき》は政易の弟であった。江戸上屋敷の藩庁に詰め、長瀞陣屋の代官が領内を差配した。ちなみに、長瀞陣屋があったのは、東根市大字長瀞（旧長瀞村）である。

天童藩二万石　織田家（子爵）

①天童市　②陣屋　③一万三千三百人　④百七十人（文久二年〈一八六二〉）

天童藩主の織田家は、戦国の覇者信長の系譜につながる。信長の次男信雄《のぶかつ》は尾張清洲《おわりきよす》百万石の城主であった。秀吉の小田原征伐後、徳川家康の関東移封にともない、そのあとの駿河《するが》への移封を命ぜられるが、これを拒んで秀吉の怒りをかい、失脚する。剃髪《ていはつ》し秀吉のお伽《とぎ》衆の一人となり、一万七千石を給された。豊臣滅亡後、徳川より大和《やまと》と上野《こうずけ》で五万石をあたえられた。

信雄の子信良《のぶよし》に上野小幡《おばた》二万石があたえられ、その子信昌《のぶまさ》がつぐが、幼少のため叔父高長《たかなが》が後見した。やがて高長へ大和の三万石の地が与えられ、信昌は上野の二万石の地のみとなった。ここに、上野甘楽《かんら》郡小幡藩が成立した。いまの群馬県甘楽町である。

禄高は二万石だが家柄が考慮され、家格は加賀、薩摩の大藩と同等の待遇をうけた。ところが明和四年（一七六七）におきた事件に連座し、もとの小藩並みにダウンしてしまう。七代信邦《のぶくに》の時代、若手の吉田玄蕃《げんば》が家老に抜擢された。玄蕃は、尊王論者としてきこえた山県大弐《やまがただいに》と交遊を結び、大弐も小幡藩邸に出入りした。藩の若手が大弐の門下生となり、交流が深まった。

問題となったのは、大弐が兵法講義で、要害・箱根山攻守の軍略を講じたことだった。下手に勘ぐられれば、幕府覆滅《ふくめつ》の陰謀と、とられかねない。保守派の用人格松原郡太夫は、これを好餌とし、藩主信邦に訴えた。取り調べにより玄蕃は職禄・家屋敷を取り上げられ、蟄居《ちっきょ》を申し渡された。

事態はさらに進展した。大弐の家に寄宿する藤井右門が、軍略を論ずるうち、幕府直轄の甲府城や江戸城攻撃を例としてあげたのである。その講義内容が外に洩れ、謀叛の疑いありと幕府に訴えたものがあり、事件は一挙に重大化した。関係者三十余人が取り調べられた。謀叛の証拠は出てこなかったが大弐・右門の二人は、危険人物として処刑されてしまう。

それが小幡藩に飛び火した。大弐と交流のある玄蕃を内々に始末したのが問題となった。「公儀をなおざりにするは不埒《ふらち》なり」と、藩主信邦は隠居謹慎、重臣らは重追放に処せられた。信邦の弟八百八（信浮《のぶちか》）が養嗣子となり、二万石をもって、出羽《でわ》高畠《たかはた》（山形県高畠町）へ国替えとなる。織田家の破格の格式はすべて取り上げられた。明和四年に高畠へ移り、六十三年後の天保元年（一八三〇）天童へ移封となった。

幕末、天童藩も深刻な財政難に見舞われた。安政二年（一八五五）四月、特産品の紅花《べにばな》を藩の専売制にした。百姓は藩の仕打ちをかげで批判し、「裸はだしで紅花《はな》まきしても、織田にとられて因果因果——」と、民謡にうたった。

結局、専売制は失敗。財政は破産に近く、家臣への禄米《ろくまい》が五割から六割天引きされた。そこで藩士の生活救済のため手内職として登場したのが、将棋の駒《こま》の製造だった。のち尊王の志士として知られた中老吉田大八がこれに着目したという。現在、全国の将棋駒の九五パーセントが生産されている。

慶応四年正月、戊辰戦争が勃発し、将軍慶喜《よしのぶ》追討の勅命が奥羽諸藩にくだった。藩主信学《のぶみち》は病床にあり、代理として嗣子信敏《のぶとし》が、家老津田勘解由《かげゆ》、中老吉田大八らを従え上洛した。

奥羽鎮撫《ちんぶ》使先導役を命ぜられるが、四月奥羽列藩同盟主力の庄内藩軍が、一千人の博徒《ばくと》隊を主力に攻めこみ、天童は陥落。町の殆どが焼失し、博徒らの略奪、暴行の修羅場となった。保守派が台頭し、同盟側に加担した。新政府支持を表明する尊王家の中老吉田大八は自刃させられた。九月、奥羽列藩同盟諸藩がつぎつぎくだった。天童藩も降伏し、二千石を削られた。ちなみに吉田大八は、尊王に捧げた功績によりのち朝廷より神号を下付された。
いま天童市に、最後の藩主信敏が明治三年（一八七〇）建立した建勲《たけいさお》神社がある。家祖織田信長がまつられている。

山形藩五万石　水野家（子爵）

①山形市　②城　③一万三千人（元禄十年〈一六九七〉）　④四百七十人（秋元家）

最初最上《もがみ》義光《よしあき》が領し、関ヶ原役で徳川に味方し、出羽《でわ》山形五十七万石の大封をえた。そのあと次男家親《いえちか》、そして孫の義俊《よしとし》が家をつぐが、義俊は襲封のとき十三歳、このため、家中が乱れ、元和八年（一六二二）ついに五十七万石を幕府に没収されたのだった。

このあと山形は、頻繁に譜代《ふだい》大名が入れかわった。最上氏のあとは、関ヶ原役で伏見城を死守して果てた、鳥居元忠《もとただ》の子忠政《ただまさ》だった。二十万石（のち二十二万石）で入封するが、次の忠恒《ただつね》のとき嗣子にめぐまれず領地を取り上げられた。鳥居家は、忠恒の異母弟忠春《ただはる》に信濃《しなの》高遠《たかとお》（長野県高遠町）三万石が与えられ存続した。

鳥居家のあと、寛永十三年（一六三六）、三代将軍家光の異母弟保科《ほしな》（松平）正之《まさゆき》が二十万石で入ったが、七年後会津へ転封。正保元年（一六四四）、徳川御家門松平直基《なおもと》（家康の次男結城《ゆうき》秀康《ひでやす》の五男）が十五万石、慶安元年（一六四八）松平（奥平）忠弘《ただひろ》（十五万石）、寛文八年（一六六八）

奥平昌能《おくだいらまさよし》（九万石）、貞享二年（一六八五）堀田正仲《まさなか》（十五万石）、そして翌年直基の子直矩《なおのり》が十万石で入封した。

元禄五年（一六九二）には松平（奥平）忠弘（十万石）、十三年堀田氏（十万石）が再入封した。延享三年（一七四六）松平乗佑《のりすけ》が六万石、明和四年（一七六七）秋元涼朝《あきもとすけとも》が六万石で入り四代つづいた。

つぎの山形藩主は、「天保改革」を断行した水野忠邦《ただくに》の子忠精《ただきよ》（五万石）だった。弘化二年（一八四五）入封した忠精は、翌三年二月、家中の者に、財政窮迫の実状をあからさまに述べている。旧来の御用達《ごようたし》（御用商人）八人に、臨時の御用達四十一名を加えて、藩財政への協力を求めたが、結局、一万二千両を献上したのみだった。

御用達の多くは、山形の特産物「紅花《べにばな》」商人だった。特産物はこのほか、青苧《あおそ》（カラムシの茎の皮、繊維の原料）・蠟《ろう》・漆《うるし》・荏油《えあぶら》・煙草・真綿があった。

紅花は藍《あい》とともに染料にもちいられた。最上紅花の声価は高く、夏の花摘みの時節、紅花市《いち》がたった。一年の暮し分をこの一カ月でまかなえるほど稼ぎどきだった。

青苧は越後縮《えちごちぢみ》の原料として、小千谷《おぢや》や十日町《とおかまち》へ積み出された。木綿が一般化する以前は青苧が庶民の衣料だった。

水野家は、窮乏のどん底で幕末動乱の時代をむかえた。忠精は病気がちで、慶応二年（一八六六六）家督を子の忠弘《ただひろ》にゆずって隠居した。忠弘はまだ十三歳、二十六歳の家老水野三郎右衛門元《もと》宣《のぶ》（藩主家の分家）が、藩政をになった。奥羽列藩同盟には、山形藩も加盟したが、慶応四年九月十一日、謝罪降伏に決した。一切の責任を負って水野三郎右衛門は、城下長源寺の庭で斬首された。山形を戦火から守ったと、三郎右衛門は今日も崇敬されているという。

ＪＲ奥羽本線山形駅の北側に、山形城址がある。堀と土塁が残るが、平成三年（一九九一）、二ノ丸東大手門が復元された。現在霞城《かじょう》公園といわれ、市民の行楽の場となっている。

米沢藩十五万石　上杉家（伯爵）

①米沢市　②城　③十二万七千二百人（明治二年〈一八六九〉）　④五千三十人（文化六年〈一八〇九〉）

米沢の城下町の生活は貧しかったという。『管見談《かんけんだん》』『牛の涎《よだれ》』といった古書によると、庶民の住居はたいてい、掘立て柱に藁《わら》葺きだった。葭簀《よしず》で仕切り、土間に筵《むしろ》を敷いた。衣料はもっぱら、青苧《あおそ》からとった麻。冬は、麻布のなかに苧《そ》の滓《かす》や蒲穂《がまほ》をいれた「布子《ぬのこ》」と称する着物をきた。雪どけのとき、麻帷子《かたびら》を身につけた。髪は松脂《やに》をつけ、紙縒《こより》で結んだ。

食事も質素で、正月の酒の肴《さかな》は、ほしこ（ナマコの干したもの）煮と人参《にんじん》の水和《あ》えに過ぎない。中以下の家臣の家では、飯米が足りずまぜ飯《めし》だった。或る侍は、家の婆さんが、飯に混ぜる物を求めて近所を走りまわった、と述懐している。夜食は、焼飯と漬物程度である。俳諧《はいかい》の夜会に、灯油を節約するため、煙草盆につけ木をいれておき、句ができるごとに火を点《つ》け、書きとめた。

戦国中期頃までの米沢は、伊達政宗の本拠地だった。伊達が仙台へ移封したあと、会津若松城主蒲生《がもう》氏郷《うじさと》の領地となるが、慶長三年（一五九八）氏郷の子秀行《ひでゆき》は下野《しもつけ》宇都宮へ移封。そのあと、会津上杉景勝《かげかつ》の重臣直江《なおえ》兼続《かねつぐ》が三十万石で入封した。

関ヶ原の戦いでは、上杉家は石田三成との誼《よしみ》により西軍に加担した。その結果、会津百二十万石を取りあげられ、米沢三十万石へと大幅に減封国替えとなった。しかし、古くからいる家臣を浪人させず、家禄を三分の一程度に減らした。会津から御用商人らが随従してきたため、城下町の規模は、直江時代より数倍に膨張した。

寛文四年（一六六四）閏《うるう》五月一日、上杉家は突然の不幸に見舞われる。三代藩主綱勝《つなかつ》は、江戸城登城の帰途、鍛冶橋吉良《きら》上野介《こうずけのすけ》義央《よしなか》の屋敷で休憩し茶を喫した。その夜半、桜田《さくらだ》の上《かみ》屋敷でにわかに腹痛におそわれる。未明まで七、八度吐《は》いたという。その後病態はおさまらず、七日未明死去した。吉良邸で茶を喫《の》んだため、巷間《こうかん》毒殺説が囁《ささや》かれる。義央は、自分の長男の三郎に、上杉家をつがせようとした、というものだ。義央の夫人は綱勝の妹で三郎は綱勝の甥にあたる。

綱勝の最初の夫人は、会津藩主保科《ほしな》正之《まさゆき》の娘だったが、子をもうけず病死。大納言四辻《よつじ》公理《きみさと》の娘と再婚したが、やはり子がなかった。

当時、死去した大名に嗣子がない場合改易《かいえき》（所領没収）という制度が改められ、末期《まつご》養子（子がない場合、死にのぞみ相続人を立てる）が許されていた。綱勝の急死のさいは、その手続きさえとれなかった。上杉家は断絶の瀬戸際に立たされたのである。

　その窮地に将軍補佐の保科正之（綱勝前夫人の父）が手を差しのべた。正之の斡旋により、吉良上野介の子三郎が、綱勝の生母生善院の養子という名目で跡目に立てられた。こうしてお家が全うされたが、禄高は半分に減らされた。延宝三年（一六七五）三郎は、四代将軍家綱《いえつな》の諱《いみな》をもらい「綱憲《つなのり》」と名乗り、従四位下侍従《じゅしいげ》、弾正大弼《だんじょうたいひつ》に叙任された。三十万石時代でさえ楽でなかった藩財政が、半分の十五万石に減らされ悪化の一途をたどった。

　ここに、江戸時代きっての改革派大名上杉鷹山《ようざん》（治憲《はるのり》）が登場する。宝暦元年（一七五一）、日向高鍋《ひゅうがたかなべ》二万七千石藩主秋月種美《あきづきたねみ》の次男に生れ、十歳のとき上杉重定《しげさだ》の養子となった。十七歳で襲封し、十代将軍家治《いえはる》の諱をもらい、治憲を名乗った。号の鷹山で知られる。

　冗費《じょうひ》削減が急務である。家臣の中堅層より、藩主補佐の改革グループが結成された。先ず諸儀式・仏事・祭礼・祝事《いわいごと》等を延期、または取り止めることが決められた。木綿の衣服を常用し、食事は一汁一菜とする……。

　この改革に対し保守派の老臣たちは、国許米沢にはからず、江戸表《おもて》で勝手に独断決行するは承服できぬと反駁《はんばく》した。鷹山は直接書状をしたため、説得しようとした。老臣らは了承せず、「このような大倹約は、米沢藩の面目を汚《けが》すものである」と、言い募《つの》った。前藩主重定が見かねて、自身国許に足を運び老臣らを説得、事態は一応おさまった。

こうして、倹約令が布告された。

安永二年（一七七三）六月、鳴りをひそめていた老臣ら七名が登城し、藩主鷹山に謁して連署の訴状を提出した。藩主側近の改革派を「邪智奸佞《かんねい》の徒」と非難し、その辞職を要求した。もしいれられなければ「われらの役目をお解《と》き放ちくだされ」と、言い募った。

鷹山はあくまで、おだやかに出た。先代重定ともはかり、善後策を決めたいと、答えた。老臣らは鋒先《ほこさき》をおさめず、「殿は秋月三万石の小大名育ち、上杉十五万石の格式をご存知ない」とまで口走った。未明から四つ時（午前十時）にいたる激論だった。

やがて鷹山が、座を立とうとした。老臣の一人、芋川延親が進み出て、鷹山の袴《はかま》の裾をつかんだ。とこのとき、次の間より近習の士が走り出て、延親の手を打った。延親がひるむ隙に、鷹山は脱出した。事の次第が、前藩主重定に告げられた。重定は怒った。老臣の前に姿を現わすや、「若年の主君に不法の沙汰である。即刻、この場を立ち去れ」と、命じた。不服の一人が、なお食いさがろうとしたが、重定はさらに声を大にして叱咤《しった》した。

鷹山はこのあと、大目付ら監察の職を集め、七人の訴状につき、その事実の有無、理非曲直《りひきょくちょく》をただした。改革派は奸佞の徒——との誹謗《ひぼう》は事実無根と証明された。七人の老臣への処断は最初、二人は切腹、二人が隠居閉門・半知召し上げ、三名に隠居閉門・三百石召し上げとされたが、のち七人の重臣はゆるされ、首謀者藁科立沢《わらしなのりゆうたく》のみ討ち首となった。

鷹山の改革政治の大きな二つの柱は、農村の復興と殖産興業政策であった。

当時、飢饉が頻発していた。凶作や災害にそなえる「備荒《びこう》」(凶作などにそなえ穀物をたくわえる)制度の充実が、もっとも急務であった。

このため、江戸や越後の商人より金を調達し、安永三年(一七七四)六月、五棟の籾《もみ》の貯蔵庫がつくられた。三万俵の籾がたくわえられた。鷹山はさらに、五十年計画を定め、年々籾五千俵、麦五千俵をたくわえることにした。

この計画は、鷹山の死後一年にして完成した。天保四年(一八三三)、東北の大飢饉のため、諸藩では夥《おびただ》しい死者が出たが、貯蔵庫のおかげで米沢藩領内には一人の餓死者も出なかった。

次に、農民の町人化を禁じた。農が産業の基本であった当時、農村から都会への人口流出を食い止めようとした。新田開拓を奨励し、他領の者でも大いに歓迎し、補助金を出した。当時の農村に、口べらしのため幼児を間引《まび》きする悪習があったが、これを禁止し、貧しい者の幼児養育に金子《きんす》や扶持《ふち》米をあたえた。

米作だけでなく、副業にも目をそそいだ。漆《うるし》・桑・楮《こうぞ》の増植に、着手した。寛政四年(一七九二)、蚕桑役局をもうけ、桑栽培や養蚕奨励をはじめた。資金は、四カ年賦《ねんぷ》で貸しつけた。絹織物の生産量は急上昇し、後年「米沢織」に発展する。仙台から藍《あい》作師をまねき藍染めの原料となる藍玉《あいだま》製造をひろめ、越後から縮《ちぢみ》織の技術を導入した。京都から筆職人、相馬《そうま》(福島県相馬市)から焼物《やきもの》(陶器)職人をまねいた。

改革グループは改革半ばの寛政三年(一七九一)「国家経費総《すべ》て半減の令」という、革命的政策を打ち出した。大殿《おおとの》（前藩主重定）、中殿《ちゅうとの》（鷹山）以下御殿藩庁の出費を半分に減らしたのだった。

慶応二年（一八六六）、鷹山より三代あとの藩主斉憲《なりのり》は、精励と領内の治績により三万石を加増され十八万石となった。

せっかく加増されたものの、幕末の戊辰戦争では、奥羽列藩同盟の盟主格となって新政府に抗し、四万石を削られ十四万石におとされる。斉憲は隠居を命ぜられ、その子茂憲《もちのり》が最後の藩主となった。

JR奥羽本線米沢駅の西の丸の内に、米沢城址がある。堀と石垣を残すのみだが、松岬《まつがさき》公園といわれる城址に、家祖上杉謙信をまつる上杉神社がある。

歴代の藩主をまつる上杉家廟所《びょうしょ》は、城址よりさらに一キロ余西の国道沿いにある。鷹山が、藩政改革にさきだち、誓文《せいもん》を捧げた白子《しろこ》神社は、城址の北にあり、七月九日例祭が挙行される。

宮　城

仙台藩六十二万五千石

伊達家（伯爵）

①仙台市　②城　③八十一万八千人（寛保二年〈一七四二〉）**④七千五百三十人**（明和年間〈一七六四〜七二〉）

初代藩主伊達《だて》政宗は、はじめ出羽《でわ》米沢に本拠をおいた。現在の宮城県と福島県の大半を領有し、東北随一の大名だった。天正十八年（一五九〇）、天下人秀吉に帰順、翌年、本拠を米沢から岩《いわ》出山《でやま》（宮城県岩出山町）へうつす。七十二万石から新知行高は五十八万石とへったが、関ヶ原役では徳川に味方、六十二万石にふえた。実収入は百万石と称された。

岩出山にいたのはわずかで、慶長五年（一六〇〇）仙台城の築城をはじめ、八年、新城に入っている。

仙台城は天守閣がなく、本丸に桃山風の建築の粋をこらした大広間をつくった。城の建つ青葉山は、三方を深い谷と林に囲まれ、東南の断崖下を広瀬川が湾曲して流れる要害の地である。

二代藩主忠宗《ただむね》は、荒地開墾《かいこん》による新田開発に意欲的だった。貞享元年（一六八四）、表高六十二万石に対し、新田開発高は三十三万二千石にのぼった。

仙台独自の農政に、「買米仕法」がある。貢租《こうそ》（年貢《ねんぐ》。田地に課せられる税金で、米による納税、のち金納）以外の余剰米を農民から買いあげ、これを江戸に送って売却し利益をあげる。商社活動といっていい。

政宗時代の「買米」は、早春から夏・秋にかけ農民に金を前渡しし、秋の収穫時に返納させた。無利子で買上げ値段が地元相場より高く、農民は二重の利益をえた。前渡し金を御恵《おめぐみ》金として感謝した。江戸初期は、江戸での売り値が高く、藩は莫大な利益をえた。

三代綱宗《つなむね》のとき、名高い〝伊達騒動〟がおこる。綱宗は、二代藩主忠宗の六男だった。忠宗の長男・次男は早世し、三男宗良《むねよし》は祖母（政宗夫人）の実家田村家をつぎ、四男は亡くなり、五男宗倫《むねとも》、七男宗規《むねのり》、八男宗房《むねふさ》、九男宗章《むねあきら》は伊達の分家に養子入りした。

万治三年（一六六〇）二月、仙台藩は幕府より江戸小石川外堀の修築を命ぜられた。綱宗はみずから普《ふ》請《しん》場を見まわったが、帰途、新吉原の遊女屋に登楼して豪遊した。貴公子綱宗には、酒乱や花柳界での乱行などとかくの噂が囁《ささや》かれていた。その矢先、工事見まわり中の遊女屋登楼である。不謹慎として七月十八日、幕府より逼塞《ひっそく》の命が下った。しかし、綱宗の子亀千代はまだ二歳。後継藩主に立てるには幼な過ぎた。

その跡目《あとめ》問題に介入してきたのが、時の老中酒井忠清《ただきよ》（上野《こうずけ》前橋十三万石藩主、のち大老）である。忠清は、六十万石を分割、三十万石を伊達兵部宗勝《ひょうぶむねかつ》（政宗の末子）に、十五万石ずつを立花台八（筑後《ちくご》柳河《やながわ》藩主立花忠茂《ただしげ》の子大助、生母は二代忠宗の娘）と田村右京《うきょう》（忠宗の三男、のち宗《むね》良《よし》）に分けあたえる思惑だったという。

しかし仙台藩の家老らは一致して、幼い亀千代を押し幕政を動かす。ようやく二歳の亀千代が藩主の座に坐り、六十二万石は安泰かと思われた。

幼君に、二人の後見役がついた。兵部宗勝と田村宗良（先代綱宗の庶兄）である。宗勝は一関（岩手県一関市）、宗良は岩沼《いわぬま》（宮城県岩沼市）にそれぞれ三万石を領有した。

宗勝は宗良の叔父にあたる。老中酒井忠清の権勢をかさにきて（のち忠清の娘は、宗勝の子宗《むね》興《おき》に輿《こし》入れする）、藩政を独裁、六十二万石を乗っとろうとした。国老の一人、原田甲斐《かい》宗輔《むねすけ》を自分の派閥にとりこみ、宗良らの反対派に圧力をかけた。

抗争は、熾烈《しれつ》化したが、宗勝派が強く、宗勝の専横を声高に批判した国老伊東家の一族伊東七十郎は斬刑に処せられ、肉親は切腹、死罪、流刑と過酷な処分をうけてしまう。

宗勝に抵抗し立ちあがったのが、伊達安芸宗重《あきむねしげ》である。伊達一門涌谷《わくや》（宮城県涌谷町）二万二千六百石、後見につぐ大身だった。涌谷の隣りの登米《とめ》一万二千石（宮城県登米《とよま》町）の伊達宗倫《むねとも》（綱宗の兄）との領地争いが発端となった。宗勝配下の目付今村善太夫らが、宗倫にひいきし、宗重に不利な判定を下した。判定に怒った宗重は「藩政刷新」を唱え、幕府に宗勝弾劾《だんがい》の訴訟をおこしたのである。

寛文十一年（一六七一）二月、宗重は二百六十人の供廻りを従え、死を覚悟し江戸へ旅立った。三月二十七日、大老（五年前老中より昇格）酒井忠清邸において、宗重のほか仙台家中の国老柴田外記《げき》・原田甲斐・古内志摩《ふるうちしま》らが呼び出され、老中より最後の取り調べが行われる。

その直後――、控の間の原田甲斐が突如抜刀して、宗重と外記に斬りつけた。酒井邸は大混乱となった。原田は逆上したとされて斬り殺される。甲斐に斬られた宗重も落命した。

四月三日、幕府の断が下った。騒動の元凶ともいえる兵部宗勝は土佐藩へ、子の宗興は豊前《ぶぜん》小倉藩へ御預けの身となった。藩主伊達家に累《るい》は及ばず、六十二万石は安泰であった。酒井邸で刃傷《にんじょう》におよんだ原田甲斐の家は断絶、四人の子は切腹、甲斐の母慶月院は自害して果てた。

四代綱村《つなむら》（亀千代）は二万両の赤字をのこしたが、五代吉村《よしむら》は倹約政策をおこない、また「買米」を積極的に押しすすめた。そして新田開発を進めた。享保十八年（一七三三）、十九年と、西国での大凶作（うんか害）により米の値段が急騰し、仙台藩は買米商売で一挙に五十万両の巨利をえた。寛保三年（一七四三）、吉村が引退したとき、藩庫には準備金が蓄積されていた。吉村は中興の祖といわれる。

しかし以後、藩財政は、悪化の一途をたどる。宝暦五年（一七五五）、大凶作が日本全土を襲った。この年、天候は不順で、五、六月は雨が続き、土用の夏のさなか、寒けをおぼえるほど冷えた。十月の大雨で北上川が氾濫《はんらん》し、不熟米五十四万石の凶作となった。六代宗村《むねむら》はこの翌年病没し、世子重村《しげむら》が襲封した。五代吉村の苦心の準備金は底をついた。

さらに、天明三年（一七八三）の大飢饉が、仙台地方を襲った。三、四月に霜《しも》がおり、夏に綿《わた》入《い》れをきる冷夏となった。大不作に米価が異常に暴騰した。雑草や葛《くず》の根、松の皮まではいで飢えをしのいだ。沼には、水草を採《と》る舟がむらがった。

翌年になり、餓死者が続出する。藩の救助米放出は焼石に水で、城下近くの地蔵堂の下や、松の木蔭《こかげ》、河原に、犬や猫に食い荒された人間の死体が散乱した。『飢饉録』という古書は、「御領内の者三十万人も死に候哉《そうろうかな》」と、書いている。現在各地に、餓死者供養の叢塚《くさむらづか》がのこる。

十二代斉邦《なりくに》のとき、借財は七十万両に達した。

天保十二年（一八四一）、十三代慶邦《よしくに》が封をついだ。倹約につとめ荒地開墾《かいこん》で何とか挽回《ばんかい》しようとした。しかし凶作が続いた。

藩士は、内職をしなければやっていけぬところまで追い詰められた。提灯《ちょうちん》・染紙《そめかみ》・傘づくりをやり、地方の家中は大工・木挽《こびき》・屋根葺《ふき》の職人仕事をした。士風がすたれた。歴々《れきれき》の大身が職務に熱を失い、下級武士は練兵《れんぺい》にも出仕しなかった。

やがて、幕末の大変革がやってくるが、仙台藩主の一門は、現実を認識することができず、王政復古の大号令は、二、三の諸侯による奸計だとした。藩政の主導権は、国老但木土佐《ただきとさ》ら佐幕派の手ににぎられた。

慶応四年（一八六八）四月二十日、白石《しろいし》（宮城県白石市）に奥羽越後諸藩が会合し、五月三日、仙台において新政府軍に敵対する奥羽越三十一藩の同盟が成立した。仙台藩が盟主となった。

仙台藩はじめ東北諸藩は、各地で新政府軍に敗退した。秋田藩が同盟を離脱し、米沢藩が降伏した。戊辰戦争後仙台藩は六十二万五千石から二十八万石に減封となった。

城址のある青葉山は、JR東北本線仙台駅の西、広瀬川の河畔にある。

城址の東の山の手経ヶ峰《きょうみね》に霊廟《れいびょう》がある。政宗の瑞鳳《ずいほう》殿、忠宗の感仙《かんせん》殿、綱宗の善応《ぜんのう》殿である。

経ヶ峰墓所の東に四代綱村の大年《だいねん》寺墓所がある。仙台最高所の茂《も》ヶ崎《さき》であった。

伊達騒動の主役の一人原田甲斐は、本家乗っ取りを企む伊達兵部宗勝《ひょうぶむねかつ》に加担し、稀代の悪人といわれた。しかし実は忠節の士との異説がある。山本周五郎は大作『樅ノ木は残った』で、その異説を主題とした。いま、宮城県の三陸海岸にちかい米谷《まいや》（東和町）に行くと、原田甲斐をまつる首塚がある。また寺には、家臣百三十九人が連署した甲斐の「供養連判状《れんぱんじょう》」がのこされている。

中村藩六万石　相馬家（子爵）

①相馬市　②城　③五万二千六百人（文久元年〈一八六一〉）④二千八百七十人（安永年間〈一七七二～八一〉）

中村藩主相馬《そうま》家は、中世以来連綿《れんめん》と同じ領国をもつ、全国でも稀有《けう》の大名だ。

それを象徴するのが、いまも地元でおこなわれる「相馬野馬追《のまおい》祭」である。戦国さながらの甲冑《かっちゅう》に身をかためた五百余騎の騎馬武者が、大刀を腰にさし旗差物《はたさしもの》を背につけ夏の野を疾駆《しっく》する。相馬家一千年の伝統行事だ。相馬氏の先祖平将門《たいらのまさかど》が、下総《しもうさ》相馬郡（茨城県）で始めたのが最初という。一時中絶し、文治年間、相馬師胤《もろたね》が再興した。将門は、天慶二年（九三九）叛乱をおこし、翌年朝廷軍によって攻めほろぼされた。ひとり死をまぬがれた子の将国《まさくに》の子孫は常陸《ひたち》（茨城県）を流浪《るろう》し、五代目の胤国《たねくに》が父祖の地、下総相馬に帰り、相馬氏を名乗った。胤国の子師国《もろくに》の養子に、平氏の名門千葉常胤《つねたね》の次男師常《もろつね》が入り、相馬氏は歴史に登場した。文治五年（一一八九）源頼朝の奥州征伐に戦功をたて、下総相馬の本領に加え、陸奥行方《むつなめかた》郡（福島県原町《はらまち》市周辺）を領国として与えられる。

戦国時代、陸奥行方郡に本拠を移した相馬家は、奥州の覇者伊達政宗にたびたび攻めこまれた。

政宗は近隣の諸豪族を攻めほろぼし、相馬も屈服か滅亡かに追い詰められた。

その天正十八年（一五九〇）夏、相馬の当主義胤《よしたね》は、小田原征伐の軍をすすめる豊臣秀吉の陣に赴《おもむ》き、秀吉から相馬領四万八千余石を安堵《あんど》された。

関ヶ原役では常陸の佐竹氏とともに中立を保ったが、西軍加担と見なされ、佐竹は五十四万五千石から秋田二十万五千石に削られ、相馬は佐竹領で一万石という処分をうける。義胤《よしたね》はいったん秋田へ移ることを決意したが、子の三胤《みつたね》（のち利胤《としたね》）が幕府に働きかけ、本領を維持した。

相馬は太閤検地（秀吉による領土改め）のとき、四万八千余石だった。しかし元和八年（一六二二）幕府による検地がおこなわれ、六万石と決し、寛永六年（一六二九）、これが相馬家の表高《おもてだか》となった。

凶作続きのため領内の窮乏に拍車がかかり、赤児を闇に葬る間引《まび》きが流行した。天明六年その対策のため藩は、家中百姓ともに、三男三女以上の子供に養育料を給与した。臨月《りんげつ》前に米一俵を与え、出生児が七歳になるまで毎年米一俵が給された。ただし、十一歳より二十歳までのあいだに、これを返納させている。文政五年（一八二二）以降、さらに養育料は増額され、天保期（一八三〇～四四）に入り、十人以上の子供を育てた者に、苗字帯刀《みょうじたいとう》が許された。

文化十年（一八一三）、十一代益胤《ますたね》が就任したとき、藩の借財は三十万両。しかし、返済のめどはなく、家中に再建策をはかった。郡《こおり》奉行草野正辰・池田胤直が選ばれ、執政（家老）として五カ年再建計画がはじまった。

まず倹約である。江戸屋敷の暮しを一万石の規模に押さえた。藩主自身、酒宴を廃止し一汁一菜とし、日常は綿服を用いた。供の者を減らし、相馬家重代の骨董品・兵具が売り払われた。倉庫に余剰の籾《もみ》が貯蔵された。五年目に効果が現れ、小康状態となり危機は回避された。

文政五年赤子養育料がふえ、他領より招いた百姓に、結婚資金二両二分、馬買入代金一両が貸与された。新百姓開発田畑の年貢《ねんぐ》は五年間免除された。営農資金貸し付け、家臣救済等も行われた。

天保五年（一八三四）、大凶作となり、藩主益胤は幕府への参勤延期を願い、野馬追行事を中止した。貯蔵庫から大量の米が放出された。女子を越後《えちご》（新潟）などの他領から招き、困窮者で妻のない農民に嫁入らせた。民謡「二遍返し《にへんがえし》」は、「相馬よいとこ女の夜なべ、男後生楽寝て待ちる」とうたった。このため、一人の餓死者も出さず、乗り切ることができた。

天保六年、益胤が隠退し、十七歳の嗣子充胤《みつたね》が藩主の座についた。翌年も大凶作となるが、借金や他領からの移入米、富豪からの献納米、材木売却などでしのぎ、餓死者・離散者を出さずにすんだ。

さてここに、「二宮仕法《にのみやしほう》」が登場する。すぐれた農政家として、小田原藩はじめ諸藩の農業復興に成果をあげ、教祖的な名声をえた二宮尊徳《そんとく》（金次郎）の、農村改造計画《プログラム》である。

弘化二年（一八四五）、尊徳の弟子で相馬家臣の富田高慶《たかよし》が、「二宮仕法」を推進させた。過去の収支を調査し、それをもとに計画を立案し、実施する。

二宮仕法は成功し、農業収入は増加の一途をたどった。家臣の給与は引き上げられ、嘉永二年（一八四九）十二月、報徳金一千七百両が農業外の家臣団救済のために貸し出された。

慶応元年（一八六五）、充胤の子季胤《としたね》（明治に誠胤《ともたね》）が十三代藩主となり、幕末変革の時期をむかえる。奥羽列藩同盟に参加し、新政府に抗するが、八月はじめ相馬領に迫った鎮撫《ちんぶ》総督軍にいち早く降伏し、季胤は所領安堵の沙汰をうけた。

JR常磐線相馬駅の西に中村城址があり、大手門や石垣・土塁にかつての面影を偲《しの》ばせる。城址に氏神の中村神社がある。野馬追の総大将は、ここから出陣（お繰《くり》出し）をした。他に家祖師常をまつる相馬神社がある。

磐城平《いわきたいら》藩三万石　安藤家（子爵）

①いわき市　②城　③六万五千五百人（元禄年間〈一六八八～一七〇四〉）④二百九十人（内藤家、延宝八年〈一六八〇〉）

磐城平《いわきたいら》は最初、岩城《いわき》家の所領だった。天正十八年（一五九〇）、常陸《ひたち》の太守佐竹義重《よししげ》の子貞隆《さだたか》が養子入りし当主となる。関ヶ原役で、実家佐竹とともに中立を守り、平領は没収されるが、川中島（長野市）一万石をへて子の吉隆《よしたか》のとき、出羽亀田《かめだ》（秋田県岩城《いわき》町）二万石へうつった。

岩城家のあとへ、下総《しもうさ》矢作《やはぎ》（千葉市）四万石の鳥居忠政《ただまさ》が十万石（のち十二万石）で入封、十二年かけ平《たいら》城を築城した。元和八年（一六二二）、鳥居家は山形二十万石へ転封となり、そのあと、上総佐貫《かずささぬき》（千葉県富津市《ふっつし》）より内藤政長《まさなが》が七万石で入封した。内藤家の治政は長く、六代百二十五年に及んだ。

内藤家三代義康《よしやす》（のち義概《よしむね》）の時代の延宝五年（一六七七）、家訓二十二カ条が制定された。家訓を決めたにもかかわらず、不祥事が多発し、元文三年（一七三八）、領内全土の農民が蜂起《ほうき》し、一揆がおこる。延享四年（一七四七）、幕府はついに、内藤家に、日向延岡《ひゅうがのべおか》（宮崎県延岡市）への転封を命じた。

あとへ常陸笠間《かさま》より井上正経《まさつね》が六万石で入封するが、在城十年にして、摂津《せっつ》・河内《かわち》・播磨《はりま》・近江《おうみ》に領土を与えられ、移封した。

さて、幕末まで藩主をつとめた安藤家が、美濃加納《みのかのう》（岐阜市）より五万石で入封した。当主は信成《のぶなり》だが、幕末の五代信睦《のぶゆき》（信正）が著名である。

信正は、寺社奉行・若年寄をへて老中に就任し、万延元年（一八六〇）三月三日、大老井伊直弼《なおすけ》が桜田門外で暗殺されるや、老中久世広周《くぜひろちか》とともに幕政を掌握した。

文久二年（一八六二）、孝明天皇皇妹和宮親子《かずのみやちかこ》内親王と十四代将軍家茂《いえもち》との婚儀を周旋。折から力をえてきた尊攘《そんじょう》志士たちは憤怒した。信正が、廃帝の先例を調査させたことも、志士の反発を買った。一月十五日、志士数人は、江戸城坂下門前において登城途中の信正を襲撃した。信正は幸い負傷ですんだが、その後老中を免ぜられ、隠居した。隠居中の失政を指摘され、二万石を減ぜられた。

慶応四年（一八六八）、戊辰戦争が勃発《ぼっぱつ》すると、恭順論と主戦論の二派に分れたが、主戦派が勝ち新政府軍と戦った。七月一日、新政府軍による平城総攻撃が始まり、ついに落城降伏した。最後の藩主は、信正の子信勇《のぶたけ》であった。

JR常磐線いわき駅のすぐ北に平城址がある。このあたりは物見丘《ものみがおか》といわれた。建物は戊辰戦争と第二次世界大戦の戦火により焼失し、石垣に当時の面影を偲《しの》ぶのみである。

湯《ゆ》長谷《ながや》藩　一万五千石　　内藤家（子爵）

①いわき市　②陣屋　③七千七百人（明治二年〈一八六九〉）　④四百三十人（家族を含む。明治二年〈一八六九〉）

寛文十年（一六七〇）磐城平《いわきたいら》七万石藩主内藤忠興《ただおき》が、次男政亮《まさすけ》に所領一万石を与え湯《ゆ》長谷《ながや》藩が成立した。のち五千石が加増された。初代政亮は、遠山主殿頭《とおやまとのものかみ》と名乗った。延宝八年（一六八〇）四代将軍家綱《いえつな》が死去し、その増上寺《ぞうじょう》仏事勤番中、同役の志摩鳥羽《しまとば》（三重県鳥羽市）三万五千石藩主内藤忠勝《ただかつ》が乱心し、同役の宮津《みやづ》藩主永井尚長《なおなが》に刃傷《にんじょう》に及んだ。主殿頭はとっさに忠勝を組み止め、事故を未前に防ぎ功をあらわした。三代政貞《まささだ》のとき内藤に復姓している。領内の商人が白水《しらみず》村より石炭（のち常磐炭田）を発見し、このため産業が大いに活況を呈した。

幕末戊辰戦争のとき、当時の藩主政養《まさやす》が奥羽列藩同盟に加わり、千石を減封された。

泉藩二万石　本多家（子爵）

①いわき市　②陣屋　③一万二百人（寛政十年〈一七九八〉）　④二百四十人

磐城平《いわきたいら》藩主内藤忠興《ただおき》の末弟政晴《まさはる》により二万石で立藩された。その後、板倉氏が入封して一万五千石となり、また本多氏に変った。本多時代、忠籌《ただかず》が名君として知られた。松平定信《さだのぶ》（陸奥《むつ》白河藩主・老中首座）に認められ、若年寄・側用人をへて老中に列した。五千石を加増され、二万石となった。幕末、新政府に抗し、藩主忠紀《ただとし》は二千石を召し上げられた。

三春《みはる》藩五万石　秋田家（子爵）

①田村郡三春町　②城　③三万五千九百人（明治初年〈一八六八〜〉）　④二千七百二十人（家族を含む。明治初年〈一八六八〜〉）

寛永四年（一六二七）会津藩主加藤嘉明《よしあき》の三男明利《あきとし》が、三万石で立藩。翌年二本松へ移封し、二本松より松下長綱《ながつな》が三万石で入った。先々代之綱《ゆきつな》（加兵衛）は遠江《とおとうみ》頭陀寺《ずだじ》（静岡県浜松市）の領主をし、当時日吉丸と称した豊臣秀吉が、之綱に仕えたといわれる。之綱はのちに秀吉に仕えて一万六千石の大名に取り立てられ、子の重綱《しげつな》の時代、徳川家康に仕えた。長綱は正保元年（一六四四）四月、「乱心」を理由に、所領を召しあげられた。

翌年常陸宍戸《ひたちししど》（茨城県友部町《ともべ》）より秋田俊季《としすえ》が五万五千石で入封した。

秋田氏の先祖は、古代鰐田《あぎ》の浦（秋田市土崎）を根城にした蝦夷《えぞ》の族長恩荷《おが》といわれる。平安時代後期、源頼義《みなもとのよりよし》にほろぼされた安倍貞任《あべのさだとう》は、この家系という。戦国時代の実季《さねすえ》のとき、秋田を名乗った。実季は、豊臣秀吉から秋田五万石を安堵《あんど》され、十九万石にのぼる。関ヶ原役で旗幟《きし》をはっきりさせず、常陸宍戸五万石に移された。二代盛季のとき、弟季久《すえひさ》に五千石分与し、五万石となる。以後二百三十年在封した。

幕末、十一代映季《あきすえ》のとき戊辰戦争がおこった。奥羽列藩同盟と新政府の両方へ誼《よしみ》を通じ、お家安泰をはかった。

ＪＲ磐越《ばんえつ》東線三春《みはる》駅の北東に、城山城址がある。城山公園として親しまれている。有名な三春滝桜《たきざくら》は、天文年間（一五三二～五五）に植えられたといい、代々の三春藩主がこれを保護した。

守山藩二万九千石　松平家（子爵）

①郡山市　②陣屋　③一万七千六百人（明治二年〈一八六九〉）　④千百八十人（家族を含む。明治二年〈一八六九〉）

守山藩は水戸徳川家の支藩。水戸家初代頼房《よりふさ》の子で、水戸二代光圀《みつくに》の異母弟松平頼元《よりもと》が藩祖である。元禄十三年（一七〇〇）守山藩が誕生した。藩主や家臣の多くは江戸屋敷に居住し、領国の陣屋に代官がいて領内を支配した。

幕末、本藩水戸藩の熾烈《しれつ》な尊王・佐幕両派の抗争に巻きこまれる。慶応四年(一八六八)戊辰戦争がおこると、戦わずして新政府軍に降伏した。守山藩領内は会津攻略の後方基地となった。ちなみに、二代藩主松平頼寛《よりひろ》は菊栽培の専門家で、著書を何点か出している。『菊経国字略解』では、剪定鋏《せんていばさみ》や害虫まで図解されている。

白河藩十万石

①白河市　②城　③八万八千二百人　④千六百八十人(松平〈久松〉時代)

白河領は戦国時代後期から会津城主の領地だった。蒲生氏郷《がもううじさと》、上杉景勝《かげかつ》、蒲生秀行《ひでゆき》・忠郷《たださと》の支配下にあった。

江戸時代の寛永四年(一六二七)、棚倉《たなぐら》(福島県棚倉町)より丹羽長重《にわながしげ》が十万石余で入り、白河藩が成立する。

丹羽氏は、南北朝時代の結城《ゆうき》氏築城の小峰《こみね》城を改築して白河城をつくり、城下町を整備した。長重の子光重《みつしげ》の代の寛永二十年、二本松に移封。上野館林《こうずけたてばやし》より榊原忠次《さかきばらただつぐ》が十四万石で入ったが、慶安二年(一六四九)播磨《はりま》姫路へ転封となった。そのあと本多忠義《ただよし》が十二万石で入封した。忠義の子忠平《ただひら》は、天和元年(一六八一)下野《しもつけ》宇都宮へ移った。

本多のあとへ十五万石で入った松平(奥平)忠弘《ただひろ》は、お家騒動をおこし、元禄五年(一六九二)

五万石減らされ出羽《でわ》山形へ転封となった。

同五年、越前松平家分家の松平直矩《なおのり》が十五万石で入封し、基知《もとちか》・義知《よしちか》と在封した。寛保元年（一七四一）、義知は旧領姫路へ転封となり、越後高田（新潟県上越市）より松平（久松）定賢《さだよし》が十一万石で入った。徳川家康の異父弟久松定勝《さだかつ》の三男定綱《さだつな》の系統である。久松松平家は四代続く。中で、三代定信《さだのぶ》がもっとも知られている。

定信は御三卿の一つ田安《たやす》徳川宗武《むねたけ》の七男に生れた。吉宗《よしむね》の孫であり、十代将軍家治《いえはる》とは従兄弟《いとこ》同士。抜群の毛並みの良さで、将来の将軍と嘱望《しょくぼう》された。

定信の白河藩主相続早々の天明三年（一七八三）、東北一円を襲う大凶作が発生した。表高十一万石に対し、十万八千六百石の減収で、全滅にちかかった。

二十六歳の定信は非常の決意でのぞむ。「わが領内に一人の餓死者も出すな」と、家中に触《ふ》れを出し、率先《そっせん》、私生活をきりつめた。一汁一菜、木綿の衣服、侍女を減らし、畳や襖《ふすま》・障子を粗末な物にかえた。さらに分領越後より緊急救援米一万俵を廻送させ、大坂などから六千九百余俵、東北諸藩からも値段にかまわず米を買いあつめた。

家中への米の支給は、家老から足軽まで、身分のへだてなく、一日男五合、女三合と、決めた。難民に、十日に一回一軒あたり三升ずつを支給。伝染病の流行を予測し、薬を配布した。失業対策の土木事業をおこし、男女をとわず阿武隈《あぶくま》川の築堤《ちくてい》工事にわりの良い賃銀でやとった。翌春には江戸で稗《ひえ》・ふすま・挽割麦《ひきわりむぎ》・あらめ・かます干物《ひもの》・にしん・干大根を多量に買いあげ白河に送らせた。

椿・漆《うるし》・桑などの栽培や植林をすすめた。ガラス・陶器・彫刻・武具を白河の特産品にしようとした。特にガラス製造に力をいれ、江戸に人をやり、オランダの製法を習得させた。板ガラスは、輸入品をしのぐとの評判をえた。

藩士の内職として、織物がある。上州から技術者を招き、扶持《ふち》をあたえた。緬羊《めんよう》の毛でラシャを織らせ、白うさぎの毛で三紡織と称する毛織物を織らせた。京都西陣から織工を呼び、縮緬《ちりめん》等の絹織物の製造を始めた。

定信は将軍にこそなれなかったが、幕閣にすすみ、田沼意次《たぬまおきつぐ》失脚のあと、天明七年（一七八七）六月、老中に就任すると次々改革の手をうった。勘定奉行はじめ多くの役人を罷免、田沼政権と結び、利権をほしいままにした商工業者の団体を解散させた。

いま一つ、定信の革命的な政策が「棄捐令《きえんれい》」である。天明四年（一七八四）十二月以前の借金を、すべて棒引きにする。以後寛政元年（一七八九）五月までの分は、利子を年利六パーセントに下げた。多額の債権を有する九十六人の札差《ふださし》（一種の銀行）業者は、一度に、百十八万七千八百余両という巨額の債権を失い、江戸の経済界は大混乱におちいった。しかし多額の借金を抱えた旗本・御家人は借金地獄から蘇生《そせい》し、定信を「世直し大明神」とあがめ、お神酒《みき》をそなえておがんだという。

定信のあとをついだ定永《さだなが》の時代の文政六年（一八二三）、松平家は旧領伊勢桑名（三重県桑名市）へ戻った。あとを武蔵忍《むさしおし》（埼玉県行田市《ぎょうだ》）より阿部正権《まさのり》が十万石で入封。以後阿部氏は、八代四十四年在封した。

七代正外《まさと》のとき、四万石を減らされた。老中をつとめた正外は、開港強行論を唱《とな》え、これが攘夷派の朝廷を刺戟し、幽居の勅命をうけたための減封だ。

次の正静《まさきよ》は慶応二年（一八六六）、棚倉へ転封の命をうけた。このため、白河藩は藩主不在のまま、幕末戊辰戦争をむかえた。

主《あるじ》なき白河城は、奥羽列藩同盟の軍と新政府軍との攻防の戦場となった。慶応四年五月一日白河城は、薩摩・長州・土佐を主力とする新政府軍により占領された。

JR東北本線白河駅の近くに、白河城址がある。戊辰戦争で城郭を焼き払われたが、平成三年（一九九一）三重櫓《やぐら》が再建された。本丸跡に白河バラ園がある。他に市内九番町《きゅうばんちょう》に戊辰戦争戦場跡があり、稲荷《いなり》山の小高い松の下に戦死者の墓がある。

棚倉《たなぐら》藩十万石　阿部家（子爵）

①東白川郡棚倉町　②城　③二万六千七百人（明治二年〈一八六九〉）

慶長八年（一六〇三）、もと筑後柳河《ちくごやながわ》（福岡県柳川市）城主立花宗茂《むねしげ》が一万石を与えられ、棚倉《たなぐら》藩が立藩した。宗茂は関ヶ原役にさいし、西軍にくみして柳河十三万二千石は没収。棚倉を与えられ再起し、二万石を加増され、三万石を領有した。そして元和六年（一六二〇）、旧領柳河へ復帰した。

元和八年丹羽《にわ》長重《ながしげ》が五万石で入封し、寛永四年（一六二七）白河へ移封した。その後、内藤・太田・松平（越智《おち》）・小笠原・井上・松平（松井）と頻繁に代替りし、慶応二年（一八六六）白河より阿部正静《まさきよ》が十万石で入封した。

棚倉城は一名亀《かめ》ヶ城といい、JR水郡線磐城棚倉駅の南西に城址があり、土塁や堀に往時を偲《しの》ばせる。大手門の欅《けやき》は樹齢五百八十年という。

二本松藩十万石　丹羽家（子爵）

①二本松市　②城　③三万七千三百人（明治二年〈一八六九〉）④四千二百九十人（家族を含む。明治二年〈一八六九〉）

二本松は最初、豊臣秀吉が日吉丸時代仕えたといわれる松下之綱《ゆきつな》（加兵衛）の子重綱《しげつな》が、寛永四年（一六二七）、下野烏山《しもつけからすやま》より五万石で入封し立藩した。翌年重綱の子長綱《ながつな》は三春《みはる》へ転封。三春の加藤明利《あきとし》（会津藩主加藤嘉明《よしあき》の三男）がいれかわり三万石で二本松に入る。寛永二十年、本家の加藤明成《あきなり》が改易《かいえき》の命をうけて会津領を没収され、分家の明利も除封の沙汰をうけた。

そのあとへ白河より入った丹羽《にわ》家（光重《みつしげ》）が、十万石を領し、幕末までお家を保持した。

丹羽家は戦国時代の名門である。尾張《おわり》の織田家譜代《ふだい》の家臣だった。信長のとき、光重の祖父長《なが》秀《ひで》は柴田勝家《かついえ》と双璧《そうへき》の宿老として重きをなした。秀吉が信長没後明智光秀を破り、勝家と雌雄《しゆう》を決すべく近江賤ヶ岳《おうみしずたけ》で戦ったとき、長秀は秀吉に味方し、戦後、越前府中（福井県武生《たけふ》市）百二十三万石の大封をえた。長秀没後、丹羽家は秀吉に疎《うと》まれ、子の長重は若狭小浜《わかさおばま》十二万石へと減封された。さらに、秀吉の九州征伐にさいし、軍令違反を咎められ、加賀松任《まつとう》四万石におとされた。慶長三年（一五九八）、加賀小松十二万五千石と禄高が増えるが、関ヶ原役にさいし、徳川方の前田利長《としなが》と戦いをまじえ、所領を取りあげられた。

将軍家との縁が再び丹羽家に陽の目をもたらした。秀忠の夫人お江《ごう》は信長の妹お市《いち》の方の娘。また長重夫人は、信長の娘である。秀忠夫人とは、従姉妹《いとこ》の間柄だ。慶長八年（一六〇三）家康が征夷大将軍の宣下《せんげ》をうけたとき、秀忠の根まわしにより、丹羽長重に常陸古渡《ひたちふっと》（茨城県桜川村、霞ヶ浦南岸）一万石が与えられた。元和五年（一六一九）一万石を加増され、元和八年、棚倉《たなぐら》五万石に、寛永四年（一六二七）白河十万石に移された。

一族から養子として入った五代藩主高寛《たかひろ》の時代、藩政改革が企てられた。築城、凶作により、藩財政は窮乏化し、家臣の士風も頽廃していた。

家老丹羽忠亮《ただすけ》の推挙により、幕府儒官《じゅかん》桂山彩巌《さいがん》の門人岩井田昨非《さくひ》が召し抱えられた。昨非が、二本松で初めて藩士に接したとき家臣三百人のうち、自分の名を満足に書ける者は、十分の一に満たなかった。

昨非は、藩主・筆頭国老をバックに、軍制・刑制・学制・農政・税制等にメスを入れた。文武習学・綱紀粛正・人材登用が眼目だった。しかし農民に新税を課して増収をはかるのみで、経済振興には方策がなかった。支持者の家老・藩主が没すると、強引な改革への反発が一挙に噴き出した。昨非は、中国賢人（後蜀の君主・孟昶《もうちょう》）の言葉を、藩庁玄関真向かいの巨大な花崗《かこう》岩の自然石に刻み、藩内の批判を封じようとした。「汝《なんじ》の俸禄は民の膏《あぶら》（血肉）のかたまりであり、民を虐《しいた》げても、天は欺《あざむ》けず――」

しかし時期がわるく、寛延二年（一七四九）奥州全域に凶作が襲い、人心が動揺した。昨非の刻ませた戒石銘《かいせきめい》が曲解された。「下民は欺《あざむ》きやすく、虐《しいた》げ膏脂《こうし》をしぼり、汝《なんじ》の俸禄とせよ――」。それが口づてに伝わった。

不作にかかわらず、年貢《ねんぐ》が厳しく取り立てられた。各地に一揆が続発し、それに煽《あお》られ農民らが蜂起した。その数二万人にふくれあがり、城下をのぞむ阿武隈《あぶくま》川河畔島之原に集結し、「減免、郡代・郡《こおり》奉行の交代」と昨非の身柄引き渡しを求めた。

農民らの気勢に、家老らは連名で、年貢半免などの鎮撫《ちんぶ》策を回答した。そして昨非を退任させ、勘定奉行を閉門追放処分にした。

藩は一揆の訴願に屈したかにみえたが、やがて一揆首謀者への報復が始まった。獄門二人、死罪一人、そして田畑取り上げ領内追放処分などの処罰がくだった。一揆を出した村々に過料（過失のつぐないの金銭）が申し渡された。「年貢半免」の当初の回答は撤回され、取り立てはさらにきびしさを増した。

改革の反動が、強まった。高寛《たかひろ》のあとをついだ六代高庸《たかつね》は、一族の重臣や家臣の保守派を重用、改革派は、藩政から閉めだされた。

幕末の戊辰戦争に、沈滞の藩政が如実に反映した。『二本松藩史』（二本松藩史刊行会編）は藩当局の態度を「表面は奥羽総督（新政府側）の命令にしたがい、そのうち何とか方法や、思案もあるだろう。戦争だけは真平御免――」と、書いている。

しかしとにかく、奥羽列藩同盟の一員として、出陣の支度をした。戦国時代さながらの、甲冑・陣羽織・弓・槍・火縄銃の旧装備である。西洋式の兵備を整えた新政府軍は、五月に白河城、六月に棚倉城を陥《おと》し、七月にはいり平《たいら》城を陥した。七月二十七日新政府軍は、阿武隈川を越え、二本松城下に侵入した。二十八日、藩主長国《ながくに》（十代）は、家族を伴い家中の婦女子・老人らと米沢へ逃げた。

二本松敗亡のとき、急遽少年隊が編成された。元服前の十二歳から十七歳までの少年たち五十数名だった。砲術師範木村銃太郎が指揮をした。少年らは、赤や青の羽織をきて、ひきずるような太刀を腰にした。わずかな鉄砲と百匁玉大砲をひいた。少年らはまるで、「遠足にでも行くように」嬉々として従ったという。

かれらはへいぜい、母親より切腹の作法を箸《はし》で教えられた。出陣の日、「子供だから太刀で向かうな。敵を軀《からだ》で刺せ」と、教えられた。肉弾特攻しかなかった。少年らは、戦場で教えの通り敵に体当りし、斃《たお》れていった。

ＪＲ東北本線二本松駅の北へ一キロのところに、城址の霞《かすみ》ヶ城《じょう》公園がある。初代藩主光重《みつしげ》が、十年の歳月をかけ承応三年（一六五四）完成した。石垣にかこまれた箕輪《みのわ》御門（復元）に往時を偲《しの》ぶことができる。桜の名所で、牡丹《ぼたん》やつつじ・藤が咲く。

公園の東側に、岩井田昨非の「戒石銘」碑がある。また城址から南東へ十分も歩むと、丹羽家の菩提寺大隣寺《だいりんじ》（曹洞宗）がある。山門左手の墓地に、二本松少年隊の木村銃太郎ほか十五名の墓が並んでいる。寺に、少年たちが着用した赤い小さな陣羽織が収蔵されている。

福島藩三万石

板倉家（子爵）

①福島市　②城　③一万三千六百人（宝永三年〈一七〇六〉）

福島領内は江戸初期まで、会津領だった。城代がおかれ、一時幕府領となり代官が駐在した。正式に藩として名乗りをあげるのは、延宝七年（一六七九）。大和郡山《やまとこおりやま》（奈良県大和郡山市）より本多忠国《ただくに》が十五万石で入封した。本多家の家祖は、徳川四天王の一人、本多忠勝《ただかつ》である。

それまで福島は支城のため、天守閣のない貧弱な城郭だった。先祖に誇りをもつ本多家は、土木家として著名な河村瑞賢《かわむらずいけん》に築城設計を依頼した。縄張《なわばり》（建物の位置を決める）を終え用材を整えたとき、祖先の旧領播磨《はりま》姫路へ所替《ところが》えを命ぜられた。

一時、幕府直轄領となるが、貞享三年（一六八六）七月、山形より堀田正仲《まさなか》が十万石で入封した。正仲の父正俊《まさとし》は初め春日局《かすがのつぼね》の養子にはいり、以後累進《るいしん》し五代将軍綱吉《つなよし》の擁立につくし、大老に抜擢《ばってき》された。下総古河《しもうさこが》（茨城県古河市）十三万石の藩主となるが、江戸城内において同族稲葉正休《まさやす》（若年寄）に刺殺された。

正仲が入封した当時、福島領は旧領の半分の収入しかなかったという。藩主みずから質素倹約につとめた。家臣の俸禄は、六五・五〇・三〇パーセントに歩引《ぶび》きされた。正仲没後の元禄七年（一六九四）、次代当主正虎《まさとら》は人員整理を余儀なくされた。元禄十三年正虎は、山形へ転封した。元禄十五年十二月、信濃坂木《しなのさかき》（長野県坂城《さかき》町）より板倉重寛《しげひろ》が、三万石で福島に入封した。

堀田家は旧領の半分しか収入がない土地と悔いたが、板倉家は家臣ともども〝狂喜〟したという。従来陣屋だったが、城持ち大名に格上げされたのである。江戸城詰間《つめのま》も、三万石以下無城の譜代《ふだい》大名が詰める「菊間《きくのま》」より、十万石以上の「雁間《かりのま》」に昇格した。

板倉家の先祖は、寛永十五年（一六三八）正月、島原ノ乱の総大将として原城（長崎県南有馬町）で戦死した板倉内膳正重昌《ないぜんのかみしげまさ》である。板倉家の時代、三代にわたり福島城の普請《ふしん》が行われた。

福島は、城下町というよりむしろ、商業の町として栄えた。水陸交通の要衝を占め、米と養蚕物の集散地だった。古松軒《こしょうけん》は、「舟（阿武隈川《あぶくま》）にて、諸方へ往来し、交易《こうえき》便なるゆえにや、町並も大概宜《よろ》しく――」と、書いた。

店屋千余軒、絹綿糸・紙・紅花《べにばな》・米穀類・煙草を商《あきな》った。阿武隈川の水運と陸路による積荷が毎日数百駄《だ》（馬に乗せる荷物）におよんだ。取引きの中心は、生糸・蚕種《さんしゅ》（蚕の卵）である。生糸は京都の西陣へおくられ、福島糸としての名をあげた。江戸・上方の飛脚《ひきゃく》が出店《でみせ》（支店）をかまえ、藩から扶持《ふち》をあたえられた。六月十四日の福島糸市《いといち》では、四時間で百駄の糸が現金取引きされ、他国では見られぬ「現銀大市《おおいち》」と、喧伝《けんでん》された。

慶応四年（一八六八）、戊辰戦争が始まり、福島藩は列藩同盟にくみした。しかし列藩諸侯は新政府軍に押され、七月二十九日、二本松が落城した。福島藩は開城を決意し、九月十五日総督参謀板垣退助（土佐藩士）に正式降伏した。

三万石のうち、二千石の減封となった。藩主勝尚《かつひさ》は隠居し、勝尚の従兄弟で執政（家老）役の渋川教之助が、板倉勝達《かつみち》と名乗り跡目《あとめ》についた。

ＪＲ東北本線福島駅の東側、県庁のあるところが福島城址である。県庁のわきの紅葉山公園に、藩主板倉家の先祖重昌《しげまさ》とその子重矩《しげのり》を祀る板倉神社がある。神社に、重昌が身につけた金鱗甲《きんりんかっ》冑《ちゅう》や軍扇・軍配・陣羽織が収蔵されている。

会津藩二十八万石　**松平家**（子爵）

①会津若松市　②城　③十六万八千百人（享保元年〈一七一六〉）**④三千八十人**（寛文四年〈一六六四〉）

天正十八年（一五九〇）、豊臣秀吉により蒲生《がもう》氏郷《うじさと》が会津四十二万石に封ぜられ、翌年九十一万九千石に加増された。氏郷の子の秀行《ひでゆき》のときの慶長三年（一五九八）、宇都宮に移封、越後《えちご》から上杉景勝《かげかつ》が百二十万石で入った。景勝は関ヶ原役で西軍に味方して米沢にうつされた。前藩主蒲生秀行が再入封するが、寛永四年（一六二七）、つぎの忠郷《たださと》のとき嗣子にめぐまれず、領土を没収された。伊予《いよ》松山（愛媛《えひめ》県松山市）より、加藤嘉明《よしあき》が四十万石で入封した。嘉明の子明成《あきなり》の時代、藩主と老臣堀主水《もんど》が諍《いさか》いをおこし、これが原因で明成は幕府に領土を返還した。

さて、二代将軍秀忠の四男保科正之《ほしなまさゆき》が、山形より二十三万石で入封するのは、寛永二十年（一六四三）である。正之は最初、高遠《たかとお》三万石城主保科正光《まさみつ》の養子となり、寛永十三年高遠三万石より一躍、出羽《でわ》山形二十万石へ加増された。このとき正之は、保科家累代《るいだい》の家宝、朱印状《しゅいんじょう》を養父正光の弟正貞《まささだ》（のち上総《かずさ》飯野《いいの》〈千葉県富津《ふっつ》市〉二万石藩主）にゆずった。

正之が会津にうつったのちの慶安四年（一六五一）重病の床についた兄家光は、大老酒井忠勝《ただかつ》を呼び、正之を家綱《いえつな》の補佐とするよう遺言した。家綱が四代将軍に就任するや、中将に任ぜられ、副将軍として重きをなした。三代正容《まさかた》のとき、「松平」の姓をうけ、葵《あおい》の御紋の使用をゆるされた。

藩内に凶作がつづき、明和六年（一七六九）、旱魃《かんばつ》により年貢《ねんぐ》米七万八千六百石の減収となった。宝暦元年（一七五一）、会津藩の借財は、五十七万両に達した。とっておきの封印金二千両に手がつけられた。この年の藩の総収入は約七万両だが、諸支払をすませると、八千両しか残らなかった。一年分の費用をまかなうには、とても足りなかった。追打ちをかけるように、天明二、三年（一七八二、八三）の大凶作が襲った。

天明七年（一七八七）藩は、藩政改革に踏み切った。最初に、交替で政務につく「月番制」を、「専任責任制」に変えた。専門分野を、①町村の治政・藩学、②公事（訴訟）・法令、③武備工作、の三つに分けた。

経済の活性化のため家老田中玄宰が主として殖産興業に当った。これも三本の大きな柱を立てた。①藩営の専売制の強化、新たな事業の創設、②漆器《しつき》の改良、③養蚕業の育成、酒造の改善、鯉の養殖。そして江戸に産物会所をもうけ、会津特産品の宣伝販売に力をいれた。

会津特産の漆器の改良のために、京都から名工木村藤蔵をまねき、職人に蒔絵《まきえ》や金粉の技術を習得させた。漆器の技術はいちじるしく向上し、製品は中国・オランダに輸出された。養蚕もさかんに奨励した。家中の婦女は自分の手で養蚕し、絹織物を織り、自分の着物をつくった。文化九年（一八一二）米の収穫は、二十三万石の表高《おもてだか》をおよそ十万石越え、三十二万八千五百石に達した。商業活動も活発化し文化年間三十五、六の商業仲間ができた。

弘化五年（一八四八）二月、会津九代藩主に容保《かたもり》が就任した。容保は、尾張《おわり》徳川家の分家美濃《みの》高須《たかす》（岐阜県海津《かいづ》町）三万石松平義建《よしたつ》の六男に生れた。この家の次男慶勝《よしかつ》は本家尾張徳川家をつぎ、三男武成《たけなり》は石見《いわみ》浜田《はまだ》（島根県浜田市）六万一千石の松平家、五男茂栄《もちはる》は御三卿の一橋《ひとつばし》徳川家、七男定敬《さだあき》は伊勢《いせ》桑名（三重県桑名市）十一万石と、それぞれ徳川御家門の大名家に養子入りした。

会津の悲劇は、薩摩・長州・土佐主体の新政府軍の奥州進撃により幕を切った。

慶応四年（一八六八）一月、鳥羽伏見の戦いに会津をふくむ幕府軍は、薩摩・長州らの新政府軍に敗れた。十五代将軍慶喜《よしのぶ》は容保らと江戸へ逃亡した。新政府軍の怨念の標的となった会津は、将軍慶喜にすら疎《うと》まれた。

二月、会津に帰国した容保は謹慎し、二十余回にわたり朝廷に嘆願書を呈したが、ついにいれられず、戊辰戦争の火蓋が切られた。

三月に入り、会津藩は軍備を強化した。年齢別に、白虎《びゃっこ》（十六歳〜十七歳）、朱雀《すざく》（十八歳〜三十五歳）、青竜《せいりゅう》（三十六歳〜四十九歳）、玄武《げんぶ》（五十歳以上）の四隊にわけられた。このほか、郷士の正奇隊、農民商人による「敢死隊」が編成され、総兵力五千三百人が戦闘態勢についた。

十万の新政府軍が越後・奥州に進撃し、五月より七月にかけ、長岡・白河・三春・二本松の諸城が攻められ、落城した。

白河口よりはいった新政府軍は、会津軍守備の保成《ぼなり》峠を破り、会津領に攻め込んだ。

籠城の覚悟を決めた会津藩は、新政府軍来るの報に緊張した。死を覚悟の籠城戦だった。

城にちかい家老西郷頼母《たのも》邸で、一族二十一人が自刃した。母や頼母の妻、妹たちが殉節をつらぬき、自刃した。頼母の妹由布子《ゆふこ》は、「武士《もののふ》の道と聞しをたよりにて　思ひたちぬる黄泉《よみ》の旅かな」と、辞世の歌を詠《よ》んだ。藩に殉じた婦人は二百余人にのぼった。

城下の北東飯盛《いいもり》山に陣を引いた白虎隊士二十名は、城下にのぼる煙を城炎上と見て自刃を決意した。うち一人は命をながらえた。

九月二十二日巳《み》ノ刻（午前十時）、降伏の白旗が追手先《おうて》（表門）にかかげられた。容保・喜徳《よしのり》（養子、水戸徳川斉昭《なりあき》十九男）父子は麻上下《かみしも》に身を正《ただ》し、新政府軍軍監中村半次郎（薩摩藩士、のち桐野利秋）の前にすすんだ。家臣一統の赦免《しやめん》をねがう嘆願書が差し出された。藩主父子は、城内三千余人の士に訣別《けつべつ》し、城下滝沢の妙国寺にはいって謹慎した。藩主父子に、「罪一等ヲ減ジ永禁錮《きんこ》」の処罰がくだされる。

そして明治二年（一八六九）十一月御家再興をゆるされ、この年六月にうまれたばかりの容保の実子容大《かたはる》に、斗南《となみ》藩三万石があたえられた。本州の最北端、現在の青森県むつ市の辺りである。辺境の不毛の地で、悲惨な生活であったという。

JR磐越西線会津若松駅の南の追手《おうて》町に、鶴ヶ城址がある。明治七年天守閣はじめいっさいが取りこわされた。昭和四十年（一九六五）五層の天守閣が復元された。堀や石垣に昔の面影をとどめる。

城址の東の東山《ひがしやま》温泉の入口にちかい山中に、松平家の墓所がある。この墓所の手前に家老西郷頼母の屋敷（建坪二百八十坪）が復元された。また駅の東の飯盛山に、白虎隊士十九名の墓が並び、山上からはるか向こうの会津若松市街がのぞまれる。

Ⅱ　関東

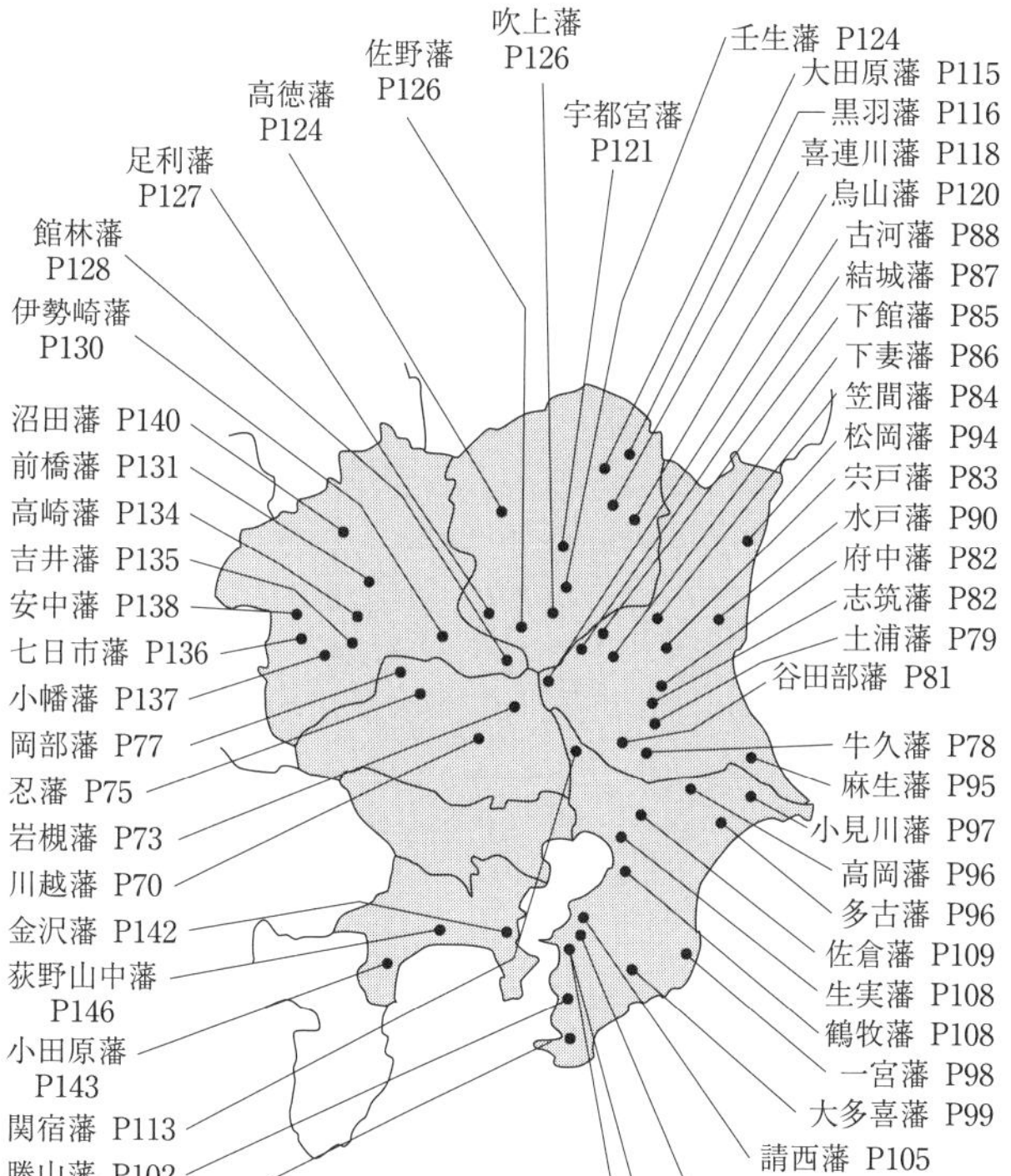

吹上藩 P126
佐野藩 P126
高徳藩 P124
足利藩 P127
館林藩 P128
伊勢崎藩 P130
沼田藩 P140
前橋藩 P131
高崎藩 P134
吉井藩 P135
安中藩 P138
七日市藩 P136
小幡藩 P137
岡部藩 P77
忍藩 P75
岩槻藩 P73
川越藩 P70
金沢藩 P142
荻野山中藩 P146
小田原藩 P143
関宿藩 P113
勝山藩 P102
館山藩 P100
宇都宮藩 P121
壬生藩 P124
大田原藩 P115
黒羽藩 P116
喜連川藩 P118
烏山藩 P120
古河藩 P88
結城藩 P87
下館藩 P85
下妻藩 P86
笠間藩 P84
松岡藩 P94
宍戸藩 P83
水戸藩 P90
府中藩 P82
志筑藩 P82
土浦藩 P79
谷田部藩 P81
牛久藩 P78
麻生藩 P95
小見川藩 P97
高岡藩 P96
多古藩 P96
佐倉藩 P109
生実藩 P108
鶴牧藩 P108
一宮藩 P98
大多喜藩 P99
請西藩 P105
久留里藩 P106
飯野藩 P103
佐貫藩 P104

埼玉

川越藩八万石　松井家（子爵）

①川越市　②城　③五万七千六百人（明治二年〈一八六九〉）　④二千八百九十人（明治二年〈一八六九〉）

川越城は、長禄元年（一四五七）扇谷《おおぎがやつ》上杉持朝《もちとも》の家臣太田道真《どうしん》・道灌《どうかん》父子によって築かれた。一名初雁《はつかり》城といわれた。

その後上杉家が小田原北条氏に敗れ、半世紀ほど北条氏の支城となった。天正十八年（一五九〇）豊臣秀吉により北条氏はほろび、関東に徳川家康が入国してきた。このとき、酒井重忠《しげただ》が一万石をもって、川越城に封ぜられた。

慶長六年（一六〇一）重忠は上野《こうずけ》前橋へ移封し、十四年弟忠利《ただとし》が二万石で入った。寛永四年（一六二七）、忠利の死後嫡男忠勝《ただかつ》が武蔵深谷《むさしふかや》（埼玉県深谷市）五万石より八万石で入封した。忠勝は寛永五年十一万石に加増され、十一年に若狭小浜《わかさおばま》へ移封した。翌年堀田正盛《まさもり》が三万五千石で入り十五年信濃《しなの》松本へうつった。

そして寛永十六年（一六三九）、幕府老中で知恵伊豆の名で知られた松平信綱《のぶつな》が、武蔵忍《おし》（埼玉県行田《ぎょうだ》市）より六万石で入った。信綱は、大規模な領内整備に着手し、荒川や入間《いるま》川の治水《ちすい》に取り組んだ。「伊豆殿二代の功績により、領内全域の川堤が改善された」と地誌は記している。また、江戸の玉川上水より分水した「野火止《のびどめ》用水」を完成させ、百六町余の畑地を開発、新河岸《しんがし》川から荒川をへて江戸にいたる舟運をさかんにし、川越の繁栄に寄与した。

信綱のあと輝綱《てるつな》・信輝《のぶてる》が藩主をつぎ、信輝が元禄七年（一六九四）下総《しもうさ》古河《こが》（茨城県古河市）へうつったあと、柳沢吉保《やなぎさわよしやす》が七万二千石で入封した。吉保は、五代将軍綱吉《つなよし》の寵臣で、小姓から側用人老中格に出世している。

吉保は十年在封して甲斐《かい》甲府十五万一千石にうつり、宝永元年（一七〇四）老中秋元喬朝《あきもとたかとも》（喬知）が五万石で入封した。六万石に加増された喬朝のあと、三代が在封した。四代目の涼朝《すけとも》の寛保二年（一七四二）八月、武蔵一帯が大洪水に見舞われている。

明和四年（一七六七）、涼朝が出羽《でわ》山形へ移封し、松平朝矩《とものり》が上野《こうずけ》前橋より十五万石で入った。松平初代直基《なおもと》は家康の次男結城秀康《ゆうきひでやす》の五男であった。

川越四代斉典《なりつね》は、荒廃した田畑の回復と貧民救済のため、二千五百両の資金を投入し、四十三カ村から普請《ふしん》人夫をあつめ洪水をふせぐ長堤をつくった。また、「殿様頼母子《とのさまたのもし》」と称する一種の金融互助組織をつくっている。救済だけでなく国学にも斉典は造詣《ぞうけい》深く、『興国公詩歌集』の著書がある。文政十年（一八二七）、江戸屋敷と川越に講学所を創建した。また頼山陽《らいさんよう》（儒者、歴史家）が『日本外史《がいし》』二十三巻を上梓《じょうし》した。

斉典は文政十年、実子典栄《つねひで》がありながら病弱を理由に、十一代将軍家斉《いえなり》の二十四男斉省《なりよし》を養子にした。将軍の子を養子にしたのは他への転封を目論んでいたからで、父祖の地姫路へは果せなかったが、出羽庄内《でわしようない》への転封は、天保十一年（一八四〇）十月、老中水野忠邦《ただくに》より内定をうけた。

庄内藩は表高《おもてだか》十四万石だが実収は十九万石、年間三万六千両の黒字を出す有数の富裕藩だった。十一月一日正式の沙汰がくだり斉典はじめ重臣らは祝宴をはった。ところが、庄内藩のところ（二十七ページ）で述べたように頑強な転封阻止運動がおこり、翌年七月、所替え中止が申し渡された。中止と引き替えに、川越松平家は二万石を加増された。これより前、将軍家からの養子斉省が死去している。

斉典の三代あとの直克《なおかつ》（久留米《くるめ》藩主有馬頼徳《よりのり》の子）は、文久三年（一八六三）、二十四歳の若さで幕府政事総裁職（幕閣の首相）に就任した。慶応二年（一八六六）旧城前橋への帰城がみとめられた。

慶応三年（一八六七）、奥州棚倉《たなぐら》より松井（松平）康英《やすひで》が八万石で川越へ入封した。松井家は徳川譜代《ふだい》の家で、松平の姓をゆるされた。康英は外国奉行・神奈川奉行をつとめ、文久元年（一八六一）遣欧使節に従いフランス・イギリス・オランダ・ロシアを歴訪した。戊辰戦争にさいし康英は新政府軍総督本陣に帰順を申し入れ、金三千両・米三千俵・薪数百束を献納した。

川越城址は、JR川越線川越駅の北にある。現在松平斉典が造営した御殿がのこっている。また城址の東にある三芳《みよし》野神社は、草創の頃の太田道灌が建てたという。社殿は、川越城主酒井忠勝によりつくられた。家康の側近として重きをなした天海《てんかい》僧正ゆかりの喜多《きた》院に、三代将軍家光時代の江戸城の一部が移築され現存する。

岩槻《いわつき》藩二万三千石　大岡家（子爵）

①岩槻市　②城　③三万八千四百人（明治二年〈一八六九〉）　④二百八十人（天明四年〈一七八四〉）

天正十八年（一五九〇）、徳川家康の関東入国にともない、三河譜代《ふだい》の高力清長《こうりききよなが》が岩槻城に二万石で入っている。清長は、領内の経済の中心岩槻市《いち》を復興した。毎月一・六の日の六斎市《ろくさいいち》として発展し、岩槻木綿の取引きの中心となった。

高力家は清長の孫の忠房《ただふさ》がつぐが、元和五年（一六一九）、遠江《とおとうみ》浜松へ移封した。翌六年老中青山忠俊《ただとし》が入封した後、九年阿部正次《まさつぐ》が五万六千石で入封し、五代五十八年在封した。

この後、頻繁に代替りした。老中戸田忠昌《ただまさ》（五万一千石）、松平忠周《ただちか》（四万八千石）、老中小笠原長重《ながしげ》（五万石から六万石）・長熙《ながひろ》、永井直敬《なおひろ》・尚平《なおひら》・直陳《なおのぶ》（三万二千石）が在封した。

さて宝暦六年（一七五六）、九代将軍家重《いえしげ》の側《そば》用人大岡忠光《ただみつ》が二万石で岩槻に入封した。名奉行・大岡越前守忠相《ただすけ》の同族である。将軍家重は生来軀《からだ》が弱く言葉が不自由だった。忠光は御側衆《おそばしゅう》（二千石）として、家重の側を片時もはなれず、言葉の不明瞭な家重の命令をかわって幕閣の要職に伝えた。家重の寵愛により、寛延元年（一七四八）三千石、宝暦元年五千石の加増をうけ一万石の諸侯に列した。宝暦四年若年寄、六年側用人と累進《るいしん》し、岩槻二万石に封ぜられたのだった。

家重の寵愛をうけたが、謙虚な性格で寵に驕《おご》ることなく政治の表面に出なかった。

忠光は、下級旗本から大名に出世しただけに、微禄の旗本や旗本の次・三男、諸国流浪の浪人から多くの家臣を採用した。なかに、異色の人物がいる。幕府転覆《てんぷく》の疑いをかけられ、のち死罪に処せられた尊王論者の山県大弐《やまがただいに》である。

いま一人藩士のなかに、諸国にきこえた学者がいる。儒者児玉南柯《こだまなんか》で「岩槻に過ぎたるものが二つあり、児玉南柯と時の鐘」とうたわれた。宝暦十一年（一七六一）、二代藩主忠喜《ただよし》のとき仕官し、以後三代の藩主に仕えた。藩領の安房海岸に清国船が漂着したとき、漢籍の知識を駆使して筆談で交渉、無事に事件を処理した。南柯が開いた家塾遷喬《せんきょう》館は、のち藩校になった。

戊辰戦争がはじまり、新政府の征討軍が進撃してきたとき、岩槻藩はいち早く帰順を決めている。東山道総督の命にしたがい、幕府脱走兵の追捕《ついぶ》につとめた。

東武野田線岩槻駅の東の元荒川沿いに、岩槻城址がある。旧岩槻城表門や土塁・空《から》堀がのこり、いま〝お林《はやし》公園〟と呼ばれている。遷喬館は当時そのままの姿で保存され、南柯と並び称せられた「時の鐘」が、いまも毎朝六時、鐘の音を響かせている。

ちなみに、現在岩槻市内で六百軒の業者をかかえる「岩槻人形」は、江戸時代初期の寛永年間（一六二四〜四四）、日光東照宮の造営にあたった工匠の一部が岩槻に住みつき、人形造りを始めたのが起原という。

忍《おし》藩十万石　松平家（子爵）

①行田《ぎょうだ》市　②城　③十一万三千人（明治二年〈一八六九〉）　④五千四百七十人（家族を含む。明治二年〈一八六九〉）

家康が関東に入国したとき、徳川と同族の「深溝松平《ふこうず》」の松平家忠《いえただ》が一万石で入封、文禄元年（一五九二）下総《しもうさ》上代《かしろ》（千葉県東庄町・干潟《ひかた》町）へうつされ、かわって家康の四男松平忠吉《ただよし》が十万石で入封した。慶長五年（一六〇〇）、忠吉は尾張清洲《おわりきよす》（愛知県清洲町）へうつされた。一時幕府領となり、寛永三年（一六二六）酒井忠勝《ただかつ》（五万石）、十年松平信綱《のぶつな》（三万石）、そして十六年阿部忠秋《ただあき》が、下野《しもつけ》壬生《みぶ》（栃木県壬生町）より五万石で入封した。

忠秋は慶長十五年（一六一〇）、九歳のとき家光付となり、寛永三年一万石で諸侯に列した。十年、松平信綱らと幕府老中に任ぜられた。晩年には、八万石に加増された。その後忍《おし》三代正武《まさたけ》のとき十万石となった。

藩領のうち、秩父《ちちぶ》領は比較的富裕だった。江戸初期から流行した観音札所《ふだしょ》巡りのお賽銭《さいせん》のあがりがあった。そして、秩父絹太織《きぬふとおり》の生産がさかんになった。秩父絹市《きぬいち》を忍藩は積極的に保護し武州最大の取引を誇った。現在もつづく豪壮華麗な秩父夜祭りはその豊さの象徴である。富裕な絹仲買商人は、忍藩御用金御用達《ごようたし》（御用商人）として苗字帯刀《みょうじたいとう》をゆるされた。

現在、行田《ぎょうだ》の主産業として全国の八割を占める足袋《たび》製造は、正徳年間（一七一一〜一六）、藩主正喬《まさたか》が藩士の内職として奨励したのが始まりという。

九代つづいた阿部氏は、文政六年（一八二三）正権《まさのり》が陸奥《むつ》白河《しらかわ》（福島県白河市）へうつされ、伊勢桑名から松平忠堯《ただたか》が十万石で入り、松平氏は幕末まで在封する。

松平家の祖先は、奥平信昌《おくだいらのぶまさ》である。信昌は、徳川家康が武田勝頼《かつより》と戦ったとき、長篠《ながしの》城（愛知県鳳来《ほうらい》町）を死守し、徳川方に勝利をもたらした。信昌は家康の娘亀姫をめとり、その子（四男）忠明《ただあきら》は家康の養子となった。以来、松平の姓をゆるされた。忠堯はこの系統である。ちなみに、信昌の嫡男家昌《いえまさ》の系統は、豊前《ぶぜん》中津（大分県中津市）藩主奥平氏である。

松平氏は六代忠翼《ただすけ》（桑名藩主）のとき、幕府大学頭《だいがくのかみ》林述斎《じゅっさい》の推挙により平井六蔵が藩の儒官に取り立てられた。平井の建言により、進修館・医学館・兵学館の三つの藩校が創設された。忠翼の子忠堯の忍転封により、進修館がうつされた。

天保十二年（一八四一）忍松平三代藩主忠国《ただくに》は、進修館に従来の教科のほか国学・書道・算学を新設。このため、藩士のなかから傑出した者が輩出した。

慶応四年（一八六八）正月の鳥羽伏見の決戦に、忍藩は幕府軍の後詰《ごづめ》として参加したが、幕軍惨敗後藩主忠誠《ただざね》一行は敗走した。関東へ進軍してきた新政府軍に、ひたすら恭順の姿勢を示し、同年閏《うるう》四月、東山道総督岩倉具定《ともさだ》（具視《ともみ》の子）が忍城につくや、城門の鍵すべてを差し出した。反骨の御殿医九河《くが》道伯《どうはく》は、総督到着の夜、料亭で痛飲し、新政府軍を罵倒する歌を高吟した。忍藩は新政府へ謝罪するため、道伯の首を斬った。以後忍藩兵は、新政府軍の奥州追討軍にくわわり、宇都宮・白河・二本松・会津の各城攻略にしたがった。

秩父鉄道行田市《ぎょうだし》駅の南に、忍城址があり、中に市役所・東照宮・小学校が建っている。本丸跡に、御三階櫓《ごさんかいやぐら》と呼ばれる天守閣が復元された。「忍城の鐘」として知られる鐘楼がのこされている。

岡部藩二万石　安部家（子爵）　①大里郡岡部町　②陣屋

陣屋をおく岡部は、本庄市と深谷市の中間にある。

安部家の家祖信勝《のぶかつ》は最初、今川義元《よしもと》・氏真《うじざね》につかえ、のち徳川に属した。信勝の子信盛《のぶもり》は、関ヶ原役で上杉景勝《かげかつ》攻めに出陣し、大坂ノ陣にも出陣した。大番頭《おおばんがしら》から、大坂城の警備をつかさどる大坂定番《じょうばん》に転じ、摂津《せっつ》（大阪府・兵庫県）に領地をあたえられ一万九千石の大名となった。

四代信峯《のぶみね》の宝永二年（一七〇五）、岡部に陣屋をかまえた。代々大坂定番をつとめた。

幕末の当主信宝《のぶたか》は、西洋砲術家として著名な高島秋帆《しゅうはん》が、讒言《ざんげん》により投獄されたとき、秋帆の身柄を預かった。いま埼玉県岡部町に、県指定史跡「高島秋帆幽囚地」がある。

最後の藩主信発《のぶおき》は元治元年（一八六四）、水戸藩の尊攘派天狗《てんぐ》党がおこした叛乱に鎮撫《ちんぶ》のため出兵した。慶応四年（一八六八）、勅命により京都へのぼり、新政府への恭順を表明した。

牛久《うしく》藩一万石

山口家（子爵）

①牛久市　②陣屋　③八千六百人（明治二年〈一八六九〉）　④七十人（明治元年〈一八六八〉）

千葉県との県境いにちかい牛久《うしく》に陣屋がおかれた。

牛久藩主となった山口家は、中国から関西にかけ六カ国の守護大名としてきこえた大内義弘の後裔で、大内家がほろびたのち子孫が尾張《おわり》に流浪し、一時僧侶になった。戦国時代に入り、信長の父織田信秀《のぶひで》につかえた。

家運をおこしたのは重政《しげまさ》である。信長の老臣佐久間信盛《のぶもり》や信長の次男信雄《のぶかつ》につかえ、やがて徳川家康の旗下に転じた。慶長十六年（一六一一）一万五千石を領するが、嫡子重信《しげのぶ》の妻が大久保忠隣《ただちか》（小田原藩主から失脚）の養女であったため、忠隣失脚にまきこまれ改易《かいえき》となった。重政は武蔵《むさし》越生《おごせ》（埼玉県越生町）の寺に蟄居《ちっきょ》するが、大坂夏ノ陣に参戦して功をたて、寛永六年（一六二九）、遠江《とおとうみ》・常陸《ひたち》で一万五千石をあたえられた。重政の子弘隆《ひろたか》のとき、牛久に陣屋をおいた。

幕末の藩主弘達《ひろよし》は、元治元年（一八六四）藩校正心館《せいしんかん》を創立し、藩士の教育に意をもちいた。戊辰戦争がはじまるや、新政府軍に積極的に協力し、常陸・下総《しもうさ》各地に出兵した。

土浦藩九万五千石　土屋家（子爵）

①土浦市　②城　③七万二千二百人（明治二年〈一八六九〉）④三千九百七十人（家族を含む。明治二年〈一八六九〉）

家康の関東入りのとき土浦領を支配したのは、家康の次男結城《ゆうき》秀康《ひでやす》だった。結城（茨城県結城市）十万一千石の城主で、土浦城に代官をおいた。慶長六年（一六〇一）、秀康は越前北庄《きたのしょう》（福井市）六十八万石へ転封した。かわって、徳川の同族「藤井松平」の松平信一《のぶかず》が常陸《ひたち》布川《ふかわ》（茨城県利根《とね》町）から三万五千石で土浦に入った。以後、西尾忠永《ただなが》・忠昭《ただあきら》（二万石）、朽木《くつき》稙綱《たねつな》（三万石）・稙昌《たねまさ》（二万七千石）、そして、老中土屋《つちや》数直《かずなお》が四万五千石で入封した。そのあと一時、幕府奏者番《そうじゃばん》の松平（大河内）信興《のぶおき》が二万二千石で入封するが、貞享四年（一六八七）、京都所司代から老中に昇進した数直の子政直《まさなお》が再び六万五千石で入封した。

幕末まで在封した土屋家の草創は武田家につかえ、天目山の戦いで敗れた武田勝頼に殉じ自害した昌恒《まさつね》の遺児が生きのびた。駿河《するが》清見寺《せいけんじ》（清水市）に預けられていたのを、鷹狩りの途中寺に立ち寄った徳川家康の目にとまり、その素姓を知った家康は、遺児平八郎を阿茶局《あちゃのつぼね》（家康の側室）に育てさせた。平八郎はのち、二代将軍秀忠の側衆《そばしゅう》としてつかえ、秀忠の諱《いみな》をもらい名を忠《ただ》直《なお》とあらためた。慶長七年（一六〇二）上総《かずさ》久留里《くるり》（千葉県君津市）二万一千石の城主に取り立てられた。土浦初代数直は、忠直の子である。

土浦に再入封した数直の子政直は、享保三年（一七一八）三月退任するまで、老中を三十年つとめた。

政直の藩政でみるべきものは、醬油醸造《しょうゆじょうぞう》の保護育成で、大国屋勘兵衛の名で伝えられた醬油は、江戸城西ノ丸御用をつとめ、銚子・野田と並ぶ名声をえた。土浦は水戸街道の要衝であり、霞《かすみ》ヶ浦《うら》・利根川・江戸川の水運が賑わい、城下町として発展した。

七代藩主英直《ひでなお》のときの寛政六年（一七九四）、藩の財政援助により心学《しんがく》（宗教をとりいれた庶民教育）の尽心舎《じんしんしゃ》がつくられ、城内に「郁文館《いくぶんかん》」と称する藩校がもうけられた。

英直のあと、水戸藩主治保《はるもり》の子洽三郎《こうざぶろう》を八代寛直《ひろなお》の養子にむかえ彦直《よしなお》と称し九代目をついだ。この治政時代、天災が多発し飢饉に見舞われた。幕府や彦直の実家水戸家から資金を借りて復興にあてた。

彦直のあとの寅直《ともなお》は、藩校郁文館を城外に新築移転し、文武両館に分けた。文館は幕末の儒者として名高い藤森弘庵《ふじもりこうあん》が督学《とくがく》（校長）として入った。武館は、一流の剣客島田虎之助、森要蔵が指導した。藩士は八歳で文館に学び、十七歳で武館へはいることが義務づけられ、違反するものは食禄半減、あるいは追放の厳罰が科せられた。

九代彦直が尊王攘夷派の中心水戸藩主家の出身であるだけにその影響をうけた。寅直の公用人大久保要は、水戸尊王派の中心藤田東湖《とうこ》や薩摩の西郷吉之助（隆盛）らと交わり、ひそかに尊攘志士をたすけた。要はしかし、その秘密行動を京都所司代に探知され、藩邸に幽閉された。

土浦市の中心部に、土浦城址がある。いま亀城《きじよう》公園といわれる。堀や石垣・城門がのこっている。城門は明暦二年（一六五六）朽木稙綱が建てた。入母屋《いりもや》造りの二層の櫓《やぐら》門で、二階の屋根裏に、時刻をつげる大太鼓が置かれていた。一名、太鼓櫓《たいこやぐら》といわれた。

谷田部《やたべ》藩一万六千石　細川家（子爵）

①つくば市　②陣屋　③一万三千四百人（明治二年〈一八六九〉）**④百六十人**（天保十一年〈一八四〇〉）

藩主細川家の先祖興元《おきもと》は、戦国時代、明智光秀とともに足利最後の将軍義昭《よしあき》の擁立につくした細川藤孝《ふじたか》（幽斎）の次男で、兄忠興《ただおき》は、熊本五十四万石細川家の家祖である。

興元は、二代将軍秀忠につかえ、慶長十五年（一六一〇）下野《しもつけ》（栃木県）で一万石余をあたえられ、元和二年（一六一六）、谷田部に陣屋をかまえた。

新田開発で二万七千石の実収をえた領内も、江戸中期以降のかさなる凶作により荒廃した。江戸屋敷の火災などにより藩財政が悪化した。

二宮尊徳《そんとく》（金次郎）の農村振興の仕法《しほう》（経営改善策）を採用するが、尊徳と対立して仕法を断念した。本家熊本細川家の援助により、借財を減らした。

慶応四年（一八六八）三月、幕末の藩主興貫《おきつら》は、家臣百余名をひきいて京都へのぼり、新政府軍に参加した。

府中藩二万石　松平家（子爵）

①石岡市　②陣屋　③一万六千九百人（明治二年〈一八六九〉）　④千八十人（家族を含む。明治二年〈一八六九〉）

慶長七年（一六〇二）、出羽《でわ》六郷《ろくごう》（秋田県六郷町）を本拠とした六郷政乗《まさのり》が一万石で立藩した。元和九年（一六二三）、政乗は出羽本荘《ほんじょう》（秋田県本荘市）へ移封し、皆川広照《みながわひろてる》が一万石で入封した。三代成郷《なりさと》のとき、嗣子にめぐまれず断絶した。

元禄十三年（一七〇〇）、水戸藩主徳川光圀《みつくに》の弟松平頼隆《よりたか》が、二万石で陣屋をおいた。家老クラスの重臣はすべて水戸藩から派遣された。

石岡市内の市民会館南側に、かつての陣屋門がのこっている。

志《し》筑《づく》藩一万石　本堂家（男爵）

①新治《にいはり》郡千代田町　②陣屋　③五千四百人（明治四年〈一八七一〉）　④四百三十人（家族を含む。明治二年〈一八六九〉）

『寛政重修諸家譜《かんせいちょうしゅうしょかふ》』によると、藩主本堂家の祖は源頼朝の落胤《らくいん》という。頼朝が伊豆に流されたとき、土地の豪族伊東祐親《すけちか》（曾我兄弟の祖父）の娘に生ませた男子がのち、忠頼《ただより》と称し奥州に住んだ。この家系の者が出羽《でわ》本堂（秋田県千畑《せんはた》町）の城を本拠とし、本堂を姓とした。

江戸時代初期の茂親《しげちか》が、関ヶ原役後、本堂より常陸《ひたち》志筑《しづく》へうつされ八千五百石の交代寄合《こうたいよりあい》（大名待遇の旗本）となった。本堂家が大名に取り立てられるのは、幕末の親久《ちかひさ》のときである。

戊辰戦争がはじまるや、家中は勤王派が主流となり、新政府軍に積極的に協力、関東進攻の政府軍の斥候《せっこう》、関東諸藩の探索、賄《まかない》方などをつとめた。その功により、一万石の志筑藩が成立した。

宍戸《ししど》藩　一万石

松平家（子爵）

①西茨城郡友部町　②陣屋　③六千三百人（明治二年〈一八六九〉）　④二百四十人（家族を含む。明治二年〈一八六九〉）

水戸市の西側、現在の友部《ともべ》町に宍戸藩が立藩した。最初は、奥州の古い豪族秋田実季《さねすえ》が五万石で入封。正保二年（一六四五）実季の子俊季《としすえ》のとき、三春《みはる》（福島県三春町）にうつされた。その後、幕府直轄《ちょっかつ》領、水戸藩領、代官支配をへて、天和二年（一六八二）御三家水戸初代藩主頼房《よりふさ》の七男松平頼雄《よりお》が水戸藩より一万石分知され、宍戸に陣屋をおいた。藩主は宍戸に居住せず、代々江戸屋敷にいて、宍戸の陣屋で年貢《ねんぐ》を取り立て、行政・警察は水戸藩の役人が担当した。

幕末、水戸藩の天狗党騒動に巻きこまれる。元治元年（一八六四）三月、天狗党一味が筑波《つくば》山に挙兵した。幕府は、九代藩主頼徳《よりのり》に、水戸藩の名代として鎮撫《ちんぶ》を命ずるが、しかし頼徳以下の宍戸藩兵が天狗党に同調し、幕府に敵対したとして、十月、頼徳に切腹の命がくだり、その領地が没収された。慶応四年（一八六八）二月、朝命により前藩主頼位《よりたか》が復活し立藩した。この間宍戸は無警察状態だったという。

いま友部町の旧宍戸町役場に歴史民族資料館が建つが、ここに陣屋がおかれていた。

笠間藩八万石　牧野家（子爵）

①笠間市　②城　③四万四千人（明治二年〈一八六九〉）④三千二百五十人（家族を含む。明治二年〈一八六九〉）

中世期、下野《しもつけ》（栃木県）の名族宇都宮氏の時朝《ときとも》が、この地に住み笠間氏を称した。JR水戸線笠間駅の北東佐《さ》白《しろ》山に山城をきずいた。三百九十余年つづいた。天正十八年（一五九〇）、本家筋の宇都宮国綱に攻められ滅亡した。

関ヶ原役後の慶長六年（一六〇一）、松平（松井）康重《やすしげ》が武蔵騎西《むさしきさい》（埼玉県騎西町）より三万石で入封したが、同十三年、丹波篠山《たんばささやま》（兵庫県篠山市）へ転封、かわって下総《しもうさ》佐倉より小笠原吉次《よしつぐ》が三万石で入封した。吉次は、七カ月で主家筋にあたる松平忠吉《ただよし》（徳川家康の四男、尾張五十二万石藩主）の家中騒動に連座し、改易《かいえき》となった。幕府領時代をへて、慶長十七年（一六一二）、下総古河《こが》（茨城県古河市）の戸田康長《やすなが》が三万石で入ったが、元和二年（一六一六）上野《こうずけ》高崎へうつった。その後、永井・浅野・井上・本庄《ほんじょう》・井上と頻繁に代替りした。

そして延享四年（一七四七）、日向延岡《ひゅうがのべおか》より牧野貞通《さだみち》が八万石で入封し、ここに牧野家は幕末まで在封する。貞通は当時、京都所司代の職にあった。二代貞長《さだなが》は、寺社奉行から大坂城代・京都所司代をへて老中にのぼった。三代貞喜《さだはる》は、凶作で窮乏した藩財政を立て直すべく、文化六年（一八〇九）藩政改革に手をつけ、藩校時習《じしゅう》館をつくった。

慶応三年（一八六七）十月、十五代将軍慶喜《よしのぶ》が大政奉還をするや、藩内は勤王・佐幕の両論にわかれて争った。結局、時勢に勝てず、勤王に落ちつき、新政府軍総督の命にしたがい、下野小《お》山《やま》（栃木県小山市）の新政府軍に加勢した。

下館《しもだて》藩二万石　石川家（子爵）

①下館市　②城　③一万五千百人（明治二年〈一八六九〉）　④千三百人（家族を含む。明治二年〈一八六九〉）

下館《しもだて》は、JR水戸線の沿線で、栃木県にちかい都市である。

中世以来水谷《みずのや》氏が支配し、八代勝隆《かつたか》の慶長十一年（一六〇六）三万二千石を有した。寛永十六年（一六三九）、勝隆は備中成羽《びっちゅうなりわ》（岡山県成羽町）へ転封し、徳川頼房《よりふさ》（水戸初代藩主）の嫡男松平頼重《よりしげ》が五万石で入った。水戸の城下にならい、町名を変えて町並みを整備し、水谷氏以来の郷士を優遇し町年寄として町政を担当させた。十九年、頼重は讃岐《さぬき》高松へ十二万石で転封した。その後、増山・井上（若年寄）・黒田（寺社奉行）と変り、享保十七年（一七三二）伊勢《いせ》神戸《かんべ》（三重県鈴鹿《すずか》市）から石川総茂《ふさしげ》が二万石で入封、石川氏は幕末まで在封する。当時総茂は、八代将軍吉宗の側用人をつとめた。

下館は綿花の取引きがさかんで、真《も》岡《おか》木綿の産地として知られた。天保九年（一八三八）、二宮尊徳《そんとく》の農業仕法《しほう》を取りいれ、農村の復興につとめた。

幕末の混乱期に、幕府脱走軍が下館に侵入し、藩主総管《ふさかね》は水戸薬王院へ退去を余儀なくされた。

下妻《しもつま》藩 一万石　井上家（子爵）

①下妻市 ②陣屋 ③八千八百人（明治二年〈一八六九〉） ④四百五十人（家族を含む。明治二年〈一八六九〉）

戦国時代、多賀谷《たがや》氏の本拠だった。関ヶ原役前夜、徳川家康が上杉攻めのため下野小山《しもつけおやま》に屯営《とんえい》したとき、多賀谷重経《しげつね》は家康を夜襲しようとした。このため戦後、下妻《しもつま》六万石を没収された。その後、徳川頼房《よりふさ》（のち水戸藩主）、松平忠昌《ただまさ》（のち越前福井藩主）、松平（久松）定綱《さだつな》（のち桑名藩主）が短期入封した。定綱が遠江《とおとうみ》掛川に移封した元和五年（一六一九）からほぼ一世紀幕府領となった。

正徳二年（一七一二）、井上正長《まさなが》が一万石で下妻に入封した。正長は美濃《みの》郡上八幡《ぐじょうはちまん》城主井上正《まさ》任《とう》の三男で、元禄六年（一六九三）寄合《よりあい》（三千石以上で非役の旗本）となり、甲府藩主徳川綱豊《つなとよ》（家光の三男綱重《つなしげ》の子）の家老をつとめた。やがて綱豊が家宣《いえのぶ》（六代将軍）と名をあらため将軍継嗣となると江戸城西ノ丸御側衆《おそばしゅう》となって三千石を加増された。そして六代将軍家宣が没したとき、遺命によって二千石を加増され、下妻一万石の大名となったのである。

結城《ゆうき》藩一万八千石

水野家（子爵） ①結城市 ②城 ③四千四百八十人（元禄十五年〈一七〇二〉）④百八十人

天正十八年（一五九〇）、徳川家康の次男で豊臣秀吉の養子秀康《ひでやす》が、関東の名族結城晴朝《はるとも》の養子となり結城城主となった。禄高十万一千石。関ヶ原役後の慶長六年（一六〇一）、秀康は越前北庄《きたのしょう》六十八万石へ移封した。

このあと、結城は代官支配地、旗本領、大名の飛地《とびち》領となるが、元禄十三年（一七〇〇）、水野勝長《かつなが》が能登《のと》領一万石から結城一万石へ転封し、八千石を加増され、結城古城に築城した。十一代百七十年の在封であった。

戊辰戦争で、藩内が佐幕派と新政府恭順派に分裂した。佐幕派の藩主勝知《かつとも》は隠居謹慎を命ぜられ、一千石を減封された。

ＪＲ水戸線結城駅の北東に、結城城址がある。空堀《からぼり》・土塁の一部がのこされている。

名産結城紬《つむぎ》は、鎌倉時代から織られ、室町時代結城氏から足利幕府に献上された。江戸時代初期、代官伊奈忠次《いなただつぐ》が、信州や京都より機織《はたおり》や染色の技術を導入した。

古《こ》河《が》藩八万石

土井家（子爵）

①古河市　②城　③八万三千四百人（明治二年〈一八六九〉）④六百二十人（土井家・寛政初年）

古河《こが》は中世期、足利将軍家の関東代表ともいうべき、古河公方《くぼう》足利家が拠点とした場所である。百二十八年間関東に君臨した。

天正十八年、徳川家康が関東に入国すると、信濃《しなの》松本（長野県松本市）より小笠原秀政《ひでまさ》が三万石で古河に入封した。以後、戸田康長《やすなが》（二万石）、小笠原信之《のぶゆき》・政信《まさのぶ》（二万石）、奥平忠昌《ただまさ》（十一万石）、永井直勝《なおかつ》（七万二千石）・尚政《なおまさ》（八万九千石）が入封した。

寛永十年（一六三三）下総《しもうさ》佐倉より、土井利勝《としかつ》が十六万石で入った。利勝は、家康・秀忠・家光の三代の将軍の側近としてつかえ、正保元年（一六四四）大老の地位にのぼりつめた。四代利《とし》久《ひさ》は八歳で城主となり十歳で死去する。土井家は断絶の危機に直面するが、利勝の功績により、利久の叔父利益《とします》に古河七万石があたえられ、お家は存続した。利益は天和元年（一六八一）、志《し》摩《ま》鳥《と》羽《ば》（三重県鳥羽市）へうつった。

土井家のあとへ、上野《こうずけ》安中《あんなか》（群馬県安中市）より堀田正俊《まさとし》が九万石で入った。正俊は、五代将軍綱吉の将軍位継承に功をあらわし、老中から大老に取り立てられ十三万石に加増された。貞享元年（一六八四）、江戸城中において同族稲葉正休《まさやす》に刺され死亡、翌年子の正仲《まさなか》が出羽《でわ》山形にうつされた。土井家のあと、松平（藤井）信之《のぶゆき》（九万石）・忠之《ただゆき》（八万石）、松平（大河内）信輝《のぶてる》・信《のぶ》祝《とき》（七万石）、本多忠良《ただよし》・忠敞《ただひさ》（五万石）、松平（松井）康福《やすよし》（五万石）とつづいた。

宝暦十二年（一七六二）土井利里《としさと》が肥前唐津《ひぜんからつ》（佐賀県唐津市）より七万石で、父祖の地古河へ再入封し、土井氏は幕末まで在封する。

古河は利根川舟運のかなめの位置にあった。城付の職業として水主《かこ》（船頭）がおかれ、十四軒の水主長屋がもうけられた。川手奉行・御舟奉行が、舟運の仕事をつかさどった。

利里より三代あとの利位《としつら》は、大坂城代のとき大塩平八郎（大坂奉行所与力）の叛乱を鎮定し、水野忠邦《ただくに》のあとをおそって老中首座となった。利位の名声を高めたのは、雪の結晶を顕微鏡で拡大し図に示した、二十年来の大著『雪華図説《せっかずせつ》』を上梓《じょうし》したことだった。世に大きな反響を呼び、利位の写した雪の結晶模様は、「大炊《おおい》（土井大炊頭《おおいのかみ》にちなむ）模様」と呼ばれて浴衣《ゆかた》に染めぬかれ、天保時代の江戸で大いに流行した。利位自身も、雪華文様を刷《す》りこんだ便箋《びんせん》をもちいた。

家老鷹見泉石《たかみせんせき》がまた、文化人で、地理学と蘭学に通暁《つうぎょう》した。長崎のオランダ商館長ブロムホフは、泉石に「ヤン・ヘンドリック・ダップル」のオランダ名をつけた。杉田玄白《げんぱく》・高島秋帆《しゅうはん》・江川太郎左衛門らと交友をもち、渡辺崋山は、泉石の肖像画（国宝）を描いている。

慶応三年（一八六七）十五歳の利与《としとも》が、最後の藩主に就任した。尊王か佐幕か藩内で議論が戦わされたが、家老小杉監物《けんもつ》の決断により、尊王に決した。翌四年、利与は監物とともに京都にのぼり、新政府に忠誠を表明した。古河藩は、奥州追討の新政府軍に、古河城貯蔵の穀物全部と一万五百両を提供した。

古河市の西のはしが古河城のあった地だが、現在渡良瀬《わたらせ》川改修工事により河川敷《かせんしき》となり、遺構はまったくのこされていない。土井家の家祖利勝《としかつ》創建の正定寺《しょうじょう》（浄土宗）の黒門は、土井家江戸屋敷の表門を移築したものという。またこの寺に利勝以下歴代の墓がある。ほかに鷹見泉石記念館がある。

水戸藩三十五万石　徳川家（公爵）

①水戸市　②城　③二十五万四千八百人（明治二年〈一八六九〉）　④六千五百五十人（明治二年〈一八六九〉）

戦国時代の水戸城主は、古くからこの辺りを支配した佐竹氏である。五十四万五千石の水戸城主だった佐竹義宣《よしのぶ》は、関ヶ原役には石田三成との親交により中立を保《たも》ち、慶長七年（一六〇二）出羽《でわ》秋田にうつされた。かわって、家康の五男信吉《のぶよし》が下総《しもうさ》佐倉から十五万石で入封したものの翌年死去し、家康の十男頼将《よりまさ》（のち頼宣《よりのぶ》）が二十万石の水戸城主となった。頼将は翌年二十五万石となり、そして十四年、駿府《すんぷ》（静岡市）五十万石の城主となった。

頼将の転封にともない、弟で家康の十一男頼房《よりふさ》が、下妻（茨城県下妻市）十万石より二十五万石で水戸に入った。元和八年（一六二二）二十八万石、元禄十四年（一七〇一）三代藩主綱条《つなえだ》のとき三十五万石になっている。

頼房の三男で二代をついだ光圀《みつくに》が、歴代のなかで傑出している。幼名長丸、千代松ともいった。元服後光国、のち国を圀にあらためた。後世、水戸黄門《こうもん》の名で知られた。黄門は中納言の唐名である。側室の子で、生母久子（家臣谷左馬介重則の娘）が妊娠したとき、別の側室の嫉みにより闇に葬られようとした。家老三木仁兵衛之次が、ひそかに自邸にかくまい、無事誕生させた。四歳まで三木邸で育てられ、五歳のとき城中へ、六歳で江戸小石川藩邸にうつされ、翌寛永十一年〈一六三四〉江戸城に登城し三代将軍家光と対面した。家光は手ずから文昌星《ぶんしょうせい》（中国で北斗星中の六星の称）をかたどった唐銅《からどう》の像を光圀にあたえたという。

寛文元年（一六六一）八月、父頼房の死により二代水戸藩主となった。長兄頼重《よりしげ》をさしおき家督をついだため、光圀は頼重の子綱条を養子として自分の跡継ぎにした。夫人は関白近衛《このえ》信尋《のぶひろ》の娘尋子《ひろこ》である。光圀三十一歳のとき、尋子は二十一歳で死去した。側室はおかなかった。世子の頃家臣の娘とのあいだに、頼常《よりつね》（のち兄頼重の養子）をもうけている。

光圀は少年時代、腕白で殆ど学問に関心を示さず、不逞無頼《ふていぶらい》の風があった。十六、七歳頃は、当時流行の「かぶき者」（遊侠《ゆうきょう》・伊達《だて》男）の風体《ふうてい》をして遊びまわった。脇差《わきざし》を伊達に差しこみ、ビロードの衿《えり》の小袖《こそで》をきて三味線《しゃみせん》を弾《ひ》いたりした。十八歳のとき、司馬遷《しばせん》の『史記《しき》』を読み生活が変り、学問に志した。三十歳の明暦三年（一六五七）、未だ世子の身ながら、駒込の別邸に史局を開いた。寛文十二年（一六七二）、史局が小石川の本邸にうつされ、彰考館《しょうこうかん》と命名された。世に名高い『大日本史』の編纂《へんさん》がはじめられ、明治三十九年（一九〇六）完成した。

元禄三年（一六九〇）十月、六十三歳で隠居し、太田西山（常陸太田市《ひたちおおた》）のふもとに山荘をいとなんだ。晩年の光圀を主題にした水戸黄門漫遊記は、明治の講談師玉田玉智《たまだぎょくち》の創作といわれる。

さて幕末変革の季節、九代斉昭《なりあき》が登場する。

七代藩主治紀《はるとし》の三子に生れた。長兄の八代藩主斉脩《なりのぶ》は、病弱で子がなかった。斉脩夫人峯姫は十一代将軍家斉《いえなり》の娘である。そのため、家斉の二十子清水恒之丞（斉彊《なりかた》）を嗣子にむかえようと、藩の重役の一部が老中水野忠成《ただあきら》と気脈を通じ、画策した。

藤田東湖《とうこ》らは「御血脈」護持を旗印しに、斉昭擁立にうごき、文政十二年（一八二九）同志四十人と江戸にのぼり、運動した。恒之丞派は幕府への働きかけを強め、一時藩内は動揺した。結局、この年十月四日斉脩が死去したあと、斉昭を継嗣とすべしとの遺書が発見され、斉昭襲封に決定した。

斉昭は弘化元年（一八四四）、子の慶篤《よしあつ》に藩主の座をゆずるが、十三代将軍家定《いえさだ》の継嗣に、七子慶喜《よしのぶ》が候補にのぼるや、その黒幕として大老井伊直弼《なおすけ》と対立し、万延元年（一八六〇）八月、六十一歳で急逝した。

元治元年（一八六四）三月、藤田東湖の四子小四郎が、同志とともに、尊攘を旗印しに筑波山《つくばさん》に挙兵した。世に「天狗党の乱」と呼ばれた。一時一千余人にふくれあがった。

天狗党は、水戸藩家老らがひきいる保守派の諸生党討伐にむかった。幕府は、宇都宮・高崎ら諸藩に命じ、一万三千余人をもって筑波山の天狗党を攻撃させた。水戸藩主慶篤は騒ぎを鎮《しず》めるべく、支藩の宍戸《ししど》藩主松平頼徳《よりのり》を名代として派遣するが、逆に筑波勢に合流し、幕軍・諸生党連合軍とのあいだに熾烈《しれつ》な戦いが展開された。

天狗党一千余人は押されて大子《だいご》（大子町）に退《しりぞ》き、六十一歳の武田耕雲斎《こううんさい》（江戸屋敷若年寄）を総大将に、六隊にわけて京都の一橋慶喜《ひとつばしよしのぶ》を頼るべく、西上した。十二月十六日、越前敦賀《つるが》付近で八百余人が鎮撫《ちんぶ》の加賀藩勢にくだった。翌慶応元年（一八六五）一月、一党は敦賀の鯡倉《にしんぐら》に監禁され三百五十二人が斬られた。

慶応三年十二月九日、王政復古の大号令が発せられ、新政府が誕生した。しかし水戸藩は佐幕保守派が大勢を占めた。明けて慶応四年、新政府軍の関東進撃が始まった。天狗党残党はにわかに活気づき、勤王の勅書を奉じて水戸城に入った。保守の諸生党一派は、新政府に抗する会津をさして逃走した。四月、藩主慶篤が死去し、弟昭武《あきたけ》が十一代藩主についた。七月下旬水戸藩は、一千余人の北越追討軍を編成し、越後・会津へ向かった。

明治元年（一八六八）十月、天狗党中心の藩軍と会津を脱出して舞いもどり藩校弘道館を占拠した諸生党一派とのあいだに、烈しい戦いが繰りひろげられた。百数十人の犠牲者が出た。諸生党は敗れ逃走するが、下総八日《しもうさようか》市場《いちば》（千葉県八日市場市）の山中で殲滅《せんめつ》された。

明治二年四月、諸生党の幹部市川三左衛門が、水戸郊外長岡原で逆磔《ぎゃくはりつけ》の極刑に処せられ、藩の抗争に終止符がうたれたのだった。

ＪＲ常磐線水戸駅の北側の小高い丘上に水戸城址がある。現在、高校・中学校・小学校や県庁がある。維新最後の激戦の場となった藩校弘道館は、正門・正庁《せいちょう》に至善堂《しぜんどう》の建物がのこされ、弾痕がかつての戦場をほうふつとさせる。

光圀の誕生地は、水戸城址二ノ丸跡の南側で、「義公生誕之地」の石碑が建つ。光圀の詠《うた》った「朽《くち》残る老木《おいぎ》の梅も此《この》宿の、はるに二たびあふぞ嬉しき」の歌碑が建っている。

また東京都墨田区東向島《むこうじま》のセイコー時計資料館に、斉昭の愛用した印籠《いんろう》時計が展示されている。文字盤のふたにべっ甲が使用され、蒔絵《まきえ》の図柄《ずがら》は鈴木春信《はるのぶ》の錦絵《にしきえ》で、色好みと伝えられる斉昭らしく、あでやかな江戸女の姿態が描かれている。

松岡藩二万五千石　中山家（男爵）

①高萩市　②戸沢家（城）・中山家（陣屋）　③一万二千八百人（明治二年〈一八六九〉）　**④八百七十人**（家族を含む。明治二年〈一八六九〉）

奥州雫石《しずくいし》荘（岩手県雫石町）戸沢を本拠とした戸沢氏の政盛《まさもり》が、関ヶ原役後角館《かくのだて》（秋田県角館町）城主より松岡四万石に移封した。さらに元和八年（一六二二）、出羽新庄《でわしんじょう》（山形県新庄市）六万石へうつった。

松岡領は水戸藩に引きつがれ、付《つけ》家老中山信正《のぶまさ》にあたえられた。信正の父信吉《のぶよし》は、徳川家康から頼房《よりふさ》（水戸初代藩主）につけられた家老で、二万石をもって譜代《ふだい》大名に準ずる待遇をうけた。一時、太田（常陸太田市）にうつるが、水戸六代藩主治保《はるもり》の弟信敬《のぶたか》が中山家をついだ享和三年（一八〇三）、松岡に復帰した。明治元年（一八六八）、最後の藩主信徴《のぶあき》のとき、正式に大名として独立した。

麻生《あそう》藩一万石

新庄家（子爵）

①行方《なめがた》郡麻生町　②陣屋　③九千人（明治二年〈一八六九〉）　④百十人

新庄家の先祖季俊《すえとし》は、源頼義《よりよし》につかえ奥州衣川《ころもがわ》・厨川《くりやがわ》の戦いに軍功をたてた。岐阜との国境い伊吹山山麓の近江新庄《おうみしんじょう》に住し、俊名《としな》のとき新庄を姓とした。豊臣秀吉につかえ、摂津《せっつ》高槻《たかつき》（大阪府高槻市）城主であった直頼《なおより》は、関ヶ原役で西軍に味方するが、徳川家康との旧縁により、会津城主の蒲生《がもう》秀行《ひでゆき》にあずけられた。慶長九年（一六〇四）召し出され、駿府《すんぷ》で家康に謁見し、ついで江戸城において二代将軍秀忠に謁した。このとき、麻生三万石をあたえられた。

五代直矩《なおのり》が延宝四年（一六七六）没したとき嗣子がなく、所領を没収された。しかし前藩主直《なお》時《とき》に、一万石をもって再興させた。最後の藩主直敬《なおたか》は、藩校精義館を開設した。

現在麻生町の麻生小学校の陣屋跡に、家老屋敷がのこっている。茅葺《かやぶき》屋根で、安政四年（一八五七）に建てられたものという。

千葉

高岡藩一万石　井上家（子爵）

①香取郡下総《しもふさ》町　②陣屋　③七千九百人（明治二年〈一八六九〉）　④三百人（家族を含む。明治二年〈一八六九〉）

高岡藩のあった下総《しもうさ》町は、千葉県北部、茨城県境にちかい。初代藩主井上筑後守政重《ちくごのかみまさしげ》は、キリシタン取締りに辣腕《らつわん》をふるった。大目付からキリシタン宗徒蜂起の島原ノ乱に功をたて、高岡一万石の大名となった。その江戸屋敷は一名〝切支丹屋敷〟といわれ、ここで多くの宗徒が裁かれ処刑された。六代藩主正国《まさくに》は、御三家尾張《おわり》藩主徳川宗勝《むねかつ》の十男で、五代正森《まさもり》の養子となった。七代藩主正紀《まさのり》は、尾張藩家老竹腰勝起《たけのこしかつおき》の次男で正国の養子にはいった。幕末の藩主正和《まさかず》は、江戸藩邸に藩校をもうけた。

多古《たこ》藩一万二千石　久松家（子爵）

①香取郡多古町　②陣屋　③七千二百人

天正十八年（一五九〇）、多古藩一万石に封ぜられたのは、会津藩主保科正之《ほしなまさゆき》の養父正光《まさみつ》である。正光の父正直《まさなお》の夫人は、徳川家康の異父妹（久松俊勝《ひさまつとしかつ》の娘）多劫姫《たごう》である。関ヶ原役後、正光は信濃高遠《しなのたかとお》に移封、一時藩は廃されるが、寛永十二年（一六三五）、松平（久松）勝義《かつよし》が八千石の知行で多古を領した。つぎの勝忠《かつただ》のとき九千石、そして三代目の勝以《かつゆき》のとき大坂定番《じょうばん》に昇進し、一万二千石の大名となる。

天保元年（一八三〇）、六代藩主勝権《かつのり》のとき、江戸藩邸に藩校が開設された。ちなみに勝権は、幕府大老井伊直弼《なおすけ》の叔父にあたる。明治元年（一八六八）旧姓「久松」に復した。

小見川藩《おみがわはん》一万石　内田家（子爵）

①香取郡小見川町　②陣屋　③七千二百人（明治二年〈一八六九〉）　④五百人（家族を含む。明治二年〈一八六九〉）

小見川町は、佐原市の東にあり、古くから利根川舟運の河港として栄えた。

徳川創業期の部将松平家忠《いえただ》が、文禄三年（一五九四）一万石で立藩した。家忠は徳川初期の好資料『家忠日記』をのこした。家忠は関ヶ原役のさい伏見城で戦死、子忠利《ただとし》は慶長六年（一六〇一）、三河深溝《みかわふこうず》（愛知県幸田町《こうだ》）へ転封した。翌七年、のちに大老となる土井利勝《としかつ》が入封し、十五年下総佐倉《しもうさ》へうつるまで在封した。十七年（一六一二）、安藤重信《しげのぶ》が一万六千石で入封し、元和五年（一六一九）上野高崎《こうずけ》へ転封した。

一時廃藩となるが、享保九年（一七二四）内田政親《まさちか》により、一万石をもって小見川藩が成立した。

小見川は、利根川舟運の積み出し港として米問屋・肥料問屋が軒をつらね、江戸時代後期には酒・醬油の醸造業がさかんになった。いまも小見川の町並みに、河港時代の面影がのこされている。

小見川藩の侍医山口甫僊の子として生まれた佐藤尚中《しょうちゅう》は、佐倉藩医で順天堂をひらいた佐藤泰《たい》然《ぜん》の養子となり、のち江戸に順天堂（のち順天堂大学）を開設し、大学東校（東京大学医学部）を主宰した。現在、県指定史跡「佐藤尚中誕生地」がある。

一宮藩 一万三千石　加納家（子爵）

①長生郡一宮町　②陣屋　③一万四千二百人（明治二年〈一八六九〉）**④五百二十人**（家族を含む。明治二年〈一八六九〉）

文政九年（一八二六）、一万三千石で一宮藩をおこした加納久儔《ひさとも》の先祖久利《ひさとし》は、最初、徳川御三家紀州初代徳川頼宣《よりのぶ》につかえた。子の久通《ひさみち》のとき、藩主吉宗《よしむね》が八代将軍に就任し、吉宗にしたがい幕臣にくわえられた。享保十一年（一七二六）、伊勢八田《いせはった》（三重県四日市市）一万石の大名に取り立てられた。そして久儔のとき一宮へうつったのだった。

幕末の藩主久徴《ひさあきら》は、安政二年（一八五五）幕府講武所総裁に就任し、文久元年（一八六一）若年寄に昇進した。孝明天皇皇妹和宮《かずのみや》の十四代将軍家茂《いえもち》への降嫁の警護役をつとめた。

慶応四年（一八六八）四月、最後の藩主久宜《ひさよし》は、新政府へ籾《もみ》二千俵、銭二百五十貫文を献納した。

大多喜《おおたき》藩二万七千石　大河内家（子爵）

①夷隅《いすみ》郡大多喜町　②城　③二万一千四百人（明治二年〈一八六九〉）④六百九十人（家族を含む。明治二年〈一八六九〉）

大多喜藩の草創は、徳川四天王の一人として武勇をうたわれた本多忠勝によってはじまる。天正十八年（一五九〇）八月、徳川家康が豊臣秀吉により関東六カ国をあたえられたとき、忠勝は上総《かずさ》で十万石の領土をもらい、大多喜城主となった。関ヶ原役後忠勝は、桑名へ転封、次男忠朝《ただとも》が大多喜五万石の藩主となった。忠朝は大坂夏ノ陣で戦死し、甥の政朝《まさとも》があとをつぎ、元和三年（一六一七）播磨《はりま》龍野《たつの》（兵庫県龍野市）へうつった。

ついで阿部正次《まさつぐ》、青山忠俊《ただとし》がはいり、一時廃藩となり、寛永十五年（一六三八）、阿部正能《まさよし》が一万石で入封した。このあと、阿部正春《まさはる》、稲垣重富《しげとみ》と藩主が変った。

さて元禄十六年（一七〇三）相模甘縄《さがみあまなわ》（鎌倉市）より大河内正久《おおこうちまさひさ》が二万石で入封し、大河内氏は幕末まで在封する。大河内家の先祖正綱《まさつな》は、徳川と同族の長沢松平の名跡《みようせき》をついだ。正綱の養子に兄久綱《ひさつな》の子信綱《のぶつな》（川越藩主）が入った。信綱は家光時代、老中となり、知恵伊豆の名で知られた。この系統はのち三河吉田（愛知県豊橋市）藩主となった。

幕末の藩主正質《まさただ》は、幕府若年寄から老中格にすすんだ。慶応四年（一八六八）正月、十五代将軍慶喜《よしのぶ》にしたがい上洛。鳥羽伏見の戦いがおこり、その責任を問われて罷免された。四年閏《うるう》四月、新政府軍が大多喜城にはいり、正質は下総《しもうさ》佐倉藩に幽居となった。八月、ゆるされて、藩主の地位にもどった。

大多喜城址は、いすみ鉄道大多喜駅の西にある。夷隅《いすみ》川の北岸に位置し、現在大多喜高校に隣接している。土塁や大井戸がのこり、本丸跡に昭和五十年（一九七五）天守閣が復元された。

館山《たてやま》藩　一万石　稲葉家（子爵）

①館山市　②城　③二万三千二百人（明治二年〈一八六九〉）**④四百三十人**（家族を含む。明治二年〈一八六九〉）

館山《たてやま》は、房総《ぼうそう》半島の南端の町である。最初にこの地に城をきずいたのは、滝沢馬琴の小説『南総里見八犬伝』で有名な里見氏である。中世期里見氏は一時、安房《あわ》・上総《かずさ》両国を領有した。天正十八年（一五九〇）、秀吉の小田原征伐にさいし、当主義康《よしやす》は秀吉より参陣の遅延を責められ、安房一国九万二千石に削られる。関ヶ原役後加増されるが、子の忠義《ただよし》のとき、大久保忠隣《ただちか》（小田原藩主）失脚事件に連座し、慶長十九年（一六一四）所領を没収され、伯耆《ほうき》倉吉《くらよし》（鳥取県倉吉市）三万石をあたえられた。

その後寛永十五年（一六三八）、屋代忠正《やしろただまさ》が一万石で館山に封ぜられ、北条陣屋がもうけられた。忠正の父秀正《ひでまさ》は甲州の覇者武田勝頼につかえ、武田滅亡後、家康につかえた。忠正は大坂ノ陣の功により、元和九年（一六二三）一万石をあたえられ、二代将軍秀忠の次男駿河大納言忠長《するがだいなごんただなが》の老臣となった。寛永九年（一六三二）忠長がその乱行を咎められ切腹させられたとき、忠正は蟄居《ちっきょ》の身となった。十二年ゆるされ、十五年館山一万石の藩主となったのだった。

忠正の二代あとの忠位《ただたか》のとき、家臣川井藤左衛門《かわいとうざえもん》が重い年貢《ねんぐ》を農民に課し、百姓らが騒ぎ出すや、これを弾圧し三人の名主を刑死させた。憤激した百姓・名主らは、老中秋元但馬守喬朝《あきもとたじまのかみたかとも》、阿部豊後守正喬《ぶんごのかみまさたか》らに直訴《じきそ》した。生命を賭《か》けての嘆願だった。幕府評定所《ひょうじょうしょ》における前後四回にわたる吟味《ぎんみ》の結果、正徳二年（一七一二）七月、農民の側に凱歌《がいか》があがった。藤左衛門とその子定八《さだはち》は打ち首となり、藩主屋代忠位は一万石の領地を没収された。

享保十年（一七二五）、水野忠定《ただまさ》が一万二千石で館山の北条陣屋にはいった。三千石を加増され、二代あとの忠韶《ただてる》のとき文政十年（一八二七）、上総鶴牧《つるまき》（市原市）へ転封となった。

このあと、山城淀《やましろよど》（京都市伏見区）藩主稲葉正親《まさちか》の三男正明《まさあきら》が、天明元年（一七八一）館山一万石をあたえられ、北条陣屋の南に館山陣屋をかまえた。

幕末の藩主正巳《まさみ》は逸材だった。慶喜《よしのぶ》に抜擢され、三十九歳で講武所総裁、文久二年（一八六二）若年寄、慶応二年（一八六六）老中格にすすみ、海軍総裁の職をつとめた。幕閣の激務のかたわら、藩政に意をもちい、新田を開発し枇杷《びわ》栽培を奨励した。藩主在任中、一人も切腹をさせず、浪人を出すこともなかった。刑場での刑の執行もなかった。

戊辰戦争にさいし、地元の神官らが中心となり、新政府軍に協力する神職隊が組織され、大総督府より允許《いんきょ》書がおりた。しかし殆どなすところなく終った。正巳の養子正善《まさよし》が最後の藩主となった。藩は、安房に進軍した新政府軍に協力した。

現在、里見氏のきずいた館山城址が、JR内房《うちぼう》線館山駅の西南にあり、城山公園となっている。

勝山藩一万二千石　酒井家（子爵）

①安房郡鋸南《きょなん》町　②陣屋　③一万六千百人（明治二年〈一八六九〉）　④四百四十人（家族を含む。明治二年〈一八六九〉）

三河以来の譜代《ふだい》の内藤清政《きよまさ》が、元和三年（一六一七）三万石をもって勝山《かつやま》藩をおこしたが、一年で死去。一時廃藩となるが、寛永三年（一六二六）、弟正勝が兄の遺領二万石を分与され立藩した。正勝も同六年に没し、嫡男重頼《しげより》はまだ二歳だったため一万五千石を減封され、五千石の旗本となり、勝山藩は消滅した。

寛文八年（一六六八）、酒井忠国《ただくに》が叔父忠直《ただなお》（若狭小浜《おばま》藩主）より一万石を分与され、勝山に陣屋を開き、藩が復活した。天和二年（一六八二）五千石を加増され一万五千石となった。

忠国から四代あとの忠隣《ただちか》の時代、明和七年（一七七〇）領内に百姓騒動がおこった。数年前より天災がつづき、凶作で農村は疲弊《ひへい》した。四カ村の百姓らは年貢《ねんぐ》の減免を嘆願した。領内を支配した国奉行稲葉重左衛門・代官藤田嘉内は、百姓らの願いを一蹴した。金尾谷《かなおや》村の名主善兵衛

（忍足佐内《おしたりさない》）ら名主三名が代表として、国奉行らの過酷な取り立てを江戸屋敷へ訴え出た。国奉行稲葉はこれに報復し、善兵衛を斬罪に処し、家財を没収した。善兵衛の老母や妻子は、江戸に出て善兵衛の無実を老中に訴え、幾度も駕籠訴《かごそ》をした。安永二年（一七七三）ついに幕府が取りあげ、国奉行稲葉、代官藤田は放逐《ほうちく》された。善兵衛の遺族にお咎めはなかった。藩財政の窮乏により、安政四年（一八五七）藩政改革をくわだてたが、成功をみず明治を迎えた。

飯野藩二万石　保科家（子爵）

①富津《ふっつ》市　②陣屋　③二万一千四百人（明治二年〈一八六九〉）④八百四十人（家族を含む。明治二年〈一八六九〉）

大坂城の警備をつかさどる大坂定番保科正貞《じょうばんほしなまささだ》が、一万七千石をもって立藩した。次の正景《まさかげ》は、義弟正英《まさふさ》へ二千石を分知するが、延宝五年（一六七七）七月、大坂定番となり五千石の加増をうけ、二万石となった。このあと八代つづき、三人の大坂定番を出した。

最後の藩主政益《まさあり》は大坂定番から、慶応二年（一八六六）五月、若年寄にすすんだ。第二次長州戦争に出陣し、石州口《せきしゅうぐち》（島根県境）の戦いの指揮をとった。

戊辰戦争にさいし、慶応四年三月、新政府に協力のため海路四日市（三重県）へむかい、そして草津《くさつ》（滋賀県草津市）へ出た。しかし本家筋の会津松平氏（藩祖正之《まさゆき》が保科正光《まさみつ》の養子。飯野保科家は正光の弟正貞《まささだ》の系統）が新政府に抗戦したため、動向を疑われて入京をゆるされず、足止めをくった。七月十五日、ようやく明治天皇に拝謁をゆるされた。

現在、富津《ふっつ》市の飯野神社付近に、飯野陣屋堀跡がある。陣屋は当時四万坪の広さを有した。周囲に土塁や堀をめぐらし、日本三大陣屋のひとつに数えられた。

佐貫《さぬき》藩 一万六千石　阿部家（子爵）

①富津市　②城　③一万六千九百人（明治二年〈一八六九〉）　④五百十人（家族を含む。明治二年〈一八六九〉）

天正十八年（一五九〇）、家康が関東六カ国をあたえられたとき、内藤家長《いえなが》が佐貫二万石に封ぜられた。家長は関ヶ原役にさいし、鳥居元忠《もとただ》、松平家忠《いえただ》らと伏見城を守って戦死した。子の政《まさ》長《なが》が遺領を引きつぎ、慶長七年（一六〇二）一万石の加増をうけた。そして大坂ノ陣の功により元和元年（一六一五）一万石、五年五千石の加増をうけ、しめて四万五千石の禄高となった。元和八年、さらに二万五千石の加増をうけ、陸奥平《むつたいら》（福島県いわき市）へ転封した。

内藤氏のあと、松平忠重《ただしげ》（徳川と同族の桜井松平家）が一万五千石で入封した。忠重は寛永十年（一六三三）一万石を加増され、駿河田中《するがたなか》（静岡県藤枝市）へ転封した。

一時幕府領となるが、寛永十六年（一六三九）、松平勝隆《かつたか》（徳川と同族の能見《のみ》松平家）が一万五千石で入封。勝隆の養子重治《しげはる》は寺社奉行に就任したが、その私行を咎められ改易《かいえき》の身となった。

宝永七年（一七一〇）、阿部正鎮《まさたね》が三河刈谷《かりや》（愛知県刈谷市）から一万六千石で入った。正鎮のとき、二千両の恩賞をうけ佐貫城を再興した。
最後の藩主正恒《まさつね》は、戊辰戦争にさいし新政府軍に抗する態度を示し、慶応四年（一八六八）閏《うるう》四月、謹慎を命ぜられた。

請《じょう》西《ざい》藩一万石　林家（男爵）　①木更津市　②陣屋

嘉永三年（一八五〇）十二月、林忠旭《ただあきら》が一万石をもって立藩した。忠旭の父忠英《ただふさ》は、十一代将軍家斉《いえなり》の側御《そばご》用取次《ようとりつぎ》から若年寄に昇進し、家斉の寵愛をうけ権勢をふるった。

林家は、徳川家の祖親氏《ちかうじ》以来股肱《ここう》の家として知られた。親氏がまだ徳阿弥《とくあみ》と称した流浪僧の頃、信濃《しなの》林郷（長野県松本市）に立ち寄り止宿したという。

忠旭のあとをついだ養子忠交《ただかた》は、大番頭《おおばんがしら》、伏見奉行をつとめ、慶応三年（一八六七）六月、在職のまま没した。忠旭の末子忠崇《ただたか》（昌之助）があとをついだ。

戊辰戦争の火蓋《ひぶた》が切られるや忠崇は幕軍応援のため、海路大坂へ向かった。途中浦賀《うらが》で徳川の敗報をきき、江戸にもどった。剣客の伊庭《いば》八郎ら幕府残党とくみ、反政府の旗をあげた。忠崇ののこした『林昌之助（忠崇）戊辰出陣日記』は、「小田原韮山《にらやま》（幕臣）ニ力《ちから》ヲ借リ大《おおい》ニ兵威ヲ張リ東海道ノ諸侯ヲ説キ従フ者ハ力ヲ合セ拒《こば》ム者ハ之《こ》レヲ伐《う》チ怨《うらみ》ヲ紀尾彦（紀伊・尾張・彦根）ノ三藩ニ報ゼバ徳川氏ノ恢復《かいふく》難《むずかし》キニアラズ」と、その抗戦の趣旨を述べた。小田原で新政府の東征軍を迎え撃つべく、藩兵七十名をひきいて出陣した。小田原藩の佐幕派とくみ箱根の関所を占領するが、その後敗れて海路安房《あわ》館山《たてやま》へもどった。新政府は、忠崇を名指しで糾弾《きゅうだん》し、京都屋敷を取りあげた。忠崇は、政府に反抗する賊軍隊長として手配された。

忠崇は家臣とともに慶応四年六月初め、旧幕府軍艦に便乗し奥州小名浜《おなはま》（福島県いわき市）へ逃れ、平《たいら》・米沢・白石・仙台を転々とした。九月二十一日、ついに新政府軍に降伏した。死一等を減ぜられ、東京の唐津《からつ》藩邸に禁錮《きんこ》された。所領は没収されたが、忠交の子忠弘《ただひろ》に三百石をもって家名存続をゆるされた。忠崇は明治四年（一八七一）釈放され、昭和十六年（一九四一）まで生きた。九十四歳であった。林家は、明治二十六年（一八九三）復権し、忠弘に男爵がさずけられた。

現在、木更津市請西《じょうざい》の長楽寺《ちょうらくじ》（真言宗）の南東一キロに請西藩の真武根《まぶね》陣屋跡がある。

久留里《くるり》藩三万石　黒田家（子爵）

①君津市　②城　③二万七百人（明治二年〈一八六九〉）④千三百三十人（家族を含む。明治二年〈一八六九〉）

天正十八年、家康の関東入国にともない、大須賀《おおすが》（松平）忠政《ただまさ》が三万石をもって久留里城主となった。慶長六年（一六〇一）遠江《とおとうみ》横須賀（静岡県大須賀《おおすか》町）へ転封し、二代将軍秀忠付近習《きんじゅう》土屋忠直《ただなお》が二万石で入封した。忠直の次の利直《としなお》に著名な新井白石が一時つかえた。三代直樹《なおき》のときの延宝七年（一六七九）、「狂気」を理由に改易《かいえき》となった。

寛保二年（一七四二）、上野《こうずけ》沼田（群馬県沼田市）より、黒田直純《なおずみ》が三万石で入封し、黒田氏は幕末まで在封する。城の再建費用として、幕府より五千両をあたえられた。

黒田氏草創の光綱《みつつな》は、はじめ今川氏真《うじざね》（義元の子）につかえ、のち徳川家へうつった。二代あとの用綱《もちつな》は、三代将軍家光の四男綱吉《つなよし》が上野館林《こうずけたてばやし》（群馬県館林市）藩主時代、家老をつとめた。用綱の養子直邦《なおくに》は綱吉の小姓をつとめ、綱吉が五代将軍に就任するや、御小納戸《おこなんど》、豊前守《ぶぜんのかみ》叙任と出世し、元禄十三年（一七〇〇）、武蔵《むさし》三郡を領し一万石の大名に取り立てられた。久留里《くるり》初代直純《なおずみ》は、この二代あとだった。

久留里七代直静《なおちか》の天保十三年（一八四二）、藩校三近塾が開かれた。

幕末、異国の脅威が高まると、久留里藩に、非常の場合、江戸湾沿岸防備に出動することが命ぜられた。戊辰戦争では新政府恭順に決し、新政府軍に食料・人馬を差し出した。

いま、JR久留里線久留里駅の東に、久留里城址がある。一名〝雨城《うじょう》〟と呼ばれた。海抜一九〇メートルの山頂に本丸跡がある。中世期ここに居城した里見氏が植えたといわれる樹齢四百年の老松が茂っている。一帯は公園となり、資料館が建っている。

幕末の頃、久留里藩士は、内職に楊子《ようじ》作りをした。その特産雨城楊子《うじょう》が、資料館に展示されている。いまも、その伝統の技法が地元に伝承されているという。

鶴牧《つるまき》藩一万五千石　水野家（子爵）

①市原市　②陣屋　③二万五百人（明治二年〈一八六九〉）④九百人（家族を含む。明治二年〈一八六九〉）

文政十年（一八二七）上総《かずさ》二郡一万五千石の水野忠韶《ただてる》が、鶴牧に陣屋をつくり、鶴牧藩ができた。二代目の忠実《ただみつ》は天保十年（一八三九）江戸城西ノ丸若年寄に就任した。三代目の忠順《ただより》の慶応四年（一八六八）戊辰戦争がおこり、一時、新政府より抗戦の疑いをかけられ、謹慎を命ぜられた。

生実《おゆみ》藩一万石　森川家（子爵）

①千葉市　②陣屋　③八千七百人（明治二年〈一八六九〉）④四百四十人（家族を含む。明治二年〈一八六九〉）

千葉市の南郊生実《おゆみ》町に陣屋があった。藩祖森川重俊《しげとし》は、寛永四年（一六二七）、北生実村の旧生実城の一部を利用し陣屋をかまえ立藩した。重俊の父氏俊《うじとし》は、織田家につかえのち家康につかえた。重俊は二代将軍秀忠に近侍した。慶長十九年（一六一四）、大久保忠隣《ただちか》失脚事件に連座し、領地を没収されるが、寛永四年赦免された。重俊は、寛永五年老中にのぼり、九年二代将軍秀忠が没すると、あとを追って殉死した。次の重政《しげまさ》の時代、幕府に禁圧された日蓮宗の不受不施《ふじゅふせ》派の僧を処刑している。四代俊胤《としたね》は、五代将軍綱吉《つなよし》の御小姓から奏者番《そうじゃばん》・寺社奉行を歴任した。八代俊知《としとも》は江戸城西ノ丸若年寄にのぼり、九代俊民《としたみ》も若年寄に就任した。

いま、千葉市の南郊生実城址の西に、二代将軍秀忠に殉死した重俊をまつる重俊院（曹洞宗）がある。

佐倉藩十一万石　堀田家（伯爵）

①佐倉市　②城　③十一万九千人（明治四年〈一八七一〉）　④千四百七十人（明治四年〈一八七一〉）

佐倉の最初の城主は、文禄元年（一五九二）入国した徳川家康の五男武田（松平）信吉《のぶよし》である。四万石であった。慶長七年（一六〇二）信吉が水戸へ移封すると、家康の六男松平忠輝《ただてる》が五万石で入った。翌年、忠輝は信濃《しなの》川中島（長野市）へ移封した。

これより佐倉は、譜代《ふだい》大名が頻繁に入封する。尾張藩主松平忠吉《ただよし》（家康の四男）の付《つけ》家老小笠原吉次《よしつぐ》（二万八千石）、土井利勝《としかつ》（三万二千石からたびたび加増をうけ寛永二年には十四万二千石）、石川忠総《ただふさ》（七万石）、松平家信《いえのぶ》（四万石）・康信《やすのぶ》（三万六千石）。そして寛永十九年（一六四二）、信《しな》濃《の》松本より堀田正盛《まさもり》が十一万石で入封した。

堀田家は、木曾川下流津島《つしま》（愛知県津島市）の小土豪から身をおこした。正盛の父正吉《まさよし》は、織田信雄《のぶかつ》（信長の次男）・浅野長政《ながまさ》・小早川秀秋《ひであき》につかえた。小早川時代、家老稲葉《いなば》正成《まさなり》の娘を妻とし、運を開く。義父の稲葉正成の後妻に、のち春日局《かすがのつぼね》となる福《ふく》が嫁いできたのである。正吉の子正盛は春日局の義理の孫だった。春日局が将軍秀忠の長子竹千代（のち家光）の乳母《めのと》にあげられ、竹千代が三代将軍に就任するや、局は大奥を支配し、絶大な権力をふるった。家光の寵愛をうけた正盛は寛永三年（一六二六）一万石の大名に取り立てられた。十年、二十六歳で老中並として幕閣につらなる。十二年武蔵《むさし》川越三万五千石、十五年信濃《しなの》松本十万石に累進《るいしん》した。異例の幸運の波に乗る堀田家だったが、正盛の子の正信の時代、一時凋落《ちょうらく》した。領主の悪政を将軍に直訴《じきそ》し、夫婦二人磔《はりつけ》となった佐倉宗吾《そうご》（惣五郎）事件が領内でおこった。幼い四人の子の首がはねられた。

事件から七年後の万治三年（一六六〇）、佐倉藩主正信は、異常な行動に奔《はし》った。幕府に、「幕政に人をえず、天下人民ことごとく疲弊《ひへい》し、旗本諸士は貧窮にあえいでいる。自分の封禄はすべて投げ出す。この金で旗本御家人を救ってもらいたい」と訴えたのだ。幕閣は、正信を狂人とみた。所領没収のうえ、弟の信濃飯田《いいだ》藩主脇坂安政《やすまさ》に預けられた。お情けにより、正信の子正休《まさやす》に、上野《こうずけ》吉井（群馬県吉井町）一万石があたえられた。

堀田家のあと、寛文元年（一六六一）、上野館林《こうずけたてばやし》（群馬県館林市）より松平（大給《おぎゅう》）乗久《のりひさ》が五万五千石で入封。以後、大久保忠朝《ただとも》（八万三千石）、戸田忠昌《ただまさ》（六万一千石→七万一千石）・忠真《ただざね》（六万七千石）、稲葉正往《まさゆき》・正知《まさとも》（十万二千石）、松平（大給）乗邑《のりさと》・乗佑《のりすけ》（六万石）が在封した。

さて、前記堀田正盛の同族堀田正亮《まさすけ》が、松平乗佑のあとの延享三年（一七四六）、出羽《でわ》山形より入封し堀田氏は幕末まで在封する。正亮の祖先正俊《まさとし》は、前記正盛の弟で、生れた翌年、寛永十二年（一六三五）、春日局の養子となった。局の遺領三千石をつぎ、昇進をかさね延宝六年（一六七八）二万五千石となり、翌年老中に列した。

四代将軍家綱《いえつな》の相続問題がおこるや、正俊は時の大老酒井忠清《ただきよ》に挑戦した。酒井は有栖川宮幸仁《ありすがわのみやゆきひと》親王をおすが、正俊は異を唱《とな》え、将軍の弟綱吉《つなよし》（当時、上野館林藩主）を推挙し、ついに勝利をえ、五代将軍綱吉が誕生した。大老酒井は罷免され、かわって天和元年（一六八一）、正俊は大老に抜擢され、下総古河《しもうさこが》（茨城県古河市）十三万石に加増された。栄光の絶頂の貞享元年（一六八四）八月、突然の不幸が襲った。江戸城中御用部屋付近の廊下を歩行中、堀田一門若年寄稲葉正休《まさやす》の凶刃が正俊の命を奪ったのだ。正俊の子正仲《まさなか》がつぐが、弟二人に二万石、一万石を分封し、十万石となり、山形・福島・山形を転々とし、正仲より三代あとの正亮のとき、佐倉へうつされたのだった。

堀田家も諸藩同様、財政難にあえいでいた。福島・山形藩主時代、家臣の俸禄を減額する「歩引《ぶびき》法」がとられた。しかし藩の借金は減らず、文政四年（一八二一）、佐倉藩の政治改革がスタートしたとき、藩の年間収入の六年分二十万両が、借財としてのこっていた。藩主は、正亮の孫正愛《まさちか》だった。二十三歳でついだが、多病で文政八年には没している。

ここに、幕末の英才とうたわれた正睦《まさよし》が登場し、藩政改革に力をつくした。藩士に一時金を貸し付け、その金で家計整理をさせ、士風をふるいたたせようとした。資金は、前藩主正愛夫人の実家出雲《いずも》松江藩主松平家の手づるで大坂商人から一万五千両を借りた。掛声だけの改革でなく、実利にもとづく政策に、藩士は喜び、正睦に心服した。

飢饉で荒廃した農村に、乳児間引《まび》きの悪習がひろがった。この対策のため、天保六年（一八三五）「陰徳講《いんとくこう》」という藩の組織がつくられた。藩の金五百両に、民間の金をあつめ、子育ての補助金を出した。子育掛代官、手代がおかれ、農民から「子育大世話」「子育小世話」が選ばれた。藩主正睦自身、領民に直接、「いかに貧しいとはいえ、子殺しは神仏の深く憎むところであり、天の咎《とが》めもくだるであろう」と、諭《さと》しの文書をくだした。

効果はすぐにあらわれた。天保九年（一八三八）領内人口六万一千五百人が、二十年後の安政五年（一八五八）には七万四千二百人にふえた。

幕末、佐倉は南関東の学都といわれた。寛政四年（一七九二）、佐倉学問所が創立され温故堂と称された。これが拡張して総合大学化され、成徳書院と名づけられた。儒学・兵学・医学・洋学の学校があり、礼節・音楽・書学・算学などが教授され、演武場で武術指南がおこなわれた。

洋学が、もっとも世間にきこえた。江戸の高名な蘭方医佐藤泰然《たいぜん》がまねかれた。泰然は城下の佐倉本町に病院と学校を開いた。順天堂《じゅんてんどう》といい、のち順天堂医大に発展した。

医学にとどまらず、兵学に洋学が導入された。天保十二年（一八四一）、江戸徳丸原《とくまるがわら》（板橋区赤塚）で高島秋帆《しゅうはん》（長崎町年寄出身の西洋砲術家）が西洋砲術の演習をおこなったとき、佐倉藩士が参加した。江川太郎左衛門（伊豆《いず》韮山《にらやま》代官）や佐久間象山《しょうざん》（西洋兵学家）の門下となった者もいた。

藩主正睦は安政五年、井伊直弼《なおすけ》が大老に就任したとき、直弼と意見があわず老中を辞職した。翌年、藩主の地位を退《しりぞ》き、嫡男正倫《まさとも》にゆずった。

慶応四年（一八六八）正月、鳥羽伏見の決戦で幕府軍が惨敗した。慶喜《よしのぶ》追討令が出され、東征軍が関東へ向かった。二月、関東・東北四十三藩の重役が江戸城にあつまり、新政府にたいし将軍慶喜の助命を乞う哀訴状を提出した。三月九日、藩主正倫は藩兵三百をひきい、慶喜助命のため東海道を西へすすむが、途中阻止され、京都で謹慎を命ぜられる。新政府か幕府かで藩論がわかれるが、結局、関東に進駐してきた新政府軍にしたがい、新政府の東北追討の軍に加わった。

佐倉城址は、鹿島川に面した丘陵上にある。本丸跡に、県天然記念物の夫婦木斛《もっこく》樹がある城址の東の麻賀多《まかた》神社に、藩主正愛愛用の紫裾濃胴丸鎧《むらさきすそごどうまるよろい》が収蔵されている。総武本線佐倉駅の北東には、佐倉順天堂跡がある。現在、当時の建物の一部がのこっている。

関宿《せきやど》藩四万八千石　久世家（子爵）

①野田市　②城　③四万九千人（明治二年〈一八六九〉）　④五百三十人（明治元年〈一八六八〉）

天正十八年（一五九〇）家康の異父弟松平（久松）康元《やすもと》が、二万石で入封し立藩した。二万石を加増され、子の忠良《ただよし》が一万石加増のうえ美濃《みの》大垣へ五万石で転封した。以後、小笠原政信《まさのぶ》・貞《さだ》

信《のぶ》（二万二千石）、北条氏重《うじしげ》（二万石）、牧野信成《のぶしげ》・親成《ちかしげ》（二万七千石）、板倉重宗《しげむね》（五万石）・重郷《しげさと》（四万五千石）・重常《しげつね》（五万石）が在封した。

さてのちに再封し、幕末まで藩主となった久世《くぜ》氏が、最初に入封するのは、寛文九年（一六六九）である。

先祖は徳川譜代《ふだい》の家臣だった。長宣《ながのぶ》のとき三河一向一揆《いっこういっき》に加わり、家康に叛乱した。子の広宣《ひろのぶ》のときゆるされ、天正九年（一五八一）、徳川が武田勝頼《かつより》方の高天神《たかてんじん》城を攻めたとき手柄をたて、三男広之《ひろゆき》が大名に取り立てられた。二代将軍秀忠の小姓から昇進し、正保三年（一六四六）一万石をあたえられた。若年寄から老中にすすみ、五万石をもって関宿《せきやど》藩主となったのだった。

延宝七年（一六七九）嫡男重之《しげゆき》がつぐが、天和三年（一六八三）備中庭瀬《びっちゅうにわせ》（岡山市）へ移った。このあと、五代将軍綱吉《つなよし》の側衆《そばしゅう》から大名となった牧野成貞《なりさだ》が五万三千石で入封した。元禄元年（一六八八）二万石を加増され七万三千石を領した。養子成春《なりはる》がつぎ、宝永二年（一七〇五）六千石を加増され三河《みかわ》吉田（愛知県豊橋市）へ転封した。

このあとへ、前記久世重之《しげゆき》が関宿五万石藩主として返り咲いた。正徳三年（一七一三）老中にすすみ享保三年（一七一八）一万石を加増され、六万石となった。二代あとの広明《ひろあきら》のとき、一時領地を河内《かわち》（大阪府）・美作《みまさか》（岡山県）にうつされるが、安永三年（一七七四）関宿に復帰した。五代藩主広運《ひろたか》のとき、藩校教倫《きょうりん》館が建てられている。

そして六代をついだ広周《ひろちか》が幕末の政界に登場し、名をなした。嘉永四年（一八五一）老中に就任。井伊直弼《なおすけ》が大老になり広周は辞職するが、井伊の暗殺後、再び老中に復帰し、安藤信正《のぶまさ》とともに政権を掌握した。文久二年（一八六二）、皇女和宮《かずのみや》の降嫁を実現させた。しかし安藤信正が坂下門外に襲われ失脚するや、広周もまた老中を罷免された。

最後の藩主広文《ひろふみ》（広周の子）のとき戊辰戦争がおこり、藩内は佐幕と尊王にわかれて争った。脱藩し上野の彰義隊に加わり新政府に抗する藩士が出た。このため広文は隠居を命ぜられ、弟広《ひろ》業《なり》があとをついだ。広周の失脚より減封があいつぎ、幕末には四万八千石となっている。

関宿町の北の端、江戸川東岸の高台に、関宿城址がある。現在、本丸の一部と三ノ丸跡をのこすのみだ。また、久世家の菩提寺実相寺《じっそうじ》（日蓮宗）の庫裡《くり》は、関宿城本丸御殿の一部を移築したものという。

栃木

大田原《おおたわら》藩一万一千石　大田原家（子爵）

①大田原市　②城　③一万二千五百人（明治二年〈一八六九〉）　④六百人（家族を含む。明治二年〈一八六九〉）

栃木県の北東部那須野原に位置する大田原藩主大田原氏は、中世期からこの地方に住した武将だった。室町時代初期の明徳二年（一三九一）、足利幕府の命をうけた大俵康清《おおたわらやすきよ》が、この辺りの豪族那須《なす》氏の客将として入った。天文十四年（一五四五）大俵氏十四代資清《すけきよ》が、前室山《まえむろ》に城をきずき、姓を大田原とし、地名を前室から大田原に変えた。資清から二代あとの晴清《はるきよ》の慶長七年（一六〇二）、四千五百石を加増され一万二千石をもって立藩した。

大田原市の東に、大田原城址がある。城跡は龍城《りゅうじょう》公園といわれ、桜・つつじの名所である。また城のちかくに、藩主の菩提寺光真《こうしん》寺（曹洞宗）がある。

黒羽《くろばね》藩一万八千石　大関家（子爵）

①那須郡黒羽町　②陣屋　③一万九千四百人（明治二年〈一八六九〉）**④千九百三十人**（家族を含む。明治二年〈一八六九〉）

黒羽藩主大関氏は、中世期から幕末までおなじ領地に腰をすえた生《は》え抜きである。下野《しもつけ》（栃木県）の豪族那須《なす》氏麾下《きか》の部将として、黒羽地方に勢力をきずいた。

天文十一年（一五四二）当時の増次《ますつぐ》は、領土を接する大田原《おおたわら》資清《すけきよ》と戦って敗れるが、あえて敵将資清の子高増《たかます》を後継ぎにした。天正十八年、秀吉の小田原攻めのとき、高増は嫡男晴増《はるます》とともに秀吉に謁し、那須郡内一万三千石の本領を安堵《あんど》された。そして晴増の弟資増《すけます》がつぎ、関ヶ原役に徳川に味方し、二度の加増により二万石を禄《ろく》したのだった。

江戸中期以降、諸藩とおなじく農村が荒廃し財政難におちいる。明和五年（一七六八）、財政再建をめざし、「郷方改役《あらためやく》」なる新しい役職が新設され、これに家臣鈴木武助が起用された。武助は、領内の村々を歩き各村で二、三百人の百姓をあつめて、改革の趣旨を説ききかせた。そして、貴賤の別なく、広く民間からの声をきいた。凶作、飢饉にそなえた穀物の貯蔵、人口流出の防止、倹約の徹底等々が改革の眼目で、稗《ひえ》・籾《もみ》のほか、草木の茎・根・葉まで食える物は何でも貯蔵した。間引《まび》き防止のため、貧困者の三人目の出生児から養育米を一カ年一俵あて支給した。

文化八年（一八一一）、藩主増陽《ますはる》の養子に、伊予大洲《いよおおず》（愛媛県大洲市）藩主加藤泰衒《やすみち》の末子増業《ますなり》がはいった。増業は積極的に産業育成に取り組み、植物懸《かかり》・漆懸《うるし》をおき、植林・漆栽培をさかんにした。硫黄《ゆおう》の採掘もはじめられた。藩主増業自身、数々の農芸書を著述した。稲から麦・大豆・芋《いも》・稗《ひえ》・粟《あわ》・大根・茄子《なす》・煙草・木綿・麻・胡麻《ごま》・牛蒡《ごぼう》・蕎麦《そば》等々各品種の栽培法を、領内の実情調査によりまとめている。

増業はまた、藩校を創設し、政治・神道・兵法・文芸・医学などの著書を上梓《じようし》した。名水の研究家としても有名だった。茶の湯の水に興味をもち、全国各地の名水をあつめ、水質の分析をおこなった。五十年間の気象記録をとり、星時計を案出した。

増業の三代あとの増徳《ますよし》のとき、黒羽藩に不穏な事件がおきた。増徳と夫人お鉱の方との不和が発端となり、藩内に騒動がおこり、文久元年（一八六一）四月、ついに藩主増徳が座敷牢に監禁された。

増徳のあとに養子にはいった増裕《ますひろ》は、英明のきこえ高く、家督相続直後、幕府講武所奉行に任ぜられ、ついで陸軍奉行に取り立てられた。文久三年（一八六三）、公儀の職を辞し藩政改革に取りくむ。幕末、外国の脅威が高まり、軍備の充実が求められた。増裕は、西洋式砲術を取り入れ、領内産の硝石《しょうせき》・硫黄により火薬を製造した。戊辰戦争前、黒羽は小藩ながら、大小砲十二門、小銃六百挺をそなえた。領内猟師による郷筒組、不穏分子取り締りのための騎馬隊、そして農兵隊が編制された。

慶応元年（一八六五）増裕はふたたび幕府にもどり、海軍奉行、若年寄をつとめた。そして慶応三年、大政奉還後の十二月九日、領内で遊猟中、猟銃の流れ弾にあたり急死した。

明けて慶応四年、最後の藩主増勤《ますのり》が就任した。黒羽藩はいち早く新政府軍に忠誠を示し、会津征討の先陣をつとめ、下野《しもつけ》各地に出陣した。小藩としては破格の大総督府感状をさずけられ、明治二年（一八六九）六月、賞典禄一万五千石をうけた。

黒羽町役場の北東に、大関家の菩提寺大雄寺《だいおう》（曹洞宗）があり、藩主歴代の墓がある。寺の北の山には黒羽城址があり、空堀・土塁がのこり、眼下に那珂《なか》川の流れが望まれる。町役場付近にもどり、すぐちかくの招魂社に行くと、旧藩主大関増裕の胸像が建っている。

喜連川《きつれがわ》藩五千石（十万石格）

足利家（子爵）　①塩谷郡喜連川町　②陣屋　③千百人（天保十四年〈一八四三〉）

藩主はもと喜連川《きつれがわ》の姓を称したが、明治元年（一八六八）、先祖にちなみ「足利」姓に変えた。喜連川家の発祥は数奇である。

先祖は、足利幕府を開いた尊氏の次男基氏《もとうじ》で、鎌倉公方《くぼう》（のち古河《こが》公方）として関東に君臨した。足利幕府が滅亡したあと衰え、天正十一年（一五八三）当主義氏《よしうじ》死亡ののち跡継ぎの男子がなく断絶した。そこに傍系の頼純《よりずみ》が登場する。喜連川に住み喜連川氏を称した。そしてその娘が豊臣秀吉の妾となり、「親を養ふ料として」（『寛政重修諸家譜《かんせいちょうしゅうしょかふ》』）、喜連川三千五百石の所領をもらったのである。のちこの所領が弟国朝《くにとも》にゆずられ、名門古河公方の名跡をついだ。ちなみに、秀吉の妾となった女性はのち、徳川家康の娘振姫（蒲生秀行《がもうひでゆき》夫人から浅野長晟《ながあきら》夫人）付となり、剃《てい》髪《はっ》したのち、江戸市谷《いちがや》に月桂院《げっけい》を開き、月桂院と称せられた。

さて喜連川氏である。禄高は江戸時代に入り五千石となるが、名門足利の血統を引くため、とくに十万石の格式をあたえられた。世に喜連川公方といわれた。

天明八年（一七八八）に喜連川をおとずれた古川古松軒《こしょうけん》は、町の印象について、「士家町（武家屋敷町）街道筋に在りて、草葺《くさぶき》ながら槙《まき》の丸太にて、大きなる木戸にて門構えのてい、古《いにしえ》を忘れざる風情見ゆ。御馳走役人その外御使者等作法ありて、足利家の遺風流石《さすが》に見え侍《はべ》りしなり」（『東遊雑記』）と、述べている。

幕末、天保三年（一八三二）の大飢饉が領内に打撃をあたえ、藩財政は窮乏化した。十代熙氏《ひろうじ》は、藩政改革に積極的に取り組み、貯蔵庫の設置、家中士風の刷新、新田開発をおこなった。

戊辰戦争がはじまるや、藩内に謀叛人が出て新政府軍に讒言《ざんげん》し、藩主縄氏《つなうじ》の暗殺をたくらんだ。あやういところで家老らが察知し謀叛一味を誅殺した。最後の藩主縄氏は、水戸徳川家の斉昭《なりあき》の十一男、十五代将軍慶喜《よしのぶ》の弟にあたる。

喜連川町は、JR東北本線氏家《うじいえ》駅からバスでゆくが、いまも町に武家屋敷がのこっている。初代国朝が建てた璉光院《れんこう》(曹洞宗)に、国朝の墓がある。

烏山藩三万石

大久保家(子爵)

①那須郡烏山町 ②城 ③二万六千二百人(明治二年〈一八六九〉)**④二百五十人**(天保十年〈一八三九〉)

天正十九年(一五九一)、武蔵忍《むさしおし》(埼玉県行田《ぎょうだ》市)城主成田氏長《うじなが》が、豊臣秀吉より三万七千石をあたえられ、烏山《からすやま》藩を開いた。氏長の死後弟長忠《ながただ》が遺領をついだ。長忠没後、継嗣問題で家中が争い、二万七千石を減封された。子の氏宗《うじむね》が一万石を相続するが、ふたたび家督争いがおこり、改易となった。元和九年(一六二三)松下重綱《しげつな》が二万八百石で入封し、寛永四年(一六二七)陸奥《むつ》二本松(福島県二本松市)へうつった。以後、堀家(二万五千石)、板倉家(五万石)、那須《なす》家(二万石)、永井家(三万石)、稲垣家(二万五千石)と頻繁に代替りした。

享保十年(一七二五)、幕府若年寄の大久保常春《つねはる》が二万石で入封した。十三年常春は老中にすすみ、役料一万石を加増され三万石となった。以来幕末まで八代、大久保家の治政がつづいた。

凶作による農村の疲弊《ひへい》がすすみ、藩財政が窮迫した。五代忠成《ただしげ》のとき、藩政改革がおこなわれ、農村復興がはかられた。二宮尊徳《そんとく》の復興仕法《しほう》が導入され荒地百十六町歩が新田となった。ちなみに、「烏山和紙」の名で知られる和紙は、建保年間（一二一三〜一九）越前より職人が呼ばれてはじめられた。江戸中期以降、生産がさかんになった。

烏山城址は、標高二〇〇メートルの丘陵地にある。一名臥牛《がぎゅう》城といわれた。石垣や土塁がのこり、中世期の山城として貴重な史跡となっている。

宇都宮藩七万石　戸田家（子爵）

①宇都宮市　②城　③五万九千九百人（明治二年〈一八六九〉）　④千八百三十人（幕末）

慶長三年（一五九八）、会津城主蒲生《がもう》秀行《ひでゆき》が十八万石で宇都宮に封ぜられ、立藩した。同六年、秀行は関ヶ原役に西軍上杉景勝《かげかつ》の進出を押さえて功をあらわし、六十一万石に加増され、旧領会津へもどった。かわりに上野小幡《こうずけおばた》（群馬県甘楽《かんら》町）三万石の奥平家昌《いえまさ》が十万石をもって宇都宮に封ぜられた。家昌の母は、徳川家康の長女亀姫、一名、加納《かのう》殿といわれた。つぎの忠昌《ただまさ》が家督をつぐが、元和五年（一六一九）、一万石を加増され下総古河《しもうさこが》（茨城県古河市）へ転封となった。

奥平氏にかわり、宇都宮城主となったのは、家康側近の徳川将軍家草創期の功臣本多正純《まさずみ》である。父正信《まさのぶ》は、関ヶ原役後、大坂ノ陣に家康の腹心として謀略を駆使し、徳川政権確立に多大の功績をあげた。父子二代にわたる徳川の重鎮だった。

　元和八年四月、異変がおこった。家康の七回忌に日光東照宮へ参詣した二代将軍秀忠はその帰途、宇都宮城に立ち寄る予定を、急遽《きゅうきょ》変更した。正純らが、将軍を迎えるため準備万端とのえた矢先の、突然の予定変更だった。将軍は、夫人お江《ごう》の病気を口実に、宇都宮へ寄らず、壬生《みぶ》（栃木県壬生町）へ直行した。

　四カ月後の八月、出羽《でわ》山形五十七万石が、家中紛争と城主最上義俊《もがみよしとし》の酒色遊興行状により取り潰された。本多正純と永井直勝《なおかつ》が、山形城受け取りの使者として派遣された。接収事務終了の十月、江戸より将軍の使者伊丹康勝《いたみやすかつ》らが山形に派遣され、正純に、「宇都宮十五万石没収、子の正《まさ》勝《かつ》ともども出羽由利《でわゆり》（秋田県本荘市）に配流《はいる》――」との幕命が伝えられたのだった。

　世に、宇都宮釣天井《つりてんじょう》事件といわれた。正純が、将軍の寝所に釣り天井を仕掛け、将軍暗殺を図《はか》ったとの俗説である。事実は、奥平忠昌《ただまさ》の祖母加納《かのう》殿が、娘の夫大久保忠常《ただつね》の父大久保忠隣《ただちか》失脚の元凶として本多正純を怨み、異母弟に当る二代将軍秀忠に正純の不審な行状を告げたといわれる。正純が鉄砲を買いこみ、将軍宿舎に不審の仕掛けをしたと、加納殿は告げたのだった。

　同年、正純のあと、奥平忠昌が十一万石で宇都宮に再封するが、子の昌能《まさよし》のとき、忠昌に殉死した家臣が出て幕府の忌諱《きい》（殉死禁止令）にふれ、寛文八年（一六六八）二万石を召しあげられ、出羽山形へ移封した。

　奥平氏のあと、頻繁に代替りした。松平忠弘《ただひろ》（十五万石）、本多忠平《ただひら》（十一万石）、そして奥平氏が三たび九万石で入封し、正章《まさあきら》・昌成《まさしげ》と在封した。それから阿部正邦《まさくに》（十一万石）、戸田忠真《ただざね》（六万七千石→七万七千石）・忠余《ただみ》・忠盈《ただみつ》、松平（深溝《ふこうず》）忠祇《ただまさ》（六万五千石）とつづく。忠祇のとき領内農民が、年貢《ねんぐ》が二割ふえたのに憤激し、四万五千余の人数で宇都宮城下に押しかけ、豪商宅の打ち毀しをした。庄屋ら四人が打ち首となった。

松平氏は忠祇のつぎの忠恕《ただひろ》のときの安永三年（一七七四）、肥前《ひぜん》島原（長崎県島原市）へうつった。入れかわりに、島原から戸田忠寛《ただとお》が古巣の宇都宮へ七万七千石で復帰した。以後、戸田氏が幕末まで在封した。

荒廃した天皇陵を調査し『山陵志』を編述した蒲生君平《がもうくんぺい》は城下の油商の次男に生れた。

文久三年（一八六三）、藩主戸田忠恕《ただゆき》は、歴代天皇陵の修補を幕府に建白。一族の戸田忠至《ただゆき》が山陵《さんりよう》奉行に奉じられた。元治元年（一八六四）正月、神武天皇陵の修補が完成。藩は多大な金を費したが、朝廷幕府双方から顕彰された。ところが、同年四月、水戸天狗党がやってきて、藩内からも加わる者が出た。事件が落着すると幕府は藩と天狗党の関係を責め、一万七千石余の禄高召し上げと藩主の隠居・急度慎《きっとつつしみ》の処分を言いわたし、また陸奥棚倉《たなぐら》への移封を命じた。この危機に山陵奉行戸田忠至は朝廷に嘆願、それが効を奏して、朝廷の周旋により軟化した幕府は処分を撤回し、忠恕のあとをついだ忠友《ただとも》に七万七千石の本領安堵の報がもたらされた。

慶応四年戊辰戦争がはじまり、新政府軍が関東に押し寄せ、各地で江戸脱走の幕府残党軍と戦闘がくりひろげられた。宇都宮藩は新政府軍にくみし、四月幕府残党と烈しく戦い、宇都宮の大半は焼亡した。その間、前藩主忠恕《ただゆき》が急死した。宇都宮藩は城と城下を焼き払われ、多大の犠牲を強《し》いられたが、新政府はこれに賞典禄一万石を下賜した。

宇都宮城址は、JR東北本線宇都宮駅の西側にある。戊辰戦争で全焼し、本丸跡だけが御本丸公園となっている。また城址の北一キロ余の八幡山《はちまんやま》公園に蒲生君平をまつる蒲生神社がある。

高徳藩《たかとく》一万一千石　戸田家（子爵）

①塩谷郡藤原町　②陣屋

幕末ぎりぎりの慶応二年（一八六六）、前記山陵《さんりょう》奉行をつとめた戸田忠至《ただゆき》が、宗家の宇都宮藩主戸田忠友《ただとも》より一万石分知され、立藩した。宇都宮藩が天狗党加盟者を出し棚倉《たなぐら》五万石に左遷されそうになったとき、忠至の尽力により転封は阻止《そし》され、その功績により大名に取り立てられたのだった。

忠至は維新後、明治新政府に登用され、宮内大丞《くないだいじょう》、諸陵頭《しょりょうのかみ》をつとめた。

壬生藩《みぶ》三万石　鳥居家（子爵）

①下都賀郡壬生町　②城　③一万八千二百人（明治二年〈一八六九〉）④千六百九十人（家族を含む。明治二年〈一八六九〉）

慶長七年（一六〇二）、日根野吉明《ひねのよしあきら》が一万九百石で入り立藩した。吉明は元和三年（一六一七）日光東照宮造営に奉行として働き、完成後、日光社参帰途の二代将軍秀忠を壬生《みぶ》に迎えた。日根野家のあと、阿部家（二万五千石）、三浦家（二万五千石）が在封した。

元禄五年（一六九二）三万二千石で入封した松平（大河内）輝貞《てるさだ》は、五代将軍綱吉《つなよし》の側用人として権勢をふるう一方、壬生城下の大改修をおこなった。

輝貞が上野《こうずけ》高崎へうつり、元禄八年、幕府若年寄加藤明英《あきひで》が近江《おうみ》水口《みなくち》（滋賀県水口町）より二万五千石で入った。明英のとき、年貢取り立てがきびしく、領内十一カ村で百姓一揆がおこった。明英のあとの嘉矩《よしのり》が水口へもどり、正徳二年（一七一二）若年寄鳥居忠英《ただてる》が一万石を加増され三万石で入封した。忠英は近江から干瓢《かんぴょう》を取りよせて栽培させ、藩校時習館を開設した。

戊辰戦争がおこるや、新政府軍と幕府残党軍の両軍にはさまれるが、次第に新政府への旗幟を鮮明にした。雄琴《おこと》神社神官らにより、農兵主体の「利鎌《とがま》隊」が結成され、新政府軍の先導隊として活動した。

壬生町内の南中学校の場所に、かつての壬生城があった。堀がのこり、壬生町城址公園がつくられている。「従是《これより》壬生領」の石標が保存されている。中学校の西の精忠神社に、鳥居家の先祖で関ヶ原役にさいし、伏見城を死守して斃《たお》れた元忠《もとただ》がまつられている。

また鳥居初代忠英奨励の干瓢発祥の碑がある。いまも干瓢はこの辺りの名産品となっている。城址のちかくにまた、鳥居氏の菩提寺常楽寺《じょうらくじ》（曹洞宗）があり歴代藩主の墓がある。

吹上《ふきあげ》藩一万石　有馬家（子爵）

①栃木市　②陣屋　③六千八百人（明治二年〈一八六九〉）　④五百四十人（家族を含む。明治二年〈一八六九〉）

天保十三年（一八四二）上総五井《かずさごい》（千葉県市原市）一万石有馬氏倫《うじのり》が入封し立藩した。氏倫は、筑後久留米《ちくごくるめ》二十一万石有馬家のわかれで、はじめ三代将軍家光の弟駿河《するが》大納言忠長《ただなが》につかえ、忠長が切腹となるや、紀伊徳川家につかえた。藩主吉宗《よしむね》が八代将軍に就任し、幕府旗本に取り立てられ、一万石の大名となった。

戊辰戦争には新政府軍に味方し、奥州へ出兵した。明治二年（一八六九）三月、九名の藩士が、幼主氏弘《うじひろ》を欺《あざむ》き私腹を肥《こ》やしたとして家老らを殺傷する事件がおこった。

佐野藩一万六千石　堀田家（子爵）

①佐野市　②城　③一万一千八百人（明治二年〈一八六九〉）　④千百人（家族を含む。明治二年〈一八六九〉）

天正十八年（一五九〇）唐沢《からさわ》山（佐野市）城主佐野房綱《ふさつな》が豊臣秀吉より本領を安堵《あんど》され、養子信吉《のぶよし》に三万九千石があたえられた。慶長七年（一六〇二）幕命により、唐沢山城を廃し、春日岡《かすがおか》に移城した。同十九年信吉は改易《かいえき》処分をうけ、一時廃藩となった。

貞享元年（一六八四）古河《こが》藩主堀田正俊《まさとし》（大老）の三男正高《まさたか》が一万石で入封した。元禄十一年（一六九八）正高は近江《おうみ》堅田《かただ》（大津市）へ移封した。

文政九年（一八二六）仙台藩主伊達宗村《むねむら》の八男で堀田正富《まさとみ》の養子となった正敦《まさあつ》が、堅田より一万三千石で入封。正敦は寛政二年（一七九〇）若年寄となっており、文政十二年三千石を加増され一万六千石となった。正敦はまた、『寛政重修諸家譜《かんせいちょうしゅうしょかふ》』編纂《へんさん》総裁をつとめた。博物学に造詣《ぞうけい》ふかく、鳥類研究書『観文禽譜《かんぶんきんぷ》』を著した。和漢の古典を引用し、鳥類の名称や形を考察し、オランダ語の注釈を付した。絵師による精密な鳥の絵がそえられている。

JR両毛《りょうもう》線佐野駅の北に春日城址があり、城山公園となっている。佐野は古くから鋳物《いもの》製造がさかんで、湯釜《ゆがま》がつくられ、寺院の梵鐘《ぼんしょう》が生産された。佐野結城《ゆうき》と称する木綿織物業がさかんだった。

足利藩一万一千石　戸田家（子爵）

①足利市　②陣屋　③一万七千八百人（明治二年〈一八六九〉）④五百二十人（家族を含む。明治二年〈一八六九〉）

戦国時代足利は長尾景長《かげなが》・顕長《あきなが》父子が領した。その後幕府領や古河《こが》藩主土井家の領地となった。

元禄二年（一六八九）五代将軍綱吉《つなよし》の生母桂昌院《けいしょういん》の弟本庄宗資《ほんじょうむねすけ》が一万石で入った。一万石を加増され二万石となった。元禄五年、将軍綱吉が宗資の江戸屋敷に臨御《りんぎょ》し、桂昌院立ち会いのうえ二万石を加増され、常陸《ひたち》笠間（茨城県笠間市）へ移封の沙汰が申しわたされた。

このあと足利は、館林《たてばやし》藩主の所領、そして幕府領とされるが、宝永二年（一七〇五）、将軍継嗣家宣《いえのぶ》（六代将軍）の御側役戸田忠利《ただとし》が、三千石の加増をうけ一万一千石で入った。

幕末の藩主忠行《ただゆき》の時代、藩に新政府軍に協力する誠心隊がつくられ、関東各地で幕府軍と戦った。この隊の司令に、当時画家として一家をなしていた田崎草雲《そううん》がついた。草雲は、文化十一年（一八一四）足利藩江戸屋敷のお長屋に生れた。父は二人扶持《ぶち》の祐筆だった。草雲は、藩主御殿に出仕し、茶坊主をつとめた。そのかたわら世相諷刺《ふうし》画をかき、のち脱藩して諸国を遊歴《ゆうれき》、谷文《ぶん》晁《ちょう》・渡辺崋山の門を叩いた。帰藩して誠心隊を組織する。のち草雲は日本画壇のトップにのしあがり、シカゴ大博覧会出品の「富獄晴色」は、最高の名誉大賞牌をうけた。

いま、足利公園の南側に、草雲の旧宅「白石山房《はくせきさんぼう》」がのこされている。

群馬

館林藩六万石

秋元家（子爵）

①館林市　②城　③七万五千人（明治二年〈一八六九〉）　④四千五百人（家族を含む。明治二年〈一八六九〉）

天正十八年、徳川家康の関東入国により、館林に徳川四天王の一人、武勇をうたわれた榊原康政《さかきばらやすまさ》が十万石で入封した。康勝《やすかつ》・忠次《ただつぐ》（十一万石）と在封し、寛永二十年（一六四三）陸奥《むつ》白河へ移封した。正保元年（一六四四）遠江《とおとうみ》浜松より松平（大給《おぎゅう》）乗寿《のりなが》が六万石で入封し、子の乗久《のりひさ》が五万五千石（五千石を弟に分知）で下総《しもうさ》佐倉へうつった。

寛文元年（一六六一）、三代将軍家光の四子綱吉《つなよし》が二十五万石で館林に入った。世に館林宰相《さいしょう》（綱吉の官位が参議〈唐名で宰相〉）といわれた。

四代将軍家綱《いえつな》が病気となるや、綱吉は延宝八年（一六八〇）五月、将軍世子にあげられ江戸城西ノ丸にうつった。館林城は綱吉の二歳の子徳松が相続するが、天和三年（一六八三）、五歳で病没したため、築城二十年にして、偉観をほこった館林城は破却された。

廃城後二十四年間、幕府領となるが、宝永四年（一七〇七）甲府宰相《さいしょう》綱重《つなしげ》（家光の子、綱吉の兄）の子松平清武《きよたけ》（兄は六代将軍家宣《いえのぶ》）が二万四千石で館林に入封した。

清武は二回の加増により五万四千石となり、武雅《たけまさ》・武元《たけちか》と在封し、武元は享保十三年（一七二八）陸奥《むつ》棚倉《たなぐら》（福島県棚倉町）へうつった。

その後、太田資治《すけはる》・資俊《すけとし》（五万石）が在封するが、延享三年（一七四六）松平武元が再び入封し、六万一千石を領した。武元は、九代将軍家重《いえしげ》・十代家治《いえはる》の二代三十二年にわたり老中をつとめた。武元のあと武寛《たけひろ》・斉厚《なりあつ》がつぎ、天保七年（一八三六）石見《いわみ》浜田（島根県浜田市）へ移った。

松平氏にかわり、棚倉より井上正春《まさはる》が六万石で入封するが、弘化二年（一八四五）遠江《とおとうみ》浜松へうつり、出羽《でわ》山形より秋元志朝《あきもとゆきとも》が入封し、秋元氏は幕末まで在封する。

戊辰戦争がはじまり、三月、新政府の征東先鋒軍が碓氷《うすい》峠を越えた。館林藩はいち早く家老を派遣し忠誠を誓い、大砲二門、金二万両を献じた。新政府軍に協力して関東各地に転戦し、会津征討軍に参加した。このため、藩主礼朝《ひろとも》に賞典禄一万石が下賜された。

東武伊勢崎線館林駅の東側に館林城址がある。本丸・二ノ丸跡は市役所・子ども科学館に変っている。三ノ丸跡に城門が復元された。旧本丸跡と城沼《じょうぬま》をへだてた南一帯はつつじの名所として知られる。榊原氏三代忠次《ただつぐ》が、新田義貞の愛妾勾当内侍《こうとうのないし》遺愛のつつじを移植し、徳川綱吉もまた日光山から移植した。初代榊原康政の墓は、館林駅のすぐ東の善導《ぜんどう》寺（浄土宗）にある。

伊勢崎藩二万石　酒井家（子爵）

①伊勢崎市　②陣屋　③二万人（明治二年〈一八六九〉）**④九百三十人**（家族を含む。明治二年〈一八六九〉）

慶長六年（一六〇一）稲垣長茂《いながきながしげ》が一万石で伊勢崎に立藩した。元和二年（一六一六）、長茂の子重綱《しげつな》は一万石を加増され、越後《えちご》藤井《ふじい》（新潟県柏崎《かしわざき》市）二万石へ移封した。

寛永十四年（一六三七）、前橋藩主酒井忠清《ただきよ》の弟忠能《ただよし》が、二万二千五百石で入封し、寛文二年（一六六二）、信濃《しなの》小《こ》諸《もろ》二万石にうつった。延宝九年（一六八一）、前橋藩主酒井忠挙《ただたか》の弟忠寛《ただひろ》が二万石を分知され、伊勢崎にはいった。

忠寛のつぎの忠告《ただつぐ》は、宝永三年（一七〇六）灌漑《かんがい》用水を通して農村の復興につとめ、城下町を発展させた。藩校学習堂をつくった。

戊辰戦争がはじまるや、藩主忠強《ただつよ》はいち早く新政府に恭順の意を示した。

前橋藩十七万石　松平家（伯爵）

①前橋市　②城　③十七万四千二百人（明治二年〈一八六九〉）　④一万百六十人（家族を含む。明治二年〈一八六九〉）

天正十八年、家康の関東入国により、譜代《ふだい》の平岩親吉《ひらいわちかよし》が三万三千石で入封するが、十年の在封で慶長六年（一六〇一）甲斐《かい》府中（甲府市）へ移封した。

この年、武蔵《むさし》川越（埼玉県川越市）より三万三千石で酒井重忠《しげただ》が入り、酒井氏は九代百五十年の長きにわたり、前橋を支配する。酒井氏は、五万二千石から十五万石に加増されている。酒井家の先祖は、徳川とおなじく、松平親氏《ちかうじ》といわれる。

前橋初代重忠は、正親の嫡男だった。二代忠世《ただよ》のとき、家康より雅楽頭《うたのかみ》に任ぜられ、以後歴代雅楽頭を称した。

四代忠清《ただきよ》が、もっとも世にきこえた。承応二年（一六五三）三十歳で老中首座となり、寛文六年（一六六六）四十三歳で大老の座にのぼった。四代将軍家綱《いえつな》の治政下、権勢は並ぶものがなく、その江戸屋敷が江戸城大手前の下馬札《げばふだ》のかたわらにあるところから、「下馬将軍」といわれた。贈り物を持参する諸大名が江戸屋敷門前に列をなしたという。

権勢をきわめた忠清も、四代将軍家綱《いえつな》の後継問題で失脚する。有栖川宮幸仁親王《ありすがわのみやゆきひと》をむかえようとしたが徳川の血統を重んずる徳川光圀《みつくに》や老中堀田正俊《まさとし》の強力な反対にあい、正俊らの推《お》す綱吉《つなよし》（家綱の弟）が世子にあげられたのだった。敗れた忠清は延宝九年（一六八一）幕閣を退《しりぞ》き、同年五十八歳で死去した。自殺ともいわれた。

忠清の嫡男忠挙《ただたか》が五代をついだ。学問を好み、藩校好古堂《こうこ》・求知堂《きゆうち》を建てた。そして『前橋風土記』が編纂《へんさん》された。

九代忠恭《ただずみ》の寛保二年（一七四二）、関東一帯を大洪水が襲い、利根川沿岸の前橋領内は大きな被害をうけた。前橋城の利根川満水による被害は、すでに貞享年代（一六八四〜八八）からはじまっている。宝永三年（一七〇六）、本丸西方櫓《やぐら》・高浜曲輪《くるわ》隅《すみ》櫓が崩れた。本丸屋敷居住は危険となり、寛延元年（一七四八）三ノ丸に移転した。翌年一月、忠恭は播磨《はりま》姫路へ転封した。おなじ年、姫路より松平朝矩《とものり》が十五万石で前橋に入封した。結城秀康《ゆうきひでやす》（徳川家康の次男、越前六十八万石城主）の五男直基《なおもと》の系統だった。

しかし入封十八年後の明和四年（一七六七）閏《うるう》九月、前橋城の決壊を理由に居城を武蔵川越（埼玉県川越市）へうつした。

以後前橋は、川越藩の分領となった。文政二年（一八一九）前橋分領の農業改革がはじまる。新たに勧農掛役所がもうけられた。領内有志より二千両、藩庫から千両、計三千両の元金出資を目標とし、利息一割を興農資金とするものだった。目標を上まわる三千百三十一両があつまった。

貧民分家手当、他領者取立《とりたて》、家作金、出産金、赤子五カ年養育金などにつかわれた。貧民への手当と出産金、赤子養育金は無償で下付し、他は無利息年賦《ねんぷ》返済とした。ついで、飢饉にそなえる貯蔵庫制度が発足した。

川越から前橋への帰城を決意したのは、幕末の藩主直克《なおかつ》である。文久二年（一八六二）十二月、老中へ「前橋城再築内願書」を提出し、翌三年十二月移城が許可される。安政元年（一八五四）の開国で外国との貿易がはじまると、前橋領内の生糸輸出が非常な好調を示した。領内に前橋城築城への期待が高まり豪商たちからの築城献金は、七万七千両に及んだ。築城のため延べ四十四万人の人足動員が見込まれた。前橋全領あげての大事業だった。前橋城再築は、元治元年の着工以来三年三カ月をついやし、慶応三年（一八六七）正月、一応の完成をみた。翌明治元年末、百年ぶりに藩主を前橋城にむかえたのだった。

藩主直克は、文久三年（一八六三）十月、幕閣最高の政事総裁職に任ぜられている。

戊辰戦争がはじまると、直克は上洛して新政府に、徳川家への寛大な処置を嘆願した。閏四月、前橋藩は新政府の東山道《とうさんどう》総督の指揮下に入り、上野《こうずけ》諸藩兵をひきいて関東・会津に転戦した。

JR両毛《りょうもう》線前橋駅の北の利根川東岸に前橋城址がある。本丸跡は県庁になっており、二ノ丸、三ノ丸跡は前橋公園に変っている。土塁や石垣の一部がのこり、県庁ちかくに車橋門跡がある。酒井家の墓のある竜海院は、前橋駅のすぐ北西にある。

高崎藩八万石

大河内家（子爵）

①高崎市　②城　③九万七千五百人（明治二年〈一八六九〉）　④三千九百十人（家族を含む。明治二年〈一八六九〉）

徳川の譜代《ふだい》筆頭ともいえる井伊直政《なおまさ》が、天正十八年の家康関東入りとともに上野箕輪《こうずけみのわ》（群馬県箕《み》郷《さと》町）十二万石に封ぜられ、当時和田といわれた高崎を所領とした。

慶長三年（一五九八）、中仙道《なかせんどう》の整備により和田の地が重視され、直政は居城を箕輪から和田にうつし、高崎と名づけた。

慶長五年の関ヶ原役の功により直政は、近江《おうみ》佐和山（彦根市）十八万石に移封した。これより高崎の地は頻繁に代替りした。酒井家次《いえつぐ》（五万石）、松平（戸田）康長《やすなが》（二万石）、松平信吉《のぶよし》（五万石）、安藤重信《しげのぶ》（五万六千石）とつづくが、重信の子重長《しげなが》のとき、三代将軍家光の弟駿河《するが》大納言忠長《ただなが》を預かった。忠長は、寛永十年（一六三三）十二月六日、高崎の地で切腹させられた。

安藤家は、重長（六万六千石）のつぎの重博《しげひろ》のときの元禄八年（一六九五）備中《びっちゅう》松山（岡山県高梁市《たかはし》）へ移封した。

この年、下野壬生《しもつけみぶ》（栃木県壬生町）より松平（大河内）輝貞《てるさだ》が五万二千石で入封した。三河吉田（豊橋市）藩主松平（大河内）の分家で、輝貞の祖父に知恵伊豆・松平信綱《のぶつな》がいる。

輝貞は、五代将軍綱吉の御小姓から立身した。綱吉の寵愛は深く、おなじく綱吉側近から出世した柳沢吉保《よしやす》に匹敵した。輝貞は藩政に意をもちい、上州絹の育成のため絹市場をひらき、榛名《はるな》山上の榛名湖の水を引き、高崎の用水にしようと計画した。工事は中止されたが、明治にこの計画が完成している。多趣味で、刀剣愛好家に珍重される「右京柄《うきようづか》（輝貞の官名右京亮《うきようのすけ》にちなむ）」をデザインした。輝貞好みの稲妻《いなづま》模様の図柄《ずがら》だった。

松平氏は幕末まで在封するが、その元治元年（一八六四）、水戸の攘夷過激派天狗党一党が領内を通過した。幕命により高崎藩は、天狗党を攻撃し、激戦となった。いわゆる下仁田《しもにた》（群馬県下仁田町）戦争である。高崎藩士三十六名が戦死した。最後の藩主は輝声《てるな》だが、慶応四年（一八六八）の戊辰戦争のさい、関東進駐の新政府側につき、会津攻撃に参加した。

高崎市街の西、烏《からす》川東岸沿いに高崎城址がある。市役所などの公共施設が建っているが、堀や土塁に往時の面影がのこっている。またJR高崎線高崎駅のすぐ北西の大信寺（浄土宗）境内に、高崎で自刃させられた駿河《するが》大納言忠長《ただなが》の墓がある。「峰巌院殿前亜相清徹暁雲大居士」と書かれた位牌《いはい》や、忠長の姉千姫と夫豊臣秀頼遺愛の品が、大信寺に伝えられている。

吉井藩一万石

吉井家（子爵）　①多野郡吉井町　②陣屋

天正十八年、家康の関東入国のとき、徳川譜代《ふだい》の菅沼定利《すがぬまさだとし》が二万石で吉井城主となった。養子忠政《ただまさ》の慶長七年（一六〇二）、美濃《みの》加納《かのう》（岐阜市）に移封した。

天和二年（一六八二）大番頭《おおばんがしら》堀田正休《まさやす》が一万石で吉井にうつされ、吉井藩が成立した。元禄十一年（一六九八）正休が近江《おうみ》宮川（滋賀県長浜市）に移封し、そのあと宝永六年（一七〇九）、三代将軍家光夫人の従弟《いとこ》松平（鷹司《たかつかさ》）信平《のぶひら》の孫信清《のぶきよ》が一万石で矢田《やた》（吉井町矢田）に陣屋をおいた。のち吉井に陣屋がうつされた。

安政六年（一八五九）、幕末の藩主信発《のぶおき》は、幕末の水戸藩主徳川斉昭《なりあき》への蟄居《ちっきょ》命令をつたえる上使をつとめ、二千俵を加増され、文久三年（一八六三）さらに一万俵をくわえられた。最後の藩主信謹《のぶのり》は、明治元年（一八六八）、居所の名をとり「吉井」と称した。

七日市《なのかいち》藩一万石

前田家（子爵）

①富岡市　②陣屋　③六千四百人（明治二年〈一八六九〉）

藩の所在地は富岡市七日市《なのかいち》で、上州電鉄上州七日市駅の南にあたる。

藩祖の利孝《としたか》は、加賀百万石前田利家《としいえ》の五男である。大坂ノ陣に出陣して功をたて、徳川家より千人扶持《ぶち》、本家加賀藩から二千人扶持をもらった。元和二年（一六一六）、一万石をもって七日市にはいった。

小藩のため、本家加賀藩よりたびたび財政援助をうけた。幕末、領内農村の振興をはかり、生育講をつくったりした。十一代藩主利谿《としあきら》は、天保十三年（一八四二）藩校成器館をつくった。

富岡市内の県立富岡高校の構内に、前田家陣屋の黒塗りの表門や御殿造りの本屋《ほんおく》が現存している。明治六年（一八七三）、明治天皇皇后と皇太后（孝明天皇皇后）が富岡製糸場を行啓のさい、陣屋の建物が宿舎にあてられた。

小幡藩二万石　松平家（子爵）

①甘楽《かんら》郡甘楽町　②陣屋　③一万三千二百人（明治二年〈一八六九〉）④六百二十人（家族を含む。明治二年〈一八六九〉）

元和元年（一六一五）織田信長の次男信雄《のぶかつ》は、大和《やまと》松山（奈良県大宇陀《おおうだ》町）三万石と上野《こうずけ》小幡二万石の計五万石を領有した。そして子の信良《のぶよし》に小幡二万石が分封された。つぎの信昌《のぶまさ》が小幡陣屋を造営した。七代信邦《のぶくに》の明和四年（一七六七）、尊王論者山県大弐《やまがただいに》らの幕府謀叛事件に連座して蟄居《ちっきょ》を命ぜられ、養子信浮《のぶちか》は出羽《でわ》高畠《たかはた》（山形県高畠町）へうつされた。

かわって幕府若年寄松平（奥平）忠恒《ただつね》が上野上里見《こうずけかみさとみ》（榛名《はるな》町）から二万石で入封した。困窮農民救済に低利貸付け制度「恵民講」をもうけた。凶作で荒廃した農村振興はむずかしく、藩財政は窮乏化し、借財は年収の十倍、七万四千余両に達した。戊辰戦争では、新政府軍の東山道《とうさんどう》総督府に帰順した。

安中《あんなか》藩三万石　板倉家（子爵）

①安中市　②城　③二万七千人（明治二年〈一八六九〉）　④九百六十人（明治二年〈一八六九〉）

当初安中《あんなか》は箕輪《みのわ》（群馬県箕郷《みさと》町）十二万石城主井伊直政《なおまさ》の所領だった。慶長六年（一六〇一）直政は近江佐和山《おうみさわやま》（彦根市）へうつった。そして元和元年（一六一五）直政の嫡男直勝《なおかつ》が、生母東梅《とうばい》院をともない安中に入り、三万石をもって立藩した。安中藩は中仙道の関東への玄関口碓《うす》氷《い》・杢《もく》の両関所を管理した。杢の関所はのち高崎藩が管理している。

直勝のつぎの直好《なおよし》のときの正保二年（一六四五）三河《みかわ》西尾（愛知県西尾市）へ移封した。井伊氏のあと、三河新城《しんしろ》（愛知県新城市）より水野元綱《もとつな》が二万石で入った。その子元知《もととも》の寛文七年（一六六七）、藩主発狂を理由に改易《かいえき》となった。そのあと、のち幕府大老となる堀田正俊《まさとし》が二万石で入封。在城十四年で下総古河《しもうさこが》（茨城県古河市）へうつった。

さて、幕末まで在城した板倉家の重形《しげかた》が一万五千石で入封するのは、天和元年（一六八一）である。子の重同《しげあつ》のとき、一時陸奥泉《むついずみ》（福島県いわき市）へ移封し、内藤政森《まさもり》が入るが、政森の孫正苗《まさみつ》が三河挙母《みかわころも》（愛知県豊田市）へ移封し、再度板倉重同の子勝清《かつきよ》が、明和四年（一七六七）三万石で入封した。

天明三年（一七八三）七月五日、上野《こうずけ》・信濃《しなの》国境の浅間《あさま》山が大爆発した。前代未聞といわれる降灰があり、灼熱《しゃくねつ》した溶岩が流出した。災害は安中藩全域におよび、田畑の作物は全滅した。米価が暴騰し、桑畑の被害により養蚕が大打撃をうけた。農民の暮らしはどん底におちいった。藩は救済に手間どり、農民らは城下に押しかけた。役人の説得に農民たちは城の包囲を解《と》くが米穀商を襲って打ち毀しをした。藩は、指導者を入牢・打ち首・遠島等に処して鎮圧した。おくればせながら藩は、救済事業として河川工事をはじめた。

幕末の藩主勝明《かつあきら》は学識が深く、幕末の賢侯とたたえられた徳川斉昭《なりあき》、松平慶永《よしなが》（春嶽《しゅんがく》）らと交際した。父勝尚《かつなお》創立の藩校造士《ぞうし》館を充実させ、庶民教育のため安中郷学校を開き、広く農村の子弟も入学させた。このほか、多くの寺子屋が開設された。桐《きり》や漆《うるし》の植林計画を立て農村復興に力をそそいだ。勝明の異色の武芸奨励に、「遠足《とおあし》」がある。安政二年（一八五五）五十歳以下の藩士が、城下より碓氷《うすい》峠までの約三十キロを歩き、速さを競《きそ》った。

慶応四年（一八六八）、戊辰戦争の年二月下旬、領内で世直し一揆と称する暴動がおこり商人・質屋・村役人が襲われた。赤報《せきほう》隊と称する偽新政府軍が出没した。最後の藩主勝殷《かつまさ》（勝明の弟）は、早くより尊王を旗印しにし、新政府軍に協力した。

安中藩士の子新島襄《にいじまじょう》は、天保十四年（一八四三）安中藩江戸屋敷で生れた。幕府海軍伝習所に入り、元治元年（一八六四）脱藩して箱館（函館）からアメリカ船に投じ、国禁をおかしてアメリカへわたった。同志社大学の創立者として知られる。いま安中市内に旧宅が復元されている。

この旧宅の裏の公園に、安中藩主の漆《うるし》植林を顕彰した「漆園《しつえん》之記」の碑が建っている。

沼田藩三万五千石　土岐家（子爵）

①沼田市　②城　③四万二千四百人（明治二年〈一八六九〉）④千六百六十人（家族を含む。明治二年〈一八六九〉）

関ヶ原役決戦直前、徳川秀忠の大軍を立ち往生させ、その武名を高めた真田昌幸《まさゆき》の嫡男信之《のぶゆき》が、天正十八年（一五九〇）、沼田初代城主として入った。信之は、これより前、同十六年、徳川家康の重臣本多忠勝《ただかつ》の娘小松姫を夫人としてむかえた。この徳川との強いきずなが、のちお家安泰につながる。天下分け目の関ヶ原役にさいし、西軍に味方した父昌幸、弟幸村《ゆきむら》と袂《たもと》をわかち、徳川方に加わったからだ。戦後、昌幸、幸村は配流となるが、信之は沼田の領土を安堵《あんど》され、元和二年（一六一六）信濃《しなの》上田（長野県上田市）へ移封した。沼田もあわせ領有し、嫡男信吉《のぶよし》にあたえられた。

信吉より三代あとの信利《のぶとし》の時代、藩主の贅沢と三万石の小藩としては過大な扶持《ふち》のため、過酷な年貢《ねんぐ》の取り立てを強行、それに延宝八年（一六八〇）の大飢饉が農民の困窮化に拍車をかけた。さらに台風で大破した江戸両国橋の改修工事の用材請負いが沼田藩に課せられた。飢饉に苦しむ農民が、用材の伐《き》出しに駆《か》り出された。

農民らは幕府へ必死の嘆願をすべく直訴《じきそ》した。世に名高い茂左衛門《もざえもん》の直訴状は、上野東叡山輪《とうえいざんりん》王寺宮家《のうじのみや》の菊紋のついた小箱におさめられたため、首尾よく五代将軍綱吉の許にとどけられた。

天和二年（一六八二）十二月五日、茂左衛門は利根川河畔《かはん》で磔《はりつけ》の刑に処せられた。

これより前の天和元年十一月、沼田藩主信利は幕府により改易《かいえき》処分をうけた。

真田氏改易後、代官支配がつづき、元禄十六年（一七〇三）老中本多正永《まさなが》が二万石で入り、三代在封して駿河《するが》田中（静岡県藤枝市）へうつった。その後黒田直邦《なおくに》・直純《なおずみ》が在封し、寛保二年（一七四二）、老中土岐《とき》頼稔《よりとし》が三万五千石で入った。八代頼潤《よりみつ》の天明三年（一七八三）、浅間《あさま》山が噴火して大災害をおこし、飢饉がくわわり、農村は悲惨をきわめた。藩主頼潤は、積極的に間引き（親が子を死なせる）防止に取り組み、禁止令を出し、各村々の富裕な百姓から九名の「養育大世《おおせ》話人《わにん》」を選んだ。そして領内の妊娠者すべてを名簿にのせ、大世話人・名主・組頭・百姓惣代《そうだい》がそれぞれ印鑑を押し、領主にその名簿を差し出した。貧しくて養育できぬ者に、養育費が支給された。

文政十一年（一八二八）、領内の下牧村玉泉《ぎょくせん》寺、沼田の長寿《ちょうじゅ》院、屋形原村の実相《じっそう》院の住職らが発起人となり、「小児養育冥加《みょうが》金」の制度がつくられ、領内から金があつめられた。その金を藩に預け、その利子が貧しい農家の子女の養育にあてられた。沼田領で六十九両の金と麦四百九十俵があつまった。

幕末、慶応四年（一八六八）閏《うるう》四月、土岐氏最後の藩主頼知《よりおき》は、京都に赴《おもむ》き新政府に恭順の意を表した。新政府軍の東山道《とうさんどう》総督府巡察副使に、弾薬・雷管を差し出し協力した。新政府軍は、沼田に本拠をおき、会津藩攻撃に向かった。そして会津降伏までの五カ月間、領内の農民は新政府軍の夫役《ぶやく》（労役）にかり出された。農繁期に当っていたため、村落の記録には、「大いに難渋《なんじゅう》する者多し」と、記された。

神奈川

金沢藩一万二千石

米倉家（子爵）　①横浜市　②陣屋　③一万二千八百人

享保七年（一七二二）、下野皆川《しもつけみながわ》（栃木市）一万二千石藩主米倉忠仰《よねくらただすけ》が、六浦《むつうら》（のち金沢、横浜市金沢区）に移封し立藩した。

米倉家の家祖永時《ながとき》は、天正十八年（一五九〇）徳川家康より相模《さがみ》堀山下村（秦野《はだの》市）二百石をあたえられた。三代昌尹《まさただ》は三代将軍家光の小姓から累進《るいしん》し、五代将軍綱吉《つなよし》の元禄九年（一六九六）若年寄にすすみ、武蔵《むさし》、相模で一万石の大名に取り立てられる。元禄十二年、さらに五千石を加増され皆川に陣屋をかまえた。次の昌明《まさあきら》のとき、弟忠直《ただなお》に三千石を分封した。

慶応四年（一八六八）、江戸徳川家追討の新政府軍が東海道をくだって進軍してきたとき、新政府総督府より警備や人馬継立《つぎたて》（宿場での乗り替え）、横浜取締りを要請され、これに協力した。

小田原藩十一万三千石　大久保家（子爵）

①小田原市　②城　③八万四千二百人（明治三年〈一八七〇〉）④四千三百九十人（家族を含む。明治二年〈一八六九〉）

天正十八年、徳川家康の関東入国にしたがい、大久保忠世《ただよ》が四万五千石で入封した。幕府の御意見番彦左衛門の長兄に当る。忠世のあとをついだ忠隣《ただちか》は、幕府草創期の功臣だった。関ヶ原役後、後継ぎを決めるとき、家康は重臣たちに相談したが、忠隣の意見にしたがい、秀忠を後嗣にしたという。しかしその、徳川譜代《ふだい》随一の声望が、やがて周囲の反撥を呼び忠隣を孤立化させた。そんなとき、忠隣が推挙し自分の姓まであたえた金山奉行大久保長安《ながやす》の事件がおこった。長安死後の慶長十八年（一六一三）四月、長安に生前不正があったとして追及され、遺子七人が切腹させられたのだ。この年十二月、家康が鷹狩りのおり、甲州武田家旧臣の老人が、「忠隣に陰謀あり」と、訴え出た。

家康は側近と密議の結果、決断した。キリシタン禁圧のため京都に出張中の忠隣に、本多正信・土井利勝・安藤重信ら老職連署の、「近江へ配流」の命が伝えられた。忠隣はしかし、少しも愕《おどろ》かず、幕命に服したという。世上忠隣は、本多正信との権力闘争に敗れたものと噂された。忠隣の嫡男忠常《ただつね》はすでに死去していた。忠隣は失脚し小田原の所領を失うが、忠常の遺児仙丸（のち忠職《ただもと》）に、武蔵騎《き》西《さい》（埼玉県騎西町）二万石があたえられた。

小田原藩はこのあと、阿部正次《まさつぐ》（五万石）、稲葉正勝《まさかつ》（八万五千石）・正則《まさのり》（十一万七千石）・正往《まさゆき》（十万二千石）らが在封した。

そして貞享三年（一六八六）、下総《しもうさ》佐倉（千葉県佐倉市）より大久保忠朝《ただとも》が入封した。前記忠職の養子である。忠朝は老中で、九万三千石の禄高だったが、小田原藩主となり二度の加増をうけ、十一万三千石を領した。

元禄十一年（一六九八）十月、忠朝の子忠増《ただます》が相続した。このとき、十一万三千石の所領のうち、弟の教寛《のりひろ》に六千石、教信《のりのぶ》に四千石を分けあたえた。

元禄十六年十一月、小田原領内に大地震が発生した。小田原城天守閣が崩壊し、死者二千三百八名、死んだ牛馬百七十一頭、潰れた家は七千五百四十軒におよんだ。忠増は、幕府より四万五千両を借りて復興にとりかかった。さらに宝永四年（一七〇七）十一月二十三日、富士山が大噴火をおこし、その降灰・砂礫《されき》により御殿場《ごてんば》・足柄《あしがら》地方が大被害をうけた。熱した砂が、二十里（八十キロ）四方に降りそそいだ。藩はただちに、年貢《ねんぐ》米のうち一万俵を放出し、救済に乗り出した。自力復興は難しいとみた幕府は、被害の大きな足柄地方などを一時幕領にし、小田原藩へ伊豆《いず》・三河《みかわ》・美濃《みの》・播磨《はりま》四カ国のうち五万六千余石を替地《かえち》としてあたえた。

幕末にさしかかる文政元年（一八一八）から天保八年（一八三七）にかけて老中をつとめた忠《ただ》真《ざね》（忠朝より七代目）は、出色の藩主だった。

天明三年（一七八三）の悪天候以来農村は荒廃し、藩財政は疲弊《ひへい》の一途をたどった。忠真は、農村復興のため、領内足柄上郡栢山《かやま》村（小田原市）の百姓の家にうまれた二宮金次郎（尊徳《そんとく》）を登用した。金次郎一家は、寛政三年（一七九一）の大暴雨による酒匂《さかわ》川の氾濫《はんらん》により田畑をうしなった。金次郎は自力で一家を再興した。二十六歳のとき、年貢のかからぬ氾濫後の河原地などを開墾《かいこん》し、一町四反歩の田畑を造成した。

こうして金次郎の提唱した「報徳仕法《ほうとくしほう》」による農村復興策がおこなわれるが、藩主忠真の死により二宮反対の動きが高まり、弘化三年（一八四六）、報徳仕法は廃止された。

忠真より二代あとの忠礼《ただのり》の慶応四年（一八六八）、戊辰戦争がはじまった。新政府の江戸討伐の東征軍が東海道をくだりはじめた。

小田原は関東への関門であった。家老加藤直衛は、新政府軍の下向にたいし、忠誠を誓約した。四月十一日、東征軍大総督有栖川宮熾仁親王《ありすがわのみやたるひと》が小田原に本軍をすすめた。このとき、江戸幕府残党彰義隊《しょうぎたい》一味が蜂起《ほうき》し、これと林昌之助（忠崇《ただたか》、請西《じょうざい》藩主）が合流して小田原城に向かった。狼狽した小田原藩は、一時佐幕派が大勢を占め、新政府軍監を殺害した。しかし急ぎ藩論を新政府支持に転向させ、藩主忠礼は東征軍に恭順の意を表し、七万五千石に減封されただけで、お家をまっとうした。

ＪＲ東海道本線小田原駅のすぐ南西に、小田原城址がある。昭和三十五年（一九六〇）に復元された三層の天守閣がそびえている。また小田急線栢山駅のちかくに二宮尊徳（金次郎）の生誕地があり、生家が復元されている。小田原城址からさらに西へ歩くと、藩主大久保家の菩提寺大久寺《だいきゅう》がある。

荻野山中藩《おぎのやまなか》一万三千石　大久保家（子爵）

①厚木市　②陣屋　③一万二千二百人（明治二年〈一八六九〉）④三百四十人（家族を含む。明治二年〈一八六九〉）

初代藩主大久保教寛《のりひろ》は、小田原藩主大久保忠朝《ただとも》の次男である。元禄十一年（一六九八）六千石を分知され、宝永三年（一七〇六）御書院番頭から江戸城西ノ丸若年寄にすすみ、一万一千石の大名となった。享保三年（一七一八）五千石を加増され一万六千石となるが、つぎの教端《のりまさ》のとき弟教平《のりひら》に三千石を分知した。五代教翅《のりのぶ》が、天明三年（一七八三）、相模中荻野村山中に陣屋をつくり、荻野山中藩が立藩した。

六代教孝《のりたか》は文化二年（一八〇五）領内に「養蚕要略」を公布し産業育成につとめたが藩財政は改善されず、七代教義《のりよし》のとき、江戸の検校《けんぎょう》（盲人の最高位）から金を借り、貸金不返済で訴えられた。慶応三年（一八六七）十二月、薩摩浪士に襲撃され、陣屋を焼かれた。

いま厚木市内荻野に、陣屋跡がのこり、市の指定史跡になっている。

Ⅲ 信越

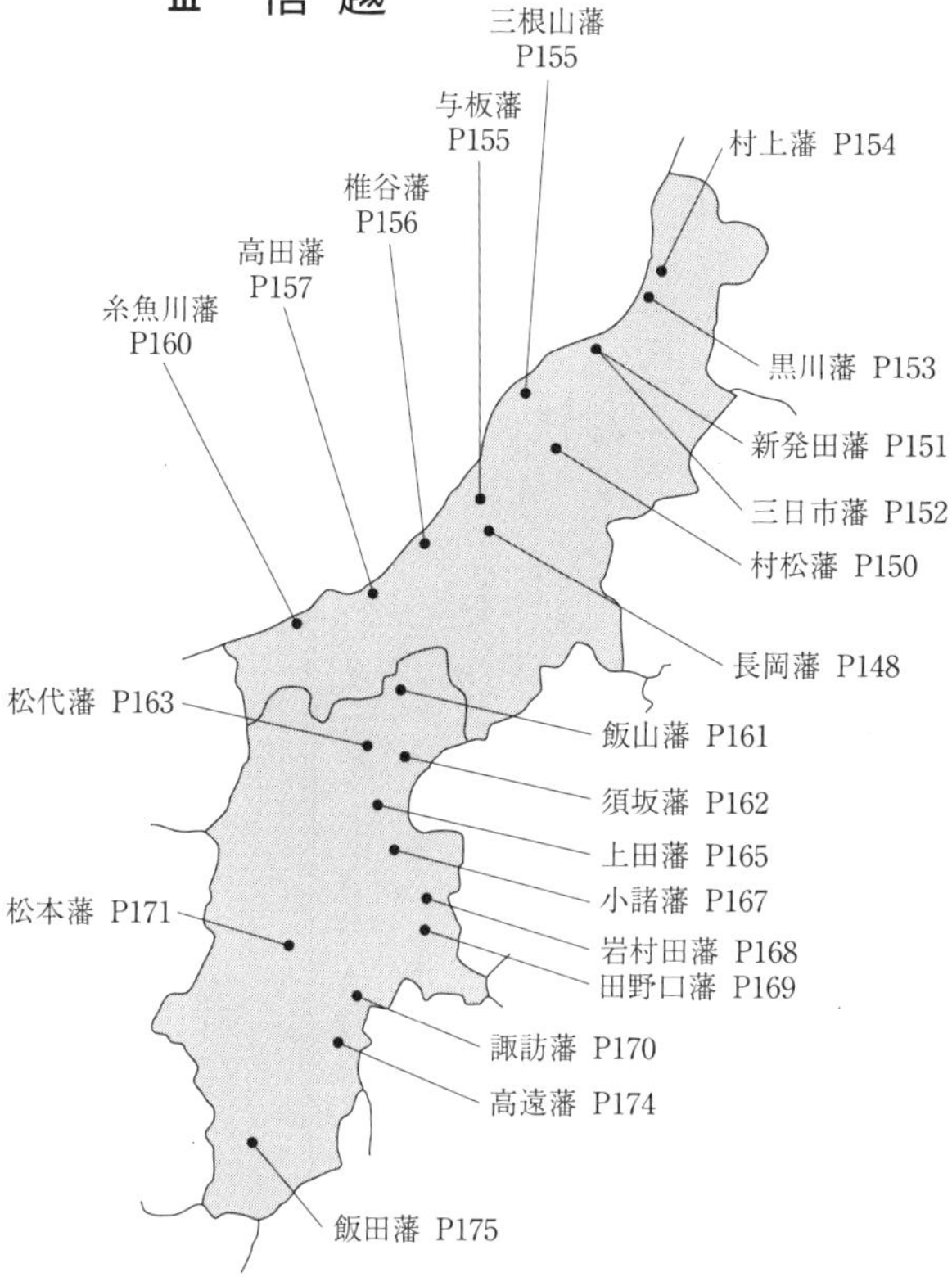

三根山藩
P155
与板藩
P155
村上藩 P154
椎谷藩
P156
高田藩
P157
糸魚川藩
P160
黒川藩 P153
新発田藩 P151
三日市藩 P152
村松藩 P150
長岡藩 P148
松代藩 P163
飯山藩 P161
須坂藩 P162
上田藩 P165
小諸藩 P167
松本藩 P171
岩村田藩 P168
田野口藩 P169
諏訪藩 P170
高遠藩 P174
飯田藩 P175

長岡藩七万四千石　牧野家（子爵）

①長岡市　②城　③一万二千四百人（元禄七年〈一六九四〉）④八千百七十人（家族を含む。明治二年〈一八六九〉）

元和二年（一六一六）まで長岡は、春日山《かすがやま》城や高田城（上越市）の所領であった。同年堀直寄《なおより》が、信濃《しなの》飯山《いいやま》五万石から三万石を加増され、八万石で入封した。直寄は、長岡城の築城に着手したが、元和四年越後《えちご》村上へ転封、そのあと牧野忠成《ただなり》が越後長峯《ながみね》（新潟県大潟《おおがた》町）五万石から一万二千石の加増をうけて入り、牧野氏は幕末まで在封する。

牧野氏は三河《みかわ》牛久保《うしくぼ》（愛知県豊川市）の発祥で、源平時代から武勇をもって鳴る家柄だった。「常在戦場」を藩是《はんぜ》とし、桶狭間《おけはざま》の一戦はじめ、数々の合戦歴を有する。入封した忠成は堀氏の着手した長岡城築造を引き継ぎ完成させた。あたかも兜《かぶと》の鉢金《はちがね》のような格好であるところから、一名「苧引形兜《おひきがたかぶと》城」と称された。元和六年、一万石を加増され、七万二千石となっている。表高《おもてだか》はその後七万四千石となるが、寛永十一年（一六三四）忠成の次男武成《たけなり》（康成《やすなり》）が一万石を分知されて与板《よいた》（新潟県与板町）藩をおこし、四男定成《さだなり》に六千石が分与された。定成の家はのち、三《み》根山《ねやま》藩主（一万一千石、新潟県巻《まき》町）となった。

三代藩主忠辰《ただとき》の延宝三年（一六七五）、前年の豪雨禍とこの年の気候不順がかさなり大飢饉となった。米糠《こめぬか》・藁《わら》の節《ふし》・豆腐滓《かす》・松の甘皮《あまかわ》を食いつくし、田螺《たにし》・泥貝・赤蟇《あかがま》をあさった。田の底の青土まで食べた。藩は、城下大工町に釜《かま》屋と番所をつくり、粥《かゆ》を煮て飢民にふるまった。九代忠精《ただきよ》は、江戸城奏者番《そうじゃばん》から寺社奉行・大坂城代をへて京都所司代・老中と累進した。藩政にも意をもちい、文化五年（一八〇八）藩校崇徳《すうとく》館を創設した。

さて幕末――十二代忠訓《ただくに》の時代、戊辰戦争において長岡藩は、天下にその名をとどろかせる。藩を背負う執政《しっせい》河井継之助《つぐのすけ》が、進攻してきた新政府軍と、果敢に戦って長岡藩の武勇を世に喧伝《けんでん》させたのだ。継之助は百二十石取りの河井家の嫡男にうまれ、郡《こおり》奉行から町奉行をへて一藩の首相格にのぼった。はじめ、幕末の碩学《せきがく》で藩財政を立て直した備中《びっちゅう》松山（岡山県高梁《たかはし》市）藩の山田方谷《ほうこく》（郡奉行・参政）に師事し「経済有用」の実学を習得した。継之助は、門閥格式にとらわれぬ人事を断行、藩政に大ナタをふるい、窮乏した藩の金庫に、実に十万両の金を積みあげた。多くの洋式兵器を買い込み、藩軍を近代化した。また罪人を徴役《ちょうえき》場に収容し、仕事をさせて賃銀をあたえる画期的な囚獄制度をつくり、みずから賭博場に潜入し、領内の賭博場を絶滅させた。

戊辰戦争直前、継之助は藩の組織を一変させた。藩士の禄高を百石以上は減らし、百石未満は増やして百石平均の禄高にした。兵制はフランス式にあらためた。慶応四年二月、新政府軍が江戸に進撃しつつあるとき、継之助は江戸藩邸の財宝のことごとくを処分、この金でオランダ武器商人スネルより大量の兵器・弾薬を買い込み、船につみ新潟へ回航させ藩に持ち込んだ。

四月十九日、奥羽越二十五藩の重役が白石《しろいし》に会盟し、新政府に宣戦した。これより前の四月一日、長岡藩において藩士一同が総登城した。藩主忠訓《ただくに》、前藩主忠恭《ただゆき》が列席する中で継之助は非常事態への覚悟をもとめた。閏《うるう》四月半ば過ぎ、新政府軍は二手にわかれ、四千の兵をもって進撃してきた。家老上席、軍事総督に就任して全権を掌握した継之助は、五月二日、単身小千谷《おぢや》の新政府軍陣屋に乗り込み、軍監岩村精一郎（土佐藩士、のち高俊《たかとし》、福岡県令）と会見、抗戦の意志なきことを述べるが、岩村は威丈高《いたけだか》に「朝敵」と罵倒し、談判は決裂した。

攻防戦のはてに、長岡城は新政府軍の手に渡るが、七月二十四日夕刻より未明にかけての復讐戦に、継之助は六百九十の兵を潜行させ、みごと城を奪回した。四日間持ちこたえたものの再び落城、重傷を負った継之助は会津へ退《しりぞ》く途中落命した。長岡藩は一旦領地を没収されるが、明治元年十二月、忠訓の弟忠毅《ただかつ》に二万四千石があたえられた。

現在長岡城の遺構はなく、ＪＲ上越線長岡駅前に城跡碑が建つのみである。長岡駅の北に河井継之助邸跡があり、継之助の墓はさらに北の線路ぎわの栄涼寺（浄土宗）にある。

村松藩三万石

堀（奥田）家（子爵）

①中蒲原郡村松町　②陣屋のち城　③三万六千九百人（明治二年〈一八六九〉）④三千八百八十人（家族を含む。明治二年〈一八六九〉）

ＪＲ磐越《ばんえつ》西線五泉《ごせん》駅の南方に村松町がある。

寛永十六年（一六三九）、村上（新潟県村上市）藩主堀直寄《なおより》の次男直時《なおとき》が父の遺領三万石を分与され、寛永二十一年直時の子直吉《なおよし》が村松に立藩した。九代直央《なおひさ》のときの嘉永三年（一八五〇）、城主格にされ村松陣屋を城に改修した。この時代、結城紬《ゆうきつむぎ》（茨城県結城市の名産）の原料となる絹糸の需要が多いのに目をつけ、その製糸をさかんにした。

幕末は、尊王・佐幕に藩論がわかれるが戊辰戦争がおこるや、尊王派は直央の末子直弘《なおひろ》をたてていち早く新政府軍にくだった。

新発田《しばた》藩十万石　溝口家（伯爵）

①新発田市　②城　③十四万四千人（寛政四年〈一七九二〉）④五千四百人（家族を含む。万延二年〈一八六一〉）

慶長三年（一五九八）越後《えちご》の太守上杉景勝《かげかつ》が、豊臣秀吉の命により会津へうつった。そのあと、越前北庄《きたのしょう》（福井市）城主堀秀治《ひではる》が越後に入国し、堀の与力大名溝口秀勝《みぞぐちひでかつ》が新発田《しばた》に封ぜられた。溝口氏は幕末まで在封した。

溝口氏は、美濃《みの》大桑《おおくわ》郡の地頭逸見《へんみ》義重《よししげ》の後裔で、尾張《おわり》中島郡溝口《みぞぐち》村（愛知県稲沢市）にうつり溝口を姓とした。信長の部将丹羽《にわ》長秀《ながひで》につかえ、天正九年（一五八一）若狭《わかさ》高浜《たかはま》（福井県高浜町）城主となった。十一年、賤《しず》ヶ岳《たけ》の戦いで軍功をたて、加賀大聖寺《だいしょうじ》（石川県加賀市）四万四千石城主に取り立てられた。そして慶長三年、新発田へ六万石で入封した。初代秀勝《ひでかつ》は、新発田氏（土地の豪族）の古城跡に、新たに縄張《なわば》りをほどこし、平城《ひらじろ》をつくった。浮舟城、菖蒲《あやめ》城といわれた。

八代藩主直養《なおやす》のとき藩校道学堂が建てられ、学問が奨励された。また安永五年（一七七六）、薩摩藩・熊本藩につぎ、医学館がもうけられた。社講（社会教育）制度ができて、百姓・町人を対象にした庶民講座が開かれた。

十一代直溥《なおひろ》の万延元年（一八六〇）、表高が五万石（二代宣勝《のぶかつ》のとき弟善勝《よしかつ》に一万石分与）から十万石に加増された。藩財政は依然きびしく、直溥は徹底した勤倹節約をはかるため襲封翌年、倹約令を発した。御飯の量や副食の数を減らし、衣服は木綿をもちいるようにとの布告を出した。

十二代直正《なおまさ》の慶応四年、戊辰戦争がおこると、新政府軍にくみし会津征討戦に従軍した。

ＪＲ羽越《うえつ》本線新発田駅の北西に新発田城址がある。本丸表門と隅櫓《すみやぐら》がのこり、国の重要文化財になっている。藩主溝口家の菩提寺宝光寺《ほうこうじ》（曹洞宗）は、新発田駅のすぐ西にある。またその近辺に、江戸時代末期に建てられた足軽長屋がある。国の重要文化財である。新発田市の西隣りの豊浦町に、大地主市島邸がある。幕末、千八百町歩を有した。市島家は、藩主溝口氏について、加賀《かが》（石川県）から移住したという。敷地八千坪、建坪六百坪の豪邸である。

三日市藩一万石　柳沢家（子爵）

①新発田市　②陣屋　③九千三百人（明治二年〈一八六九〉）④六百三十人（家族を含む。明治二年〈一八六九〉）

享保九年（一七二四）、五代将軍綱吉の側近として権勢をふるった柳沢吉保《よしやす》の五男時睦《ときちか》が一万石をもって三日市藩をおこした。

藩財政はきわめてきびしく、元文元年（一七三六）、年貢《ねんぐ》米先納が領民に課せられた。近隣の豪農の援助をあてにし、豪農を藩士に取り立てた。

慶応四年（一八六八）四月、藩主徳忠《のりただ》が立藩以来はじめて領国入りした。戊辰戦争に、新発田《しばた》藩とともに新政府軍にくみし、米沢・会津へ進撃した。

黒川藩一万石　柳沢家（子爵）

①北蒲原郡黒川村　②陣屋　③九千五百人（文政五年〈一八二二〉）④百九十人（安政元年〈一八五四〉）

黒川村は、新発田《しばた》市の北で村上市との中間にある。

享保九年（一七二四）、柳沢吉保の四男経隆《つねたか》が一万石で黒川藩主に封ぜられた。二代藩主里済《さとずみ》は大坂加番《かばん》（大坂城の四門の守衛）、日光祭礼奉行をし、以後黒川藩主歴代の公役《くやく》となった。藩財政はきびしく、大和郡山《やまとこおりやま》（奈良県大和郡山市）十五万石藩主となった柳沢家より年々借用し、累積一万両を越した。

戊辰戦争には、中立的立場をとった。

村上藩五万石

内藤家（子爵）

①村上市　②城　③十六万一千人（宝永元年〈一七〇四〉）　④七百三十人（榊原家・元禄年間〈一六八八～一七〇四〉）

堀秀治《ひではる》が越後《えちご》に入国したとき、与力大名村上義明《よしあき》が九万石で入封した。元和四年（一六一八）村上氏の家中で騒動がおこり、改易《かいえき》となった。長岡より堀直寄《なおより》が十万石で入った。寛永十六年（一六三九）直寄が没し、孫の直定《なおさだ》がついだ。このとき、十三万石に加増されるが、三万石（村松藩）が直寄の次男直時《なおとき》に分与された。直定は七歳で没し、無嗣絶家となった。これより本多忠《ただ》義《よし》（十万石）、松平直矩《なおのり》（十五万石）、榊原政倫《まさとも》・政邦《まさくに》（十五万石）、本多忠孝《ただたか》（十五万石）・忠良《ただよし》（五万石）、松平（大河内）輝貞《てるさだ》（七万二千石）、間部《まなべ》詮房《あきふさ》（五万石）と代替りした。

そして駿河《するが》田中（静岡県藤枝《ふじえだ》市）より内藤弌信《かずのぶ》が五万石ではいり、内藤氏は幕末まで在封する。天保年間（一八三〇～四四）七代信親《のぶちか》（信思《のぶこと》）のとき、国産掛がおかれ、村上茶が藩専売とされた。村上の名産として知られる塗物《ぬりもの》の堆朱《ついしゅ》・堆黒《ついこく》は、おもに下級藩士の内職としてつくられたという。

信親のあと養子信民《のぶたみ》が十五歳で藩主をついだ。戊辰戦争がおこるや、藩内は勤王・佐幕二派にわかれた。十九歳の信民はこれを苦慮し、自害した。この年（慶応四年）八月に佐幕派の家老鳥居三十郎は、二百名の藩兵をひきいて奥羽越列藩同盟に属し、庄内藩に投じた。九月、鳥居らは降伏した。内藤家は、信思《のぶこと》の養子信美《のぶよし》に相続をゆるされ、家名をまっとうした。

ＪＲ羽越《うえつ》本線村上駅の東の臥牛《がぎゅう》山に村上城址がある。山上に、本丸跡や石垣がのこっている。山の西麓に、内藤家の菩提寺光徳寺があり、幕末自害した信民の墓が建っている。いまも村上市街に武家屋敷がのこり、曲りくねった小路に、かつての城下町の面影を偲《しの》ぶことができる。

三根山《みねやま》藩一万一千石　牧野家（子爵）

①西蒲原郡巻町　②陣屋　③一万一千人（明治二年〈一八六九〉）④百三十人（幕末）

長岡藩主となった牧野忠成《ただなり》が、寛永十一年（一六三四）四男定成《さだなり》に六千石をあたえ三根山に封じた。十一代忠泰《ただひろ》の文久三年（一八六三）、一万一千石の大名となった。立藩にあたり、領民より二千八百余両の献金があったという。

巻《まき》町は、ＪＲ越後線巻駅付近の、日本海岸にちかい町である。

与板《よいた》藩二万石　井伊家（子爵）

①三島郡与板町　②陣屋のち城　③二万一千人（明治二年〈一八六九〉）④千二百人（家族を含む。明治二年〈一八六九〉）

寛永十一年（一六三四）長岡藩主牧野忠成《ただなり》の次男康成《やすなり》が一万石で与板《よいた》に封ぜられた。二代あとの康重《やすしげ》が信濃《しなの》小諸《こもろ》へ移封し、一時、代官領となるが、宝永二年（一七〇五）、遠江《とおとうみ》掛川（静岡県掛川市）から井伊直矩《なおのり》が二万石ではいった。以後、幕末まで在封した。

最後の藩主直安《なおやす》は、大老井伊直弼《なおすけ》の三男であった。直安は、藩校正徳《しょうとく》館を創立している。

戊辰戦争のとき、新政府軍にくみし、長岡城攻めにくわわった。

椎谷《しいや》藩一万石　堀家（子爵）

①柏崎市　②陣屋　③一万九百人（明治二年〈一八六九〉）　④二百二十人（享保十一年〈一七二六〉）

元和二年（一六一六）堀直之《なおゆき》は、大坂ノ陣の功により越後沼垂《ぬまたり》（蒲原《かんばら》）郡で五千五百石を領し椎谷《しいや》を居所にした。四代直宥《なおさだ》の元禄十一年（一六九八）椎谷一万石をもって立藩した。

天明六年（一七八六）、十一代藩主著朝《あきとも》の病気により分家の堀直意《なおもと》が藩主を代行した。このとき、飢饉で米価が高騰したため、蔵米《くらまい》を放出し、柏崎で販売した。農民らはこれに怒り騒動をおこした。天明義民事件といわれた。

戊辰戦争に椎谷の地は水戸藩兵（佐幕派）と新政府軍の激戦地となり、町は戦火を浴《あ》びた。

JR信越本線柏崎駅の北十五キロの北国《ほっこく》街道沿いに、椎谷がある。陣屋跡一帯に、土塁や井戸がのこっている。

高田藩十五万石

榊原家（子爵）

①上越市　②城　③十六万八千七百人（明治二年〈一八六九〉）④八千四百七十人（家族を含む。明治二年〈一八六九〉）

江戸時代初期、高田は春日山《かすがやま》（上越市）四十五万石城主堀秀治《ひではる》が領した。堀家は、子の忠俊《ただとし》の慶長十五年（一六一〇）、家中の争いにより改易《かいえき》となった。そして信濃《しなの》川中島（長野市）より徳川家康の六男忠輝《ただてる》が七十五万石で入封した。当時、高田は菩提《ぼだい》ヶ原《はら》と呼ばれ狐狸《こり》のすむ平原だったという。菩提ヶ原を高田と改め、御家門にふさわしい城郭をつくるため工事に着手、伊達政宗（忠輝夫人の父）が普請《ふしん》総裁となり、加賀藩ほか十三の外様《とざま》大名が工事を請負い北越随一の城下町ができあがった。慶長十九年（一六一四）七月、高田城が完成してまもなく、大坂冬夏ノ陣がおこった。忠輝は戦いに失態を演じ、父家康、兄秀忠の不興を買い、改易を申し渡される。元和二年（一六一六）四月家康が死去した。その三カ月後の七月、忠輝は伊勢朝熊《あさま》（三重県伊勢市）に流罪となった。

忠輝改易後、酒井家次《いえつぐ》・忠勝《ただかつ》（十万石）、松平忠昌《ただまさ》（二十五万九千石）が在封した。そして、越前北庄《きたのしょう》（福井市）松平忠直《ただなお》の嫡男光長《みつなが》が、二十六万石で入封した。生母は二代将軍秀忠の三女勝子である。

光長は従三位《じゅさんみ》中将にすすみ、格式は御三家の次に位する名門であった。表高は二十六万石だが、新田開発により四十万石の実収をえた。光長の在城は五十年におよんだ。ところが光長の跡目相続をめぐり、家中の全権をにぎる家老小栗美作《おぐりみまさか》と、光長の異母弟永見《ながみ》大蔵《おおくら》のあいだに争いがおこった。大蔵は、美作がわが子掃部《かもん》大六（母は光長の妹おかん）を跡目にたて主家横領をたくらんだと、騒ぎ立てた。これが幕府に知れ、時の大老酒井忠清《ただきよ》の裁決により、美作側が勝訴し、一件は落着した。事実、掃部に主家を乗っ取る意志はなく、光長の後嗣に大蔵の兄市正《いちのかみ》長頼《ながより》の子万《まん》徳《とく》丸（光長の甥）がたてられた。万徳丸はのち三河守《みかわのかみ》綱国《つなくに》を名乗り、正式に後継ぎとなった。

一旦落着した越後騒動が、五代将軍に綱吉が就任すると、むし返された。四代将軍家綱《いえつな》の後継問題がおきたとき、大老酒井忠清は、光長の妹亀子（松平忠直の長女）の子有栖川宮幸仁《ありすがわのみやゆきひと》親王（父は後水尾《ごみずのお》天皇の弟宮高松宮好仁《よしひと》親王）を推《お》した（一三二ページ）。光長もこれに賛意を表した。ところが老中堀田正俊《まさとし》が反対し、家綱の弟綱吉を推挙、綱吉が将軍世子に決定した。綱吉は忠清、光長に深い恨みを抱いたという。忠清は大老の座から失脚、江戸城大手門前の屋敷を没収される。そして忠清の裁決で結審した越後騒動が再び取りあげられた。将軍みずからの再審で忠清裁決の美作《みまさか》勝訴は逆転、永見大蔵の主張どおり美作は主家横領の悪人として切腹させられた。光長もまた、騒動の責《せめ》をおわされ、高田二十六万石を取り潰され、備後《びんご》福山（広島県福山市）に流された。

高田は松平家のあと一時廃藩となった。そして稲葉正通《まさみち》（十万三千石）、戸田忠真《ただざね》（六万七千石）、松平（久松）定重《さだしげ》・定達《さだみち》・定輝《さだてる》・定儀《さだのり》・定賢《さだよし》が在封した。寛保元年（一七四一）、播磨《はりま》姫路藩主榊原政永《さかきばらまさなが》が十五万石で入封し、ここに榊原氏は幕末まで在封する。

榊原治政の高田藩は、窮乏のどん底にあった。表高十五万石に対し実収は四万五千石しかなかった。入封当初から、出水・大飢饉・大地震・大火・大凶作と天災地変がつづいた。宝暦元年（一七五一）四月の大地震では一村が全滅（死者四百六人）、高田城の大手門が倒れ、家中に死者三十三人を出した。頸城郡《くびき》では九千四百余戸が潰れ、八百六十七人が死んだ。藩は、大地主・豪商からの強制借入れや年貢《ねんぐ》の先取りで急場をしのいだ。

文化七年（一八一〇）、三代藩主に政令《まさのり》が就任、中興の英主といわれた。町の按摩《あんま》をよんで肩をもませ、巷《ちまた》の声をきいた。物の値段やどこが安いかまで知っていたという。家格にかかわらず、人材を登用した。財政再建のため「非常大節倹令」を出し、儀式には上下の別なく木綿を身につけるよう決め、食物は一汁一菜を厳守させた。藩士の内職をさかんにさせた。竹かご・凧《たこ》・盆灯《とう》籠《ろう》が高田の名産品として信州・関東に売り出された。家中屋敷の空地に、楮《こうぞ》・柿・梅・栗を植えさせている。文化十三年（一八一六）、妙高山地獄谷の熱湯をひき温泉場をもうけた。いまの妙高高原赤倉《あかくら》温泉である。藩直営で温泉奉行が管理した。温泉場の副業に、馬鈴薯《ばれいしょ》を栽培させ、赤倉葛粉《くずこ》をつくり江戸で販売させた。また政令は、延長二十キロの用水を開削《かいさく》し、三十六カ村水田五千町歩をうるおした。

幕末、沿岸防備の必要が叫ばれると、高田藩は天保十五年（一八四四）、領内二十二カ所の海岸に台場《だいば》を築き、大筒《おおづつ》をそなえた。藩士に、洋式兵法を学ばせた。殖産政策が成功し、藩庫にいつも八万俵の米がたくわえられ、天保飢饉に一人の餓死者も出さなかった。幕府に五千俵の米を献納し、他藩に米の貸付けまでした。

慶応四年戊辰戦争がはじまり、新政府軍総督が、三月、広島ほか北陸諸藩をひきい高田に到着した。最後の藩主政敬《まさたか》は、総督に恭順の意を表した。閏《うるう》四月八日奥羽越追討の勅令がくだり、高田は新政府軍の基地となった。加賀・薩摩・長州の諸兵が高田にあつまった。高田藩は軍用金二万両を新政府軍に献じた。藩兵は、河井継之助ひきいる長岡城攻めに、ついで会津征討戦に従軍した。このため、藩主政敬は賞典禄一万石を下賜された。

JR信越本線高田駅の南東に、高田城址がある。現在、本丸跡をかこむ二重の堀が、ほぼ江戸時代の原形をとどめているという。石垣をもちいず、堀と土塁だけの城だった。高田駅南西の善導寺《ぜんどうじ》に、越後騒動の主役ともいえる小栗美作の墓があり、またその南の天崇寺《てんそうじ》に松平光長の母勝子の墓がある。

糸魚川《いといがわ》藩一万石　松平家（子爵）

①糸魚川市　②陣屋　③二万一千三百人（明治二年〈一八六九〉）④四百九十人（家族を含む。明治二年〈一八六九〉）

糸魚川《いといがわ》は、北陸街道と信州街道がまじわる交通の要衝だった。高田藩の領内に属し、高田藩初期の松平氏時代、ここに重臣の城代がおかれた。

元禄四年（一六九一）有馬清純《きよずみ》（五万石）、同十二年本多助芳《すけよし》（一万石）が入封し、そして松平直之《なおゆき》が新たに糸魚川藩一万石藩主として入り、松平氏は幕末まで在封した。直之の祖父直堅《なおかた》の出生は数奇である。明暦二年（一六五六）越前福井五十二万石四代藩主松平光通《みつみち》の嫡男に生れるが生母は別邸の侍女だった。光通はこのため、正夫人国姫《くに》（松平光長《みつなが》の娘）に遠慮し、当時幼名権蔵《ごんぞう》と呼ばれた嫡男を越前山中に幽閉した。権蔵はしかし出奔して江戸へ脱出し、大叔父松平直良《なおよし》（越前大野五万石藩主、光通の父忠昌《ただまさ》の弟）を頼った。そして直良の周旋により四代将軍家綱《いえつな》に謁《えつ》し一万俵の禄高をあたえられたのだった。

幕末の安政五年（一八五八）、九代藩主直廉《なおきよ》が、本家越前福井藩主松平慶永《よしなが》（春嶽《しゅんがく》）の跡目にすえられ、名を茂昭《もちあき》とあらためた。

長野

飯山藩二万石　本多家（子爵）

①飯山市　②城　③三万三百人（明治二年〈一八六九〉）④一千四百五十人（家族を含む。明治二年〈一八六九〉）

飯山市は、新潟との県境いの奥信濃の町で、豪雪地帯である。

慶長八年（一六〇三）、徳川家康の六男松平忠輝《ただてる》が川中島城主になったとき、下野皆川《しもつけみながわ》（栃木県栃木市）藩主皆川広照《ひろてる》が忠輝に付けられ、七万五千石の飯山城主となったが忠輝の不行跡に連座し、改易《かいえき》となる。その後、堀直寄《なおより》（四万石）、佐久間安政《やすまさ》・安長《やすなが》・安次《やすつぐ》（三万石）、松平（桜井）忠倶《ただとも》・忠喬《ただたか》（四万石）が在封した。松平氏の時代、用水路を開削《かいさく》して新田を開発した。そのあと、永井直敬《なおひろ》（三万三千石）、青山幸秀《よしひで》（四万八千石）が入り、糸魚川《いといがわ》より本多助芳《すけよし》が二万石で入封し、幕末までつづいた。戊辰戦争では、幕府残党の旧歩兵頭古屋作左衛門の一党が城下に侵入し、戦火にさらされた。

市の北東部、千曲《ちくま》川西岸に飯山城址がある。公園になっており、桜の名所として知られる。

須坂《すざか》藩一万石

堀（奥田）家（子爵）

①須坂市 ②陣屋 ③一万一千三百人（明治二年〈一八六九〉）**④八百三十人**（家族を含む。明治二年〈一八六九〉）

須坂《すざか》は長野市の東の古い宿場町である。元和元年（一六一五）、堀直重《なおしげ》が大坂ノ陣の功により須坂一万二千石をあたえられた。二代直升《なおます》のとき、弟二人に分封し一万石となった。幕末まで二百六十余年つづいた。歴代、幕府の大坂加番《かばん》・大番頭《おおばんがしら》・伏見奉行をつとめた。十一代藩主直格《なおただ》は、『扶桑《ふそう》名画伝』を著述し藩校立成館《りっせいかん》を創立した。十三代直虎《なおとら》は、若年寄・外国惣奉行として幕末の難局に働くが、慶応四年（一八六八）正月、十五代将軍慶喜《よしのぶ》に勤王を諫言《かんげん》し、江戸城中で自刃して果てた。最後の藩主直明《なおあきら》（直格の六男）は戊辰戦争で新政府軍のため働き、賞典禄五千石をあたえられた。

須坂は明治以降、糸の町となり、製糸所の女工歌として有名な「須坂小唄」（中山晋平《しんぺい》作曲）の発祥地でもある。

松代《まつしろ》藩十万石　真田家（伯爵）

①長野市　②城　③十三万六百人（天保五年〈一八三四〉）　④八百九十人（安政六年〈一八五九〉）

松代《まつしろ》藩の初期は、城主が頻繁に交替している。甲州の覇者武田信玄の時代、武田の前進基地として海津《かいづ》城（のち川中島、松代城）がきずかれた。武田滅亡後、上杉景勝の所領となり、景勝が会津へうつり、田丸直昌《なおまさ》が川中島城主となった。以後、森忠政《ただまさ》（十三万七千石）、松平忠輝《ただてる》（十四万石）、松平忠昌《ただまさ》（十二万石）、酒井忠勝《ただかつ》（十万石）とかわった。

そして元和八年（一六二二）、真田信之《のぶゆき》が上田九万五千石より十三万五千石で入封し、幕末まで在封する。真田家は、信之の父昌幸《まさゆき》、弟幸村《ゆきむら》（信繁《のぶしげ》）が有名である。真田家の発祥は、長野県小県《ちいさがた》郡真田《さなだ》町である。甲州武田家の部将から武田の没落後、信州の豪族として織田、豊臣、徳川時代を生き抜く。信之は徳川幕下の部将本多忠勝《ただかつ》の娘をめとり、徳川と密着し生き残るが、父昌幸、弟幸村は、豊臣家に誼《よしみ》を通じ没落した。信之は、九十二歳の老齢まで、松代藩主の地位にあった。

松代藩政で出色の人は、恩田《おんだ》木《も》工《く》である。その言行録『日暮硯《ひぐらしすずり》』は、政治改革のお手本としていまも評価されている。しかし多分に創作された事実も書かれているという。日本的改革派の教祖的存在といっていい木工は、四代藩主信弘《のぶひろ》のとき家老となり、勝手方御用を命ぜられた。窮乏化した藩財政の再建が課せられた。年貢《ねんぐ》の月割上納からはじめ、倹約政策をとる。領内に浪人や旅芸人の止宿を禁じ、贅沢品の流入を阻止《そし》した。役人の見廻りの場合、食事は一汁一菜にし、藩主の贈答品、接待にまで制限をもうけた。「来客の夜食は軽い三菜」とか、客人饗応の席においても、燭台《しょくだい》・掛行灯《かけあんどん》の油を節約させた。しかし木工の努力にもかかわらず、財政は好転しなかった。

八代藩主真田幸貫《ゆきつら》は松平定信《さだのぶ》の次男に生れ、松代藩主幸専《ゆきたか》の養子となった。幸貫は幕末の英才佐久間象山《さくましょうざん》を登用し、日本のフランス学の開祖村上英俊をそだてた。松代藩は、幕末にかけて製糸業をさかんにした。天保二年（一八三一）紬市《つむぎいち》を開設し、同四年糸会所を拡充して産物会所を設立した。同五年、松代紬糸の取引高は九千百両余にのぼった。嘉永元年（一八四八）、領内特産の甘草《かんぞう》・杏仁《きょうにん》を専売制にし、大坂市場に出荷した。せきどめ・胃腸薬として売り出された。慶応元年（一八六五）、領内二十三カ所に産物会所をもうけた。主として紬糸関連が多く、その他藍《あい》・楮《こうぞ》・紙・油がある。戊辰戦争がはじまるや、京都留守居役長谷川昭道は、江戸へ馳《は》せくだり、藩主幸民《ゆきもと》に勤王を進言した。三月、新政府の命で甲府城をまもり、五月、家老河原左京ひきいる士卒一千七百余人が、越後・奥羽へ出陣した。九月十二日、会津若松城の東南の山上に大砲をすえ、城内を攻撃し、城攻めに大きく貢献した。藩主幸民は、その功績により賞典禄三万石を下賜された。
長野電鉄松代駅のちかくに松代城（海津城）址があり、本丸跡の石垣がのこっている。付近に、冠木《かぶき》門の真田家別邸、象山記念館がある。

上田藩五万三千石

松平家（子爵）

①上田市　②城　③六万二千人（明治四年〈一八七一〉）④五百二十人（天保十年〈一八三九〉）

信濃小県《しなのちいさがた》地方発祥の豪族真田氏は、昌幸《まさゆき》のときの天正十三年（一五八五）、天下人となった豊臣秀吉に随身《ずいしん》し、同十八年上田三万八千石、上野《こうずけ》沼田（群馬県沼田市）二万七千石を安堵《あんど》された。関ヶ原役に、長子信之《のぶゆき》は徳川に味方し、昌幸・信繁《のぶしげ》（幸村）は西軍に属した。昌幸と信繁は高野山に幽閉されるが、信之は六万八千石を加増され、九万五千石となった。元和八年（一六二二）さらに四万石を加増され、松代《まつしろ》へうつった。

このあと、仙石忠政《せんごくただまさ》が小諸《こもろ》から六万石で入封し、政俊《まさとし》・政明《まさあきら》とつづいた。さて、宝永三年（一七〇六）出石《いずし》（兵庫県出石町）四万八千石の松平忠周《ただちか》が一万石加増され五万八千石で入封し、松平氏は幕末まで在封する。松平家は、徳川と同族で、三河藤井（安城市・西尾市）を発祥としているので藤井松平と称された。忠周は京都所司代から老中に就任した。享保十三年（一七二八）忠周の病死により、嫡男忠愛《ただざね》が家督をついだ。弟忠容《ただかた》に五千石分知し、五万三千石となった。忠愛治政の当初より、災害があいついだ。

藩財政は窮乏した。にもかかわらず藩主忠愛の行状は常軌を逸していた。一揆実録によると、御部屋女中を五十余人召し抱え、城中に茶屋をつくって遊蕩したという。江戸での吉原通いも度かさなった。忠愛は寛延二年（一七四九）、四十九歳で隠居し、嫡男忠順《ただより》がついだ。しかし領民の鬱積《うっせき》した不満は、宝暦十一年（一七六一）十二月、上田領全藩大一揆となって爆発した。十二日未明、松明《たいまつ》を手に上田城に押しかけた。三日間、集団蜂起がつづけられた。藩当局は折れ、多数の御部屋女中に暇が出され、前藩主忠愛の遊芸諸道具が残らず打ちつぶされた。

幕末の六代藩主をついだ忠優《ただます》（忠固《ただかた》）は、姫路藩主酒井忠実《ただよし》の次男。寺社奉行・大坂城代をへて、嘉永元年（一八四八）老中に就任した。在任中、アメリカのペリー艦隊が来航して開国を迫り、国内に衝撃をあたえた。井伊直弼《なおすけ》と意見が対立し、老中を罷《や》めている。忠優は、領内経済の活性化に意欲的だった。天保四年（一八三三）産物 改《あらため》所をもうけ、領内産の絹縞《しま》・紬《つむぎ》・糸の売買を取り次ぎした。安政四年（一八五七）、さらに藩専売の特色をつよくし、産物会所とあらためた。同六年忠優は急死し子の忠礼《ただなり》がついだ。慶応四年正月十六日、藩主忠礼は幕府と存亡を共にすると藩士一同に言明した。しかし同月十六日、北陸道鎮撫《ちんぶ》の新政府軍先鋒隊が上田に到着するや、藩論は逆転し、政府軍の麾下《きか》に入った。

ＪＲ長野新幹線上田駅の北に、上田城址がある。寛永年間（一六二四〜四四）につくられた三棟の櫓《やぐら》があり、石垣や土塁ものこっている。櫓の二基は、明治六年（一八七三）廃城のさい民間に売却され遊郭として移築されたが、のち市民の有志が買いもどし再建復元した。城内は、上田城跡公園として市民に開放されている。

小諸《こもろ》藩一万五千石　牧野家（子爵）

①小諸市　②城　③三万一千九百人（明治二年〈一八六九〉）　④千六百人（家族を含む。明治二年〈一八六九〉）

小諸《こもろ》は甲州武田氏の領土だったが、滅亡後、武田の遺臣依田信蕃《よだのぶしげ》が入った。徳川家康と誼《よしみ》を通じ、子の竹福丸は、松平の姓と家康の諱《いみな》をもらい、松平康国《やすくに》と名乗った。天正十八年（一五九〇）弟康勝《やすかつ》が後をつぎ、同年、家康の関東移封により、上野《こうずけ》藤岡（群馬県藤岡市）へうつった。その後仙石秀久《せんごくひでひさ》・忠政《ただまさ》（五万石）、松平（久松）憲良《のりよし》（忠憲《ただのり》・五万石）、青山宗俊《むねとし》（三万石）、酒井忠能《ただよし》（三万石）、西尾忠成《ただなり》（二万五千石）、松平（石川）乗政《のりまさ》・乗紀《のりただ》（二万石）とつづいた。

元禄十五年（一七〇二）、越後与板《よいた》（新潟県与板町）より牧野康重《やすしげ》が一万五千石で入封し、幕末まで在封する。天保三年（一八三二）、常陸笠間《ひたちかさま》藩主牧野貞幹《さだもと》の子康哉《やすとし》が八代康命《やすのり》の養子に入り藩主をついだ。天保三年の大凶作につぎ、七年も凶作となった。乳児を間引《まび》きする悪習がひろがった。康哉はこれを憂え、篤農家の年貢《ねんぐ》の過納分、初穂《はつほ》米を別途に積み立てさせ、妊産婦の子育《こそだて》米として給した。八十歳以上の高齢者に、自分の生活の費用を節約し、「終身口分米」と称した扶持《ふち》をあたえた。嘉永二年（一八四九）オランダ医師がわが国に伝えた天然痘《てんねんとう》予防の種痘《しゅとう》法をとり入れ、小諸でこれを実施した。

軍事についても、藩主康哉は西洋式砲術を習得し、自身、江戸越中島《えっちゅうじま》（東京都江東区）で西洋砲術の権威江川太郎左衛門と大砲の競射をおこない、太郎左衛門を制した。小銃の射撃は、百発中九十七発を当てる腕前だった。

幕末の藩主は、康哉の子康済《やすまさ》（康民《やすたみ》）で、戊辰戦争においては新政府軍にくみし、偽《にせ》官軍とされた赤報《せきほう》隊（相楽総三《さがらそうぞう》を隊長とする東征軍先鋒隊。のち新政府軍に追われる）と、信濃追分《おいわけ》（長野県軽井沢郡）で戦い、一味の逮捕に協力した。

小諸城址は、JR信越本線小諸駅のすぐ北西にあり、慶長十八年（一六一三）創建の大手門や、明和二年（一七六五）再建の三ノ門が建っている。本丸跡の南は馬場跡で、展望台から眼下に千《ち》曲《くま》川の流れが望まれる。そして、「千曲川旅情のうた」を刻んだ島崎藤村の詩碑が建っている。桜や紅葉の名所でもある。

岩村田《いわむらだ》藩　一万五千石　**内藤家**（子爵）

①佐久市　②陣屋　③九千六百人（明治二年〈一八六九〉）　**④五百人**（家族を含む。明治二年〈一八六九〉）

元禄十六年（一七〇三）内藤正友《まさとも》が一万六千石で入るが、正友が大坂定番《じょうばん》の職につき、摂津《せっつ》・河内《かわち》へ領地をうつされた。そして正徳元年（一七一一）、正友の子正敬《まさゆき》のとき再び一万六千石で岩村田へ入封し、弟正直《まさなお》に一千石を分知した。

最後の藩主正誠《まさあきら》は、文久元年（一八六一）日光祭礼奉行となり、奏者番《そうじゃばん》にすすんだ。慶応元年（一八六五）、幕府の長州征伐がはじまるや、十四代将軍家茂《いえもち》に従い大坂にのぼった。翌年七月、家茂が大坂城で死去、正誠は遺骸の供をして江戸にくだった。戊辰戦争がはじまると、岩村田藩は、新政府東山道《とうさんどう》軍にしたがい、越後《えちご》に出兵した。

田野口《たのくち》藩一万六千石　大給家（伯爵）

①南佐久郡臼田町　②陣屋のち城　③七千六百人（天保九年〈一八三八〉）　④百三十人（享保二十年〈一七三五〉）

文久三年（一八六三）、三河奥殿《おくどの》（愛知県岡崎市）一万六千石の松平乗謨《のりかた》が田野口に入封した。徳川と同族の大給《おぎゅう》松平家の系統である。

乗謨は、幕府陸軍奉行から若年寄・老中格にすすみ、慶応二年（一八六六）十二月陸軍総裁に就任した。同四年一月陸軍総裁を免ぜられ、二月老中格から退いた。このとき、姓を松平から大給にあらため、みずからの名を「恒《ゆずる》」とした。恒は、これより前の元治元年（一八六四）、フランスの築城家ボーバンの考案した築城法を取りいれ、築城した。北海道函館（箱館）の五稜郭《ごりょうかく》と同型の星形五角形である。慶応三年（一八六七）内城が完成した。竜岡《たつおか》城とよばれた。

現在田口《たぐち》小学校の敷地となり、石塁・土塁・水堀がほぼ完全な形でのこっている。昭和三十六年（一九六一）解体修理されて復元した台所櫓《やぐら》がある。城址は、国の指定史跡である。

諏訪《すわ》藩三万石　諏訪家（子爵）

①諏訪市　②城　③六万六千人（明治四年〈一八七一〉）④四千九百六十人（家族を含む。明治二年〈一八六九〉）

戦国時代の諏訪領主諏訪氏は、諏訪神社（現諏訪大社）の大祝《おおはふり》（神主）の家柄だった。隣国甲斐《かい》の武田信玄と争い、当時の当主頼重《よりしげ》は降伏後自刃させられた。武田滅亡後、頼重の従兄弟《いとこ》頼忠《よりただ》が再興し、諏訪郡を奪回し、徳川家康に帰属した。天正十八年、家康の関東入国により武蔵《むさし》に所領をあたえられた。一時諏訪は、日根野高吉《ひねのたかよし》・吉明《よしあきら》の所領となるが、慶長七年（一六〇二）、諏訪頼忠の子頼水《よりみず》が、上野惣社《こうずけそうじゃ》（群馬県前橋市）より二万七千石で再び入封した。元和四年（一六一八）大坂ノ陣の功により五千石を加増された。その後弟二人に二千石を分知し、三万石の禄高となった。頼水は、八ヶ岳山麓の広大な原野の開拓と、諏訪湖低湿地の干拓に手をつけ、頼水の二代あとの忠晴《ただはる》の時代、表高三万石に対し、五万石の実収となった。

忠晴は、文人大名として名を知られた。難波《なにわ》紀行をあらわし、漢詩をのこした。諏訪湖畔の情景をうたった『逍遥亭《しょうようてい》十景』がある。次の四代藩主忠虎《ただとら》は俳諧を得意とし、みずから闡幽《せんゆう》と号した。芭蕉《ばしょう》門下の其角《きかく》や嵐雪《らんせつ》にまなんだ。「水うみや氷の上の捨て小舟」の句がある。

八代藩主忠恕《ただみち》の時代、文政から天保にかけ諸国に天災が頻発した。諏訪も連続して凶作に見舞われた。天保三年（一八三二）不作のための貯蔵庫がつくられ、常に籾《もみ》三千俵がたくわえられた。文化・文政ごろから、領内に養蚕を奨励し、桑の苗木を希望者に無償で配布した。のち諏訪地方は、日本の製糸業のメッカとして発展した。袴地《はかまじ》・足袋《たび》裏・兵児帯《へこおび》にもちいられる小倉織りもさかんになった。

九代忠誠《ただまさ》は、寺社奉行・若年寄から老中にすすみ、外国御用をつとめた。第二次長州征伐に反対し、老中を辞した。戊辰戦争では、新政府の東山道《とうさんどう》軍に参加し、板垣退助指揮の一隊の先導をつとめ甲州に進軍した。

JR中央本線上諏訪駅の南に、高島城址がある。昭和四十五年（一九七〇）三層の天守閣が復元された。本丸石垣や内堀が往時の面影をつたえる。

松本藩六万三千石　戸田家（子爵）

①松本市　②城　③十二万二千四百人（明治二年〈一八六九〉）　④五千七百五十人（家族を含む。明治二年〈一八六九〉）

松本は江戸時代初期まで、深志《ふかし》とよばれた。戦国時代、小笠原氏が領有し、武田信玄が甲州に覇《は》を唱えるにおよび、当時の領主小笠原長時《ながとき》は追われて、武田の城代がおかれた。武田が滅亡し、本能寺ノ変で信長が暗殺されるや、長時の三子貞慶《さだよし》が遺臣に擁せられ、旧領地を回復した。貞慶の子秀政は、徳川家康の孫娘をめとり、天正十八年（一五九〇）、下総古河《しもうさこが》（茨城県古河市）へうつった。

ついで、家康の初期の老臣としてきこえた石川数正《かずまさ》が八万石で松本に入封した。数正は、これより前の天正十三年（一五八五）突如、徳川家の家臣から豊臣秀吉のもとに奔《はし》っている。出奔の理由は明らかでないが、秀吉は大層悦んだという。文禄元年（一五九二）数正は死去するが、子の康長《やすなが》のとき、豊臣は崩壊した。父数正は徳川に背《そむ》いたが、康長は関ヶ原役でも徳川に味方し、お家を保った。しかし、幕府金山奉行大久保長安《ながやす》との親密な関係が裏目に出て、長安の失脚事件に連座し改易《かいえき》となり豊後《ぶんご》（大分県）に流された。

このあと、松本生《は》え抜きの小笠原家の秀政が八万石で再入封し、深志を「松本」にあらためた。秀政と嫡男忠脩《ただなが》は大坂夏ノ陣で戦死し、次男忠真《ただざね》が襲封し、元和三年（一六一七）二万石を加増され播磨《はりま》明石《あかし》（兵庫県明石市）へうつった。その後、戸田康長《やすなが》・康直《やすなお》（七万石）、松平直政《なおまさ》（七万石）、堀田正盛《まさもり》（十万石）が在封した。

寛永十九年（一六四二）、堀田氏のあと七万石で水野忠清《ただきよ》が入封した。水野氏は家康の生母伝《でん》通院《ずう》の実家である。忠清は伝通院の甥で、家康とは従兄弟《いとこ》同士だった。

水野家三代忠直《ただなお》のとき、苛酷な年貢《ねんぐ》の取り立てにより、貞享三年（一六八六）百姓一揆がおこった。首謀者の一人多田加助《かすけ》の名をとり、世に「加助騒動」といわれた。千七百人の農民が城下に迫り、郡《こおり》奉行に年貢減免の訴状を提出した。首謀者十一人と、家族、一味の者三十六人が逮捕され、八人が磔《はりつけ》、二十人が獄門《ごくもん》、八人が所払《ところ》いとなった。

忠直より三代あとの忠恒《ただつね》は兄忠幹《ただもと》のあとをつぎ六代藩主となったが、酒色に耽《ふけ》り弓矢鉄砲をもてあそぶ性癖があった。享保十年（一七二五）七月、大垣藩主戸田氏長の養女と江戸で婚儀をあげたさい、連日の祝宴に、酒乱発狂の体《てい》をなし、不安をおぼえた家臣たちは江戸城への御礼登城を見あわせるよう進言した。しかし日程の変更はできず、将軍吉宗への謁見はすませたものの、退出し松の廊下にきたとき、長府《ちょうふ》（山口県下関市）毛利家の世子毛利師就《もろなり》と出会いざま抜刀して斬りつけた。取りおさえられ、徒目付《かちめつけ》の取り調べをうけた忠恒は、自分の領地が取りあげられ師就にあたえられると錯覚し、刃傷《にんじょう》におよんだと白状した。忠恒は禁錮《きんこ》、領地は没収された。新婦の実家戸田家は、その夜のうちに婚礼道具をのこらず運び去ったという。

同じ年の十月、志摩鳥羽《しまとば》（三重県鳥羽市）より、六万石で戸田氏が再入封した。当主は光慈《みつちか》であった。戸田氏は幕末まで在封する。

光慈は、領民に慕われた仁政の殿様であった。享保十六年（一七三一）、領内をあまねく巡視し、寡婦《かふ》に慰めの言葉をあたえ、年齢七十歳以上の者をそば近くに召し、酒食を馳走《ちそう》した。この年、雨がつづき不作となるや、租税を減免し、藩の倉庫を開いて米や金銭を窮民にあたえて扶助《ふじょ》した。餓死する者は一人もいなかったという。

嘉永二年（一八四九）刊の『善光寺道名所図会《ずえ》』は、城下町の様子を、「城下の町広く、大通り十三街、町数凡《およ》そ四十八丁、商家軒をならべ当国第一の都会――」と、書いている。

最後の藩主光則《みつひさ》の文久二年（一八六二）、松本藩江戸屋敷の徒士《かち》伊藤軍兵衛が、イギリス公使館のある高輪東禅寺《たかなわとうぜん》に乱入し、イギリス海兵二人を殺し、己れも自害して果てた。戊辰戦争がはじまるや、松本藩は大垣に進駐の新政府軍に帰順し、越後《えちご》、会津に出陣した。

松本城は、市街の中心にあり、別名「烏《う》城」と呼ばれる五層の天守閣、三層の小天守閣、二層の渡櫓《わたりやぐら》などが威容をほこっている。現存する天守閣で最古のものという。国宝に指定されている。

高遠藩《たかとお》三万三千石　内藤家（子爵）

①上伊那郡高遠町　②城　③四万七千五百人（明治二年〈一八六九〉④二千四百九十人（家族を含む。明治二年〈一八六九〉）

関ヶ原役で、徳川方の浜松城をまもった保科正光《ほしなまさみつ》が、下総多古《しもうさたこ》（千葉県多古町）より二万五千石で入封した。かつて父正直《まさなお》が武田信玄の部将として領した地だった。正光の養子として、二代将軍秀忠の四男幸松丸が入り、正之《まさゆき》と名乗った。寛永十三年（一六三六）、出羽《でわ》山形へ移封、のちの会津藩祖である。

保科氏のあと、鳥居忠春《ただはる》が三万石で入るが、子の忠則《ただのり》のとき、江戸城馬場先《ばばさき》門の警護不行き届きの罪で閉門改易《かいえき》となった。

元禄四年（一六九一）内藤清枚《きよかず》が摂津《せっつ》河内《かわち》より三万三千石で入封し、内藤氏が幕末まで在封する。清枚の正徳四年（一七一四）三月、江戸城大奥の大年寄絵島《えじま》が高遠《たかとお》に配流された。二十八年間の流人生活をし、六十一歳で病没した。

三代藩主頼由《よりゆき》のとき、高遠藩学の祖であり砲術家として著名な坂本天山が出ている。荻生徂徠《おぎゅうそらい》の門下大内熊耳《ゆうじ》にまなび、荻野流砲術を習得、みずから砲術の天山流を開き大砲「周発《しゅうはつ》台」をつくった。百八十度左右に旋回《せんかい》でき、仰角《ぎょうかく》八十五度まで操作可能という、フランス製に劣らぬ独創的な大砲だった。のち薩英戦争のさい使用された大砲は、すべて天山流であったという。

高遠藩学は坂本天山によりさかんになり、八代頼直《よりなお》の万延元年（一八六〇）藩校進徳館が創立された。戊辰戦争では、新政府の東山道《とうさんどう》総督府の傘下に入り、諸賄《まかな》いを担当した。また北信濃《しなの》から越後《えちご》方面へ出兵した。

高遠城址は、三峰《みぶ》川と藤沢川の合流地点の断崖上にある。伊那《いな》盆地、アルプス連峰が眺望される。現在高遠城址公園となっており、県の天然記念物「タカトオコヒガンザクラ」の樹林がある。城門・太鼓櫓《やぐら》・石塁・空堀がのこされている。城址全体が国の史跡に指定されている。

飯田藩一万七千石　堀家（子爵）

①飯田市　②城　③二万六千五百人（明治二年〈一八六九〉）**④千五百七十人**（家族を含む。明治二年〈一八六九〉）

天正十八年（一五九〇）、豊臣秀吉の家臣で豊臣の姓をもらった毛利秀頼《ひでより》が飯田に七万石で入り十万石に加増された。文禄二年（一五九三）秀頼が病死すると、娘婿の京極高知《きょうごくたかとも》が遺領をついだ。近江《おうみ》の名門京極氏の出である。関ヶ原役には徳川にくみし、十二万三千石で丹後《たんご》宮津《みやづ》（京都府宮津市）へうつった。このあと、小笠原秀政《ひでまさ》（五万石）、脇坂安元《わきざかやすもと》・安政《やすまさ》（五万五千石）が在封し、寛文十二年（一六七二）堀親昌《ちかまさ》が入り、堀氏は幕末まで十二代が領した。幕末の藩主親寚《ちかしげ》は老中格として、水野忠邦《ただくに》の天保改革に協力した。

飯田城址は市街地の東部にあり、空堀・土塁がのこっている。城郭の一部の朱塗りの薬医門が、下伊那地方事務所の入口に建っている。

Ⅳ 東海

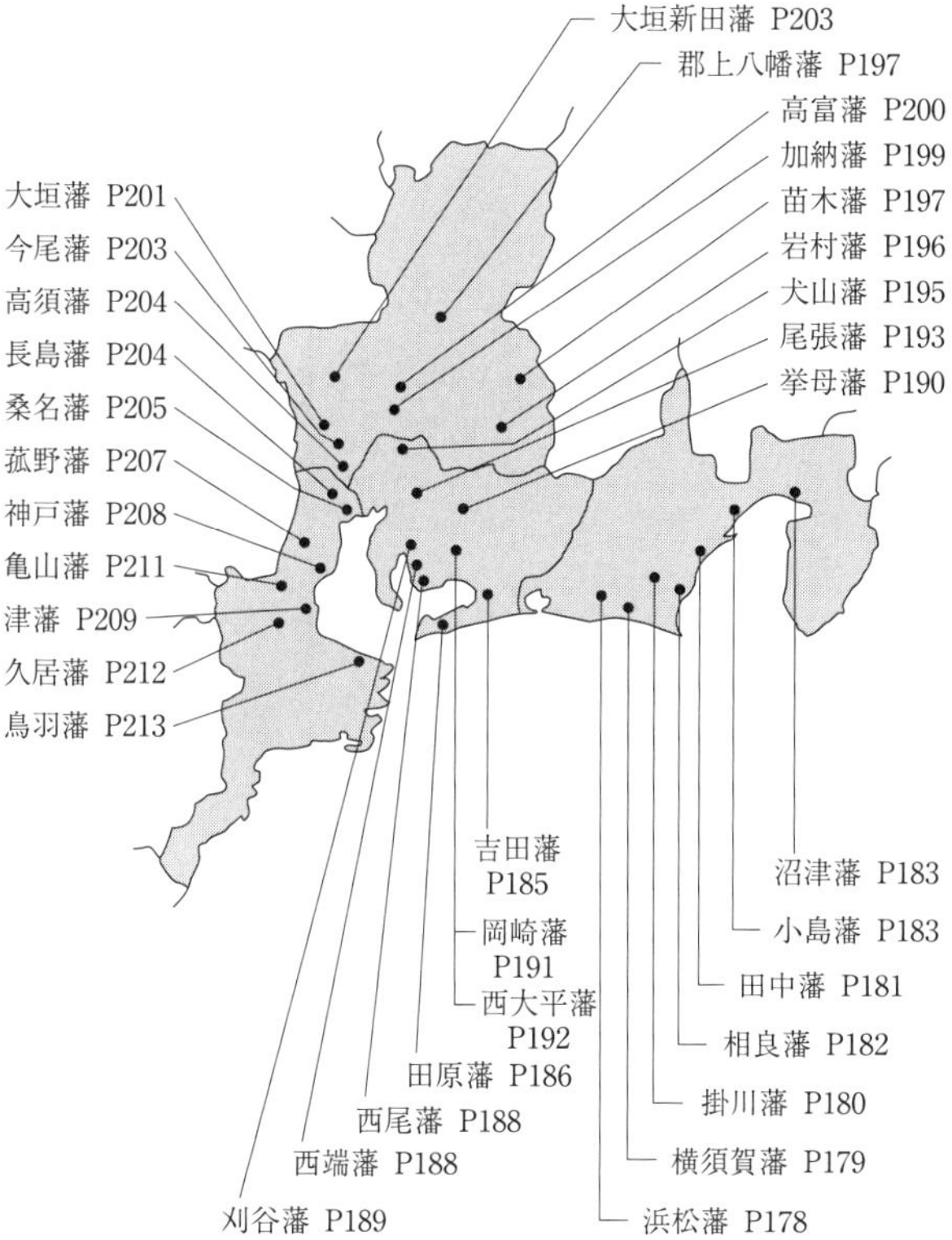
大垣新田藩 P203
郡上八幡藩 P197
高富藩 P200
加納藩 P199
苗木藩 P197
岩村藩 P196
犬山藩 P195
尾張藩 P193
挙母藩 P190
大垣藩 P201
今尾藩 P203
高須藩 P204
長島藩 P204
桑名藩 P205
菰野藩 P207
神戸藩 P208
亀山藩 P211
津藩 P209
久居藩 P212
鳥羽藩 P213
吉田藩 P185
岡崎藩 P191
西大平藩 P192
田原藩 P186
西尾藩 P188
西端藩 P188
刈谷藩 P189
沼津藩 P183
小島藩 P183
田中藩 P181
相良藩 P182
掛川藩 P180
横須賀藩 P179
浜松藩 P178

浜松藩六万石

井上家（子爵）

①浜松市　②城　③五千九百人（城下・天保十四年〈一八四三〉）④三千三百二十人（家族を含む。明治二年〈一八六九〉）

浜松城を居城とした徳川家康は天正十八年、関東へうつり、あとへ豊臣秀吉の部将堀尾《ほりお》吉晴《よしはる》が入ったが、子の忠氏《ただうじ》のときの慶長五年（一六〇〇）出雲《いずも》松江へ転封した。翌年松平（桜井）忠頼《ただより》が五万石で入封し、江戸時代の浜松藩が成立した。以後、水野重央《しげなか》（二万五千石→三万五千石）、高力《こうりき》忠房《ただふさ》（三万六千石）、松平（大給《おぎゅう》）乗寿《のりなが》（三万五千石）、太田資宗《すけむね》（三万五千石）、資次《すけつぐ》（三万二千石）、青山宗俊《むねとし》・忠雄《ただお》・忠重《ただしげ》（五万石）、本荘資俊《すけとし》・資訓《すけのり》（七万石）、大河内信祝《のぶとき》・信復《のぶなお》（七万石）とつづき、そして本荘資訓が再び入封し、子の資昌《すけまさ》が丹後宮津へ転封した。このあと、井上正経《まさつね》・正定《まささだ》・正甫《まさもと》が在封し、ついで天保改革を断行した水野忠邦《ただくに》が入った。

忠邦ははじめ肥前《ひぜん》唐津《からつ》（佐賀県唐津市）六万石藩主だった。唐津は内《うち》高（実収）二十万石という富裕藩だったが、あえて実収の少ない浜松五万石を希望し転封した。浜松藩主は、幕閣での出世コースといわれ、事実忠邦は以後、大坂城代・京都所司代・西ノ丸老中・本丸老中と累進《るいしん》した。所領も七万石に加増された。忠邦は藩校経誼《けいぎ》館をもうけている。また幕閣において西洋砲術の採用など軍事改革をおこなったが、並行《へいこう》して浜松藩でも軍事改革をはじめている。天保十四年（一八四三）閏《うるう》九月忠邦は幕閣より失脚し、翌弘化元年再任されるが、弘化二年辞職、隠居・逼塞《ひっそく》を命ぜられ、嫡男忠精《ただきよ》は出羽《でわ》山形へ転封となった。

水野氏のあと、二度目の井上氏が六万石で入封し、正春《まさはる》・正直《まさなお》が藩主を歴任した。嘉永七年（一八五四）十月、領内の神職があつまり復古惟神《ふっこかんながら》の祈願祭をおこなった。浜松の勤王運動のはじまりである。戊辰戦争がおこると神職はじめ富農の青年らがあつまり、尊王倒幕・新政府軍参加を決議した。かくて「遠州報国隊」が結成され、おりから東海道を進軍する東征大総督軍に身を投じた。東北地方に従軍している。正直が藩主をつとめる浜松藩では、勤王か佐幕《さばく》かであらそわれたが、慶応四年二月、ようやく勤王に踏み切った。

浜松城址は、JR東海道本線浜松駅の西にある。城跡に穴倉井戸・天守曲輪《くるわ》・石垣がのこり、戦後復元された天守閣がそびえている。

横須賀藩三万五千石　西尾家（子爵）

①小笠郡大須賀町　②城　③二千五百人（城下〈家臣を除く〉・慶応年間〈一八六五～六八〉）

横須賀藩のあった大須賀《おおすか》町は、掛川市の南の遠州灘《えんしゅうなだ》に面している。慶長五年、横須賀城主有馬《ありま》豊氏《とようじ》が丹波《たんば》福知山（京都府福知山市）へ転封し、翌六年上総久留里《かずさくるり》（千葉県君津市）城主大須賀《おおすが》忠政《ただまさ》が六万石で入った。元和元年（一六一五）忠政の子忠次《ただつぐ》が上野館林《こうずけたてばやし》藩主榊原康勝《さかきばらやすかつ》の養子に入り絶家、一時廃藩となった。そのあと松平（能見《のみ》）重勝《しげかつ》・重忠《しげただ》（二万六千石）、井上正就《まさなり》（五万二千石）・正利《まさとし》（四万七千石）、本多利長《としなが》（五万石）が在封した。天和二年（一六八二）、西尾忠成《ただなり》が二万五千石で入り、西尾氏は幕末までつづいた。二代忠尚《ただなお》が老中となり、つごう一万石を加増され三万五千石となった。

横須賀城址は、町の西のはずれにある。天正六年（一五七八）、徳川家康が甲州武田攻めの前線基地として、大須賀康高《おおすがやすたか》に命じ築城させた。

掛川藩五万石　太田家（子爵）

①掛川市　②城　③三千四百人（城下・天保十四年〈一八四三〉）　④五百五十人（延宝年間〈一六七三〜八一〉）

駿河《するが》・遠江《とおとうみ》を支配していた徳川家康が天正十八年関東へ入国し、掛川城主として山内一豊《やまうちかずとよ》が入封した。一豊は関ヶ原役ではいち早く徳川への旗色を明らかにし、戦後、掛川六万八千石から一躍、土佐高知二十万二千石の大封をえて転封した。

山内氏のあと、家康の異父弟松平（久松）定勝《さだかつ》が三万石で入封、定勝が山城伏見《やましろ》（京都市伏見区）五万石にうつると、嫡男定行《さだゆき》が三万石で封ぜられる。そして元和三年（一六一七）、父定勝が伏見からうつった桑名十一万石へ転封した。一時、徳川頼宣《よりのぶ》（家康の子、のち紀州藩主）や徳川忠長《ただなが》（三代将軍家光の弟）の付《つけ》家老の領地となるが、寛永十年（一六三三）から青山幸成《ゆきなり》（二万六千石→三万三千石）、松平（桜井）忠重《ただしげ》・忠倶《ただとも》（四万石）、本多忠義《ただよし》（七万石）、松平（藤井）忠《ただ》晴《はる》（三万石）、北条氏重《うじしげ》（三万石）、井伊直好《なおよし》・直武《なおたけ》・直朝《なおとも》（三万五千石）、松平（桜井）忠喬《ただたか》（四万石）、小笠原長煕《ながひろ》・長庸《ながつね》・長恭《ながゆき》（六万石）がそれぞれ在封した。

さて延享三年（一七四六）、太田資俊《すけとし》が上野館林《こうずけたてばやし》（群馬県館林市）より五万石で入封し、ようやく藩主が定着した。

戊辰戦争のとき、浜松で結成された遠州報国隊に掛川領内からも庄屋や神職の参加者が出た。

掛川城址は市内の中央にあり、平成五年（一九九三）に復元された天守閣がそびえている。ほかに、建坪二百八十七坪の二ノ丸御殿（国の重要文化財）がのこされている。また大手三ノ門・太鼓《たいこ》門・土蔵・大手番所がある。

田中藩四万石　本多家（子爵）　①藤枝市　②城

慶長六年（一六〇一）酒井忠利《ただとし》が一万石で田中に入封してより、頻繁に代替りした。松平（桜井）忠重《ただしげ》（二万五千石→三万石）、水野忠善《ただよし》（四万五千石）、松平（藤井）忠晴《ただはる》（二万五千石）、北条氏重《うじしげ》（二万五千石）、西尾忠昭《ただあきら》・忠成《ただなり》（二万五千石）、酒井忠能《ただよし》（四万石）、土屋政直《まさなお》（四万五千石）、

太田資直《すけなお》・資晴《すけはる》（五万石）、内藤弌信《かずのぶ》（五万石）、土岐《とき》頼殷《よりたか》・頼稔《よりとし》（三万五千石）が在封した。

幕末まで藩主をつとめたのは、享保十五年（一七三〇）上野《こうずけ》沼田（群馬県沼田市）より四万石で入封した本多氏である。正矩《まさのり》が初代で七代つづき、最後の藩主は正訥《まさもり》だった。

田中城址は現在、藤枝市内の小学校・中学校になっており、水堀と土塁がのこっている。元和二年（一六一六）正月、駿府《すんぷ》（静岡市）に隠居した徳川家康が、鷹狩りの途中この城に寄り、鯛《たい》のてんぷらを食べ、それが原因で病死したという。

相良《さがら》藩　一万石　田沼家（子爵）

①榛原《はいばら》郡相良町　②城・陣屋　③六百九十人（城下・文政三年〈一八二〇〉）　④三百人（嘉永四年〈一八五一〉）

相良《さがら》町は、焼津《やいづ》市の南西、御前崎《おまえざき》燈台の手前にある。宝永七年（一七一〇）本多忠晴《ただはる》が一万五千石で入封し、忠通《ただみち》・忠如《ただゆき》と在封し陸奥《むつ》泉《いずみ》（福島県いわき市）へうつった。板倉勝清《かつきよ》が泉から一万五千石ではいり、寛延二年（一七四九）本多忠央《ただなか》が一万石で入封した。

江戸中期権力をふるった田沼意次《おきつぐ》が一万石で入るのは、宝暦八年（一七五八）である。意次は、九代将軍家重《いえしげ》の世子時代小姓にあげられ、家重が将軍となるや御側《おそば》衆として重用され一万石の大名に取り立てられたのだった。家重の次の十代将軍家治《いえはる》の時代、側用人、老中に出世し、五万七千石に加増された。かくて意次は幕閣の権勢をほしいままにし、十年をかけて壮大な相良城をきずいた。

しかし天明四年（一七八四）三月、嫡男で若年寄の意知《おきとも》が江戸城中で暗殺され、田沼批判の声が幕閣で高まり、同六年八月老中職を罷免《ひめん》された。相良城もすべて取りこわされた。家督をついだ孫の意明《おきあき》に、陸奥《むつ》下村《しもむら》（福島市）一万石があたえられた。そして文政六年（一八二三）、下村藩主家をついだ意次の次男意正《おきまさ》が旧領相良一万石に復活した。

小島藩一万石　滝脇家（子爵）

①静岡市　②陣屋　④百人（安政三年〈一八五六〉）

元禄二年（一六八九）、徳川の同族で三河滝脇（豊田市）を発祥とする松平信孝《のぶなり》が一万石をもって立藩した。諸藩同様、藩財政は次第に困窮の度をくわえ、宝暦四年（一七五四）には借財は七千両余にのぼった。年貢《ねんぐ》をふやし財政改革をくわだてるが、百姓一揆により失敗した。

沼津藩五万石　水野家（子爵）

①沼津市　②城

沼津は当初、甲州武田の所領だった。天正十年（一五八二）、武田滅亡後、駿河《するが》は徳川家康の領国となり、家康の関東移封により豊臣秀吉の部将中村一氏《かずうじ》の弟一栄《かずひで》が沼津三万石を領した。慶長六年（一六〇一）、一栄のあと大久保忠佐《ただすけ》が二万石で入った。忠佐の嫡男忠兼《ただかね》が父に先だち死去したため、弟彦左衛門忠教《ただたか》を後継ぎにむかえようとした。忠教が辞退したため、沼津大久保家は絶《た》えた。

その後、徳川頼宣《よりのぶ》（のち紀州藩祖）や徳川忠長《ただなが》（三代将軍家光の弟）の領地となるが、安永六年（一七七七）、十代将軍家治《いえはる》の側用人水野忠友《ただとも》が二万石で入った。天明元年（一七八一）老中に昇進、その後三万石に加増された。ときは田沼意次《おきつぐ》時代、意次の四男金弥《きんや》（忠徳《ただのり》）を養子にむかえるが、田沼失脚のとき離縁した。

二代忠成《ただあきら》は、十代将軍家治《いえはる》世子家斉《いえなり》の小姓となり、家斉が十一代将軍となると奏者番《そうじゃばん》から老中格にすすみ、文政元年（一八一八）老中首座にのぼった。金座役人後藤三右衛門に命じ貨幣改《かい》鋳《ちゅう》をおこない、六十余万両の利益を幕府にもたらした。その功によりつごう二万石を加増された。将軍家斉には四十余人の側室と五十人を越える子がいたが、その子女らの養子縁組・婚儀を周旋した。

幕末の藩主忠敬《ただのり》は、尊王を標榜《ひょうぼう》する尾張《おわり》藩主徳川慶勝《よしかつ》の指揮にしたがい、東海道をすすむ新政府東征先鋒総督柳原前光《やなぎはらさきみつ》の警衛をつとめた。総督の命により、甲府城代をつとめた。

水野家初代忠友《ただとも》が、幕府より三千両の築城手当をもらってきずいた沼津城址は、ＪＲ東海道本線沼津駅の南だが、現在小碑がのこるのみである。

愛知

吉田藩七万石

大河内家（子爵）

①豊橋市　②城　③五万三千四百人（明治二年〈一八六九〉）　④二千八百八十人（明治二年〈一八六九〉）

のちに、岡山・鳥取二大雄藩の祖となる池田輝政《てるまさ》は小田原攻めのあと、豊臣秀吉より吉田十五万二千石に封ぜられている。輝政が播磨《はりま》姫路へ転封したあと、徳川の譜代《ふだい》大名が頻繁に交代して藩主となった。最初は、慶長六年（一六〇一）、松平（竹谷《たけのや》）家清《いえきよ》が三万石で入封した。以後、家清の子忠清《ただきよ》、松平（深溝《ふこうず》）忠利《ただとし》・忠房《ただふさ》（三万石）、水野忠清《ただきよ》（四万五千石）、水野忠善《ただよし》、小笠原忠《ただ》知《とも》・長矩《ながのり》・長祐《ながすけ》・長重《ながしげ》（四万石）、久世《くぜ》重之《しげゆき》（五万石）、牧野成春《なりはる》・成央《なりなか》（八万石）と在封した。そして正徳二年（一七一二）、大河内（松平）信祝《のぶとき》（七万石）、本荘資訓《すけのり》（七万石）が入封し、そして再び大河内信祝の子信復《のぶなお》（七万石）が入封し大河内家は幕末までつづいた。

二代信礼《のぶうや》のとき藩校時習館が創設された。三代信明《のぶあきら》は、天明八年（一七八八）老中となり、のち老中首座にのぼった。六代信璋《のぶあき》は、藩の諸経費四割削減など藩政改革をはかったが、成果があがらず挫折《ざせつ》した。

最後の藩主信古《のぶひさ》は、文久二年（一八六二）大坂城代に就任し、元治二年（一八六五）溜間《たまりのま》格

(老中の政策顧問)となった。鳥羽伏見の戦いで幕軍が惨敗したとき、慶喜《よしのぶ》とともに大坂城中にいて、かろうじて脱出し、吉田(豊橋)へ舞いもどった。新政府東征軍が吉田を通過するや、尾張藩の斡旋で新政府に帰順し、兵糧《ひょうろう》方として働いた。

JR東海道本線豊橋駅の東側に吉田城址があり、昭和二十九年(一九五四)復元された三層の鉄櫓《くろがねやぐら》がある。またこのちかくの市公会堂前に、藩校時習館の碑が建っている。

田原《たはら》藩 一万二千石　三宅家(子爵)

①田原市 ②城 ③二万三百人(元禄九年〈一六九六〉) **④三百九十人**(寛保三年〈一七四三〉)

慶長六年(一六〇一)戸田尊次《たかつぐ》が一万石で入封し、忠能《ただよし》・忠治《ただはる》(忠昌《ただまさ》)とつづいた。そして寛文四年(一六六四)、三河挙母《みかわころも》(豊田市)より三宅康勝《みやけやすかつ》が一万二千石で入り以後、三宅氏が幕末まで在封した。

田原《たはら》藩は、田地の収入のほかに、干鰯《ほしか》・椿実《つばきのみ》・漁猟《ぎょりょう》・海産物の収入があった。家中の屋敷にはすべて田畑がつき、藩士は非番の日、家族と田畑をたがやした。

田原藩出色の人物は渡辺崋山《かざん》(登《のぼる》)である。十五人扶持《ぶち》渡辺定通《さだみち》の長男に生れた。家は貧乏で、のち崋山は「やぶれ畳の上にごろ寝仕《つかまつ》り、冬は炬燵《こたつ》にふせり申し候」と、述懐《じゅつかい》している。数々家計を助けるため、画の師匠の谷文晁《ぶんちょう》の周旋で、内職に団扇《うちわ》や凧《たこ》・初午灯籠《はつうまとうろう》の絵を画いた。

の名作をのこしたが、とくに肖像画にたくみで、「鷹見泉石像《たかみせんせき》」は国宝（八九ページ）。蘭学の研究にも力をそそぎ、天文・地理・兵学の原書を買い入れ、蔵書は二百十七冊をかぞえた。おなじ蘭学研究の高野長英《ちょうえい》・小関三英《おぜきさんえい》・鈴木春山《しゅんざん》らと交流し、かれらに原書の翻訳を依頼した。

天保三年（一八三二）、四十歳で家老にすすんだ崋山は農政家大蔵永常《おおくらながつね》をまねき、植物油・砂糖・和紙・蠟燭・人形などの製造を指導させた。一方で、飢饉にそなえる貯蔵庫「報民倉《ほうみんそう》」をつくった。天保七年、三河《みかわ》地方は大凶作となるが、崋山は、「凶荒心得書《きょうこう》」を書き、「救荒《きゅうこう》にあたっては背水の戦場、討死の覚悟をもつこと」と、藩士を叱咤《しった》激励。領内で一人の餓死者も出さなかった。

藩政にたずさわるかたわら崋山は、江戸山の手の洋学者グループ蛮学社《ばんがく》（通称蛮社）の盟主格として活動した。国粋主義者の幕府目付《めつけ》鳥居《とりい》耀蔵《ようぞう》は、グループを敵視、反幕府活動の罪をでっちあげ、崋山や長英、小関三英らを逮捕した。崋山は小伝馬町牢獄に入れられるが、出獄して田原の家に蟄居《ちっきょ》となった。「不忠不孝渡辺登」と大書した遺書をのこし、割腹《かっぷく》して果てた。四十九歳であった。

田原藩は幕末、西洋銃器を積極的に取り入れた。元治元年（一八六四）、在来の火縄銃を全廃し、イギリス製ミニエー銃を横浜から買い入れ、軍制をイギリス式調練に改革し、西洋帆船順《じゅん》応丸《のう》を建造した。慶応三年（一八六七）、朝廷に帰順の方針を決めている。

豊橋鉄道三河田原駅の北西に田原城址がある。石塁や堀がのこり、崋山神社が建っている。城址の西隣りに、崋山の住んだ家が復元されている。

西尾藩六万石　松平家（子爵）

①**西尾市**　②**城**　③**五万五千二百人**（明治二年〈一八六九〉）④**三千百六十人**（家族を含む。明治二年〈一八六九〉）

慶長六年（一六〇一）本多康俊《やすとし》が二万石で入封して立藩した。以後、譜代《ふだい》大名が頻繁に代替りした。松平（大給《おぎゅう》）成重《なりしげ》（二万石）、本多俊次《としつぐ》（三万五千石）、太田資宗《すけむね》（三万五千石）、井伊直好《なおよし》（三万五千石）、増山正利《ましやままさとし》・正弥《まさみつ》（二万石）、土井利長《としなが》・利意《としもと》・利庸《としつね》・利信《としのぶ》（二万三千石）、三浦義理《よしさと》・明次《あきつぐ》（二万三千石）とつづいた。

明和元年（一七六四）、三浦氏のあと松平乗佑《のりすけ》が六万石で入封し、幕末まで在封した。松平氏は、越前《えちぜん》（福井県）に、本領より多い三万七千石の飛地《とびち》領を持った。戊辰戦争では藩内で激論がかわされたが、勤王に統一され、新政府軍に協力した。

西尾城址は、市街の西の高台にあるが、わずかに本丸付近の石垣と堀がのこるのみである。

西端《にしばた》藩一万石　本多家（子爵）

①**碧南市《へきなん》**　②**陣屋**　③**一万二千四百人**（明治二年〈一八六九〉）④**三百三十人**（家族を含む。明治二年〈一八六九〉）

幕末の元治元年（一八六四）にできた藩である。本多忠寛《ただひろ》が一万石で立藩し、慶応三年（一八六七）五月忠寛が亡《な》くなると、嫡男忠鵬《ただゆき》が九歳で家督をついだ。忠鵬は翌年、家臣とともに領国へ赴《おもむ》き、陣屋前に藩庁を造営し、陣屋を一部兵営に改造した。

刈谷《かりや》藩二万三千石　土井家（子爵）

①刈谷市　②城　③二万六千二百人（明治二年〈一八六九〉）④四百十人（明治二年〈一八六九〉）

もともと家康の生母於大《おだい》の実家水野家の本拠地で於大の父忠政《ただまさ》がここに刈谷《かりや》城をきずいている。一名亀城《きじよう》といった。水野氏は一時刈谷をはなれるが、忠政の孫忠清《ただきよ》が二万石で入封。その後、松平（深溝《ふこうず》）忠房《ただふさ》（三万石）、松平（久松）定政《さだまさ》（二万石）、稲垣重綱《しげつな》（二万三千石）・重昭《しげあき》・重富《しげとみ》（二万石）、阿部正春《まさはる》・正鎮《まさたね》（二万六千石）、本多忠良《ただよし》（五万石）、三浦昭敬《あきひろ》・明喬《あきたか》・義理《よしさと》（二万三千石）が在封した。

そして延享四年（一七四七）土井利信《としのぶ》が三河《みかわ》西尾から二万三千石で入封し、土井氏は幕末まで在封した。利信の養子利徳《としなり》は、藩財政の窮乏を乗り切るため、新しく御用金を領民に課した。寛政二年（一七九〇）、反対の領民らが、竹の筒《つつ》をほら貝のように吹き立て、昼夜かがり火をたき、、ときの声をあげ一揆をおこした。前家老が説得してようやくおさまった。

幕末の慶応三年（一八六七）三月、町に流行病が発生、秋、神様のお札《ふだ》と称するものがまかれた。人々は笛や太鼓を打ち鳴らし、七日七夜踊り狂った。大政奉還があり、翌年はじめ、戊辰戦争がはじまると勤王に藩論を統一、佐幕派家老の首が斬られ、刑場にさらされた。
刈谷市の西端の高台に、刈谷城址がある。わずかに土塁と堀の一部がのこるのみである。

挙母《ころも》藩二万石　内藤家（子爵）

①豊田市　②城　③一万八千七百人（明治二年〈一八六九〉）④九百人（家族を含む。明治二年〈一八六九〉）

挙母《ころも》藩は、トヨタ自動車の町豊田市に城をきずいている。慶長九年（一六〇四）、三宅康貞《やすさだ》が一万石で立藩した。二代康信《やすのぶ》は伊勢《いせ》亀山（三重県亀山市）へ転封するが、康信の子康盛《やすもり》のとき再び入封、子の康勝《やすかつ》まで在封した。康勝が寛文四年（一六六四）、三河田原《みかわたはら》へうつると、一時廃藩となり、幕府領となった。

天和元年（一六八一）本多忠利《ただとし》が一万石で入封し、忠次《ただつぐ》・忠央《ただなか》とつづき、寛延二年（一七四九）内藤政苗《まさみつ》（二万石）とかわり、内藤氏が幕末まで在封した。これまで陣屋だったが、内藤氏二代学文《さとぶみ》が、標高六五メートルの童子山に城をきずいた。

現在、豊田市役所の西に、挙母城址がある。石垣の上に、昭和五十三年（一九七八）再建の隅《すみ》櫓《やぐら》が建っている。

岡崎藩五万石　本多家（子爵）

①岡崎市　②城　③四万七千四百人（天保四年〈一八三三〉）④千二百二十人（寛政元年〈一七八九〉）

岡崎は徳川将軍家のふるさとといっていい。大永四年（一五二四）家康の祖父松平清康《きよやす》が、岡崎に入っている。家康は天文十一年（一五四二）、岡崎で生れた。天正十八年、家康が関東へうつったあと、近江《おうみ》八幡より田中吉政《よしまさ》が五万石で入り、慶長六年（一六〇一）、本多康重《やすしげ》が五万石で入封し、康紀《やすのり》・忠利《ただとし》・利長《としなが》とつづいた。そして正保二年（一六四五）、本多氏にかわり、三河吉田より水野忠善《ただよし》が五万石で入封し、七代百年余在封した。四代忠之《ただゆき》が老中に就任し、六万石に加増されている。

六代忠辰《ただとき》は徹底した倹約、人材登用などの改革を強行。老臣らに引退を命ずるが、老臣たちは結束して出仕を拒否、説得にも応じない。ついに忠辰は折れ、改革派はすべて役を解かれた。失意の忠辰は遊蕩を始め、遊女を身請けするが、座敷牢に押し込められ、「発狂」と幕府に届けられた。

水野氏のあと松平（松井）康福《やすよし》が下総《しもうさ》古河《こが》（茨城県古河市）より五万石で入封するが、明和六年（一七六九）石見《いわみ》浜田（島根県浜田市）へ転封した。かわって浜田より本多忠粛《ただとし》が入った。幕末まで在封したこの本多家は、徳川四天王の一人本多忠勝《ただかつ》の後裔という名家で、五万石ながら、十万石以上の藩主の入封のとき将軍よりあたえられる馬を、とくに下賜された。しかし本多時代も藩財政は悪化し借財は十五万両に達した。安永七年（一七七八）、忠粛の次の藩主忠典《ただつね》は、老中に「所替《ところがえ》」を内密に提出したが、許可はおりず、一万両の拝借金と幕府への番役が免除されただけだった。借財はさらに増加し、家臣の俸禄は六百石以上は一律百三十俵とされた。

幕末の藩主忠民《ただもと》は、大老井伊直弼《なおすけ》が暗殺されたあと、老中に就任、慶応元年（一八六五）辞任している。戊辰戦争では、藩論を勤王にまとめ、新政府軍に協力した。一部藩士は、脱藩して幕府残党遊撃隊に参加した。

名鉄東岡崎駅の北西に、岡崎城址がある。昭和三十四年（一九五九）復元された三重五層の天守閣がそびえている。付近は岡崎公園となっており、毎年四月盛大な桜まつりが開かれるという。

西大平《にしおおひら》藩一万石　大岡家（子爵）

①岡崎市　②陣屋　③六千九百人（明治二年〈一八六九〉）④二百七十人（家族を含む。明治二年〈一八六九〉）

江戸の名町奉行として有名な大岡越前守忠相《ただすけ》が、一万石に加増され、西大平藩主となり、大岡氏は幕末まで在封した。忠相は、十九年間江戸南町奉行をつとめ元文元年（一七三六）寺社奉行となった。寛延元年（一七四八）奏者番《そうじゃばん》をかね、四千石を加増されて一万石の大名となった。

最後の藩主忠敬《ただたか》は、戊辰戦争で新政府軍に協力し、江戸へ進軍する東征軍の荷物輸送をした。

現在名鉄東岡崎駅の南東の岡崎市大平《おおひら》町に、大岡家の旧邸（陣屋）跡がある。

尾張藩六十一万九千石

徳川家（侯爵）

①名古屋市　②城　③九十一万七千人（明治四年〈一八七一〉）④五千九百八十人（安政元年〈一八五四〉）

関ヶ原役以前の尾張《おわり》の領主は、文禄四年（一五九五）、豊臣秀次《ひでつぐ》のあとにはいった福島正則《まさのり》である。慶長五年（一六〇〇）、正則が安芸《あき》広島へ移封し、家康の四男松平忠吉《ただよし》が五十二万石で入封した。同十二年、忠吉は没し、家康の九男徳川義直《よしなお》の領するところとなった。御三家筆頭尾張六十一万九千石の誕生である。

家康は壮大な城郭をきずくため加賀の前田利常《としつね》のほか豊臣恩顧の有力大名二十家に、城郭建造の普請《ふしん》工事を割り当てた。工事人夫は延《の》べ五百五十八万五千余人にのぼる。当時「名古屋台」と呼ばれた野原に、東西五・七キロ、南北六・一キロの城下町が造成された。

藩の財源として木曾山をあたえられていたが、檜《ひのき》を中心とした森林資源は、無尽蔵にちかく、売木により、毎年二、三万両の収入があった。

尾張藩は、表高六十一万九千石に対し実収入九十万余石といわれた。木曾山の収入、そして家康の形見《かたみ》分《わ》けの「駿河《するが》お譲《ゆず》り金」（金百万両と銀九万貫）を所有した。

尾張藩主の名を高めたのは七代藩主宗春《むねはる》である。八代将軍吉宗《よしむね》に真っ向《こ》うから挑戦した。吉宗は緊縮政策をしいたが、宗春は正反対の遊芸天国を現出させた。城下町に隣接する村里に、遊女六百四十六人をかかえる妓楼百一軒ができ、ほかにも安遊女屋が二十カ所ちかく建った。緊縮政策を嘲笑するかのような尾張藩の仕打ちに、幕府はついに断をくだし、元文四年（一七三九）正月、藩主宗春の行跡よろしからずとし、隠居謹慎を申し渡した。

名古屋の街は繁栄に沸《わ》いたが、しかし藩財政の窮迫はどうしようもなかった。宗春にかわり、藩主の座についた養子の宗勝《むねかつ》は、七カ年計画の倹約令を出し、諸役所の経費を大削減した。宗勝と次の宗睦《むねちか》の時代、尾張で学問がさかんになった。宗睦は藩校明倫堂のほかに、藩史・地誌《ちし》を編《へん》纂《さん》する「継述館」を設置した。

幕末、賢君の名の高い慶勝《よしかつ》が、分家美濃《みの》高須《たかす》（岐阜県海津《かいづ》町）三万石松平家から入った。まず保守派の付《つけ》家老竹腰《たけのこし》一派を藩政から遠ざけ、金鉄組と称する尊王派とつながりのある、町奉行田宮篤輝《あつてる》（如雲）を側用人に抜擢した。側近をかためた慶勝は、年間三十万両以上の赤字に悩む藩財政に大ナタをふるった。年間二万両だった藩主のこづかい銭を千分の一の二十両にし、不用不急の建物を売却、安政二年（一八五五）には御目見《おめみえ》以上の藩士の給与を半分にした。それでもまだ百八十万両の借金がのこった。翌年有力町人大百姓五百四十人を城内にまねき、慶勝は藩の緊縮財政を赤裸々《せきらら》に打ち明け、協力を依頼した。町人大百姓らは感激し、献金や債権放棄を申し出る者があいついだ。

安政五年（一八五八）井伊直弼《なおすけ》が大老に就任するや、井伊に反対する慶勝《よしかつ》は、七月隠居謹慎を命ぜられ、別邸に幽閉された。側近グループも失脚した。慶勝のあと、異母弟茂徳《もちなが》がついだ。そして万延元年三月、井伊が暗殺され、文久二年（一八六二）慶勝は大赦された。慶勝の息のかかった尊王派金鉄党が復活した。反動勢力竹腰《たけのこし》一派は粛清《しゆくせい》され、金鉄党が藩政をにぎった。

戊辰戦争がはじまり、江戸へ向けて進軍する東征大総督有栖川宮熾仁《ありすがわのみやたるひと》親王の護衛に尾張藩編成の磅礴《ほうはく》隊があたった。磅礴隊は豪農中心の民間有志により結成された。他に集義隊・正気隊・東正気隊・精鋭隊がつくられた。百姓や博徒らが参加し、新政府軍に協力して北越に出動した。

名古屋城址は、地下鉄名城線市役所駅の西側にある。昭和二十年（一九四五）の空襲で焼失するまで、五層の大天守・二層の小天守、正門・御殿など二十四棟の建物が国宝としてのこされた。昭和三十四年（一九五九）、大天守・小天守が六億円で復元された。天守閣の金の鯱《しやち》も復元され、名古屋のシンボルとなっている。

犬山藩三万五千石　成瀬家（男爵）

①犬山市　②城　③五万三千三百人（明治二年〈一八六九〉）④二千五百三十人（家族を含む。明治二年〈一八六九〉）

慶応四年（一八六八）正月、尾張藩の付《つけ》家老成瀬《なるせ》正肥《まさみつ》が朝命により諸侯に列せられ、三万五千石で立藩した。犬山城址は、犬山市内の木曾川の断崖に建っている。三層の天守閣は、現存する天守としてはわが国最古といわれている。

岩村藩三万石

松平家（子爵）

①恵那郡岩村町　②城　③三万一千百人（明治二年〈一八六九〉）④六百六十人（元文五年〈一七四〇〉）

戦国末期、田丸直昌《たまるなおまさ》が四万石の岩村城主であったが、関ヶ原役に西軍に味方して没落した。慶長六年、松平（大給《おぎゅう》）家乗《いえのり》が二万石で入った。子の乗寿《のりなが》は、寛永十五年（一六三八）遠江《とおとうみ》浜松へ転封した。松平氏のあと、丹羽氏信《にわうじのぶ》が二万石で入った。五代つづくが、五代氏音《うじおと》の時代、財政改革をめぐって藩内で派閥争いがおこり、側用人山村瀬兵衛が幕府へ出訴した。このため、幕府より罰せられ、家臣ら三十余人が重く罰せられた。藩主氏音は所領を半減され、越後《えちご》高柳《たかやなぎ》（新潟県新井市《あらいし》）へ移封となった。

このあと、元藩主松平（大給）の分家松平（石川）乗紀《のりただ》が、信濃《しなの》小諸《こもろ》より二万石で入り、幕末まで在封した。乗紀は、元禄十五年（一七〇二）藩校文武所（のち知新館）をつくった。二代乗賢《のりかた》は、幕府老中をつとめた。三代乗薀《のりもり》の三男乗衡《のりひら》は、幕命により幕府学問所トップの林大学頭《だいがくのかみ》信敬の養子となり、のち林述斎《じゅつさい》と称し、『寛政重修諸家譜《かんせいちょうしゅうしょかふ》』、『徳川実紀《じっき》』を編纂《へんさん》した。

岩村城址は、岩村町の東の標高七二一メートルの城山にあり、登山口の手前に藩校知新館跡がある。

苗木《なえぎ》藩一万石　遠山家（子爵）

①中津川市　②城　③二万三千七百人（明治二年〈一八六九〉）④百三十人（寛文十一年〈一六七一〉）

関ヶ原役後、東軍に味方した遠山友政《とおやまともまさ》が苗木一万石をあたえられた。遠山氏が幕末まで在封した。諸藩同様、財政は次第に窮乏化し、天保十三年（一八四二）、家中全員から給米の全額を借り上げた。最後の藩主友禄《ともよし》は、幕府若年寄に任ぜられ、元治元年（一八六四）の長州征伐に従軍した。

苗木城址は、中津川市の高森山の山頂にある。石垣や石段がのこり、眼下に木曾川をのぞむ山城である。

郡上八幡《ぐじょうはちまん》藩四万八千石　青山家（子爵）

①郡上郡八幡町　②城　③五万七千人（明治四年〈一八七一〉）④三百二十人（安政六年〈一八五九〉）

郡上八幡《ぐじょうはちまん》四万石城主稲葉貞通《さだみち》は、関ヶ原役に徳川に味方し、一万石を加増され豊後臼杵《ぶんごうすき》（大分県臼杵市）へうつった。そのあと、遠藤慶隆《よしたか》が二万七千石で入り、慶利《よしとし》・常友《つねとも》（二万四千石）・常《つね》春《はる》・常久《つねひさ》と在封した。遠藤氏にかわり、井上正任《まさとう》が、常陸笠間《ひたちかさま》（茨城県笠間市）より五万石で入り、次の正岑《まさみね》（四万七千石）のとき丹波《たんば》亀山《かめやま》（京都府亀岡市）へ移封した。そして出羽《でわ》上山《かみのやま》（山形県上山市）より金森頼旹《かなもりよりとき》が三万八千石で入った。

頼旹のつぎの頼錦《よりかね》のとき宝暦騒動がおこった。年貢《ねんぐ》を上げようとしたところ、千人を越える農民が藩庁に強訴し、ついで江戸藩邸に押し掛け負担軽減の嘆願書を呈《てい》した。騒動は泥沼化し、ついに農民代表は、幕府評定所目安《めやす》箱に、訴状を差し入れた。くわえて藩の所領地越前石徹《いしど》白《しろ》村（岐阜県白鳥《しろとり》町）で、神社と真宗門徒のあいだで紛争がおこり、五百余名の男女が積雪三メートルの山地に追放され、七十二名が餓死した。宝暦八年（一七五八）、幕府評定所は一連の金森家領内の騒動に断をくだした。頼錦《よりかね》は領地を召し上げられた。

同じ年、青山幸道《よしみち》が丹後《たんご》宮津《みやづ》（京都府宮津市）より四万八千石で入り、青山氏は幕末まで在封した。六代目の幸哉《ゆきしげ》は異色の殿様で、得意の蘭語を生かし、西洋諸国の度量《どりょう》・貨幣・単位・数の名称をアルファベット順にならべて注釈した『西洋度量考』を著述している。幕末の郡上八幡藩は、財政が苦しく、安政三年（一八五六）江戸・大坂商人からの借入金は五万一千八百余両に達した。幸哉は諸経費を三分の一に減らしたが、財政は好転せず、特産の養蚕を藩専売にして江戸・横浜の生糸相場で大儲けしようとしたが、農民の反対一揆がおこり、成功しなかった。戊辰戦争では、藩論を尊王にまとめ、新政府軍に忠誠を誓うが、一部藩士が佐幕を叫び、凌霜隊《りょうそう》を結成した。新政府軍に抗する会津若松藩に投じて奮戦した。

八幡城址に、昭和八年（一九三三）再建された天守閣が建っている。全国に知られる「郡上《ぐじょう》おどり」は、寛永年間（一六二四〜四四）、時の藩主遠藤慶隆《よしたか》が奨励して始められたという。

加納藩三万二千石　永井家（子爵）

①岐阜市　③二万九千人（明治四年〈一八七一〉）
④二百十人（慶応年間〈一八六五〜六八〉）

慶長六年（一六〇一）、徳川家康の長女亀姫を妻とした奥平信昌《おくだいらのぶまさ》が十万石で封ぜられた。信昌は天正三年（一五七五）長篠《ながしの》の戦いで徳川に味方し、わずか五百の兵で長篠城（愛知県鳳来《ほうらい》町）を守り、甲州武田家二万の軍勢をふせいだ。このあと、織田・徳川連合軍は、武田勢を完敗させたのだった。信昌は菅沼定利《すがぬまさだとし》の養子となった三男忠政《ただまさ》に加納《かのう》藩をゆずり、嫡男家昌《いえまさ》は下野《しもつけ》宇都宮十万石藩主となっている。

菅沼氏は、忠政の子忠隆《ただたか》に嗣子がなく封地を没収され、そのあと信昌の娘千姫を母にもつ大久保忠職《ただもと》が五万石で入封した。寛永十六年（一六三九）忠職は、播磨《はりま》明石《あかし》へ転じ、かわりに戸田光《みつ》重《しげ》が七万石で入った。光永《みつなが》・光熙《みつひろ》とつづき、正徳元年（一七一一）山城淀《やましろよど》へ転じた。戸田氏のあと備中《びっちゅう》松山（岡山県高梁《たかはし》市）から安藤信友《のぶとも》が六万五千石で入った。二代信尹《のぶただ》のとき、藩政が乱れ、江戸藩邸の家老らが藩主信尹を幽閉する騒ぎがおきた。幕府は信尹に、家中仕《し》置宜《おきよろ》しからずとして隠居を命じた。嫡男信成《のぶなり》に五万石があたえられ、宝暦六年（一七五六）陸奥《むつ》磐城平《いわきだいら》（福島県いわき市）へ移封となった。

次に三万二千石で入封した永井氏が、幕末まで在封した。初代は直陳《なおのぶ》で、六代尚服《なおこと》のとき、和傘・桟留《さんとめ》（綿織物）を藩の専売とした。和傘は年間五十万本が生産され、江戸へ送って販売された。

戊辰戦争がおこるや、藩主尚服《なおこと》は、東山道鎮撫《とうさんどうちんぶ》総督岩倉具定《ともさだ》に帰順の意を表明した。

JR東海道本線岐阜駅の南に加納城址がある。本丸の石垣が江戸の当時の面影を伝えている。現在加納公園と呼ばれている。

高富藩《たかとみ》一万石　本庄家（子爵）

①山県市《やまがた》　②陣屋　③六千四百人（明治二年〈一八六九〉）　④三百六十人（家族を含む。明治二年〈一八六九〉）

山県市《やまがた》高富町《たかとみ》は、岐阜市の北隣りの町である。

宝永二年（一七〇五）、本庄道章《ほんじょうみちあきら》が一万石をもって岩滝藩をおこし、宝永六年陣屋を高富にうつし高富藩とかえた。道章の祖父道芳《みちちか》は、五代将軍綱吉《つなよし》の生母桂昌院《けいしょう》の異母兄にあたる。八代道昌《みちまさ》の頃より藩財政が窮乏化した。年貢《ねんぐ》をふやそうとするが、農民の強い反対にあった。慶応四年（一八六八）百姓一揆がおきた。

大垣藩十万石

戸田家（伯爵）

①大垣市　②城　③七万八千六百人（明治二年〈一八六九〉）　④五千七百五十人（家族を含む。明治二年〈一八六九〉）

関ヶ原役以前の大垣城主は、源平時代の工藤祐経《くどうすけつね》を祖先とする伊藤祐盛《すけもり》だった。子の盛宗《もりむね》が関ヶ原役にさいし、西軍に味方して敗死し、没落した。慶長六年（一六〇一）、石川康通《やすみち》が五万石で入り家成《いえなり》・忠総《ただふさ》と在封し、元和二年（一六一六）豊後《ぶんご》日田《ひた》（大分県日田市）へうつった。これより、松平（久松）忠良《ただよし》・忠憲《ただのり》（五万石）、岡部長盛《ながもり》・宣勝《のぶかつ》（五万石）、松平（久松）定綱《さだつな》（六万石）と在封し、寛永十二年（一六三五）摂津《せっつ》尼崎《あまがさき》より戸田氏鉄《うじかね》が十万石で入封し、戸田氏が幕末まで藩主の座にあった。戸田家は、家康の祖父松平清康《きよやす》の時代からつかえた徳川譜代《ふだい》の大名で、氏鉄は、父一西《かずあき》の遺領近江膳所《おうみぜぜ》（大津市）三万石をつぎ、元和二年（一六一六）、摂津《せっつ》尼崎五万石に加増されたのだった。三代氏西《うじあき》は、延宝八年（一六八〇）、財政難により、家臣の整理《リストラ》をおこなった。家臣の一割の百七十三人に暇《いとま》を出した。六代氏英《うじひで》もまた、延享四年（一七四七）百七十七人の家臣に暇を出した。

幕末の九代藩主氏正《うじただ》は、藩政改革に積極的に取りくんだ。ここに、大垣藩幕末の偉材小原鉄心《おはらてっしん》（忠寛《ただひろ》）が抜擢され、城代として藩政に登場した。鉄心は先ず、「人材登用、財政整理」を目標にかかげた。藩主以下農民にいたるまで、「質素倹約」が義務づけられた。嘉永五年（一八五二）、改革趣意書が郡奉行に通達され、領民に徹底するよう命ぜられた。この年また、困窮農民に、勧農手当として米五千俵の代金が当てられ、その金が無利息で分配貸与された。そのいっぽうで、豪商豪農から多くの調達金を徴収した。

幕末、物情騒然としてきた慶応二年（一八六六）、大垣藩は軍制改革を断行した。仮軍事局がもうけられ、軍事総裁・軍事奉行が任命された。領内の本願寺系の僧侶により、僧兵隊が組織された。西本願寺派は砲兵を担当し、炎王兵《えんおうへい》と呼ばれた。東本願寺は歩兵で、紹隆兵《しょうりゅうへい》と称した。有待兵《ゆうたいへい》と名づけられた農兵隊も編成された。

慶応三年九月、幕府より大坂警備を命ぜられ、小原鉄心の子兵部が総隊長として、藩兵五百人をひきいて出兵した。ところが十月慶喜《よしのぶ》が大政奉還、大垣藩も尊王、佐幕の議論に揺れた。十二月、鉄心に新政府より参与《さんよ》（閣僚）職指名の内示《ないじ》があった。藩はむしろ佐幕派が大勢を占め、子の兵部は幕軍の一部として大坂城にいる。鉄心はかねてから傾倒していた彦根清涼寺《せいりょうじ》（曹洞宗）住職清拙《せいせつ》（のち鴻雪爪《おおとりせっそう》）和尚をたずね、岐路に立つ大垣藩の立ち場を述べた。松平春嶽、岩倉具視、木戸孝允らとつきあいのある勤王僧としてしられる清拙は鉄心の心中の迷いに一喝《いっかつ》し、「月落ちて天をはなれず――」と、説破《せっぱ》した。これより鉄心は勤王に決意をかため、翌年一月三日、新政府参与職を拝受した。そして鉄心主導により、大垣藩論は勤王に一決した。

一月十三日、大垣藩は新政府軍東山道《とうさんどう》先鋒を命ぜられ、将士千二百余人が大垣を出発し、木曽路を進んだ。薩長二藩とともに宇都宮城を攻略し、白河城を陥《おと》し、会津城を攻めた。戦後、最後の藩主氏共《うじたか》は新政府より三万石の賞典禄を下賜された。

　ＪＲ東海道本線大垣駅の南に、大垣城址がある。戦前国宝に指定された天守閣は戦災で焼失した。昭和三十四年（一九五九）天守閣が再建された。小原鉄心の師匠清拙《せいせつ》が彦根清涼寺の前に住職をつとめた全昌寺《ぜんしょうじ》（曹洞宗）が、大垣城址の南にあり、鉄心の墓が建っている。

大垣新田《しんでん》藩一万石　戸田家（子爵）

①岐阜県大野郡・愛知県渥美郡　②陣屋（愛知県渥美町）　③八千人（明治四年〈一八七一〉）

　大垣藩主戸田氏鉄《うじかね》の次男氏経《うじつね》の系統の氏成《うじしげ》（本家より養子入り）が、元禄元年（一六八八）一万石をもって立藩した。二代氏房《うじふさ》は江戸城西ノ丸若年寄となった。最後の藩主氏良《うじよし》は、大垣藩主戸田氏正《うじただ》の子である。

今尾藩三万石　竹腰家（男爵）

①海津郡平田町　②城　③一万八千人（明治四年〈一八七一〉）

　藩主竹腰《たけのこし》家の家系は数奇である。徳川家康の晩年の側室お亀が家康の九男義直《よしなお》を生み、義直が尾張藩主となるや、お亀の前夫竹腰正時の子正信が義直の付《つけ》家老として二万石を給せられたのだった。元和五年（一六一九）一万石を加増されて三万石となった。最後の当主正旧《まさひさ》の慶応四年（一八六八）一月、朝命により今尾藩がたてられた。今尾藩のあった平田町は、大垣市の南方にある。

高須《たかす》藩三万石　松平家（子爵）

①海津郡海津町　②陣屋　③二万五千八百人（明治二年〈一八六九〉④二千四百五十人（家族を含む。明治二年〈一八六九〉）

元禄十三年（一七〇〇）、尾張二代藩主徳川光友《みつとも》の次男義行《よしゆき》が三万石をもって立藩した。本家尾張藩主家に後継ぎが絶えたとき、相続人を出す家柄だった。三人が尾張藩主となった。十代藩主義建《よしたつ》は、尾張藩主慶勝《よしかつ》、会津藩主松平容保《かたもり》の実父だった。

三重

長島藩二万石　増山家（子爵）

①桑名郡長島町　②城　③一万四千八百人（明治五年〈一八七二〉）④千百五十人（家族を含む。明治二年〈一八六九〉）

長島城は中世期、一向一揆《いっこういっき》の拠点となった。信長二万の軍勢と戦い、宗徒らは大虐殺され落城した。慶長六年（一六〇一）、菅沼定仍《すがぬまさだより》が二万石で入封し立藩した。弟定芳《さだよし》があとを継ぎ、元和七年（一六二一）近江膳所《おうみぜぜ》（大津市）へ転封した。一時廃藩となるが、慶安二年（一六四九）松平（久松）康尚《やすひさ》が一万石で入封し、次の忠充《ただみつ》が正気を失って重臣を殺害し、改易《かいえき》となった。元禄十五年（一七〇二）、常陸下館《ひたちしもだて》（茨城県下館市）より増山正弥《ましやままさみつ》が二万石で入封し、増山氏が幕末まで在封した。正弥の養父正利《まさとし》は、四代将軍家綱《いえつな》の生母お楽の弟であった。この縁により大名に取り立てられる。

五代藩主正賢《まさかた》は雪斎《せっさい》と号し、藩校礼文館を創設し、文人墨客《ぼっかく》を招き庇護《ひご》した。みずからも博物学にくわしく、『虫豸帖《ちゅうちじょう》』四巻を著述した。蝶やトンボをさまざまな角度から写生した。画家としても一家をなした。写生のため殺した虫は、虫塚をつくって弔った。いまも東京上野の寛永寺にのこっている。

桑名藩十一万石

松平家（子爵）

①桑名市　②城　③六万四千八百人（明治二年〈一八六九〉）　④七千八十人（家族を含む。明治二年〈一八六九〉）

桑名二万二千石を領した氏家行広《うじいえゆきひろ》が、慶長五年（一六〇〇）の関ヶ原役で西軍にくみして改易《かいえき》となったあと、徳川四天王の一人本多忠勝《ただかつ》が、十万石で入った。この時代、城下町の大改造がおこなわれた。忠勝のあと忠政《ただまさ》・忠刻《ただとき》とつづくが、忠刻は徳川家康の孫娘千姫《せん》（豊臣秀頼未亡人）

と結婚している。元和三年（一六一七）、忠政は播磨《はりま》姫路へ移封した。

本多氏のあと、家康の異父弟、松平（久松）定勝《さだかつ》が十一万石で入った。二代定行《さだゆき》は、桑名の井戸水の水質がわるいため、水道をひらいた。定行が寛永十二年（一六三五）伊予《いよ》松山（愛媛県松山市）へ移封したあと、定行の弟定綱《さだつな》が十一万石で入った。領民を侍になじませるため、町年寄を大名に仮装させ、「大名行列」のイベントを、町民にやらせている。藩士の子弟教育のため、城内に学舎を建て、文字のほか弓・馬・槍・書・礼・音曲にいたるまでまなばせた。

三代定重《さだしげ》の時代、桑名は商業地として飛躍的に発展した。美濃《みの》の年貢米《ねんぐ》が、木曾《きそ》・長良《ながら》・揖斐《いび》の三大川をへて桑名港にあつめられ、江戸へ海上輸送された。米ばかりでなく木曾材の中継地としても栄えた。定重は宝永七年（一七一〇）、越後高田（新潟県上越市）へ移封となった。

松平家のあと、備後《びんご》福山（広島県福山市）より、松平（奥平）忠雅《ただまさ》が十万石で入封した。家祖忠明《ただあきら》の母は、徳川家康の長女亀姫である。

松平（奥平）家は七代つづくが、文政六年（一八二三）忠堯《ただたか》が武蔵忍《むさしおし》（埼玉県行田《ぎょうだ》市）へ転封し、前記松平（久松）定重《さだしげ》の後裔定永《さだなが》が、陸奥《むつ》白河（福島県白河市）より十一万石で再入封し、松平氏は幕末まで在封した。定永は、寛政の改革の松平定信の子である。定信が白河で創設した藩校立教館を、桑名にもうけた。

天保七年（一八三六）の全国的な大飢饉などで藩財政が窮乏化し、定永の次の定和《さだかず》の天保十年、家臣への俸禄を三年間人別扶持《ふち》にした。身分に関係なく、家族数に応じ、男は一人一日玄米五合、女は四合、男女とも四歳以下は三合が支給された。

幕末騒擾《そうじょう》の時節藩主となったのは、高須藩主松平義建《よしたつ》の七男定敬《さだあき》であった。兄に、尾張藩主徳川慶勝《よしかつ》、会津藩主松平容保《かたもり》がいる。京都所司代をつとめた定敬は、慶応四年、鳥羽伏見の戦いで幕軍が惨敗したとき慶喜《よしのぶ》とともに大坂城へ退《しりぞ》いた。留守の桑名城で、抗戦・無血開城・恭順謹慎・桑名決戦と議論がわかれたが、無血開城し新政府軍に恭順することに決した。しかし一部抗戦派が江戸へ奔《はし》り、藩主定敬を擁して新潟柏崎《かしわざき》へゆき、そして会津をへて北海道箱館（函館）へ落ちのびた。桑名藩は、藩主が逃亡抗戦したことにより、明治二年（一八六九）六万石に減封された。

ＪＲ関西本線桑名駅の東に桑名城址がある。本丸跡は九華公園といわれ、つつじ・桜の名所である。また園内に、松平定綱《さだつな》や定信《さだのぶ》をまつる鎮国守国《ちんこくしゅこく》神社がある。

菰野《こもの》藩一万一千石　土方家（子爵）

①三重郡菰野町　②陣屋　③一万人（明治二年〈一八六九〉）**④五百七十人**（家族を含む。明治二年〈一八六九〉）

文禄五年（一五九六）土方雄氏《ひじかたかつうじ》が一万石で菰野《こもの》を領するが、慶長四年（一五九九）徳川家康暗殺の容疑で父雄久《おひさ》とともに常陸《ひたち》太田（茨城県常陸太田市）へ追放される。しかし翌年の関ヶ原役で加賀前田利長《としなが》を徳川方につけた功により、菰野一万二千石をあたえられた。四代豊義《とよよし》のとき、叔父久長《ひさなが》に千石を分知した。

九代義苗《よしたね》は、藩費の節減・倹約により財政立て直しをはかり、灌漑《かんがい》工事をおこない藩校をもうけた。十代雄興《かつおき》のとき、領民佐々木惣吉が稲の品種改良をおこない、紅屋善左衛門が菰野茶を売り出した。

神戸《かんべ》藩一万五千石　本多家（子爵）

①鈴鹿市　②陣屋・城　③一万人（明治四年〈一八七一〉）④二百六十人（文化七年〈一八一〇〉）

中世期からの地元の豪族神戸《かんべ》七代友盛《とももり》に、織田信長の三男信孝《のぶたか》が養子に入り、この地に天正八年（一五八〇）五層の天守閣をきずいた。本能寺ノ変で信長が横死し、翌年信孝は、柴田勝家に味方し羽柴秀吉と戦って敗れ自刃した。以後城主が変転した。関ヶ原役のあと、一柳直盛《ひとつやなぎなおもり》（五万石）、石川総長《ふさなが》（二万石）をへて、享保十七年（一七三二）、河内西代《かわちにしだい》（大阪府富田林《とんだばやし》市）より本多忠統《ただむね》が一万石で入り、のちに五千石を加増され、幕末まで在封した。

五代忠升《ただたか》は、〝寛政の三博士〟と称された朱子学者古賀精里《こがせいり》の門人で藩校を教倫《こうりん》堂とあらためた。最後の藩主忠貫《ただつら》は、山田奉行として伊勢神宮の警衛にあたった。

神戸城址の殆どは神戸高校の敷地となり、天守台付近は神戸公園となっている。大手門は四日市市顕正《けんしょう》寺の山門となり、太鼓櫓《たいこやぐら》は鈴鹿市内の蓮華《れんげ》寺の鐘楼となっている。

津藩三十二万三千石

藤堂家（伯爵）

①津市　②城　③二十八万七千二百人（享保十七年〈一七三二〉）④千三百人（安政〜慶応〈一八五四〜六八〉）

関ヶ原役で徳川に味方した津《つ》五万石城主富田信高《のぶたか》は、慶長十三年（一六〇八）伊予《いよ》宇和島（愛媛県宇和島市）十万石へ移封した。また伊賀《いが》上野二十万石の筒井定次《つついさだつぐ》は乱行の罪で改易《かいえき》となった。このあとの津・伊賀上野へ、伊予《いよ》今治《いまばり》（愛媛県今治市）二十万石藤堂高虎《とうどうたかとら》が加増され二十二万石で入った。高虎は最初、生国近江《おうみ》浅井郡（滋賀県浅井町付近）の領主浅井氏に仕え、その後転々とし、豊臣秀吉に仕えて大名に取り立てられた。関ヶ原役では家康に忠勤をはげんで徳川の勝利に貢献した。また慶長十三年高虎が建議し、外様《とざま》大名の江戸将軍家への人質が、妻子だけでなく重臣をも差し出す証人制度にあらためられた。元和元年（一六一五）大坂夏ノ陣に戦功をあげ、二十七万石に加増され、さらに元和三年三十二万三千石の大封をえたのだった

津藩は、伊賀の土豪や忍者を「無足人《むそくにん》」として組織化し、鉄砲を装備する機動性をもった軍隊にした。無足人は士分につぐ者とされ、苗字帯刀《みょうじたいとう》をゆるされた。農村の大庄屋・庄屋・年寄は殆ど無足人で占《し》められた。明暦三年（一六五七）江戸の大火により江戸屋敷が焼失し、その後の凶作などで財政が窮乏化した。藩は藩士の生活を簡素にするよう命じた。煙草や木綿などの農産物が奨励され、松阪木綿が各地へ送り出された。菜種《なたね》油は、江戸で「伊勢水」と称され、江戸の市

場で第一等品としてあつかわれた。

しかし文化三年（一八〇六）十代藩主をついだ高兌《たかさわ》のとき、藩の借財は八十六万両に達し、毎年一万六千両の赤字が累積《るいせき》された。高兌は自身の生活費を三分の一、女中を四分の一に減らし、食事は一汁一菜で通した。町方の女の櫛《くし》・かんざしの類にいたるまできびしく制限をした。反面、不便な山中への医師の常駐、七十歳以上の独居老人や十五歳以下の孤児の救済につとめた。

高兌は、十年間の藩主私費を節約してためた金をもとに、藩校有造館《ゆうぞう》をつくった。藩士の子弟九歳から十五歳までの少年に、読書・習字・算術・礼法をおしえ、十六歳より二十五歳までの青年に、武術を鍛練させた。武術のための演武荘がつくられ、無足人にも入門がゆるされた。観海流による水練がはじめられた。伊賀上野に分校がつくられた。歴代督学《とくがく》（校長）では、斎藤拙堂《とつどう》が有名。

十代高兌《たかさわ》のあとをうけ、十三歳の高猷《たかゆき》が十一代藩主についた。ペリーが来航し、外敵の脅威がいっきょに高まると、津藩は武備の充実と洋式訓練をはじめた。二十歳以下の藩士で組織した壮士隊、無足人三百人選抜の郷士隊が編成された。安政二年（一八五五）、兵科をオランダ式にあらため、藩士による十組の侍組、足軽の鉄砲組、無足人の郷鉄砲組が編成された。

慶応三年（一八六七）夏から冬にかけ、民衆の「ええじゃないか」と踊り狂う集団が、津藩領内に横行した。十一月、津の城下町に、緋《ひ》縮緬《ちりめん》の長襦袢《ながじゆばん》に腹巻《はらまき》・股引《ももひき》の派手な服装の一団が夜となく昼となく、「ええじゃないか」と叫び、踊り狂った。翌四年鳥羽伏見で新政府軍と幕府軍が衝突、津藩は幕府寄りの立ち場にあったが、鳥羽伏見の西の山崎（京都府大山崎町）で形勢を観望し、戦い半ばにわかに幕府軍に攻撃をあびせた。これに先立ち淀《よど》藩も幕軍を裏切り、幕府軍は総崩れとなって、ここに歴史的な敗北を喫《きっ》した。のちに津藩の寝返りは、「藤堂の犬侍」と軽蔑された。新政府の討幕軍が編成されるや、津藩士は先鋒にくわえられ千百余人が、房総《ぼうそう》、江戸、東北へと転戦した。

JR紀勢本線津駅の南に津城址がある。本丸と西ノ丸、内堀の一部がのこっている。昭和三十三年（一九五八）角櫓《すみやぐら》が復元された。津藩主の菩提寺寒松《かんしょう》院は、城址の東側にあり、歴代藩主の巨大な五輪塔の墓が建っている。

亀山藩六万石　石川家（子爵）

①亀山市　②城　③四万一千九百人（明治二年〈一八六九〉）**④三千六百六十人**（家族を含む。明治二年〈一八六九〉）

亀山藩は、関ヶ原役後頻繁に藩主が変った。松平（奥平）忠明《ただあきら》（五万石）、三宅康信《やすのぶ》・康盛《やすもり》（一万二千石）、本多俊次《としつぐ》（五万石）、石川憲之《のりゆき》（五万石）、板倉重常《しげつね》・重冬《しげふゆ》・重治《しげはる》（五万石）、松平（大給《おぎゅう》）乗邑《のりさと》（六万石）、板倉重治・勝澄《かつずみ》（五万石）とつづき、延享元年（一七四四）石川氏（総《ふさ》慶《よし》）が六万石で再入封し、幕末まで在封した。

三代総純《ふさずみ》の明和五年（一七六八）、全藩規模の百姓一揆がおこった。四代総博《ふさひろ》の寛政二年（一七九〇）藩校明倫舎がもうけられ、九代総禄《ふさよし》の文久年間（一八六一〜六四）、洋式軍制が採用され、茶の栽培が奨励された。戊辰戦争がはじまると勤王派の中心黒田寛一郎が佐幕派の首領高田良景を斬って主導権をにぎった。しかし佐幕派が反撃、黒田家を襲い寛一郎を惨殺した。結局、勤王に決し新政府軍に参加した。

亀山市の北郊に、亀山城址がある。天守台石垣や多聞櫓《たもんやぐら》がのこされている。城址にはまた、石川氏の祖先とされる源義家《よしいえ》をまつった亀山神社がある。

久居《ひさい》藩五万三千石　藤堂家（子爵）

①久居市　②陣屋　③三万七千六百人（明治三年〈一八七〇〉）　④二百九十人（安政五年〈一八五八〉）

久居《ひさい》市は津市の南隣りにある。

寛文九年（一六六九）津二代藩主藤堂高次《たかつぐ》が、次男高通《たかみち》に五万石を分知し立藩した。津の友藩として、本藩に世継ぎが絶えた場合、久居藩主が本藩に入った。二代高堅《たかかた》のとき五万三千石に加増された。十二代高兌《たかさわ》は、藩政改革に積極的で、寛政九年（一七九七）、凶作にそなえる互助《ごじょ》組織「義倉《ぎそう》制」をつくった。ちなみに高兌は本藩の後継ぎになっている。十五代高聴《たかより》の天保七年（一八三六）、凶作となり藩財政は苦境におちいる。重臣ら十人が荒地開墾を願い出て、田一町歩余、畑二町歩余をつくった。

鳥羽《とば》藩三万石

稲垣家（子爵）

①鳥羽市　②城　③五万三千五百人（明治二年〈一八六九〉）④三百八十人（安政四年〈一八五七〉）

織田信長の時代から、水軍の将として活躍した九鬼嘉隆《くきよしたか》が、鳥羽《とば》三万石城主だった。天正六年（一五七八）信長が大坂本願寺を攻めたとき、織田軍として巨船鬼宿丸《きしゆく》ほか兵船二百余艘をひきいて本願寺側の雑賀《さいが》門徒（和歌浦〈和歌山市〉に本拠）の兵船五百余艘とたたかい、大勝利し、九鬼水軍の名をとどろかせた。

嘉隆は慶長二年（一五九七）、鳥羽城主を嫡男守隆《もりたか》にゆずった。関ヶ原役がおこるや、嘉隆は西軍にくみして自刃するが、守隆は東軍に味方、大坂ノ陣にも功をあらわし、五万六千石に加増された。

寛永九年（一六三二）守隆が没した。嫡男良隆《よしたか》、次男貞隆《さだたか》ともに病弱で、跡目が五男久隆《ひさたか》、三男隆季《たかすえ》のあいだで争われた。幕府評定所により裁定され、久隆に摂津三田《せっつさんだ》（兵庫県三田市）三万六千石、隆季に丹波綾部《たんばあやべ》（京都府綾部市）二万石があたえられた。翌年、内藤忠重《ただしげ》が三万五千石で入封した。三代目の忠勝《ただかつ》の時代、不祥事がおこった。忠勝と丹後宮津《たんごみやづ》（京都府宮津市）藩主永井尚長《なおなが》とは、多年犬猿の仲で、忍びの吉原《よしわら》通いのとき、忠勝の舟が永井の深編笠《ふかあみ》に泥をはね、大喧嘩となった。そして延宝八年（一六八〇）四代将軍家綱《いえつな》死去による大法会《ほうえ》が、江戸芝増上寺《しばぞうじょう》で開かれ、世話役に忠勝と尚長がえらばれ、僧侶衆への接待のとき、逆上した忠勝は、尚長に怨みの刃《やいば》を浴《あび》せ、袈裟《けさ》斬りにした。忠勝は切腹、内藤家は改易《かいえき》断絶した。

内藤氏ののち、土井利益《とします》（七万石）、松平（大給《おぎゅう》）乗邑《のりさと》（六万石）、板倉重治《しげはる》（五万石）、松平（戸田）光慈《みつちか》（六万石）と、藩主がかわった。享保十年（一七二五）下野烏山《しもつけからすやま》（栃木県烏山町）より稲垣照賢《いながきてるかた》が三万石で入封し、稲垣氏は幕末まで在封した。

五代長剛《ながかた》の文政七年（一八二四）藩校尚志《しょうし》館が建てられ、藩士の子弟だけでなく、農工商の庶民の子女に門戸が開かれた。しかし実際は、藩士の子弟だけだったという。

志摩《しま》では鰡《ぼら》が代表的海産物だった。慶応三年（一八六七）の水揚《みずあげ》帳によると、十万一千八百余本の鰡がとれ、藩の収入は四百十余両におよんだ。

慶応四年正月の鳥羽伏見の戦いに鳥羽藩は、幕軍方について参戦した。幕軍惨敗ののち、朝敵の汚名をこうむった鳥羽藩は、四日市《よっかいち》に宿営《しゅくえい》する新政府軍の東海道鎮撫《ちんぶ》使橋本実梁《さねやな》に謝罪するが許されず、入京を禁じられた。五月になりようやく御所参内《さんだい》を許された。一万五千両の軍費が課せられ、橋本実梁の護衛を命ぜられた。

JR参宮線鳥羽駅の南方に鳥羽城址がある。わが国唯一の海城跡といわれる。現在二ノ丸跡に鳥羽小学校が建っている。天守閣の石垣や石塁の一部がのこされている。

V　北陸

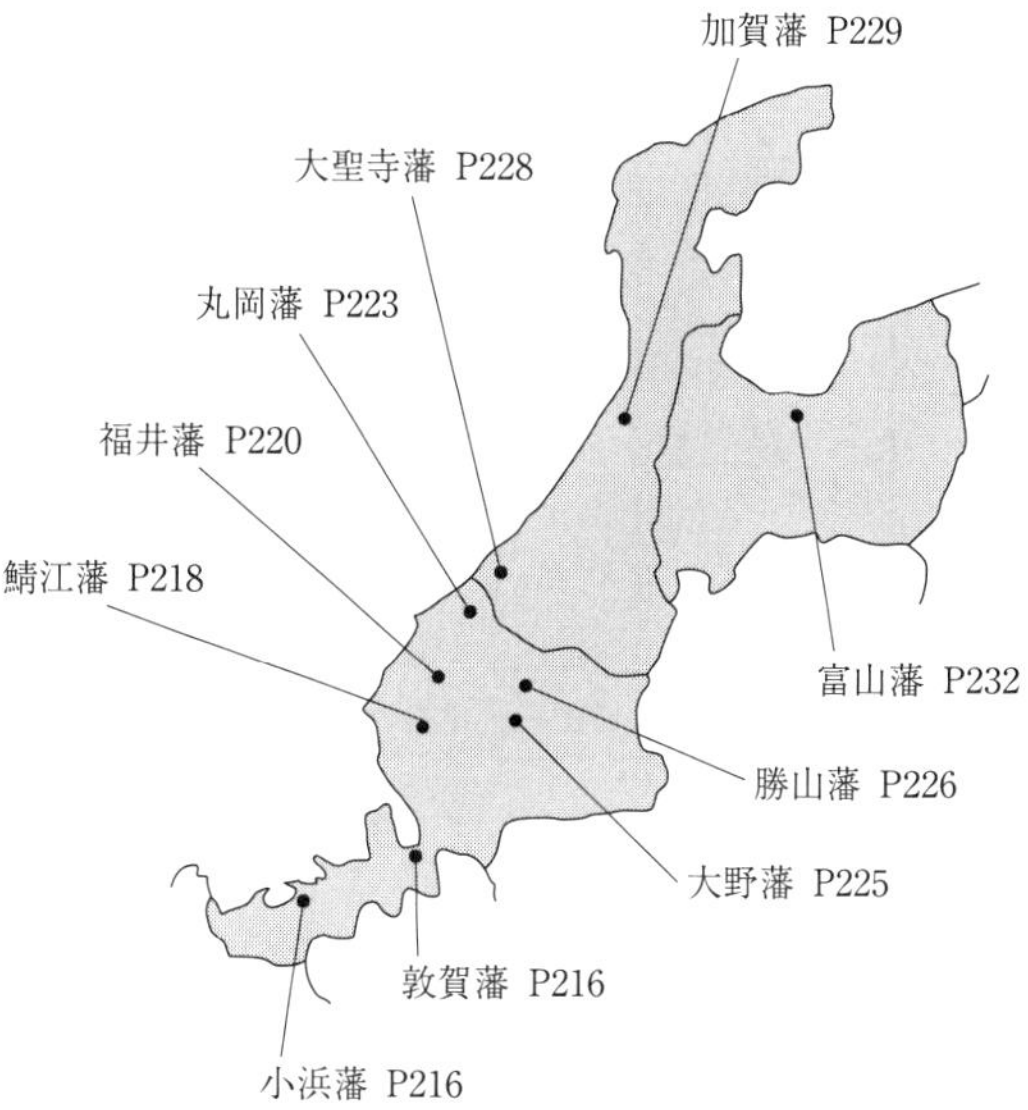
加賀藩 P229
大聖寺藩 P228
丸岡藩 P223
福井藩 P220
鯖江藩 P218
富山藩 P232
勝山藩 P226
大野藩 P225
敦賀藩 P216
小浜藩 P216

敦賀《つるが》藩一万石　酒井家（子爵）

①敦賀市　②陣屋　③七千五百人（明治二年〈一八六九〉）　④三百人（家族を含む。明治二年〈一八六九〉）

天和二年（一六八二）小浜《おばま》藩主酒井忠直《ただなお》の次男忠稠《ただしげ》が、一万石を分与され立藩した。貞享四年（一六八七）鞠山《まりやま》に陣屋がもうけられた。本藩の小浜藩主五代（忠音《ただおと》）と十代（忠進《ただゆき》）は、敦賀《つるが》藩主家より入っている。七代忠毗《ただます》は幕府若年寄をつとめ、文久元年（一八六一）千石余の加増をうけ城主格に昇進した。

小浜《おばま》藩十万三千石　酒井家（伯爵）

①小浜市　②城　③十万八千八百人（宝暦四年〈一七五四〉）　④三百八十人（寛政六年〈一七九四〉）

天正十五年（一五八七）、豊臣秀吉の五奉行の一人浅野長吉《ながよし》（のちの長政）が若狭《わかさ》一国を領した。文禄二年（一五九三）、秀吉夫人ねねの兄木下家定《いえさだ》の嫡男勝俊《かつとし》が六万二千石で入封した。慶長五年（一六〇〇）関ヶ原で東軍に味方した京極高次《きょうごくたかつぐ》が八万五千石で入り、子の忠高のとき加増され十一万三千石となった。寛永十一年（一六三四）、老中酒井忠勝《ただかつ》が武蔵《むさし》川越より十一万三千石で入封し、酒井氏は幕末まで在封する。この酒井家は、前橋藩主（のち姫路藩主）酒井家と同族である。

小浜《おばま》藩は領内に、北国市場と上方市場を結ぶ中継港敦賀・小浜の両港をかかえ、一種の通行税である「駄別《だべつ》」（敦賀）、「沓代《くつだい》」（小浜）の収入が、寛文年間（一六六一～七三）銀三百貫にのぼったという。藩直営の銅山「野尻銅山」が開かれ、産銅額はピーク時の明和六年（一七六九）二十二万六千九百斤《きん》余、代銀三百六十貫にのぼった。但馬生野《たじまいくの》銀山につぐ産出額だった。

九代忠貫《ただつら》の安永三年（一七七四）、藩校順造館《じゅんぞうかん》が開校した。江戸藩邸内にも、講正館《こうせいかん》・必観楼《ひっかんろう》・信尚館《しんしょうかん》がもうけられた。わが国の蘭学の祖・杉田玄白《げんぱく》は、小浜藩の藩医の家にうまれている し、著名な国学者・伴信友《ばんのぶとも》は、藩士の子にうまれ九代藩主忠貫《ただつら》の近習役をつとめた。

また安政の大獄に連座し牢獄で死去した梅田雲浜《うんぴん》は、小浜藩士矢部《やべ》岩十郎の次男にうまれ、祖父の実家をつぎ、梅田姓を名乗った。十二代藩主忠義《ただあき》に直言して忌諱《きい》にふれ、士籍《しせき》を剝奪《はくだつ》された。以来尊王攘夷の志士として吉田松陰、武田耕雲斎《こううんさい》らと交流した。大坂湾上に出現したロシア軍艦を攻撃しようとしたが、軍艦が去り未遂に終った。漢詩人の梁川星巌《やながわせいがん》らと図《はか》り、十三代将軍家定《いえさだ》の継嗣《けいし》に一橋慶喜を擁立せんと京都で活動、大老井伊直弼《なおすけ》の腹心で旧主の京都所司代酒井忠義《ただあき》の指揮のもと、安政の大獄の志士狩りがはじまるや、その第一号の逮捕者となった。

その忠義も、直弼が暗殺され、幕政が一新すると京都所司代を免ぜられ、蟄居《ちっきょ》の身となってしまう。

忠義のあと、忠氏《ただうじ》が藩主となった。鳥羽伏見の決戦に、小浜藩は幕軍に味方して敗れ、丹波路《たんば》を通って小浜へ逃走する途中、新政府軍の山陰道鎮撫軍《さんいんどうちんぶ》に遭遇し、総督の下に降伏した。ゆるされた忠氏は、関東鎮撫軍の北陸道鎮撫使先鋒を命ぜられ、奥羽地方へ転戦した。

JR小浜線小浜駅の北方に小浜城址がある。本丸の大部分と三ノ丸の一部がのこっている。本丸跡の石畳は、若狭《わかさ》産の「そとも石」という花崗《かこう》岩の大石積みである。城址の南東方向に、梅田雲浜、伴信友の生家跡がある。

鯖江《さばえ》藩四万石

間部家（子爵）

①鯖江市　②陣屋　③三万百人（明治四年〈一八七一〉）④七百十人（明治二年〈一八六九〉）

藩主間部《まなべ》家の祖詮房《あきふさ》は最初、能楽師喜多七太夫《きただゆう》の弟子であった。三代将軍家光の三男綱重《つなしげ》の子で甲府藩主の綱豊《つなとよ》につかえて寵をえ、次第に立身した。小姓から側役《そば》、用人にすすみ、宝永元年（一七〇四）主君綱豊が家宣《いえのぶ》と名をあらため、継嗣として江戸城に入るや、奥番頭《ばんがしら》から側衆《そばしゅう》にくわえられ、宝永三年（一七〇六）若年寄格として一万石に加増され大名となった。

同六年家宣が六代将軍に就任すると、さらに老中格として加増をうけ、上野《こうずけ》高崎五万石の藩主となった。破格の出世ぶりを、落首《らくしゅ》でからかわれたりした。家宣の子七代将軍家継《いえつぐ》の時代も権勢をふるうが、吉宗の登場により老中格を解任され、越後《えちご》村上五万石に転封となった。

鯖江初代詮言《あきとき》（五万石）は、詮房の弟で兄の養子となった。

藩の主な産物に、絹糸・真綿《まわた》・麻布・絹布・奉書紙・網代笠《あじろがさ》がある。一種の商社活動の産物会所がもうけられた。現在にも引きつがれる越前漆器《しっき》も主要物産だった。藩校は、鯖江に進徳館《しんとく》・謙光舎、江戸藩邸に惜陰堂《せきいん》があった。謙光舎は、心学講釈の道場で、京都から講師がまねかれた。

藩財政は次第に悪化した。安政五年（一八五八）の借財は十七万両、年間収入は一万九千両に過ぎず、九倍の負債をかかえていた。

幕末、七代藩主詮勝《あきかつ》は家祖の詮房《あきふさ》同様幕閣で活躍した。天保九年（一八三八）京都所司代にすすみ、十一年西ノ丸老中にのぼり、いったんは辞すものの、安政五年、井伊直弼《なおすけ》が大老となると幕閣に復活し、老中として勝手掛兼外国御用掛を命ぜられた。井伊と密着して安政の大獄を強行し、尊攘志士を弾圧した。しかし井伊と不仲になり解任、さらに井伊が桜田門外に斃《たお》れたあとの文久二年（一八六二）一万石を召し上げられ隠居謹慎となった。最後の藩主は詮勝の子詮道《あきみち》で、鯖江藩は戊辰戦争では新政府軍の指揮にしたがった。前藩主詮勝は新政府によって、なお国許謹慎を命ぜられた。

JR北陸本線鯖江駅の北西に、詮勝が領民の遊園地として開いた嚮陽渓《きょうようけい》が西山公園としてのこされている。

福井藩三十二万石

松平家（侯爵）

①福井市　②城　③二十万二千人（明治四年〈一八七一〉）　④二千七百人（安政年間〈一八五四〜六〇〉）

江戸時代初期は北庄《きたのしょう》といわれた。慶長五年（一六〇〇）の関ヶ原役後、家康の次男結城秀康《ゆうきひでやす》が、六十八万石で入封している。秀康は、天正十二年（一五八四）豊臣秀吉の養子となるが、十八年、下総結城《しもうさゆうき》（茨城県結城市）城主結城晴朝《はるとも》の養子に転じた。慶長九年（一六〇四）、結城の姓から松平にもどった。秀康の弟秀忠が二代将軍をついだが、越前松平家は当時、将軍の兄の家ということで、世に「制外の家」といわれた。

秀康は同十二年病死し、嫡男忠直《ただなお》が十三歳で二代をつぎ、十六年、将軍秀忠の三女勝子を夫人としてむかえた。

忠直は父秀康の戦国武将的資質をうけつぎ、大坂夏ノ陣では大坂城一番乗りの大功をたてた。家康は軍功評定の席で「天下一」と称讃した。しかし褒美は、名器「初花《はつはな》」の茶入れ一箇に過ぎず、これより忠直の行状は乱れたといわれる。乱行沙汰はやがて将軍家にきこえ、元和九年（一六二三）ついに豊後萩原《ぶんごはぎはら》（大分市、のち津守《つもり》）へ配流の身となった。

忠直のあとに次弟松平忠昌《ただまさ》が越後《えちご》高田（新潟県上越市）二十五万石より入り、五十二万五千石を領した。忠直の嫡男光長《みつなが》は、高田二十六万石へうつされた。忠昌は寛永元年（一六二四）の入封と同時に、北庄を「福井」にあらためた。忠昌の晩年の正保元年（一六四四）、越前三国《みくに》港を蝦夷《えぞ》松前《まつまえ》（北海道）へむけて出帆した三艘の商船が、途中暴風にあい、五月中旬、韃靼《ダッタン》（当時のモンゴルの呼称）の海岸（現在の南ロシア付近）に漂着した。五十八人の乗組員は、土着民と戦い四十三人が死亡した。生きのこった船頭たちは清《しん》の役人に保護され、朝鮮をへて正保三年六月大坂に帰国した。十五人の見聞は江戸町奉行所に報告され、『韃靼《だったん》漂流記』として書写された。

忠昌のあとをついだ光通《みつみち》の寛文九年（一六六九）四月、福井城下から火災が発生し、城の天守閣・諸櫓《やぐら》はじめ三千五百余戸が焼失した。二年の歳月をかけて城郭は再建されたが、城下町の復興にあたり、藁《わら》屋根・生垣《いけがき》を「木《こ》ケラ（ヒノキ・マキの薄板）屋根・板塀」に変える家が多かった。寛文十一年（一六七一）三月、光通夫人国《くに》姫（高田藩主松平光長の娘）が自害し、三年後の延宝二年、光通自身も自害した。光通が侍女に子（権蔵《ごんぞう》、のち越後《えちご》糸魚川《いといがわ》藩主家の家祖直堅《なおかた》）を生ませたのが原因といわれる。

光通の弟で二万五千石の吉江《よしえ》（鯖江市）領主昌親《まさちか》が五代をつぎ、六代藩主には、昌親の兄昌勝《まさかつ》の子綱昌《つなまさ》がなった。ところが、貞享三年（一六八六）閏《うるう》三月、幕府より突如「綱昌乱心につき、越前国召し上げ」の命がくだされる。真相ははっきりしないが、前藩主昌親に二十五万石があたえられ、昌親は、吉品《よしのり》と名をあらためた。五十余万石から二十五万石への減封である。大量の藩士が職を失い、千有余の俄《にわか》浪人が巷《ちまた》に放り出された。重臣酒井玄蕃《げんば》は、浪人たちの家紋付きの衣服器具が多く売り出されているのを見て家臣に買いにやらせ、そのことごとくを焼き捨てさせたという。禄高はのち九代宗昌《むねまさ》が松岡《まつおか》五万石より入ったため、三十万石となり、さらに文政元年（一八一八）、十三代治好《はるよし》のとき二万石を加増され三十二万石となっている。

幕末の天保九年（一八三八）十月、十五代斉善《なりさわ》の養子として田安《たやす》徳川家より慶永《よしなが》が入り十六代藩主の座についた。ときに十一歳、のち四賢侯の一人として喧伝《けんでん》される春嶽《しゅんがく》の誕生である。就任早々慶永は守旧派の重臣を罷免《ひめん》、進歩派の本多修理《しゅり》・鈴木主税《ちから》・中根《なかね》雪江《ゆきえ》らを登用した。異国船の渡来《とらい》に危機感をいだくと徳川斉昭《なりあき》をたずねて軍制改革の方策を問い、藩士を西洋流砲術の権威下曾根《しもそね》金三郎《きんざぶろう》（幕府砲術師範）の門下におくった。領内の海岸に台場《だいば》をきずき、大砲・小銃など洋式兵器をもとめ、銃砲・火薬の生産をはじめた。また難病の疱瘡《ほうそう》（天然痘《てんねんとう》）予防のため、除痘《じょとう》館をもうけ領内の小児に強制的に種痘《しゅとう》をおこなわせている。

安政二年（一八五五）、福井城内三ノ丸に藩校明道館（のち明新館）が開かれ、同四年、学監心得として幕末の英才とうたわれた橋本左内《さない》が就任した。

そして三岡石五郎（八郎、のち由利《ゆり》公正《きみまさ》）が登用され、福井藩の殖産興業を飛躍的に発展させた。五万両の藩札を発行して民業を活性化させ、物産総会所の設立により、六カ月目には百六十八万両の金を生み出した。生糸・布・苧《からむし》（縮《ちぢみ》などの繊維の原料）・木綿・蚊帳《かや》・茶・麻・藁《わら》細工がおもな物産だった。三百万両分が輸出され、藩は五十万両の現金をにぎった。

藩主慶永は安政五年（一八五八）、十三代将軍の後継ぎに一橋《ひとつばし》慶喜《よしのぶ》を推《お》して、紀州の慶福《よしとみ》（家《いえ》茂《もち》）を推す井伊直弼《なおすけ》に敗れた。翌年にかけて直弼が強行した安政の大獄により、隠居・謹慎の処分をうけ、橋本左内もまた伝馬町牢獄で斬刑に処せられた。分家の越後《えちご》糸魚川《いといがわ》藩主より入った茂昭《もちあき》が十七代をついだ。

井伊が斃《たお》れると慶永は謹慎を解《と》かれ、文久二年（一八六二）幕府政事総裁職に就任し、先に藩に招いた熊本藩士横井小楠《しょうなん》の献策により、幕政を改革する。

慶応三年（一八六七）十二月、新政府が成立すると、三岡八郎は参与《さんよ》に選任され、政府の財政担当者として功績をあらわし、五箇条《ごかじょう》の御誓文《ごせいもん》の原案をつくった。翌四年の戊辰戦争で福井藩は北陸道鎮撫《ちんぶ》使の指揮下にはいり、越後長岡・村上、そして会津攻撃にくわわった。

ＪＲ北陸本線福井駅の北に福井城址がある。石垣と堀があり、本丸跡の西北側に、松平春嶽《しゅんがく》（慶永）をまつる福井神社がある。また城址の西に橋本左内宅跡や、南の足羽《あすわ》川河畔に由利公正《ゆりきみまさ》宅跡がある。

丸岡藩五万石　有馬家（子爵）

①坂井郡丸岡町　②城　③二万二千人（明治四年〈一八七一〉）**④七百人**（嘉永元年〈一八四八〉）

結城秀康《ゆうきひでやす》が越前北庄《きたのしょう》六十八万石に封ぜられたとき、次席国老今村盛次《もりつぐ》が丸岡二万五千石を領した。盛次は越前騒動により流罪となり、そのあと、本多成重《なりしげ》が越前北庄二代城主松平忠直《ただなお》の国老となり、丸岡四万石を領した。忠直が乱行により豊後《ぶんご》へ配流されるや、成重は大名に取り立てられ、丸岡四万六千石の藩主となった。寛永三年(一六二六)、二男重看《しげみつ》に三千石分知した。

成重は本多作左衛門重次《しげつぐ》の嫡男である。徳川家康の初期の老臣で三奉行の一人、鬼作左と異名をとった重次が、戦場から妻に書き送った有名な手紙、「一筆啓上、火の用心、お仙泣かすな、馬肥《こ》やせ」の「お仙」とは、成重の幼名仙千代をさす。

本多家はしかし、四代重益《しげます》のときお家騒動をおこした。重益は、「天性闇鈍《あんどん》にして(略)昼夜酒女計《ばか》り……」(『越丸本多騒動記』)の行状だったという。重臣間の争いに幕府が介入し、ついに元禄八年(一六九五)所領を没収された。

本多家のあと、越後《えちご》糸魚川《いといがわ》五万石の有馬清純《きよずみ》が入った。天正十年(一五八二)ローマ法王に少年使節を派遣したキリシタン大名有馬晴信《はるのぶ》の後裔である。

丸岡藩の特産物に、豊原素麵《とよはらそうめん》・木綿・牛谷紬《うしのやつむぎ》・鮎《あゆ》・鱈《たら》がある。

五代誉純《しげずみ》が藩主となった安永元年(一七七二)から、藩財政は行き詰りをみせた。藩は苦肉の策として年貢《ねんぐ》米や税の前納を百姓に課した。その手続のうえでトラブルがおこり、百姓が一揆に踏みきる。安永七年(一七七八)二月、一揆勢は神社にあつまり、「ひだるい〈腹がへった〉、ひだるい!」と叫び、庄屋らの家を襲い、打ちこわしをした。誉純は文化九年(一八一二)、江戸城西ノ丸若年寄をつとめた。藩校平章館《へいしょうかん》を建て、儒者や国学者をまねき、江戸藩邸や国許で講義させた。

最後の藩主八代道純《みちずみ》は、文久三年(一八六三)老中に任ぜられた。戊辰戦争がはじまると、道純は上洛して朝廷に帰順した。

丸岡城址は、丸岡町の中心に位置する。一名霞《かすみ》ヶ城《じょう》と呼ばれ、天守閣が現存し、日本最古の城郭として国の重要文化財に指定されている。天守閣の前に、本多作左衛門の手紙の「一筆啓上――」の字句を彫った石碑が建っている。

大野藩四万石　土井家（子爵）

①大野市 ②城 ③三万一千人（明治二年〈一八六九〉）④千八百三十人（家族を含む。明治二年〈一八六九〉）

戦国末期の天正三年（一五七五）、織田信長の部将金森長近《かなもりながちか》が大野《おおの》城を建造し碁盤《ごばん》の目の城下町をつくった。後世、小京都といわれる。同十四年、長近が飛驒《ひだ》高山へ転封したあと、青木秀以《ひでもち》・長谷川秀一《ひでかず》・織田秀雄《ひでかつ》らが城主となり、越前に結城秀康《ゆうきひでやす》が封ぜられると重臣土屋正明《まさあき》・忠次《ただつぐ》、小栗美作《おぐりみまさか》が在城した。ついで秀康の子松平直政《なおまさ》・直基《なおもと》・直良《なおよし》が封ぜられたが、直良の子直明《なおあきら》は天和二年（一六八二）播磨《はりま》明石《あかし》へ転封。同年、松平氏のあとへ土井《どい》利房《としふさ》が四万石で入封し、ここに土井氏は幕末まで在封した。

文政元年（一八一八）七代藩主を八歳でついだ利忠《としただ》は、内山良休《りょうきゅう》と弟の隆佐《りゅうすけ》を登用し、殖産興業のために生糸・絹織物・綿糸・綿布・漆《うるし》・楮《こうぞ》・紅花《べにばな》（染料）・桑・たばこなど、主要産物の品質改良や増産をはかった。産物を諸国に有利にさばくため、「大野屋《おおのや》」なる藩直営の商店を開設した。大坂でたばこの販売をはじめたのを最初に、蝦夷《えぞ》箱館や美濃《みの》、越前に大野屋の店舗をかまえ、輸送には藩船大野丸がもちいられた。

藩主利忠《としただ》は文化面にも意をそそぎ、弘化元年（一八四四）藩校明倫《めいりん》館をつくった。蘭学に関心をよせ、藩士を大坂の緒方洪庵《おがたこうあん》の塾にまなばせ、安政二年（一八五五）、蘭学世話役をおいて積極的に洋学奨励に乗り出した。この年、蘭学所が大野に開設された。『海上砲術全書』ほか数々の翻訳書が出版された。洋式軍備もととのえられた。藩の砲術指南を江戸の下曾根金三郎《しもそねきんざぶろう》に入門させ、下曾根の手で野戦砲が鋳造された。佐久間象山《しょうざん》へも、大砲鋳造を依頼している。

戊辰戦争がはじまり、榎本武揚《えのもとたけあき》らが北海道で新政府軍に抗すると、大野藩は京都軍務官より命ぜられて箱館に出兵し、幕府残党軍の本拠五稜郭《ごりょうかく》を攻めた。幕軍が降伏すると大野藩兵は榎本武揚・大鳥圭介《おおとりけいすけ》らを護送した。

大野城址は、ＪＲ越美《えつみ》北線越前大野駅の西方、海抜二五〇メートルの亀山にある。天守閣の石垣や堀・土塁がのこり、昭和四十三年（一九六八）、天守閣が復元された。

勝山藩二万二千石　小笠原家（子爵）

①勝山市　②城　③一万八千人（明治四年〈一八七一〉）　④五百六十人（元禄四年〈一六九一〉）

最初、勝山には越前北庄《きたのしょう》城主結城秀康《ゆうきひでやす》の五男結城（のち松平）直基《なおもと》（三万石）、六男松平直良《なおよし》

（三万五千石）が入った。元禄四年（一六九一）、小笠原貞信《さだのぶ》が美濃高須《みのたかす》（岐阜県海津町《かいづ》）より二万二千石で入封し、幕末まで在封した。小笠原家は、小笠原礼法で有名な小笠原家と同族である。前領地高須から、足軽をふくめ五百六十余人の家臣をつれ勝山に入封した。

元禄十年（一六九七）春、凶作に悩む領民たちが年貢《ねんぐ》減免をもとめ、江戸の藩主へ越訴《おっそ》した。文化八年（一八一一）三月、農民二千人が、町の材木商らを襲った。役人と材木商が結託して、町の東の法恩寺山の樹木を伐採《ばっさい》し、このため浄土寺川が氾濫《はんらん》して下流の農村に多大な被害をあたえたのである。藩は農民の要求をのみ、材木伐採を禁止した。天保四年（一八三三）から悪天候がつづき、餓死者が続出した。「夏中迄《まで》に餓死人（略）五、六百人有るべきとの沙汰に候《そうろう》」と、当時の農村の記録は伝えている。

最後の藩主長守《ながもり》のとき、林毛川《もうせん》が家老に抜擢され、藩政改革に取り組んだ。藩校成器《せいき》堂を開設し、武術稽古《けいこ》場講武台《こうぶだい》を築いた。煙草・菜種《なたね》・蚕糸の産物が特産品で、とくに煙草は「煙草改《あらため》会所」がもうけられ、京、大坂、蝦夷《えぞ》まで販路をひろげた。安政四年（一八五七）、煙草改会所は「産物改《あらため》会所」となり、糸・菜種をあつかい販売した。戊辰戦争では、新政府に弾薬二万発を献上し、恭順の意を表した。

勝山城は二代信辰《のぶとき》の宝永五年（一七〇八）、築城工事にとりかかり五代信房《のぶふさ》のときまでつづけられるが、未完成に終った。現在、市民会館の庭に、勝山城址之碑が建てられている。なお五層の天守閣造りの博物館がある。

大聖寺《だいしょうじ》藩十万石

前田家（子爵）

①加賀市 ②陣屋（城主格） ③四万八千人（明治四年〈一八七一〉） ④二百七十人（天保十五年〈一八四四〉）

慶長四年（一五九九）山口宗永《むねなが》が大聖寺《だいしょうじ》五万石城主となるが、翌年の関ヶ原役に西軍にくみして没落した。寛永十六年（一六三九）加賀三代藩主前田利常《としつね》は、嫡子光高《みつたか》に封をゆずるにあたり、三男利治《としはる》に大聖寺七万石を分封した。九代藩主利之《としこれ》のとき、十万石への高直しを幕府に願い出てゆるされた。

利治と二代利明《としあき》の時代、世に知られた九谷焼《くたにやき》が創始された。金鉱をもとめて山野をあるいた後藤才次郎が、大聖寺藩領の山（石川県山中町九谷）で良質の陶土を発見、才次郎は肥前《ひぜん》有田（佐賀県有田町）に派遣され、有田焼の陶工柿右衛門《かきえもん》の赤絵《あかえ》を習得したという。古九谷は四十年間大聖寺藩の御用窯《がま》で焼かれたが、藩財政の悪化により絶えてしまった。

特産物に、延享の頃（一七四〇年代）から下級藩士の妻女や娘の内職として発展した絹織物がある。「お内儀《かみ》絹」と称された。

古九谷の火が消えて百三十年、文政六年（一八二三）豪商の手により九谷焼が復興された。名工飯田屋八郎右衛門の逸品「赤絵錦襴手《きんらんで》」がつくられた。藩は産物会所をおこし、山代《やましろ》（加賀市山代温泉）に九谷本窯《ほんがま》をつくった。

また山中塗《やまなかぬり》がある。山中村の奥の真砂《まなご》に発生し、木目《もくめ》の美をぼかした細工を得意とした。山中・山代温泉も藩政時代から発展した。

慶応四年、鳥羽伏見で幕軍が新政府軍に惨敗するや、藩はただちに領内に「朝命遵守《じゅんしゅ》」の布告を発した。新政府軍に参加しなかったが、弾薬の製造を命ぜられた。

JR北陸本線大聖寺駅の南西大聖寺川に面し、三代藩主利直《としなお》がつくらせた休息所長流亭《ちょうりゅうてい》（重要文化財）がある。

加賀藩百二万二千石

前田家（侯爵）

①金沢市　②城　③百六万五千人（明治四年〈一八七一〉）④一万一千八百五十人（明治二年〈一八六九〉）

金沢市の南郊の小高い山に、加賀藩主や藩士の墓をつらねた野田山《のだやま》墓地がある。その頂上にちかい高所に藩祖前田利家と夫人お松の墓が建っている。碑面には「菅原朝臣《あそん》利家之墓」、「菅原朝臣松子之墓」とある。前田家の遠祖は菅原道真《すがわらみちざね》だと伝えられる。道真が配流地筑前《ちくぜん》で亡くなったあと、子孫は美濃尾張《みのおわり》と流浪し、前田姓を名乗った。利家の父利昌《としまさ》のとき織田家につかえ、荒子《あらこ》（名古屋市中川区荒子町）城主となったという。永禄十二年（一五六九）、織田信長につかえた利家は、信長の命により荒子城主となった。さらに利家は越前北庄《きたのしょう》城主柴田勝家《かついえ》の与力《よりき》大名として府中（福井県武生市《たけふ》）十万石を領するが、勝家と秀吉が雌雄《しゆう》を決した賤ヶ岳《しずたけ》の戦いで秀吉にくみし、加賀尾山《おやま》（金沢市）城主となった。

関ヶ原役前夜の慶長四年（一五九九）、利家は死去し嫡男利長《としなが》が封をついだ。利長は関ヶ原役では徳川のために働き、母芳春院《ほうしゅん》（お松）を徳川への人質に差し出したり、二代将軍秀忠の娘（珠姫）を後継ぎの弟利常《としつね》の正室にむかえる約束をするなど、前田家安泰のため懸命の政治工作をし、加賀・越中・能登《のと》百十九万二千石の大封を手にした。

加賀三代利常は、慶長十年（一六〇五）兄のあとをついだ。利常は寛永十六年（一六三九）嫡男光高《みつたか》に封をゆずるさい次男利次《としつぐ》に富山十万石、三男利治《としはる》に大聖寺《だいしょうじ》七万石を分封した。

正保二年（一六四五）光高が三十一歳の若さで死去し、五代藩主に綱紀《つなのり》（三歳）が就任した。祖父利常が藩政をにぎり、慶安四年（一六五一）から明暦二年（一六五六）にかけ、画期的な農政改革「改作法」が施行《せこう》された。それまで領地をもつ上級藩士が知行所から徴収していた租税をすべて藩へおさめるなど藩主権力を強化したのである。全領土は、藩主の直接支配のもとにおかれたのだった。利常は、改作法の成功を見、孫綱紀の夫人に保科正之《ほしなまさゆき》の娘摩須《ます》姫をむかえて徳川家とのつながりが強まったのを見とどけ、万治元年（一六五八）死去した。

重臣長《ちょう》家の能登《のと》鹿島半郡三万石は利常の改革でも手をつけられなかったところだが、綱紀は寛文十一年（一六七一）これを完全に支配下に接収《せっしゅう》した。加賀百万石は、一万石以上の家臣が十二家あり、最高クラス八家《はっか》が藩の上層部を形成した。享保六年（一七二一）の調べによると、家中の男女の家族を含めた合計は、六万七千余名にのぼったという。

五代藩主綱紀《つなのり》は文人大名の令名高く、一流の学者を多数招聘《しょうへい》した。蔵書家としてもきこえ、新井白石《あらいはくせき》は「加州は天下の書府なり」と、うらやんだ。綱紀自身が編纂《へんさん》著述した書籍は百二十二部にも達する。書画・陶器・象眼《ぞうがん》・蒔絵《まきえ》などにも造詣《ぞうけい》深く、領内各所から金製品・漆器・染織・木材・紙・組物《くみもの》などの工芸品標本をあつめた。「百工比照《ひしょう》」と名づけられ、いまなお工芸王国金沢の貴重な歴史遺産としてうけつがれている。一方で男色や遊興による不祥事件がおこった。

六代藩主吉徳《よしのり》のとき、世に名高い「加賀騒動」がおこった。足軽出身の御居間坊主大槻朝元《おおつきとももと》（伝蔵）が、吉徳の寵をえて異常な立身をかさね、ついに藩士最高位の人持《ひともち》組にのぼり三千八百石の大身に出世する。藩主直属の御用部屋を牛耳《ぎゅうじ》り、配下の横目《よこめ》（諜報組織）をつかって藩政を独裁した。しかし、頼みの藩主吉徳が急死するや、政敵前田直躬《なおみ》（八家、一万一千石）の政略により失脚した。直躬らの告発によれば、朝元は、藩主吉徳の側室真如《しんにょ》院と密通し、真如院の子を吉徳の後継ぎにするため、世子宗辰《むねとき》、その弟重熈《しげひろ》を毒殺せんと画策したという。しかしそれはデッチ上げだという説もある。

延享三年（一七四六）、大槻は蟄居閉門を仰せつけられ、翌四年越中五箇山《ごかやま》に流され、そこで自害して果てた。のちにこの騒動をモデルに歌舞伎が上演され、大評判をとった。

幕末、加賀を代表する一代の豪商銭屋五兵衛《ぜにやごへえ》が登場する。安永二年（一七七三）十一月、金沢城下の外港宮腰《みやのこし》（金沢市金石《かないわ》）にうまれた。千石以上の大船を購入し、日本海を足場とする海運業で発展した。

慶応二年（一八六六）、最後の藩主十四代慶寧《よしやす》が襲封した。加賀藩は、中央情勢に敏感に対応できず、おくれをとった。領内の庶民は藩の実状を「加州ハ軍《いくさ》ヲスルキカナヒ、人ヒケ取ラレテヤン方ナヒ」と諷刺した。

四年正月、鳥羽伏見の決戦がおこり、加賀藩軍は幕軍に味方すべく京都へ向かうが、途中、敗戦を知り、兵を返した。勝利した新政府へはひたすら恭順の意を表し、北越討伐軍の先鋒を志願して忠誠を示した。

JR北陸本線金沢駅の南東に金沢城址があり、重要文化財の石川門（搦手門《からめて》）がのこっている。平成十三年（二〇〇一）、菱櫓《ひしやぐら》・五十間長屋・橋爪門《はしづめ》・続櫓《つづきやぐら》が復元された。城址の西に、藩祖の前田利家をまつる尾山《おやま》神社があり、城址の東隣りに、五代藩主綱紀《つなのり》が創設した名勝兼六園《けんろく》がある。

富山

富山藩十万石　前田家（伯爵）

①富山市　③三万四千二百人（文化七年〈一八一〇〉）④七百人（寛永七年〈一六三〇〉）

織田信長時代、越中《えっちゅう》（富山県）は織田の部将佐々成政《さっさなりまさ》が領有した。天正十五年（一五八七）佐々が肥後《ひご》へ転封すると、加賀前田利家の領地となった。寛永十六年（一六三九）加賀三代利常《としつね》が隠居するにさいし、次男利次《としつぐ》が越中富山に十万石で封ぜられたのだった。寛永十七年、利次に随従し金沢から引っ越した家臣団は七百人におよんだという。

立藩当初から不釣り合いに多い家臣団をかかえ、藩の財政は漸次《ぜんじ》窮迫、家臣の整理《リストラ》がおこなわれた。さらに、大凶作や洪水・大火に見舞われ、藩財政が圧迫された。立藩三十六年後の延宝三年（一六七五）、早くも年間収入の四倍の借財を背負った。宝暦十三年（一七六三）、幕命により日光廟《びょう》（東照宮）普請《ふしん》手伝いのため十一万両を負担させられ、藩財政は破産同然におちこんだ。

財政難のなかで唯一、後世に大きな足跡をのこしたのは、二代藩主正甫《まさとし》だった。正甫は、天和三年（一六八三）、岡山の医師万代常閑《もずじょうかん》から名薬「反魂丹《はんごんたん》」の製法をおそわり、江戸城で急病をおこした大名にその薬をあたえ、命を救ったという。この効能が諸国にきこえ、やがて越中売薬として広まるきっかけとなった。

文政八年（一八二五）、江戸の大火により江戸屋敷が焼失、天保二年（一八三一）富山城下が大火にあい、さらに藩の借財がふえた。累計三十万両にのぼった。不作と凶作がつづき、富山城下に窮民や浮浪者があつまり、不穏な状態となった。万策つきた藩当局は、西本願寺にたいし、家司石田小右衛門の派遣を懇請した。小右衛門は、阿波《あわ》の藍玉《あいだま》（染料）売りから大坂の商人に転身し、西本願寺の財政立て直しに成功して、用人格（家老代理）となった。小右衛門は領内を巡回し、真宗寺院に人をあつめた。藩主拝領の肩衣《かたぎぬ》・時服《じふく》・上下《かみしも》といった物々しい行装で、聴衆の百姓・町人に熱弁をふるった。小右衛門のまわりには勘定奉行ら藩のおえら方が列座した。内容は質素倹約し、年貢《ねんぐ》をおさめよ、という精神論だったが、熱っぽい宗教的雰囲気が効を奏し、金銀米穀を献上する者が続出した。天保五年（一八三四）だけで、三千五百余石の献上米が藩の御蔵《おくら》にはこび込まれた。真宗王国といわれる土地柄が幸いしたのだ。

しかし藩の財政難は改善されず、改革派の藩主利声《としかた》（十二代）と保守派の父利保《としやす》（十代）が対立し、ついに事件がおこった。改革派の江戸詰《づめ》家老富田兵部《ひょうぶ》が、突然帰国を命ぜられ、帰途、駕籠のなかで白装束に着がえ割腹《かっぷく》して果てた。藩は、兵部に属する改革派五十一名を入牢・追放・蟄居《ちっきょ》に処した。保守派の老侯利保が、本藩加賀藩主斉泰《なりやす》とくんだクーデター劇だった。藩主利声は退任に追い込まれ、老侯利保のもと本藩派遣の津田権五郎が藩政を担当した。

戊辰戦争に富山藩は、本藩加賀藩に追随し、長岡城攻めに、新政府軍として出兵した。

ＪＲ北陸本線富山駅の南に富山城址がある。石垣や堀・土塁がのこり、昭和二十九年（一九五四）復元の三層の天守閣が建っている。現在富山城跡公園となっている。城址の北側には、富山の売薬反魂丹《はんごんたん》の製法・行商に力をつくした二代藩主正甫《まさとし》の銅像が建てられている。また西ノ丸付近に、六代藩主利与《としとも》によって創立された藩校広徳《こうとく》館跡がある。

Ⅵ 近畿

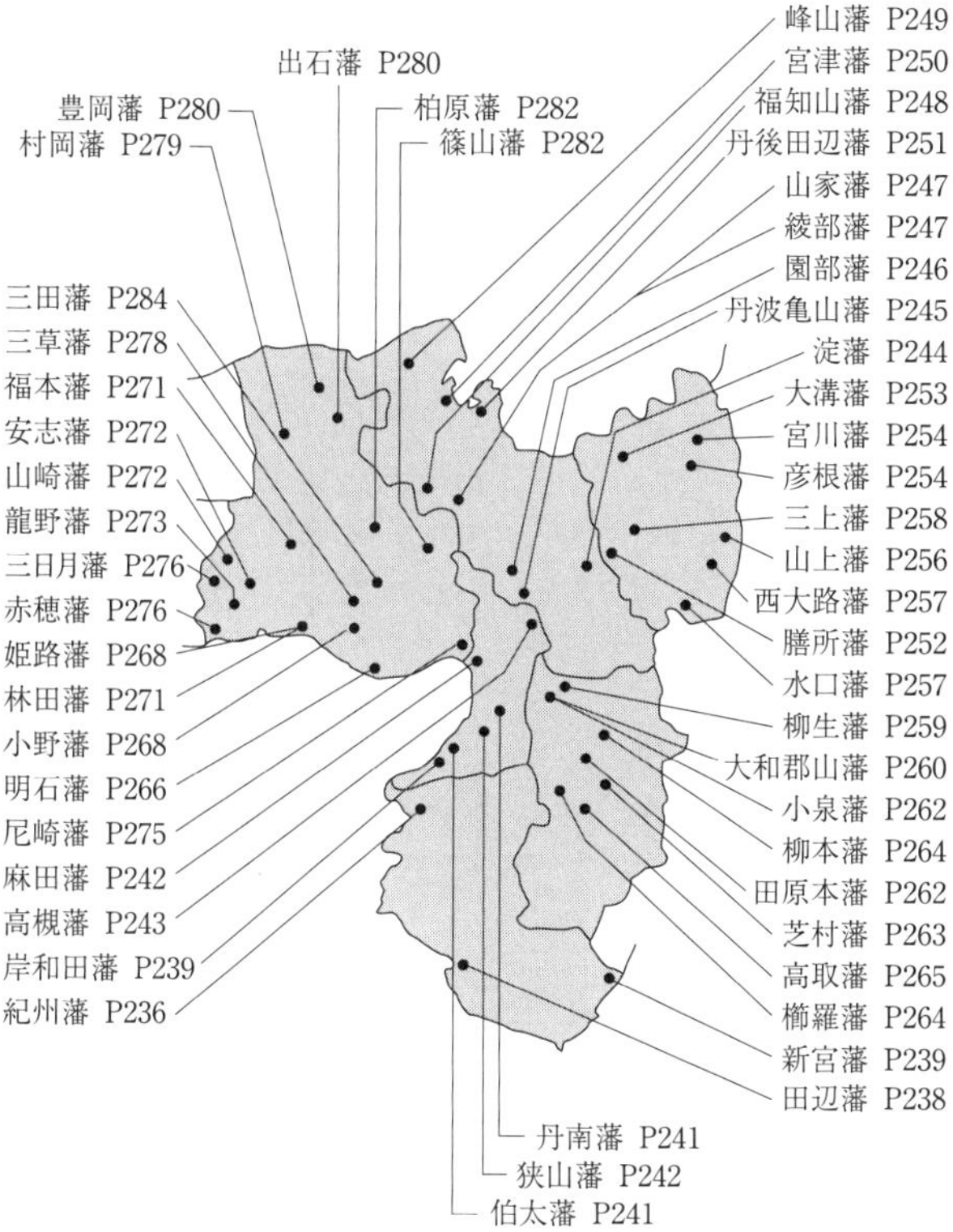
峰山藩 P249
宮津藩 P250
出石藩 P280
福知山藩 P248
豊岡藩 P280
柏原藩 P282
丹後田辺藩 P251
村岡藩 P279
篠山藩 P282
山家藩 P247
綾部藩 P247
園部藩 P246
三田藩 P284
丹波亀山藩 P245
三草藩 P278
淀藩 P244
福本藩 P271
大溝藩 P253
安志藩 P272
宮川藩 P254
山崎藩 P272
彦根藩 P254
龍野藩 P273
三上藩 P258
三日月藩 P276
山上藩 P256
西大路藩 P257
赤穂藩 P276
膳所藩 P252
姫路藩 P268
水口藩 P257
林田藩 P271
柳生藩 P259
小野藩 P268
大和郡山藩 P260
明石藩 P266
小泉藩 P262
尼崎藩 P275
柳本藩 P264
麻田藩 P242
田原本藩 P262
高槻藩 P243
芝村藩 P263
岸和田藩 P239
高取藩 P265
紀州藩 P236
櫛羅藩 P264
新宮藩 P239
田辺藩 P238
丹南藩 P241
狭山藩 P242
伯太藩 P241

和歌山

紀州藩五十五万五千石

徳川家（侯爵）

①和歌山市 ②城 ③四十五万八千八百人（明治二年〈一八六九〉）④三万七千七百九十人（家族を含む。明治二年〈一八六九〉）

慶長五年（一六〇〇）和歌山三万石の桑山重晴《しげはる》が大和布施《やまとふせ》（奈良県新庄町《しんじょう》）に移封し、浅野幸長《よしなが》が甲斐《かい》府中（甲府市）より三十七万六千石で入封した。跡目をついだ弟の長晟《ながあきら》は大坂ノ陣に功をたて、元和五年（一六一九）安芸《あき》広島四十二万六千石に転じた。そして徳川家康の十男頼宣《よりのぶ》が、駿河《するが》府中（静岡市）五十万石より五万五千石を加増され、五十五万五千石をもって入封、ここに徳川御三家紀州家が誕生した。

五代藩主吉宗《よしむね》が、歴代のなかで傑出《けつしゅつ》していた。二代藩主光貞《みつさだ》の四男にうまれるが、兄綱教《つなのり》（三代）、頼職《よりもと》（四代）が早逝し、いま一人の兄も早くに亡《な》くなった。このため宝永二年（一七〇五）、二十二歳で藩主となり、将軍綱吉《つなよし》の諱《いみな》をもらって吉宗と称した。そして吉宗は、七代将軍家継《いえつぐ》の後継として八代将軍に就任する。

有名な紀州蜜柑は、永享年間（一四二九～四一）、有田郡内で自然に実《な》ったのが始まりという。次第に接木《つぎき》して近在にひろまった。慶長年間（一五九六～一六一五）には大坂・堺《さかい》・伏見へ小舟で運送、寛永十一年（一六三四）、江戸市場へ蜜柑四百籠が送られた。

領内の那智《なち》大社など熊野三山の神社が一種の銀行活動をしていたのも注目される。紀州藩主の寄付金はじめ一般庶民から預金をあつめ、これを基金に貸付けした。熊野三山と紀州藩の信用を背景に、金融業は大きく発展した。庶民からの預金には、当時は珍しい預金利子を支払った。大名や商人に貸した貸付け利子の収入は、熊野三山だけでなく、紀州藩にも利益をもたらした。十万両で出発し、明治四年（一八七一）の廃藩当時に六十五万五千両に達した。このほか、木綿織物の生産がさかんで、紋羽《もんば》織《おり》という綿布が他国に売り出された。肉襦袢《にくじゅばん》・股引《ももひき》・頭巾《ずきん》・足袋《たび》の防寒用衣服としてもちいられた。黒江漆器《しっき》や湯《ゆ》浅醤油《あさしょうゆ》も特産品として知られた。

天明七年（一七八七）から紀州領内でもしばしば百姓一揆がおこった。文政六年（一八二三）六月、十数万の農民が鬨《とき》の声をあげ鉦・太鼓を打ち鳴らして和歌山城下に迫った。藩は大筒《おおづつ》をそなえ千人の兵を動員した。年貢《ねんぐ》減免などの要求は通ったものの首謀者三十三名が処刑された。

十代藩主治宝《はるとみ》は、寛政三年（一七九一）、八歳以上三十歳までの藩士の子弟に藩学への就学を義務づけた。医学館をつくり、江戸屋敷に明教館、松阪に松阪学校をもうけた。治宝のあとの十一代に、将軍家斉《いえなり》の子斉順《なりゆき》がはいり、斉順の弟斉彊《なりかつ》が十二代をついだ。十三代を、斉順の子慶福《よしとみ》がつぐ。のちの十四代将軍家茂《いえもち》である。

世界で最初に、全身麻酔《ますい》により乳ガンの手術を成功させた華岡青洲《はなおかせいしゅう》は、紀州領内名手荘《なでのしょう》（那賀《なが》町）のうまれである。京都に遊学して古医方を、さらにオランダ医学を学び、天明五年（一七八五)、郷里で開業した。付近の山から薬用植物を採集し母や妻を実験台にして貴重薬「通仙散」をつくった。文化二年(一八〇五)、六十歳の女性の乳ガン手術に成功した。

最後の藩主茂承《もちつぐ》は、紀州分家の伊予西条《いよさいじょう》(愛媛県西条市)三万石藩主松平頼学《よりさと》の七男にうまれ、本家にはいって慶福のあとの十四代藩主となった。慶応元年(一八六五)の長州征伐には先備都督として出陣、四年正月の鳥羽伏見の戦いでは幕府に味方するが、幕軍は敗れ紀州軍は和歌山に逃れた。しかしとくに願い出て京都警備をつとめ、新政府に忠誠を示した。

JR阪和線和歌山駅の西方に和歌山城址がある。天守閣は昭和二十年(一九四五)の空襲で全焼したが、昭和三十三年(一九五八)復元された。江戸時代の岡口門(重要文化財)・追廻門《おいまわしもん》がのこっている。石垣と堀にかつての城郭の面影が偲《しの》ばれる。

田辺藩三万八千石　安藤家(男爵)

①田辺市　②陣屋　③五万五千人(明治四年〈一八七一〉)**④三千人**(家族を含む。明治二年〈一八六九〉)

田辺は豊臣時代、秀吉の紀州攻めに従軍した杉若氏宗《すぎわかうじむね》が一万九千石で封ぜられるが、関ヶ原役で西軍に味方して所領を没収された。元和五年(一六一九)、徳川頼宣《よりのぶ》が紀州和歌山城主となると付《つけ》家老として安藤直次《なおつぐ》が田辺三万八千石を領した。直次は家康側近の老臣で、慶長十五年(一六一〇)、頼宣の「傅《ふ》」(守役《もり》)になっている。慶応四年(一八六八)正月の鳥羽伏見の合戦後、安藤家十六代直裕《なおひろ》は、朝廷より藩主に列する勅命をうけ立藩した。

新宮《しんぐう》藩三万五千石　水野家（男爵）

①新宮市　②城　③五万四千六百人（明治二年〈一八六九〉）

新宮は和歌山城主浅野長晟《ながあきら》の時代、家老浅野忠吉が二万八千石で封ぜられた。元和五年（一六一九）、徳川頼宣《よりのぶ》が和歌山城主となると頼宣の傅（慶長十三年より）水野重央《しげなか》（重仲）が付《つけ》家老として新宮三万五千石に封ぜられた。慶応四年正月、付家老安藤家と同時に、朝廷より新宮藩主に命ぜられている。

大阪

岸和田藩五万三千石　岡部家（子爵）

①岸和田市　②城　③五万九千七百人（明治四年〈一八七一〉）　④千六百五十人（享保年間〈一七一六〜三六〉）

天正十三年（一五八五）、豊臣秀吉により小出秀政《こいでひでまさ》が岸和田に封ぜられ、三万石を領した。秀政の孫吉英《よしひさ》（五万石）は、元和五年（一六一九）但馬《たじま》出石《いずし》（兵庫県出石町）へうつり、かわって松平（松井）康重《やすしげ》が丹波篠山《たんばささやま》（兵庫県篠山市）から五万石（のち六万石）で入封、寛永十七年（一六四〇）、子の康映《やすてる》のとき播磨山崎《はりま》（兵庫県山崎町）へうつった。

あとへ、摂津高槻《せっつたかつき》（大阪府高槻市）より、岡部宣勝《のぶかつ》が六万石（のち弟に分封し五万三千石）で入封、岡部氏は幕末まで在封する。

岸和田藩領内の特産物は、安永三年（一七七四）に移植された甘蔗《かんしょ》（砂糖の原料）栽培で、従来の穀物《こくもつ》に数倍する有利な作物《さくもつ》だった。これより製糖業が発展し、幕末の砂糖生産高は、二百万斤をこえる。販売のために藩の砂糖会所がもうけられた。綿布《めんぷ》製織もさかんで、白木綿のほか紋《もん》羽織《ばおり》（防寒用衣類）も織られ、寛政二年（一七九〇）の藩内の綿布生産は六十万反に達した。独特の特産品に、木櫛《ぐし》や鬢鏡《びんかがみ》がある。和泉《いずみ》櫛の名で知られ、わが国の木櫛の殆《し》どを占めた。鬢鏡は、錫箔《すずはく》を吉野紙にはり、水銀を塗ったものをガラスに貼《は》りつける。そして木の枠《わく》にはめ、花鳥などの絵具絵で飾ったもので、最盛期には年産六千五百箱（一箱に千七百個）をつくった。明治初年、外国から薄板ガラスが輸入され、急速に衰微した。

藩財政は幕末にむけ窮乏化の一途をたどり、天保二年（一八三一）借財累計は、米に換算し二十九万五千八百石にのぼった。赤字穴埋めのため、豪商や富農を融通方《ゆうずう》として登用し、十四人の者に羽織・袴《はかま》・脇差をゆるした。

慶応三年大政奉還により藩内の勤王・佐幕の抗争が熾烈《しれつ》化したが、勤王派が大勢を制し、翌四年戊辰戦争がはじまると、岸和田藩も新政府の召集に応じ、藩兵を派遣した。

ＪＲ阪和線東岸和田駅の西に岸和田城址があり、昭和二十九年（一九五四）復元の天守閣が建っている。本丸跡に、「八陣の庭」と名づけられた石庭がある。有名な岸和田のだんじり祭は、元禄十六年（一七〇三）、三代藩主岡部長泰《ながやす》の頃からはじまったという。

伯太《はかた》藩　一万三千石　渡辺家（子爵）

①和泉市　②陣屋　③一万四百人（明治二年〈一八六九〉）**④六百人**（家族を含む。明治二年〈一八六九〉）

享保十二年（一七二七）、渡辺基綱《もとつな》が、和泉大庭寺《いずみおおばでら》（大阪府堺市）藩主から和泉伯太《はかた》に転じ伯太藩が成立した。基綱は尾張藩主徳川家の家臣渡辺長綱《ながつな》の子で、武蔵野本《むさしのもと》（埼玉県東松山市）一万三千石の渡辺方綱《まさつな》の養子となっている。九代にわたり在封し、最後の藩主は章綱《あきつな》である。

丹南《たんなん》藩　一万石　高木家（子爵）

①南河内郡美原町　②陣屋　③七千八百人（明治二年〈一八六九〉）**④二百六十人**（家族を含む。明治二年〈一八六九〉）

元和九年（一六二三）大番頭《おおばんがしら》の高木正次《まさつぐ》が大坂定番《じょうばん》（警備頭）に就任し、千石を加増され一万石で丹南《たんなん》に立藩した。藩の窮乏化により負債がふえ、廃藩時、小藩としては多額の三万九千両の借金を背負った。

狭山藩《さやま》一万石

北条家（子爵）

①大阪狭山市 ②陣屋 ③八千百人（嘉永四年〈一八五一〉） ④百七十人（家族を含む。明治二年〈一八六九〉）

狭山《さやま》藩主北条氏の祖先は、戦国の風雲児北条早雲《そううん》である。天正十八年（一五九〇）、当主北条氏政《うじまさ》は、豊臣秀吉に攻めほろぼされるが、弟氏規《うじのり》がゆるされて家名を存続。慶長五年（一六〇〇）、氏規の子氏盛《うじもり》が狭山一万一千石に取り立てられた。五代氏朝《うじとも》は英明で、神・儒《じゅ》・仏の道を説《と》いた『新民三教抄』を著述した。十一代氏燕《うじよし》は安政五年（一八五八）、藩財政立て直しのため、領内農民が生産した「氷豆腐」を藩専売にした。また藩校簡修館を再興し、藩士に武芸や学問を奨励した。最後の藩主氏恭《うじゆき》は、慶応三年（一八六七）十月、将軍慶喜《よしのぶ》が大政奉還するや、いち早く上洛し、朝廷の警備についた。そして翌四年正月の鳥羽伏見の決戦に、新政府に味方した。南海高野線大阪狭山市駅付近に、狭山陣屋跡がある。茅《かや》ぶきの門長屋や土塀がのこっている。

麻田藩《あさだ》一万石

青木家（子爵）

①豊中市 ②陣屋 ③一万三百人（明治二年〈一八六九〉） ④百九十人（明治二年〈一八六九〉）

初代藩主青木一重《かずしげ》の父重直《しげなお》は、戦国末期美濃《みの》（岐阜県）の土岐《とき》・斎藤両家につかえ、のち織田信長・豊臣秀吉につかえた。一重は豊臣家がほろびた大坂ノ陣に、豊臣方の和議の使者をつとめた。のち徳川家康につかえ、麻田に一万二千石をもって立藩し、弟可直《よしなお》に二千石を分知した。十代一貞《かずさだ》は藩校直方堂を創設した。最初漢学だけだったが、十二代一興《かずおき》のとき習字・算数・礼法をくわえた。

高槻《たかつき》藩三万六千石　永井家（子爵）

①高槻市　③二万一千五百人（明治二年〈一八六九〉）　④三百五十人（延享二年〈一七四五〉）

高槻城主新庄直頼《しんじょうなおより》は、慶長五年（一六〇〇）の関ヶ原役で西軍に味方し、改易《かいえき》となり、その後、内藤信正《のぶまさ》（四万石）、土岐《とき》定義《さだよし》（二万石）、松平（形原《かたのはら》）家信《いえのぶ》（二万石）、岡部宣勝《のぶかつ》（五万石）、松平（形原）康信《やすのぶ》（三万六千石）が在封した。そして慶安二年（一六四九）永井直清《なおきよ》が三万六千石で入封し、永井氏は幕末まで在封した。寛政年間（一七八九～一八〇一）九代直進《なおのぶ》のとき、藩校菁莪《せいが》堂がもうけられ、大塩平八郎（儒者、大坂町奉行所与力、のち叛乱をおこす）も講師をつとめた。慶応四年正月、鳥羽伏見の戦いがおこるや、東高野《こうや》街道の洞《ほら》ヶ峠《とうげ》の警備をまかされるが、新政府軍と交戦せず高槻城にしりぞいた。阪急高槻市駅付近の府立島上高校の東北隅に、「高槻城跡」の碑があるが、石垣も堀ものこっていない。

淀藩十万二千石

稲葉家（子爵）

①京都市伏見区　②城　③六万五千四百人（明治三年〈一八七〇〉）④四千四百七十人（家族を含む。明治二年〈一八六九〉）

寛永二年（一六二五）徳川家康の異父弟松平（久松）定勝《さだかつ》の子定綱《さだつな》が、遠江《とおとうみ》掛川（静岡県掛川市）から三万五千石で入り立藩した。このあと、永井尚政《なおまさ》（十万石）・尚征《なおゆき》（七万三千石）、石川憲之《のりゆき》（六万石）・義孝《よしたか》・総慶《ふさよし》、松平（戸田）光煕《みつひろ》（六万石）・光慈《みつちか》、松平（大給《おぎゅう》）乗邑《のりさと》（六万石）と代がわりした。享保八年（一七二三）松平氏にかわって稲葉正知《まさとも》が下総佐倉《しもうささくら》（千葉県佐倉市）より十万二千石で入封し、稲葉氏は幕末まで在封する。稲葉氏の家祖正成《まさなり》の後妻福《ふく》はのち春日局《かすがのつぼね》と称し、三代将軍家光の乳母《めのと》になった。

最後の藩主正邦《まさくに》は、京都所司代・老中をつとめた。万延元年（一八六〇）に藩校明親館をもうけている。慶応四年正月京都郊外鳥羽伏見で、新政府軍と幕軍が戦火を交え、敗れた幕軍が城に入ろうとするのを淀《よど》藩は拒否した。親戚の尾張藩より中立を守れとの助言があったからという。藩主正邦は老中として江戸にいたが、帰城し、新政府軍に帰順し藩の士卒四百五十人を差し出した。

京阪電鉄淀駅のすぐ西に淀城跡公園があり、本丸の石垣と内堀の一部がのこっている。

丹波《たんば》亀山藩五万石

松平家（子爵）

①亀岡市　②城　③四万五千二百人（明治二年〈一八六九〉）④四百九十人（文政十二年〈一八二九〉）

織田信長の命をうけ、天正三年（一五七五）から五年をかけて丹波《たんば》を平定した明智光秀は、同七年に亀山城をきずいた。光秀没落後、羽柴秀勝、小早川秀秋らが領するが、天正十三年（一五八五）、前田玄以《げんい》が亀山五万石の城主となった。玄以の次男茂勝《しげかつ》が封をつぐが、慶長七年（一六〇二）丹波八上《やがみ》（兵庫県篠山《ささやま》市）へ移封した。これより、岡部長盛《ながもり》（三万四千石）、松平（大給《おぎゅう》）成重《なりしげ》（二万二千石）・忠昭《ただあき》、菅沼定芳《すがぬまさだよし》（四万一千石）・定昭《さだあきら》（三万八千石）、松平（藤井）忠晴《ただはる》（三万八千石）・忠昭《ただあき》・忠周《ただちか》、久世重之《くぜしげゆき》（五万石）、井上正岑《まさみね》（四万七千石）、青山忠重《ただしげ》（五万石）・俊《とし》春《はる》・忠朝《ただとも》と頻繁に交替し、寛延元年（一七四八）、丹波篠山《たんばささやま》より松平（形原《かたのはら》）信岑《のぶみね》が五万石で入り、松平氏は幕末まで在封する。三代藩主信道《のぶみち》は、寺社奉行として寛政の改革の立役者老中松平定信《さだのぶ》を補佐した。七代信義《のぶよし》は、大坂城代から幕府老中にすすんだ。最後の藩主信正《のぶまさ》は戊辰戦争がはじまり、新政府の山陰道鎮撫《ちんぶ》軍が亀山に入ると帰順の誓書を差し出した。ＪＲ山陰本線亀岡駅付近に亀山城址があり、石垣・堀がのこっている。

園部藩二万六千石

小出家（子爵）

①船井郡園部町　②城　③三万五千九百人（明治三年〈一八七〇〉）　④三百人

元和五年（一六一九）、但馬《たじま》出石《いずし》より小出吉親《こいでよしちか》が二万九千石（その後二万六千石）で園部《そのべ》に入った。小出氏は幕末まで園部に在封した。小出家の家祖秀政《ひでまさ》（吉親の祖父）は、豊臣秀吉とおなじ尾張《おわり》中村（名古屋市中村区）の出身で、秀吉の母の妹を妻とし、その閨閥《けいばつ》の縁で大名に出世した。吉親は園部に新城をきずくとともに、園部川の流れを変える水利工事をおこし、吉親の号をとり「意閑堰《いかんぜき》」と名づけられた。

七代英筠《ふさたけ》の天明七年（一七八七）秋、飢饉による大規模な百姓一揆がおこった。英筠は、文化年間（一八〇四〜一八）藩校教先館を設立し、藩士の子弟に漢学・習字などをまなばせた。また煙草を藩専売にし、財政再建にあてた。

慶応三年十月、慶喜が大政奉還するや、十二月藩主英尚《ふさなお》は上洛して孝明天皇皇后の御殿准后《じゅんこう》殿を守護した。翌四年正月、鳥羽伏見に戦火があがる。朝廷政府に危機が高まり、もしもの場合を想定し、園部城を明治天皇避難の行在所《あんざいしょ》とさだめた。そのため大改築がくわえられた。しかし新政府軍が鳥羽伏見の戦いに勝利し、天皇の行幸は実現しなかった。

園部城址は現在園部高校となり、巽櫓《たつみやぐら》と城門堀の一部がのこっている。

山家《やまが》藩一万石　谷家（子爵）

①綾部市　②陣屋　③一万一千人（明治四年〈一八七一〉）④四百七十人（家族を含む。明治二年〈一八六九〉）

天正十年（一五八二）、羽柴秀吉が丹波《たんば》を領し、家臣谷衛友《もりとも》が山家《やまが》に封ぜられた。衛友は、関ヶ原役において西軍に味方するが、親しい関係の細川藤孝《ふじたか》（当時丹後田辺城主）の取りなしで山家一万六千石を安堵《あんど》された。二代衛政《もりまさ》のとき、弟や甥に六千石を分知し、一万石となった。山家領内の特産物に、山里黒谷《くろだに》の和紙がある。ちり紙・傘紙・元結《もとゆい》紙などに利用された。山家藩の代官が奨励し資金援助したという。綾部市の近郊城山の中腹に、山家陣屋跡がある。

綾部藩一万九千石　九鬼家（子爵）

①綾部市　②陣屋　③一万八千人（明治四年〈一八七一〉）④百六十人（安政三年〈一八五六〉）

寛永十年（一六三三）、九鬼《くき》隆季《たかすえ》が二万石（のち一万九千石）をもって立藩した。隆季の祖父嘉《よし》隆《たか》は、織田信長・豊臣秀吉の水軍をひきいて活躍した。父守隆《もりたか》は志摩《しま》鳥羽《とば》（三重県鳥羽市）五万六千石城主である。守隆没後、隆季は弟久隆《ひさたか》と跡目争いをし、幕府の裁定により綾部に封ぜられたのだった。

九代藩主隆都《たかひろ》は、窮乏化する藩財政を立て直すべく、当時国内きっての農政学者佐藤信淵《のぶひろ》を藩に招聘《しょうへい》した。七十二歳の信淵は、綾部領内をくまなく見て歩き、その所見を『巡察記』三巻にまとめた。最初にかれが取りあげた特産物は木綿で、煙草や人参栽培もすすめた。そして、「泉源法」なる日掛積金《つみ》による資本蓄積を指導した。綾部藩はこのため、農村復興にかなりの成果をあげた。また領内を貫流する由良川が日本海に通じるのを利用し、産物を北前船《きたまえ》(日本海巡航)で輸送した。

最後の藩主は十代隆備《たかとも》で、戊辰戦争には、いちはやく朝廷新政府に帰順した。

福知山藩三万二千石　朽木家(子爵)

①福知山市　②城　③三万一千百人(明治二年〈一八六九〉)　④千四百五十人(家族を含む。明治二年〈一八六九〉)

福知山は最初、小野木重勝《おのぎしげかつ》が三万一千石の城主となるが、関ヶ原役で西軍に味方して自刃した。その後、有馬豊氏《とようじ》(六万石→八万石)、岡部長盛《ながもり》(五万石)、稲葉紀通《のりみち》(四万五千石)、松平(深溝《ふこうず》)忠房《ただふさ》(四万五千石)が在封し、寛文九年(一六六九)朽木稙昌《くつきたねまさ》が常陸《ひたち》土浦(茨城県土浦市)より三万二千石で入封し、朽木氏は幕末まで在封する。

八代昌綱《まさつな》は、文化人大名として世界的な評価をうけた。長崎のオランダ商館長チチングは、昌綱に『アトラス・ヌーボウ』(新地図帖)をおくり、その扉絵《とびらえ》に、「一七八〇年十一月六日チチングより丹波国の領主（当時昌綱は跡継ぎ）左門様（昌綱）に贈る」とのオランダ文字の献辞を書いた。昌綱は、蘭方医としてきこえた前野良沢《まえのりようたく》について蘭学をまなび、杉田玄白《げんぱく》・大槻玄沢《おおつきげんたく》ら当時の一流蘭方医と交際した。そして地理学にめざめ、二十年の歳月をかけ世界地理に挑戦し、明和六年（一七六九）『泰西輿地図説《たいせいよちずせつ》』十七巻を完成した。ヨーロッパの地誌で、数十種の洋書を渉猟《しょうりょう》してまとめあげた。絵画にも堪能で、茶を松平不昧《ふまい》（出雲《いずも》松江藩主、江戸屈指の茶人大名）に師事した。古銭蒐集家の一面をそなえ、中国・ヨーロッパの貨幣の真偽を鑑定する『新撰銭譜』『西洋銭譜』を刊行した。

さて最後の藩主は十三代為綱《もりつな》だった。慶応四年戊辰戦争がはじまるや、新政府軍の山陰道鎮撫《ちんぶ》使に帰順した。しかし大坂安治川口を警備する福知山藩の一隊が、あやまって新政府主力の薩摩藩士を捕縛した。このため薩摩藩は激怒し、藩主の謹慎、責任者の処分を要求した。やむなく藩は警備隊長を自刃させ、その首級を薩摩藩に差し出し、ようやくことなきをえたという。福知山市内の由良川の西岸朝暉《あさひ》山に、福知山城址がある。

峰山藩一万一千石　京極家（子爵）

①中郡峰山町　②陣屋　③九千三百人（明治二年〈一八六九〉）　④六百三十人（家族を含む。明治二年〈一八六九〉）

丹後《たんご》宮津《みやづ》藩主京極高知《きょうごくたかとも》の養子高通《たかみち》が、二代将軍秀忠の小姓となり、元和八年（一六二二）峰山一万三千石の大名に取り立てられた。のち二代藩主高供《たかとも》・四代高之《たかゆき》のとき弟たちに分封し一万一千石となった。領内の特産に、世にきこえた丹後《たんご》縮緬《ちりめん》がある。藩が保護し育成した。宝暦二年（一七五二）、縮緬屋仲間（同業組合）が結成された。北近畿タンゴ鉄道峰山駅の西に、「丹後ちりめん始祖」の碑が建っている。寛政年間（一七八九〜一八〇一）、藩校敬業館がもうけられた。

宮津藩七万石

本荘家（子爵）

①宮津市　②城　③六万五千六百人（明治二年〈一八六九〉）**④三千三百四十人**（家族を含む。明治二年〈一八六九〉）

天正八年（一五八〇）細川忠興《ただおき》が織田信長より丹後十二万石をあたえられ、最初八幡山（宮津《みやづ》市）に城をきずくが、のち宮津に築城した。慶長五年（一六〇〇）細川氏が豊前《ぶぜん》中津《なかつ》（大分県中津市）へ移封し、京極高知《きょうごくたかとも》が信濃《しなの》飯田《いいだ》より十二万三千石で入封した。元和八年（一六二二）高知が没し、幕命により丹後領が高知の三人の子に分割継承され、宮津に嫡男高広《たかひろ》が七万八千石で封ぜられた。高広の子高国《たかくに》のとき、悪政と親子不和を理由に改易《かいえき》となった。以後、永井尚征《なおゆき》（七万三千石）・尚長《なおなが》、阿部正邦《まさくに》（九万九千石）、奥平昌成《おくだいらまさしげ》（九万石）、青山幸秀《よしひで》（四万八千石）・幸道《よしみち》と交替した。そして宝暦八年（一七五八）本荘資昌《すけまさ》が、遠江《とおとうみ》浜松より七万石で入封し、本荘氏は幕末まで在封した。本荘家の家祖宗資《むねすけ》は、五代将軍綱吉《つなよし》の生母桂昌《けいしょう》院の異母弟という縁で大名に出世した。最後の藩主宗武《むねたけ》の慶応四年、戊辰戦争がおこり、宮津藩は新政府に帰順した。

北近畿タンゴ鉄道宮津駅の北西に、宮津城跡がある。また城跡の南に、藩校礼譲館跡があり宮津小学校になっている。

丹後田辺藩三万五千石　牧野家（子爵）

①舞鶴市　②城　③五万五千人（明治二年〈一八六九〉）　④三千人（家族を含む。明治二年〈一八六九〉）

最初田辺城は、宮津城主細川忠興《ただおき》の父細川藤孝《ふじたか》（幽斎《ゆうさい》）の隠居城だった。関ヶ原役のとき、藤孝は東軍に味方し、西軍福知山城主小野木公郷《おのぎきみさと》らに攻められ籠城し、苦戦におちいった。このとき歌人幽斎の歌道の道（古今伝授）の絶《た》えるのを憂慮した朝廷の斡旋により攻撃軍の囲みを解《と》かせたという。元和八年京極高知《きょうごくたかとも》が没し遺領を三人の子がついだ。次男高三《たかみつ》が田辺三万五千石を領した。三代高盛《たかもり》が寛文八年（一六六八）、但馬《たじま》豊岡《とよおか》（兵庫県豊岡市）へ移封したあとに摂津《せっつ》・河《かわ》内《ち》（大阪府）を領する牧野親成《ちかしげ》が三万五千石で田辺に入封し、牧野氏は幕末まで在封する。

歴代藩主に、幕府奏者番《そうじゃばん》・寺社奉行・京都所司代をつとめる者が多く出ている。天明年間（一七八一～八九）、六代宣成《ふさしげ》が藩校明倫斎（のち明倫館）を開設し、漢学のほか洋学・医学・算術・習字などが講ぜられた。特産物に、領内で栽培された桐実《ころび》・櫨実《はぜのみ》（ウルシ科）が城下町で桐油《とうゆ》や桐粕《かす》・木蠟《もくろう》（蠟燭《ろうそく》）に製品化され、日本海岸諸港へ出荷された。丹後《たんご》素麵《そうめん》もつくられた。戊辰戦争には、新政府に帰順した。

JR舞鶴線西舞鶴駅の北に田辺城址がある。石塁がわずかにのこるが、昭和十七年（一九四二）二層櫓《やぐら》が復元され、平成四年（一九九二）城門がつくられた。本丸跡は、舞鶴公園（心種園《しんしゅ》）となっている。

滋賀

膳所《ぜぜ》藩六万石　本多家（子爵）

①大津市　②城　③四万五千七百人（明治二年〈一八六九〉）④千二百六十人（家族を含む。明治二年〈一八六九〉）

慶長六年（一六〇一）、関ヶ原役の功により戸田一西《かずあき》が三万石で膳所《ぜぜ》城主となった。その後、本多康俊《やすとし》（三万石）・俊次《としつぐ》、菅沼定芳《すがぬまさだよし》（三万一千石）、石川忠総《ただふさ》（七万石）・憲之《のりゆき》（五万石）と代替りし、伊勢《いせ》亀山（三重県亀山市）から本多俊次が七万石で再び封ぜられ、本多氏はその後六万石となって幕末まで在封した。

本多家の膳所藩の行政で特筆すべきは、困窮した領民救済を目的とした米穀貯蔵庫「安民蔵《あんみんぞう》」の設置である。また、京都警備のための「救火隊」がある。火災現場に、真っ先に駈けつける隊士を〝和尚〟と呼んだ。京都の藩邸に望火楼があり、昼夜見張りをした。火災が発生すると鐘楼の鐘がひびきわたり、〝和尚〟や水奉行が出動した。

十一代藩主康禎《やすつぐ》は、文化五年（一八〇八）藩校遵義《じゅんぎ》堂をつくった。学問のほか、剣術・槍術・柔術・馬術をおしえた。庶民教育の寺子屋は、領内に二十七カ所がもうけられた。

最後の藩主は康穣《やすしげ》。鳥羽伏見の戦いには新政府にくみし、幕府側の伊勢《いせ》桑名藩追討に参加した。

JR東海道本線膳所《ぜぜ》駅の西へゆくと、琵琶湖岸に膳所城址がある。いまは膳所公園となっており、わずかに石垣がのこっている。かつては湖面にのぞむ城郭の風情を、「瀬田のから橋、唐金擬宝珠《ぎぼしゅ》、水に映《うつ》るは膳所の城」とうたわれた。

大溝《おおみぞ》藩二万石

分部家（子爵）

①高島郡高島町 ②陣屋 ③一万一千四百人（明治二年〈一八六九〉）④二百七十人（幕末）

元和五年（一六一九）、分部《わけべ》光信《みつのぶ》が伊勢《いせ》上野（三重県河芸《かわげ》町）から二万石でうつった。光信は、幕府普請《ふしん》奉行として駿府《すんぷ》城ほか智恩《ちおん》院・比叡《ひえい》山延暦《えんりゃく》寺などの造営にたずさわった。寛永十年（一六三三）、諸国巡見使の一人に選ばれた。二代嘉治《よしはる》は、親戚の池田長重《ながしげ》と口論してこれを斬殺し、己れも傷をおって死去した。

十代光寧《みつやす》の文政九年（一八二六）、北辺探検家で国後《くなしり》・択捉《エトロフ》島にわたり、「大日本恵土呂府《えとろふ》」の標柱をたてた近藤重蔵を預った。重蔵は晩年、子の非行により幕府の科人《とがにん》となったという。JR近江高島駅付近の瑞雪《ずいせつ》院（臨済宗）に重蔵の墓がある。

宮川藩一万三千石　堀田家（子爵）

①長浜市　②陣屋　③六千七百人（明治二年〈一八六九〉）　④三百八十人（家族を含む。明治二年〈一八六九〉）

元禄十一年（一六九八）、老中をつとめ下総《しもうさ》佐倉（千葉県佐倉市）十一万石藩主となった堀田正盛《まさもり》の系譜をつぐ正休《まさやす》が上野《こうずけ》吉井（群馬県吉井町）より一万石で入封した。三代正陳《まさのぶ》は幕府若年寄にすすみ三千石を加増された。六代正民《まさたみ》は絵画を得意とし、『蜻蝶譜《せいちょうふ》』などを著した。

彦根藩二十五万石　井伊家（伯爵）

①彦根市　②城　③十七万二千人（明治四年〈一八七一〉）　④千九百人（寛政七年〈一七九五〉）

天正十八年（一五九〇）石田三成が近江佐和山《おうみさわやま》（彦根市）城主となり、二十万三千石を領した。関ヶ原役で三成が没落し、慶長六年（一六〇一）、井伊直政《なおまさ》が上野箕輪《こうずけみのわ》（群馬県箕郷《みさと》町）より佐和山に十八万石で入封した。翌年直政は没し嫡男直勝《なおかつ》がつぎ、同十一年彦根に新城をきずいてうつった。直継は病弱を理由に元和元年（一六一五）三万石を分知され、上野安中《こうずけあんなか》（群馬県安中市）にうつり、庶弟直孝《なおたか》があとをついだ。

井伊家は、徳川四天王の一人であった直政以来、譜代《ふだい》大名筆頭の家柄をほこった。幕閣の最高位執権・大老につく者が五代におよんでいる。朝鮮使節がのこした記録によると、将軍の側近にすわる執政の最初に、井伊直孝の名をあげ、そして保科正之《ほしなまさゆき》（会津藩主）、酒井忠清《ただきよ》（のち大老）、酒井忠勝《ただかつ》（大老）がつづいたという。二代直孝は、家康から家綱《いえつな》まで四代の将軍を補佐し、二十万石の加増をうけ三十五万石となった。

十二代直幸《なおひで》の宝暦十一年（一七六一）、頼母子講《たのもしこう》（互助《ごじょ》的な金融組合）の形式で民間から資金をあつめようとし、庶民の反対にあった。五万余の民衆が廃止を叫んで城に押し寄せた。藩側がその廃止を発表し、ようやく騒動は鎮静した。

幕末に名をあらわすのは、十五代藩主直弼《なおすけ》である。十三代直中《なおなか》の十四男にうまれ、三百俵を支給されたが、長兄直亮《なおあき》（十四代）の世子直元《なおもと》が死去したため、世子にあげられ、嘉永三年（一八五〇）藩主を相続した。

安政四年（一八五七）、十三代将軍家定《いえさだ》の後継に紀州藩主慶福《よしとみ》を推《お》し、安政五年大老となり、慶福（家茂《いえもち》）が十四代将軍に就任することが決まるや、一橋慶喜を推した反対派の大名・志士を弾圧逮捕した。いわゆる安政の大獄である。万延元（安政七）年（一八六〇）、江戸城桜田門外で水戸浪士らに襲われ、暗殺された。

直弼のあと、直憲《なおのり》が十六代をついだ。藩政を一新すべく、文久二年（一八六二）家老らがクーデターを敢行、直憲もこれに同調し、前藩主直弼の側近として安政の大獄を画策した長野主膳《しゅぜん》を斬首に処《しょ》し、直弼の用人宇津木六之丞《うつぎろくのじょう》をも処刑した。幕府はこの年十一月、直憲の差控《さしひかえ》（謹慎）

と十万石の減封を彦根藩に通告した。翌三年、直憲の差控はゆるされた。

彦根藩は慶応四年の鳥羽伏見の戦いに、最初から薩摩・長州の朝廷側にくみし、幕軍と戦った。つづいて東征軍東山道鎮撫総督《とうさんどうちんぶ》の指揮下にはいり、関東から奥羽へ転戦した。

JR東海道本線彦根駅の西に彦根城址がある。城は明治の廃城をまぬがれてのこり、琵琶湖の水を利用した堀や、牛蒡《ごぼう》積みの石垣が昔のままの姿を伝えている。天守閣は国宝に、太鼓《たいこ》門、天秤櫓《てんびんやぐら》・西ノ丸三重櫓・馬屋が国の重要文化財に指定されている。彦根城の東に、井伊直弼が部屋住み時代を過した埋木舎《うもれぎのや》の建物がある。また城址の北旧三ノ丸跡に、四代直興《なおおき》がつくった楽々園がある。

山上藩《やまがみ》一万三千石　稲垣家（子爵）

①神崎郡永源寺町　③九千七百人（明治二年〈一八六九〉）④二百人（享保九年〈一七二四〉）

元禄十一年（一六九八）、稲垣重定《しげさだ》が一万三千石で入封した。重定の父重太《しげもと》は徳川二代将軍秀忠に召し出され、御小姓から組頭となり六千石に加増された。重定は、若年寄にのぼり大名に列した。

山上《やまがみ》のある永源寺町は、滋賀県と三重県の県境にそびえる鈴鹿山脈のふもとの町である。

西大路藩《にしおおじ》一万八千石　市橋家（子爵）

①蒲生《がもう》郡日野町　②陣屋　③九千百人（明治二年〈一八六九〉）④七百六十人（家族を含む。明治二年〈一八六九〉）

元和六年（一六二〇）、市橋長政《ながまさ》が仁正寺《にしょうじ》（のち西大路《にしおおじ》）二万石に封ぜられた。長政は一門の市橋長吉《ながよし》に二千石を分封している。寛永十一年（一六三四）、三代将軍家光が病気のとき、長政は春日局の代参として多賀《たが》大社（彦根南方にあり、伊邪那岐《いざなぎ》・伊邪那美《いざなみ》二神をまつり、延命・縁結びで有名）へ家光の病気平癒《へいゆ》の祈願をした。

嘉永六年、アメリカ艦隊が来航し外敵の不安が高まると、藩は火薬の製造をはじめた。文久二年（一八六二）、仁正寺の地名を西大路にあらため、藩名を変えた。慶応四年、戊辰戦争に、東《とう》山道鎮撫《さんどうちんぶ》軍の兵粮《ひょうろう》弾薬の輸送をつとめた。二本松・会津若松城攻めのとき、けわしい山路を苦労して食糧を輸送して尽力し、総督府より酒肴《しゅこう》料を下賜されている。

水口藩《みなくち》二万五千石　加藤家（子爵）

①甲賀郡水口町　②城　③二万三百人（明治二年〈一八六九〉）④千五百四十人（家族を含む。明治二年〈一八六九〉）

水口《みなくち》町は、三重県との県境にあり、甲賀忍者の里としても知られ、東海道の宿場町である。

天和二年（一六八二）、加藤明友《あきとも》が石見《いわみ》吉永《よしなが》（島根県大田市）一万石より二万石に加増され水口に立藩した。二代明英《あきひで》は元禄三年（一六九〇）寺社奉行より若年寄にのぼり、八年下野《しもつけ》壬生《みぶ》（栃木県壬生町）へ移封し、そのあとへ鳥居忠英《ただてる》が入った。そして正徳二年（一七一二）加藤明英の嗣子嘉矩《よしのり》が再び二万五千石で入封。このあと、幕末の明実《あきざね》まで在封した。

水口城址は、近江鉄道水口城南駅付近にある。別名〝碧水《へきすい》城〟と呼ばれ、小堀遠州《こぼりえんしゅう》（遠州流茶道の祖、幕府作事《さくじ》奉行）が築城した。本丸御殿は、東海道往復の将軍宿館として建てられたという。石垣と堀がのこり、昔を偲《しの》ばせる。

三上《みかみ》藩一万二千石　遠藤（東）家（子爵）

①野洲《やす》郡野洲町　②陣屋　③七百五十人（三上村、寛政三年〈一七九一〉）

野洲《やす》町は、琵琶湖の南、近江富士といわれる三上《みかみ》山のふもとの町である。元禄十一年（一六九八）、遠藤胤親《たねちか》が一万石で三上にはいり立藩した。嘉永五年（一八五二）、五代胤緒《たねお》が江戸城西ノ丸造営の功により二千石を加増された。次の胤城《たねき》は講武《こうぶ》所奉行となり、慶応三年（一八六七）奏《そう》者番《じゃばん》として十五代将軍慶喜《よしのぶ》の側近につかえた。このため慶応四年正月、戊辰戦争がおこるや、東《とう》山道鎮撫《さんどうちんぶ》総督岩倉具定《ともさだ》より、三上陣屋と領地を取りあげられた。しかしおなじ年五月、ゆるされて陣屋と領地をもどされている。

奈良

柳生藩一万石　柳生家（子爵）

①奈良市　②陣屋　③六千八百人（明治二年〈一八六九〉）④六百人（家族を含む。明治二年〈一八六九〉）

戦国時代剣聖としてきこえた柳生石舟斎宗厳《せきしゅうさいむねよし》が家祖である。以来柳生新陰《しんかげ》流発祥の地として柳生の里はさかえ、さかんなときは、一万余の門弟が柳生道場で剣技をみがいたといわれる。文禄三年（一五九四）、宗厳の五男宗矩《むねのり》が徳川家康にまねかれ、二代将軍秀忠、三代家光の兵法指南役となった。寛永九年（一六三二）大目付となり、十三年一万石の大名に列した。十七年には一万二千余石に加増された。宗矩の没後、嫡男十兵衛三厳《みつよし》に八千三百石、弟宗冬《むねふゆ》に四千石があたえられた。慶安三年（一六五〇）、十兵衛三厳が急死し、兄の遺領八千三百石が宗冬にあたえられ、宗冬の四千石は幕府に収公された。寛文八年（一六六八）、宗冬は千七百石を加増され、柳生は再び大名に列した。

奈良市の東部大和《やまと》高原の北部に柳生の里がある。柳生小学校の東側に、菩提寺芳徳《ほうとく》寺（臨済宗）がある。石舟斎はじめ歴代の墓があり、寺に十兵衛筆『月の抄』や柳生武芸の資料が多数収蔵されている。辺りは、春には一面桜の花が咲きほこるという。

大和郡山《やまとこおりやま》藩十五万石

柳沢家（伯爵）　①大和郡山市　③九万六千人（享保九年〈一七二四〉）

豊臣時代、筒井順慶《つついじゅんけい》や秀吉の弟豊臣秀長《ひでなが》が郡山《こおりやま》を領した。そして豊臣五奉行の一人増田長盛《ましたながもり》が入るが、関ヶ原役で西軍に味方し没落した。

元和元年（一六一五）大坂ノ陣直後、水野勝成《かつなり》が三河刈谷《みかわかりや》（愛知県刈谷市）より六万石で入封し、ついで松平（奥平）忠明《ただあきら》が十二万石で入封した。この時代、忠明の家臣で二百五十石取りの荒木又右衛門が、有名な「伊賀越えの仇討ち」を敢行し、いわゆる三十六人斬りの剣名を高めた。

以後、本多政勝《まさかつ》（十五万石）・政長《まさなが》（十二万石）・政利《まさとし》（六万石）、松平（藤井）信之《のぶゆき》（八万石）、本多忠平《ただひら》（十一万石）・忠常《ただつね》・忠直《ただなお》・忠村《ただむら》・忠烈《ただつら》（五万石）と交替がつづくが、享保九年（一七二四）柳沢吉保《やなぎさわよしやす》の子吉里《よしさと》が甲斐《かい》府中（甲府市）より十五万石で入封し、ここに柳沢氏は幕末まで在封する。

吉保は、五代将軍綱吉《つなよし》がまだ館林《たてばやし》藩主時代から側近としてつかえ、禄高百五十石から異例のスピードで出世した。元禄元年（一六八八）、将軍御側用人に抜擢され大名に列した。元禄十一年（一六九八）、老中上座、大老格にのぼりつめ、十四年松平の称号をゆるされ、将軍の諱《いみな》をもらい、それまでの保明《やすあきら》を吉保《よしやす》にあらためた。そして宝永元年（一七〇四）、甲府十五万一千石の藩主となったのだった。

郡山藩主初代吉里《よしさと》は歌人大名として知られ、『積玉集』『潤玉集』があり、二代信鴻《のぶとき》も『新編拾草集』などの吟詠《ぎんえい》集をのこした。三代藩主保光《やすみつ》は茶人としてきこえ、和歌を好み、光徳の俳号をもつ俳人でもあった。

藩内にも文化愛好のムードが広まり、藩士のなかに文人画家柳沢棋園《やなぎさわきえん》（柳里恭《りゅうりきょう》）ら多くの学者・文人・芸術家を輩出した。棋園は奇行も多く、『畸人伝《きじんでん》』に名をつらねた。日本南画の始祖池大雅《いけのたいが》の師匠である。

郡山の特産物の一つに金魚があるが、初代吉里の入封のときよりその養殖がさかんになったという。

慶応四年戊辰戦争がはじまると、朝廷政府の足もと大和《やまと》地方の鎮撫《ちんぶ》に侍従鷲尾《わしお》隆聚《たかあつ》がつかわされた。吉保より格別に徳川恩顧の柳沢家も、朝廷に弓を引くことはできず、新政府に味方することを決した。関東東北に転戦し、おもに物資輸送を担当した。

近鉄郡山駅のちかくに郡山城址がある。石垣や堀がよく往時の面影をつたえている。芭蕉門下十哲《じってつ》の一人森川許六《きょろく》の、「菜の花の中に城あり郡山」との句碑がある。昭和五十五年（一九八〇）築城四百年を記念し、追手《おうて》門・東隅櫓《すみやぐら》・多聞《たもん》櫓が復元された。本丸跡に、柳沢吉保をまつる柳沢神社がある。

小泉藩一万一千石　片桐家（子爵）

①大和郡山市　②陣屋　③九千二百人（明治二年〈一八六九〉）　④二百五十人（享保七年〈一七二二〉）

関ヶ原役のあと、片桐貞隆《さだたか》が一万六千石で小泉に入封した。貞隆は、且元《かつもと》（賤《しず》ヶ岳《たけ》七本槍の一人、豊臣秀頼の守役）の弟である。二代貞昌《さだまさ》は石州流茶道の開祖で、四代将軍家綱《いえつな》の茶道師範をつとめた。戊辰戦争では、藩論がわかれず新政府恭順で一致した。

JR関西本線大和小泉駅付近に陣屋跡がある。また小泉町の北のはずれに、貞昌の開いた慈光《じこう》院（臨済宗）がある。書院・茶室は国の重要文化財に指定されている。寺の楼門は、片桐且元の居城した茨木《いばらき》城（大阪府茨木市）の楼門をうつしたものという。

田原本《たわらもと》藩一万石　平野家（男爵）

①磯城《しき》郡田原本町　②陣屋　③三千九百人（明治二年〈一八六九〉）　④四百二十人（家族を含む。明治二年〈一八六九〉）

天正十一年（一五八三）、賤《しず》ヶ岳《たけ》七本槍の一人平野長泰《ながやす》が、五千石で田原本《たわらもと》に封ぜられ、以来平野家は徳川時代も旗本交代寄合《こうたいよりあい》（大名に準ずる待遇）としてこの地を領した。慶応四年（一八六八）七月、十代当主長裕《ながひろ》が新政府に、「万石以上之列」を願い出て、一万石の大名に取り立てられた。藩校明倫堂、撃剣所練武館をそなえた。田原本町は、天理市と橿原《かしはら》市の中間にあり、江戸時代問屋町としてさかえ、〝大和の小大坂〟といわれた。

芝村《しばむら》藩一万石

織田家（子爵）　①桜井市　②陣屋　③六千七百人（明治三年〈一八七〇〉）

織田信長の弟長益《ながます》は、有楽斎《うらくさい》と称し、豊臣秀吉にお伽《とぎ》衆としてつかえ、秀吉死後の関ヶ原役に東軍に味方し、摂津《せっつ》・大和で三万石の領地をえた。大坂ノ陣で豊臣がほろびたあと、所領を三分し、一万石を隠居料、他を四男長政《ながまさ》・五男尚長《なおなが》（柳本《やなぎもと》藩主）に分与した。元和八年（一六二二）、長政は式上郡《しきがみ》戒重《かいじゅう》（桜井市戒重）に一万石の陣屋をもうけた。元禄九年（一六九六）、戒重の地に藩校遷喬館を設立している。七代藩主輔宜《すけよし》の延享二年（一七四五）芝村へ藩庁を移転した。最後の藩主十一代長易《ながやす》の慶応四年（一八六八）正月、新政府より大和御料（朝廷支配地）の取り締りを命ぜられた。

東京の有楽町《ゆうらくちょう》の地名は、このあたりに有楽斎《うらくさい》長益の屋敷があったところから名づけられたという。またここの数寄屋《すきや》橋も、茶人有楽斎が茶席の数寄屋《すきや》をかまえたことにより、江戸城外《そと》堀にかかる橋の名となったといわれる。

柳本《やなぎもと》藩一万石

織田家（子爵）

①天理市　②陣屋　③六千八百人（明治二年〈一八六九〉）④五百九十人（家族を含む。明治二年〈一八六九〉）

織田長益《ながます》の五男尚長《なおなが》が、元和元年（一六一五）柳本《やなぎもと》に一万石で立藩した。四代秀親《ひでちか》は宝永六年（一七〇九）二月、江戸寛永寺で行われた綱吉追悼の法会のさい、朝廷からの使者への饗応の相役前田利昌（大聖寺藩主の弟、一万石）の突然の発狂により殺害された。病死として届け出、弟成純《しげずみ》を末期《まつご》養子とし、改易《かいえき》をまぬがれた。十一代信陽《のぶあきら》の嘉永五年（一八五二）、陣屋格から城主格に昇格した。

櫛羅《くしら》藩一万石

永井家（子爵）

①御所《ごせ》市　②陣屋　③五千人（明治四年〈一八七一〉）④三十人（家老・用人、宝永六年〈一七〇九〉）

延宝八年（一六八〇）永井直円《なおみつ》が、新庄に陣屋をいとなみ立藩した。直円は、丹後《たんご》宮津《みやづ》（京都府宮津市）七万三千石藩主永井尚長《なおなが》の弟である。尚長は、江戸芝増上寺《しばぞうじょう》で四代将軍家綱《いえつな》の法会《ほうえ》のとき、勅使饗応の相役鳥羽《とば》藩主内藤忠勝《ただかつ》に殺害され、永井家は改易《かいえき》となった。直円はその兄の名跡《みようせき》を相続し、一万石をあたえられたのだった。文久三年（一八六三）倶尸羅《くじら》に移転し、地名を櫛羅《くしら》とあらためた。

高取藩二万五千石　植村家（子爵）

①高市郡高取町　②城　③二万二千人（明治四年〈一八七一〉）④五百五十人（明和六年〈一七六九〉）

天正十三年（一五八五）、大和郡山《やまとこおりやま》城主豊臣秀長《ひでなが》（秀吉の弟）の家臣本多利久《としひさ》が一万五千石で高取城主となった。嫡男俊政《としまさ》は秀吉につかえ、関ヶ原役では東軍徳川に味方し、二万五千石に加増された。次の政武《まさたけ》のとき嗣子がなく断絶した。

寛永十七年（一六四〇）、幕府の大番頭《おおばんがしら》植村家政《いえまさ》（九千石）が加増され、二万五千石で高取に封ぜられた。

十三代藩主家保《いえもり》の慶応四年、鳥羽伏見の戦いがおこるや、新政府軍にくみし、御所唐門《から》を警衛し、大和国の幕府代官支配地の取り締りを命ぜられた。

高取町の東のはずれに、標高五八四メートルの高取山があり、ここに高取城址がある。往時、山頂に本丸をおき、三層の天守がそびえ、櫓《やぐら》二十七、門三十三があった。芙蓉《ふよう》城の名で呼ばれた。現在本丸・二ノ丸につらなる石垣が当時の偉容を偲《しの》ばせる。明治までつづいた山城としては唯一の遺構で、国の指定史跡となっている。

明石藩八万石

松平家（子爵）

①**明石市** ②**城** ③**七万六千人**（明治二年〈一八六九〉）④**五千三十人**（家族を含む。明治二年〈一八六九〉）

元和三年（一六一七）、信濃《しなの》松本八万石の小笠原忠真《ただざね》が十万石で明石《あかし》に入封し立藩した。忠真は、明石城をきずき、城下町をいとなみ明石港を開いた。寛永九年（一六三二）、忠真は十五万石に加増され豊前《ぶぜん》小倉（福岡県北九州市）へうつった。小笠原氏のあと、松平（戸田）康直《やすなお》（七万石）・光重《みつしげ》、大久保忠職《ただもと》（七万石）、松平（藤井）忠国《ただくに》（七万石）・信之《のぶゆき》、本多政利《まさとし》（六万石）と交替し、天和二年（一六八二）越前大野《えちぜんおおの》（福井県大野市）より松平直明《なおあきら》が六万石で入封し、松平氏が幕末まで在封する。

直明の父直良《なおよし》は、徳川家康の次男結城秀康《ゆうきひでやす》（越前北庄《きたのしょう》〈福井市〉六十八万石城主）の六男、直明は、家康の曾孫にあたる。八代藩主に、十一代将軍家斉《いえなり》の子斉宣《なりこと》が就任し、このとき二万石を加増され八万石となっている。

播磨《はりま》国は、古くから穀倉《こくそう》地帯として知られ、「播磨米《はりまよね》」と呼ばれて良質の米がとれた。大坂の米市場で、最上級「極上《ごくじょう》」にランクされ、酒造米としての評価も高かった。良質の米を原料に、明石地方に酒造業が発達している。摂津《せっつ》の銘酒《めいしゅ》地灘《なだ》（神戸市）・伊丹《いたみ》（伊丹市）にたいし、明石酒造地は西灘《なだ》といわれた。

明石藩から、有名な儒学者梁田《やなた》蛻巌《ぜいがん》が出ている。新井白石は、彼を「稀世の逸材」と折紙をつけている。江戸芝《しば》で塾を開き、享保四年（一七一九）四十八歳のとき、明石藩に出仕した。時の藩主は、二代直常《なおつね》だった。

蛻巌《ぜいがん》とともに明石に過ぎたものとして名をあげられたのが、荻野流砲術初代六兵衛安重《やすしげ》で、初代藩主直明《なおあきら》につかえた。幕末の砲術家高島秋帆《しゅうはん》は、荻野流より分れた荻野新流を学んでいる。幕末、各地に砲台がきずかれたが、明石・舞子《まいこ》の浜にも十二の砲台がきずかれた。

慶応四年、鳥羽伏見の戦いがはじまると、徳川御家門の明石藩は兵を京都へ急派した。しかし実戦にまにあわず砲弾を一発も発しなかったが、徳川加担とみられ、新政府の山陽道鎮撫《ちんぶ》軍の攻撃をうけようとしていた。藩主慶憲《よしのり》は、本家の越前福井藩老侯慶永《よしなが》（春嶽《しゅんがく》、新政府議定《ぎじょう》）の助けをかりて、危うく攻撃の手をまぬがれたのだった。その後明石藩兵は、新政府軍にしたがい、播磨《はりま》・越後《えちご》へ出兵した。

ＪＲ山陽本線明石駅の北側に、明石城址があり明石公園と呼ばれている。明石海峡をのぞむ丘陵地で、現在本丸南東隅の巽櫓《たつみやぐら》と南西隅の坤櫓《ひつじさるやぐら》がのこり、国の重要文化財に指定されている。

小野藩一万石　一柳家（子爵）

①小野市　②陣屋　③七千三百人（明治二年〈一八六九〉）④六百九十人（家族を含む。明治二年〈一八六九〉）

伊予西条《いよさいじょう》（愛媛県西条市）六万八千石の一柳直盛《ひとつやなぎなおもり》の次男直家《なおいえ》が、播磨《はりま》敷地《しきじ》村（小野市）に屋敷をもうけ、伊予・播磨領内であわせ二万八千石を有し立藩した。寛永十九年（一六四二）直家は嗣子なくして死去。翌年、養子直次《なおつぐ》の相続がゆるされるが、伊予の所領は没収され、播磨小野一万石となった。九代藩主末延《すえのぶ》は、国学者大国隆正《おおくにたかまさ》（平田篤胤《あつたね》の門人）をまねき、天保八年（一八三七）、藩校帰正《きせい》館を創設した。神戸電鉄小野駅付近の小野小学校に、「一柳家陣屋遺跡」ときざまれた石碑が建っている。

姫路藩十五万石　酒井家（伯爵）

①姫路市　②城　③二十二万二千人（明治二年〈一八六九〉）④八千六百人（家族を含む。明治二年〈一八六九〉）

関ヶ原役に徳川に味方した池田輝政《てるまさ》が、戦功により播磨《はりま》姫路五十二万石の城主として入封した。織田信長時代、羽柴秀吉が中国征討の拠点としてきずいた姫路城を、輝政は大改修し城下町を造営した。元和二年（一六一六）二代利隆が死去し、嫡男光政《みつまさ》がつぐが、翌三年因幡《いなば》鳥取（鳥取市）

へ移封、これより頻繁に代替りした。本多忠政《ただまさ》（十五万石）・政朝《まさとも》・政勝《まさかつ》、松平（奥平）忠明《ただあきら》（十八万石）・忠弘《ただひろ》、松平直基《なおもと》（十五万石）・直矩《なおのり》、榊原忠次《さかきばらただつぐ》（十五万石）・政房《まさふさ》・政倫《まさとも》、松平直矩（十五万石）、本多忠国《ただくに》（十五万石）・忠孝《ただたか》、榊原政邦《まさくに》（十五万石）・政祐《まさすけ》・政岑《まさみね》・政永《まさなが》、松平明矩《あきのり》（十五万石）・朝矩《とものり》らが在封した。

寛延二年（一七四九）、上野《こうずけ》前橋（群馬県前橋市）より酒井忠恭《ただずみ》が十五万石で入封し、ここに酒井氏は幕末まで在封する。

三代忠道《ただひろ》の文化五年（一八〇八）、藩の借財は七十三万両に達した。十二月、急遽家老河合寸翁が江戸に呼び寄せられ、藩財政改革を命ぜられる。寸翁は、領内に布告文を発して実情を領民に訴えた。倹約の徹底をはかり、「固寧倉《こねい》」と呼ばれる領民厚生の制度をもうけた。『書経《しょきょう》』の「民は惟《こ》れ邦《くに》の本《もと》、本固《かた》ければ邦寧《やす》し」による。庄屋や富農層から米麦の醵出《きょしゅつ》をもとめて、非常用に蓄積し、一部を領民に貸与し、また不時の災害にそなえた。文化七年（一八一〇）には、冥加銀講《みょうがぎんこう》と呼ばれる、藩財政救済のための貯蓄制度が創始され、同十年には御国用積銀《つみぎん》制度に発展した。二千人を一組とし、十組の会元を組織し、財政準備金を積み立てた。文政四年（一八二一）には、国産会所をもうけ、姫路木綿の専売を実施した。江戸市場が開拓され、姫路木綿は「玉川晒《さらし》」「姫玉」と呼ばれて好評を博《はく》した。

家老寸翁はまた、姫路の陶器として知られた東山焼《とうざん》を藩営にした。陶業地を東山から姫路城西の愛宕山《あたご》（現男山）山麓にうつし、御用陶器所をつくった。場所はうつしたが「東山焼」の名称は引きつがれた。御用陶器所で、進物《しんもつ》（贈答）用品に印紙を発行したという。いまの、「商品券」である。さらに、養蚕、絹織物、朝鮮人参の栽培、砂糖製造所の設立、藍《あい》製造の藩営化、御細工所（染物）、櫨《はぜ》栽培による製蠟《せいろう》業の育成など、多角的に殖産興業を推進した。

ちなみに、前任地前橋の藩校好古《こうこ》堂を姫路にうつしている。ほかに、私学校の仁寿山黌《じんじゅざんこう》をつくった。教師に、当時の著名な学者頼山陽《らいさんよう》はじめ斎藤拙堂《せつどう》、大国隆正《おおくにたかまさ》をまねいた。のちこの私学校は好古堂に合併されている。

また、二代藩主忠以《ただざね》の弟忠因《ただなお》は、抱一《ほういつ》の雅号で尾形光琳《おがたこうりん》派の画家として名を知られた。狂歌を大田南畝《おおたなんぽ》にまなび、尻焼猿人《しりやきのさるんど》と名乗った。三十七歳で出家し、西本願寺の権大僧都《ごんだいそうず》になっている。

幕末、異国船の来航で政情が緊迫化するなかで、姫路藩は、領内の家島《いえじま》・室津《むろつ》に砲台を構築した。嘉永六年（一八五三）、幕府が大船建造の禁を解《と》くや、七代藩主忠顕《ただてる》は安政四年（一八五七）から五年にかけ、西洋型帆船「速鳥丸《はやとりまる》」「神護丸」を建造させた。わが国最初の西洋型帆船であった。慶応四年正月の鳥羽伏見の戦いに、姫路藩は徳川方として後陣に配置された。当時九代藩主忠惇《ただとし》は老中首座で、将軍慶喜《よしのぶ》と江戸への逃走をともにした。一月十一日、幕軍に加担した諸藩に、新政府より追討令が発せられた。藩主不在の姫路城で帰順か否かが討議されるが、恭順に決した。新政府軍に城を明け渡し、老中首座でもある藩主忠惇は引退して蟄居《ちっきょ》し、嗣子忠邦《ただくに》が家督相続した。そして、奥羽へ出兵のかわりに、軍用金十五万両を献納した。

ＪＲ山陽本線姫路駅の北の姫《ひめ》山に、姫路城址がある。五層七階の大天守閣はじめ諸楼閣が、さながら翼《つばさ》をひろげて飛び立とうとする白鷺《しらさぎ》の姿に似ているところから、白鷺城と呼ばれた。平成五年（一九九三）、奈良法隆寺とともに、日本ではじめて世界文化遺産にえらばれた。昭和二十年（一九四五）姫路は空襲をうけるが、城の諸楼閣は殆ど無傷でのこった。大小の天守閣はいずれも国宝に指定され、城全体が国の指定特別史跡になっている。

林田藩一万石　建部家（子爵）

①姫路市　②陣屋　③一万一千七百人（明治三年〈一八七〇〉）④百五十人（明治三年〈一八七〇〉）

元和三年（一六一七）、建部《たけべ》政長《まさなが》が一万石で立藩した。建部家は近江《おうみ》源氏佐々木氏の末裔で、政長の祖父高光《たかみつ》は織田信長・豊臣秀吉につかえた。大坂ノ陣の功により政長に一万石があたえられたのだった。七代藩主政賢《まさかた》のとき、藩校敬業館が設立された。

福本藩一万石　池田家（男爵）

①神崎郡神崎町　②陣屋　③千百人（明治二年〈一八六九〉）④五百三十人（家族を含む。明治二年〈一八六九〉）

寛文三年（一六六三）池田政直《まさなお》により立藩した。政直の父輝澄《てるずみ》は、姫路城主池田輝政《てるまさ》の四男で、はじめ六万八千石（山崎藩〈兵庫県〉）を領するが、家中騒動のため所領没収され、堪忍料として一万石をあたえられた。政直の没後嗣子がなく、弟政武《まさたけ》・政済《まさなり》に分封され廃藩となった。六千石の交代寄合《こうたいよりあい》（大名に準ずる待遇の旗本）となった政武の後裔七代喜通《よしみち》は、安政二年（一八五五）藩校乾々館をおこし、慶応四年（一八六八）の戊辰戦争に、幕府方の姫路城攻囲戦に参陣した。この年六月、一万石をもって、再び立藩した。JR播但《ばんたん》線新野《にいの》駅付近の神崎町福本に陣屋跡がある。

安志《あんし》藩　一万石

小笠原家（子爵）

①宍粟《しそう》郡安富町　②陣屋　③一万人（明治二年〈一八六九〉④五百二十人（家族を含む。明治二年〈一八六九〉）

享保元年（一七一六）小笠原長興《ながおき》が一万石をもって立藩した。長興は兄の豊前中津《ぶぜんなかつ》（大分県中津市）四万石藩主小笠原長邕《ながさと》が六歳で没したためその名跡をつぎ、五歳で安志《あんし》藩主となったのだった。本家は豊前小倉（福岡県北九州市）藩主小笠原家である。祖先は、信濃《しなの》守護で小笠原礼法の家として名高い。学問に意をもちい、学問所（のち明倫堂）を設立している。安富《やすとみ》町は、姫路市北方の丘陵地帯にある。

山崎藩　一万石

本多家（子爵）

①宍粟郡山崎町　②陣屋　③一万二百人（明治二年〈一八六九〉④八百九十人（家族を含む。明治二年〈一八六九〉）

元和元年（一六一五）、姫路藩主池田輝政《てるまさ》の四男輝澄《てるずみ》が三万八千石をもって立藩した。寛永八年（一六三一）三万石を加増され六万八千石となるが、家中騒動により寛永十七年改易《かいえき》となった。その後、松平（松井）康映《やすてる》（五万石）、池田恒元《つねもと》（三万石）・政周《まさちか》・恒行《つねゆき》と交替し、延宝七年（一六七九）本多忠英《ただひで》が一万石で入封し、本多氏は幕末まで在封した。山崎は因幡《いなば》街道の宿場町で、町内の山崎小学校に陣屋表門がのこっている。

龍野藩五万一千石　脇坂家（子爵）

①龍野市　②城　③四万七千二百人（明治二年〈一八六九〉）④三千三百三十人（家族を含む。明治二年〈一八六九〉）

元和三年（一六一七）、龍野《たつの》を領した姫路藩主池田光政《みつまさ》が、因幡《いなば》鳥取（鳥取市）へ移封し、本多政朝《まさとも》が上総《かずさ》大多喜《おおたき》（千葉県大多喜町）から五万石で入封し立藩した。ついで政朝の甥小笠原長次《ながつぐ》が六万石で龍野藩主となった。その後、岡部宣勝《のぶかつ》（五万石）、京極高和《きょうごくたかかず》（六万石）が藩主となり、寛文十二年（一六七二）、脇坂安政《やすまさ》が信濃《しなの》飯田《いいだ》から五万三千石で入封し、脇坂氏はやがて五万一千石となり幕末まで在封する。

脇坂家の先祖安治《やすはる》は、賤《しず》ヶ岳《たけ》の戦いに七本槍の一人として名をあらわしている。

安政の子安照《やすてる》は、元禄十四年（一七〇一）三月、赤穂《あこう》藩主浅野長矩《ながのり》が江戸城で吉良《きら》義央《よしなか》に刃傷《にんじょう》におよび、切腹改易《かいえき》となったとき、赤穂城受け取りの使者にえらばれた。

八代安董《やすただ》が、歴代のなかで傑出《けっしゅつ》していた。寛政三年（一七九一）二十四歳で幕府寺社奉行に抜擢され、腐敗した宗門をびしびし摘発して名をあげた。一旦辞めて、再び奉行に登用されると、江戸の庶民は喝采《かっさい》し、「又出たと坊主びっくり貂《てん》の皮（脇坂家の旗印し）」と、落首を貼《は》った。出石《いず》藩《し》（兵庫県出石町）の藩主仙石《せんごく》家の家中騒動もみごと裁き、「五万石でも脇坂様は、花のお江戸で智恵頭」と、うたわれた。

安董はまた、領内の経済振興につくした。寛政二年（一七九〇）幕府は「物価引下げ令」を発したが、翌年、安董は藩に「価定方役所《あたいさだめかた》」をもうけた。藩内の物価を調査し決定する役所であった。灯油と紙の値段の高値に不審をもったことがきっかけとなり、役所の機構が強化されたという。酒・醤油・酢・味噌・麺《めん》から豆腐・野菜・木綿・材木・畳表《おもて》・薪木・薬種が対象となった。藩役人のほか町人代表が値段調べ方にあたった。

龍野は醤油の醸造《じょうぞう》でも有名である。文化十四年（一八一七）の上積《うわづ》み石高《こくだか》は一万石に達し、上《かみ》方《がた》市場の王者となったという。淡口《うすくち》醤油として、関西にもてはやされた。この時代、江戸藩邸に藩校敬楽館《けいごう》、龍野に文武稽古所が設置された。のち江戸の敬楽館は廃され、龍野の文武稽古所を敬楽館と改称した。

安董の嫡男で九代をつぐ安宅《やすおり》は、京都所司代から老中にすすんだ。十代安斐《やすあや》の慶応四年、戊辰戦争がおこるが、龍野藩は新政府の命により越後《えちご》に出兵した。

ＪＲ姫《き》新《しん》線本竜野駅の西の揖保《いぼ》川をわたると、鶏籠《けいろう》山のふもとに龍野城址がある。土塁や石垣がのこり、城門が復元されている。龍野公園と呼ばれる園内に、先祖安治《やすはる》をまつる龍野神社があり、重宝貂《てん》の皮が収蔵されている。また赤とんぼの歌で有名な、龍野の生んだ詩人三木露風《みきろふう》の記念碑が建っている。公園の北側に、藩主別邸聚遠亭《しゅうえんてい》（茶室）がのこっている。

尼崎《あまがさき》藩四万石

桜井家（子爵）

①**尼崎市** ②**城** ③**四万九千四百人**（明治二年〈一八六九〉） ④**三千百人**（家族を含む。明治二年〈一八六九〉）

織田・豊臣時代、尼崎郡代をつとめた建部寿徳《たけべじゅとく》の孫政長《まさなが》が、元和元年（一六一五）大坂ノ陣の功により、七百石から一躍一万石に加増され大名に列した。以後、戸田氏鉄《うじかね》（五万石）、青山幸成《よしなり》（五万石）・幸利《よしとし》（四万八千石）・幸督《よしまさ》・幸秀《よしひで》が在封し、正徳元年（一七一一）、遠江《とおとうみ》掛川（静岡県掛川市）から松平（桜井）忠喬《ただたか》が四万石で入封し、松平氏は幕末まで在封する。

六代忠栄《ただなか》の天保十年（一八三九）、藩は鶏卵《けいらん》仕法《しほう》と称する藩専売事業を実施した。鶏卵役所の手で農家の卵を集荷し、販売した。いま一つ、特産の名塩《なじお》（兵庫県西宮市）紙《がみ》を藩専売にしようとしたが、これは成功しなかった。忠栄はまた、天保十三年領内各村の献金により大砲七門を鋳造した。七代忠興《ただおき》は、有事《ゆうじ》にそなえ農兵隊をつくった。戊辰戦争では、新政府に恭順した。阪神電鉄尼崎駅の南に尼崎城址がある。城内小学校の一隅に「尼崎城址」の石柱があるばかりである。

三日月《みかづき》藩一万五千石　森家（子爵）

①佐用郡三日月町　②陣屋　③一万九千人（明治四年〈一八七一〉）④二百八十人（明治四年〈一八七一〉）

元禄十年（一六九七）森長俊《ながとし》が、本家の津山藩主森家の改易《かいえき》にともない三日月に一万五千石で立藩した。五代藩主快温《はやあつ》は寛政七年（一七九五）、私金を投じ藩校広業館を設立した。最後の藩主九代俊滋《とししげ》は、戊辰戦争に、新政府軍にくみし、奥羽征討に出陣した。三日月町は、岡山県境にちかい、JR姫新《きしん》線三日月駅付近にある。

赤穂《あこう》藩二万石　森家（子爵）

①赤穂市　②城　③三万四千人（明治四年〈一八七一〉）④二百九十人（嘉永六年〈一八五三〉）

元和元年（一六一五）姫路城主池田輝政《てるまさ》の五男政綱《まさつな》が三万五千石で赤穂《あこう》に封ぜられ、立藩したが、寛永八年（一六三一）嗣子なくして没した。当然、改易《かいえき》となるところだったが、弟輝興《てるおき》への相続がとくにみとめられた。十四年後、不祥事がおこった。正保二年（一六四五）輝興は突然発狂し、妻と侍女数人を刺殺した。輝興は本家備前《びぜん》岡山藩主池田光政《みつまさ》へお預けの身となり、所領を没収された。

次に、常陸《ひたち》笠間（茨城県笠間市）より浅野長直《ながなお》が五万三千石で入封した。長直は入封の翌正保三年、旧城の南に新城を計画し、慶安元年（一六四八）築城に着手し、十三年の歳月をついやし寛文元年（一六六一）完成した。赤穂の主産業である塩業は、長直の頃より活性化し、長直在城の二十七年間に、五千五百余石の増収をみたという。

さて赤穂浪士事件で有名な浅野長矩《ながのり》時代である。初代長直の孫で三代藩主をついだ長矩は、主要産業たる塩業に積極的に取り組んだ。その責任者は、赤穂浪士事件で〝敵役《かたき》〟となる家老大野九郎兵衛だった。藩が直接塩の販売に手をつけ、塩奉行がもうけられた。長矩はしかし、元禄十四年（一七〇一）江戸城中で吉良上野介義央《きらこうずけのすけよしなか》に刃傷《にんじょう》におよび、その身は切腹、お家は改易《かいえき》となったのだった。そこで家老大石良雄ら四十七士による吉良邸討入の壮挙が敢行された。

浅野家改易のあとをうけ、森長直《ながなお》が二万石で入封した。森家の先祖可成《よしなり》は、織田信長につかえ、その子長定《ながさだ》は「蘭丸《らんまる》」と称し、本能寺ノ変にさいし、主君信長に殉じて名をあげた。蘭丸の末弟忠政《ただまさ》が家をつぎ美作津山《みまさかつやま》（岡山県津山市）十八万六千石の城主となった。津山五代藩主衆利《あつとし》のとき、衆利が発狂し、お家が取り潰されるが、三代長武《ながたけ》の弟長直《ながなお》が召し出され、森家が再興された。

森家五代忠洪《ただひろ》の延享四年（一七四七）藩政改革がおこなわれた。勤倹貯蓄を奨励、藩主みずから私的な費用を節約して範をたれた。塩田開発や、蠟燭《ろうそく》の原料の櫨《はぜ》の植樹をふやした。しかし財政悪化はとまらず、十代忠徳《ただのり》のとき借財は二十七、八万両という巨額に達した。このため塩を藩の専売制にしている。

幕末の安政四年（一八五七）頃より、藩内に保守革新の争いがおきている。革新派の一部は脱藩し、尊攘派の牙城ともいうべき長州藩へ奔《はし》った。

赤穂市街の南に赤穂城址がある。現在、全域が国の指定史跡になっている。城郭は、明治十八年（一八八五）頃隅櫓《すみやぐら》や城壁がとりこわされ、堀が埋められて荒廃したが、昭和三十年（一九五五）、大手門・大手隅櫓・城壁の一部が復元され、平成八年（一九九六）本丸門が復元された。城址のなかに大石良雄宅跡があり、大石神社が建てられている。また市内にある花岳寺《かがく》（曹洞宗）は、藩祖浅野長直が開いた。赤穂義士四十七人の墓がある。

三《み》草《くさ》藩　一万石　丹羽家（子爵）

①加東郡社《やしろ》町　②陣屋　③八千九百人（明治二年〈一八六九〉）④百八十人（明治二年〈一八六九〉）

延享三年（一七四六）丹羽薫氏《にわしげうじ》が一万石で立藩した。薫氏の先祖氏次《うじつぐ》は、織田信長や信長の次男信雄《のぶかつ》につかえ、豊臣秀吉の養子関白秀次《ひでつぐ》にもつかえた。関ヶ原役で徳川につき、氏次に一万石があたえられた。薫氏は、氏次より七代目にあたる。三草藩六代氏中《うじのり》は慶応四年（一八六八）の戊辰戦争において、新政府に誓紙をさし出して恭順した。江戸藩邸にもうけられた仮学校が、維新後顕道館と称された。

三草藩のあった社《やしろ》町は、加古《かこ》川から出ているJR加古川線社町駅付近の町である。

村岡藩一万一千石　山名家（男爵）

①美方《みかた》郡村岡町　②陣屋　③一万五千人（明治四年〈一八七一〉）

慶長六年（一六〇一）山名豊国《とよくに》が六千七百石の旗本として領した。山名家は清和《せいわ》源氏の新田家のわかれで、足利時代、関西・中国にまたがる十一カ国を領し、世間は「六分一《ろくぶいち》どの」と称した。日本六十六カ国の六分の一を領したことをさす。

足利中期の持豊《もちとよ》（宗全《そうぜん》）は、応仁の大乱の西軍の総大将となった。戦国時代に入り衰退《すいたい》し、前記豊国は豊臣秀吉のお伽《とぎ》衆となるが、徳川の世となるにおよび、徳川とおなじ新田氏のわかれの誼《よしみ》により、六千七百石に取り立てられたのだった。

豊国より三代目の矩豊《のりとよ》の寛永五年（一六二八）、山名家は「交代寄合《こうたいよりあい》」（大名に準ずる格式）に列せられた。五代豊就《とよなり》は寺社奉行をつとめ、十代義問《よしとう》は藩校明倫館を設置した。十一代義済《よしなり》は、畜牛・養蚕・製糸の産業をさかんにした。

戊辰戦争では京都御所の守護をつとめ、五月、新政府太政官《だじょうかん》より新田四千三百石の加増がみとめられ、六千七百石とあわせ一万一千石の大名となった。村岡町は、鳥取県境にちかい山里で、御殿山に山名陣屋跡がある。いまも殿《との》町通りに武家屋敷がのこっている。

豊岡藩一万五千石　京極家（子爵）

①豊岡市　②城（杉原氏）・陣屋（京極氏）　③一万九千人（明治四年〈一八七一〉）　④七百九十人（家族を含む。明治二年〈一八六九〉）

関ヶ原役で豊岡二万石城主杉原長房《ながふさ》は西軍に味方するが、東軍に誼《よしみ》を通じ、また夫人が浅野長《なが》政《まさ》（甲斐《かい》府中〈甲府市〉城主）の娘であるところから本領を安堵《あんど》された。三代目の重玄《しげはる》が十七歳で没し、後継ぎがなく改易《かいえき》となった。寛文八年（一六六八）、丹後《たんご》田辺（京都府舞鶴市）より京極高盛《たかもり》が三万三千石で入封した。享保十一年（一七二六）四代高寛《たかのり》が十歳で没し、無嗣改易の危機をむかえるが、弟高永《たかなが》に一万五千石をもって家名相続がゆるされた。八代高行《たかゆき》は藩校稽古館を創立した。豊岡市は日本海岸にちかく、付近に城崎《きのさき》温泉・玄武洞《げんぶどう》などの景勝地がある。市街の南寄りに、豊岡城址がある。

出石《いずし》藩三万石　仙石家（子爵）

①出石郡出石町　③六万五千八百人（文化十四年〈一八一七〉）　④四百二十人（宝永八年〈一七一一〉）

文禄四年（一五九五）、小出吉政《こいでよしまさ》が豊臣秀吉より出石《いずし》六万石をあてがわれて城主となった。関ヶ原役に吉政は西軍にくみするが、弟秀家《ひでいえ》が東軍徳川にぞくして戦功をたて、その功によって吉政の罪は不問となり、出石領を安堵《あんど》された。元禄八年（一六九五）九代目の英及《ふさつぐ》が二歳で藩主をつぐが、翌年亡《な》くなり、無嗣改易《かいえき》となった。

ついで元禄十年（一六九七）、武蔵岩槻《むさしいわつき》（埼玉県岩槻市）より松平（藤井）忠周《ただちか》が四万八千石で入封し、宝永三年（一七〇六）信濃《しなの》上田（長野県上田市）へ転封した。さて上田から交替に仙石《せんごく》政明《まさあきら》が五万八千石で入封し、仙石氏は幕末まで在封する。仙石家の先祖権兵衛《ごんべえ》秀久《ひでひさ》は、羽柴秀吉につかえて累進《るいしん》し、天正八年（一五八〇）淡路洲本《あわじすもと》五万石城主となっている。政明は秀久より四代目になる。

出石三代政辰《まさとき》のとき、養蚕・絹織物・生糸や陶磁器の生産をさかんにするが、城下の大火や天災がつづき領内は疲弊《ひへい》し、藩財政が極度に悪化した。六代政美《まさよし》の文政二年（一八一九）頃、借財が六万両にふえ、利息だけで年に六千両を支払った。年間収入の倍の借財だった。藩財政の再建をめぐり、改革派と守旧派が対立し、お家騒動をおこしている。このため三万石に減封された。

戊辰戦争に、藩内は勤王・佐幕にわかれるが、藩主久利《ひさとし》は勤王にくみし、藩は京都警護に上洛した。

現在出石城址は、稲荷《いなり》台・本丸・二ノ丸の石垣が殆ど完全なかたちでのこっている。昭和四十三年（一九六八）本丸隅櫓《すみやぐら》が復元された。城址のちかくに家老屋敷跡があり、長屋門や白壁の塀がのこっている。

柏原《かいばら》藩二万石　織田家（子爵）

①氷上《ひかみ》郡柏原町　②陣屋　③一万七千五百人（明治二年〈一八六九〉）　④九百人（家族を含む。明治二年〈一八六九〉）

天正年間（一五七三〜九二）、織田信長の弟信包《のぶかね》が、三万六千石で柏原《かいばら》を領した。信則《のぶのり》・信勝《のぶかつ》と在封するが、信勝に子がなく改易《かいえき》となった。一時廃藩となり、元禄八年（一六九五）信長の次男信雄《のぶかつ》の五男高長《たかなが》を家祖とする信休《のぶひさ》が、大和宇陀《やまとうだ》（奈良県大宇陀町）より二万石で入封した。四代信憑《のぶより》のとき、財政困難により六十一人が浪人となり、藩士の俸禄は、百石につき三十一石が減らされた。八代信敬《のぶのり》は、藩政改革を志し、藩校又新館《ゆうしんかん》をもうけた。九代信民《のぶたみ》もまた、藩校崇広館《そうこうかん》を建てた。最後の藩主信親《のぶちか》は、戊辰戦争に、積極的に新政府軍に協力した。柏原町内に現存する陣屋跡に、正徳三年（一七一三）織田信休《のぶひさ》が建てた桃山時代風の書院がのこっている。長屋門や馬見《うまみ》所・砲庫がある。昭和四十六年（一九七一）、国の史跡に指定された。

篠山《ささやま》藩六万石　青山家（子爵）

①篠山市　②城　③五万八千七百人（明治二年〈一八六九〉）　④八百六十人（明治二年〈一八六九〉）

最初、篠山《ささやま》の城は八上《やかみ》（篠山市八上）にあった。慶長十三年（一六〇八）、八上城主前田茂勝《しげかつ》

（丹波亀山城主前田玄以《げんい》の次男）が狂乱により改易《かいえき》され、常陸《ひたち》笠間（茨城県笠間市）より松平（松井）康重《やすしげ》が五万石で八上城主となった。翌十四年、徳川家康の命により、篠山に新城がつくられることになった。大坂城の豊臣への押さえと山陰道の要衝《ようしょう》としての篠山が重要視されたのだ。近畿・中国・四国十五カ国二十の大名が、築城にかり出された。元和五年（一六一九）康重が和泉《いずみ》岸和田（大阪府岸和田市）へうつり、松平（藤井）信吉《のぶよし》（五万石）・忠国《ただくに》、松平（形原《かたのはら》）康信《やすのぶ》（五万石）・典信《すけのぶ》・信利《のぶとし》・信庸《のぶつね》・信岑《のぶみね》らが在封した。

そして寛延元年（一七四八）、丹波《たんば》亀山（京都府亀岡市）より青山忠朝《ただとも》が五万石で入封し、ここに青山氏は幕末まで在封する。青山二代の忠高《ただたか》は、藩校振徳堂《しんとくどう》をつくり、四代忠裕《ただやす》は養正斎《ようせいさい》・成《せい》始《し》斎《さい》の二校舎を増築した。

領内は茶の生産農家が多く、文政八年（一八二五）には領内八パーセントの土地が茶園となった。また日本六古窯《こよう》の一つ、立杭《たちくい》三カ村の立杭焼（丹波焼）が有名で、承応三年（一六五四）、藩の一手買い上げによる専売制にしている。

四代忠裕は、老中としての功績により、文政十年（一八二七）一万石を加増され、禄高六万石となった。

戊辰戦争では、新政府より派遣された山陰道鎮撫《ちんぶ》使に恭順した。

篠山城址は、篠山市の中央部にあり、外堀と本丸の石垣がのこされている。本丸跡の青山神社に、先祖忠俊《ただとし》（三代将軍家光の傅役《もり》、老中）と、老中をつとめた忠裕がまつられている。

三田《さんだ》藩三万六千石　九鬼家（子爵）

①三田市　②陣屋　③二万三百人（明治二年〈一八六九〉）　④六百六十人（家族を含む。明治二年〈一八六九〉）

慶長六年（一六〇一）播磨三木《はりまみき》（兵庫県三木市）より有馬則頼《のりより》が二万石で入封した。則頼没後一時廃藩となるが、のち寛永三年（一六二六）、松平（能見《のみ》）重直《しげなお》が入り、このあと寛永十年（一六三三）九鬼久隆《くきひさたか》が三万六千石で入封し、九鬼家が幕末まで在封する。久隆は、戦国時代九鬼水軍の名をとどろかせた九鬼嘉隆《よしたか》の孫である。志摩鳥羽《しまとば》（三重県鳥羽市）城主守隆《もりたか》の五男だった。守隆没後、兄の三男隆季《たかすえ》（丹波《たんば》綾部一万九千石）と家督争いをおこし、幕府の裁定により三田《さんだ》にうつされた。

十代隆国《たかくに》のとき、藩校造士《ぞうし》館が設立された。洋学がさかんで、家臣のなかより、のち幕府の洋学校ともいうべき蕃所調所《ばんしよしらべどころ》（のち東京大学）教授となった川本幸民が出ている。

十三代隆義《たかよし》は、藩政改革をおこない、藩の兵備を洋式にあらためた。慶応三年（一八六七）、勤王討幕に藩論が統一され、翌年正月の鳥羽伏見の決戦に、洋式一個小隊が新政府軍に参加した。

大阪から出ているＪＲ福知山線三田駅の西に、金心《こんしん》寺（真言宗）がある。山門が九鬼家下屋敷の黒門である。またちかくの心月《しんげつ》院（曹洞宗）が九鬼家の菩提寺で、歴代藩主の墓がある。

Ⅶ　山陽・山陰

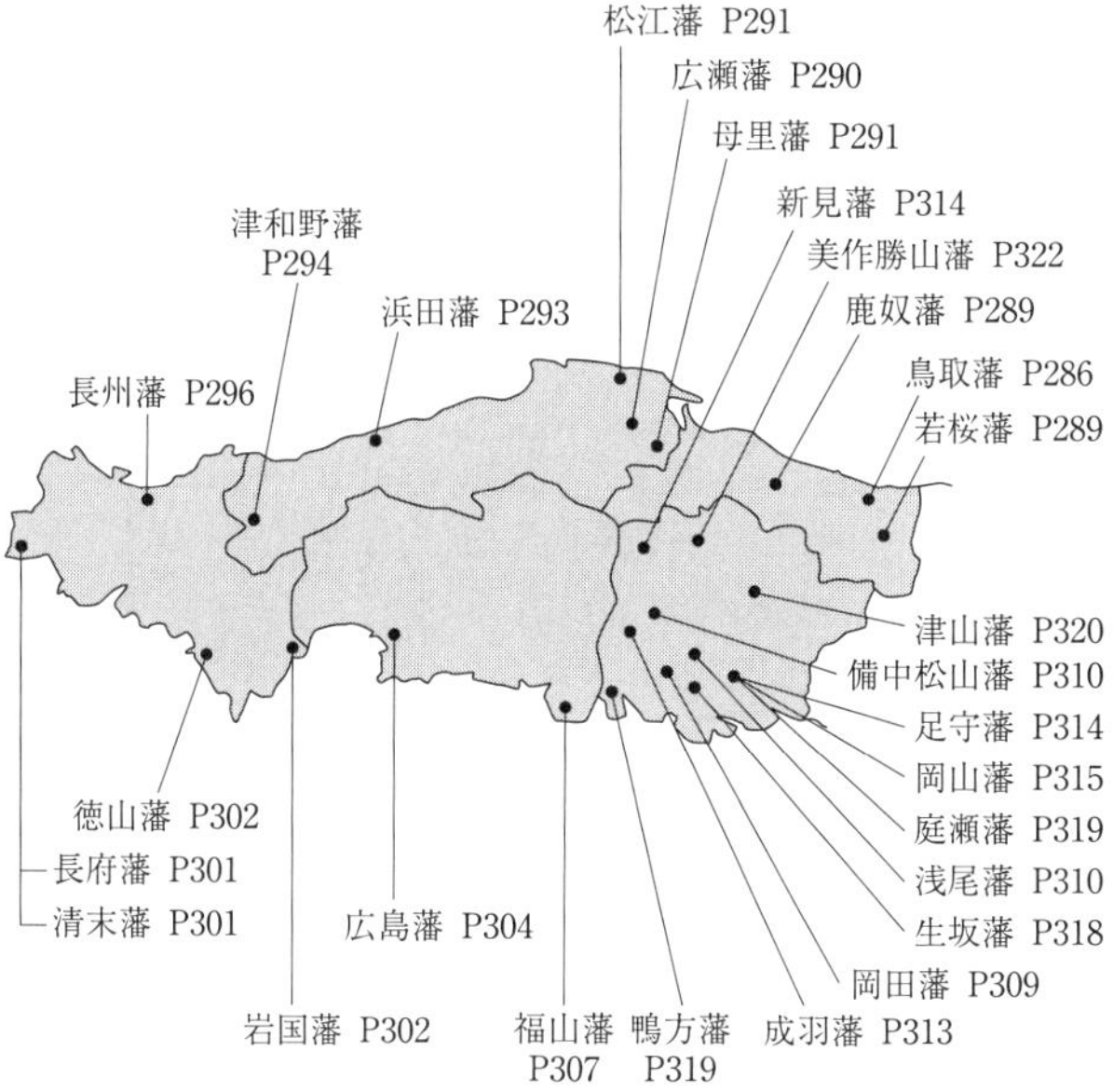
松江藩 P291
広瀬藩 P290
母里藩 P291
新見藩 P314
美作勝山藩 P322
鹿奴藩 P289
鳥取藩 P286
若桜藩 P289
津和野藩 P294
浜田藩 P293
長州藩 P296
津山藩 P320
備中松山藩 P310
足守藩 P314
岡山藩 P315
庭瀬藩 P319
浅尾藩 P310
生坂藩 P318
岡田藩 P309
成羽藩 P313
徳山藩 P302
長府藩 P301
清末藩 P301
広島藩 P304
岩国藩 P302
福山藩 P307
鴨方藩 P319

鳥取藩三十二万石　池田家（侯爵）

①鳥取市　②城　③三十七万一千六百人（明治二年〈一八六九〉）　④五千四百人（慶応二年〈一八六六〉）

慶長五年（一六〇〇）関ヶ原役で西軍に味方した鳥取城主宮部《みやべ》長熙《ながひろ》は改易《かいえき》となり、池田信輝《のぶてる》（恒興《つねおき》。輝政《てるまさ》の父）の三男池田長吉《ながよし》が六万石で封ぜられ、子の長幸《ながよし》の元和三年（一六一七）、備中《びっちゅう》松山（岡山県高梁《たかはし》市）へうつった。かわりに、池田光政《みつまさ》（輝政の嫡男利隆《としたか》の子）が播磨《はりま》姫路より三十二万石で入ったが、寛永九年（一六三二）、備前《びぜん》岡山へうつり、光政の従兄弟《いとこ》で岡山藩主の池田光仲《みつなか》が三十二万石で鳥取に入った。池田家は、織田信長につかえた信輝のとき大名に取り立てられた。本能寺ノ変後、柴田勝家・丹羽《にわ》長秀《ながひで》・羽柴秀吉とともに、織田の宿老四人のうちにかぞえられた。のち秀吉につかえ、秀吉が家康と戦った長久手《ながくて》（尾張《おわり》〈愛知県〉）の戦いで戦死した。信輝の次男輝政が家督をつぎ、関ヶ原役に東軍に味方し、播磨姫路五十二万石城主となった。輝政は、家康の次女督姫（富子）を継室にむかえ、次男忠継《ただつぐ》、三男忠雄《ただかつ》をもうけた。備前岡山城主となった忠継が死去し、忠雄が岡山へ入り、そして子の前記光仲が鳥取へ入封したのである。家康は、光仲の外祖父にあたる。

五代藩主重寛《しげのぶ》の明和二年（一七六五）、藩は強力な殖産振興を目ざし、藩専売による国産物増産の第一歩として、蠟《ろう》座をもうけた。蠟燭《ろうそく》は生活の必需品で、原料となる櫨実《はぜのみ》の育成から蠟製造、売買までをおこなった。寛政七年（一七九五）より国産方をもうけ、牛の角《つの》から櫛《くし》・笄《こうがい》細工をつくる仕事を奨励したのをはじめ、砥石《といし》や剃刀《かみそり》を扱い品目にくわえ、ついで砂糖をあつかった。領内最大の産業は、〝タタラ製鉄〟と呼ばれる鉄山経営だった。タタラとは、砂鉄から鉄分をふきわけるフイゴをさす。島根県境にちかい日野郡だけで、約百七十カ所の鉄山があったという。天保六年（一八三五）、境《さかい》村（境港《さかいみなと》市）に、半官半民の日野郡鉄山融通会所ができた。幕末の総生産高は、二万三千百九十駄にのぼった。

五代重寛《しげのぶ》の宝暦六年（一七五六）、藩校尚徳館が開かれた。江戸の中期以降、領内に和歌や俳句が流行した。明和三年（一七六六）五百余首の歌をあつめた『稲葉和歌集』が編纂《へんさん》された。同五年、俳句の『豊鋤』が出た。豪農安藤吉左衛門（号は蘭鳥）の手になるもので、鳥取・倉吉・米子の俳人の句がおさめられた。文化十三年（一八一六）、鳥取の商人鼠屋九兵衛（号は吹万堂大蕉）の『吹万堂三十六轡《くつわ》』が刊行、町人から武士・僧侶・山伏・医師が句をよせている。医学方面では、江戸の蘭法医学の権威大槻玄沢《おおつきげんたく》にまなんだ稲村三伯が、オランダ辞書『波留麻和解《はるまわげ》』を上梓《じょうし》した。

諸藩の例にもれず、鳥取藩も幕末にちかづくにつれ、借財が多くなり、文政三年（一八二〇）、合計八十一万八千余両にのぼった。家臣の俸禄は、四分の一に下げられた。

嘉永三年（一八五〇）十二代藩主に、水戸徳川家より当主斉昭《なりあき》の五子昭徳《あきのり》（のち慶徳《よしのり》、十五代将軍慶喜《よしのぶ》の兄）が入った。藩経済活性化のかなめである国産方役所を復活させ、殖産興業を活発にした。役所の事業に、煎茶《せんちゃ》・人参・陶器・算盤《そろばん》・銅・綿実繰《く》り・素麺《そうめん》・白粉《おしろい》・三月雛《びな》などがくわえられた。軍制も改革・再編成され、新鋭の足軽銃隊・砲隊がくわわり、藩主親衛隊が新設された。

尊攘運動が全国にひろまった文久三年（一八六三）、京都伏見屋敷の留守居役河田左久馬（景与《かげとも》、のち子爵）を盟主とする尊攘過激派二十二名が、藩主側近の保守派を襲い斬殺した。過激派一名は自害、一名は行方をくらまし、二十名が自首し幽囚の身となった。盟主河田左久馬は、維新後の明治四年（一八七一）、藩主にかわる県権令《ごんれい》（知事）をつとめている。慶応四年（一八六八）正月、鳥羽伏見の戦いがおこると、家老荒尾成幸の決断により、新政府側についた。前記河田左久馬は、東山道征討総督参謀として活躍した。藩主慶徳《よしのり》は、戊辰戦争の軍功により、賞典禄三万石をあたえられた。

ＪＲ山陰本線鳥取駅の北に鳥取城址がある。久松山《きゅうしょうやま》の山上に、天守閣・月見櫓《やぐら》・車井戸跡、西麓に二ノ丸・馬場跡などの石塁・石垣がのこっている。また、鳥取駅の西の玄忠寺《げんちゅうじ》（浄土宗）に荒木又右衛門の墓がある。又右衛門は、鳥取初代藩主池田光仲《みつなか》の父忠雄《ただかつ》が岡山藩主時代の家臣渡辺数馬《かずま》の仇河合又五郎を伊賀上野で討つのを助け、雄名をはせた。仇討ち後、藩主光仲は荒木・渡辺の両人を鳥取にむかえ厚く遇した。又右衛門は、鳥取到着後まもなく四十歳で死去した。

若桜《わかさ》藩二万石

池田家（子爵）

①八頭《やず》郡若桜町に居館（西館）　②陣屋はなく、鳥取城のちかく

若桜《わかさ》町は、若桜鉄道の終点で、兵庫県境にちかい山里の町である。慶長五年（一六〇〇）若桜二万石城主木下（荒木）重堅《しげかた》が関ヶ原役で西軍に味方し、敗戦により自害し改易《かいえき》となった。翌年、摂津三田《せっつさんだ》（兵庫県三田市）より山崎家盛《いえもり》が三万石で入封した。その後家盛の子家治《いえはる》がつぐが、元和三年（一六一七）備中成羽《びっちゅうなりわ》（岡山県成羽町）へうつされた。元禄十三年（一七〇〇）、鳥取二代藩主池田綱清《つなきよ》の弟清定《きよさだ》が、兄綱清より一万五千石を分与された。明治元年（一八六八）、それまでの鳥取新田《しんでん》藩の名を若桜に改称した。

鹿奴《しかの》藩三万石

池田家（子爵）

①気高《けたか》郡鹿野町に居館（東館）　②陣屋はなく、鳥取城のちかく

天正九年（一五八一）、尼子《あまこ》氏（出雲富田《いずもとだ》〈島根県広瀬町〉城主）の旧臣亀井茲矩《これのり》が羽柴秀吉の鳥取城攻めに功をあらわし、秀吉より一万三千石で鹿奴《しかの》城をあたえられた。関ヶ原役で亀井は東軍徳川にくみし、三万八千石に加増された。慶長十二年（一六〇七）茲矩は、幕府より海外貿易

の朱印状《しゅいんじょう》をうけ、朱印船をシャム（タイ）に派遣した。子の政矩《まさのり》の天和三年（一六一七）、石見《いわみ》津和野（島根県津和野町）へうつった。その後池田光仲《みつなか》が鳥取城主となり、貞享二年（一六八五）光仲が家督を嫡男綱清《つなきよ》にゆずったとき、次男仲澄《なかずみ》に二万五千石（のち三万石）を分知した。鳥取城下に居所をおき、鳥取新田《しんでん》藩としたが、明治元年（一八六八）、十代徳澄《のりずみ》のとき鹿奴《しかの》藩と改称した。鹿野町は、JR山陰本線浜村駅の南の山里の町で、亀井茲矩が築城した鹿奴城址がある。

島根

広瀬藩三万石　松平家（子爵）

①能義郡広瀬町　②陣屋　③二万六千三百人（明治二年〈一八六九〉）**④千五百人**（家族を含む。明治二年〈一八六九〉）

寛文六年（一六六六）、松江初代藩主松平直政《なおまさ》の次男近栄《ちかよし》が、兄の松江二代藩主綱隆《つなたか》より三万石を分知され、広瀬に立藩した。八代直寛《なおひろ》の嘉永三年（一八五〇）、多年の幕府公役（勅使御馳走人など）の精励をみとめられ城主格に列せられた。広瀬町は、鳥取県境にちかく、安来《やすぎ》市（安来《やすぎ》節《ぶし》の発祥地）の南にある。産業には、和紙・鋳物《いもの》・陶器・絣《かすり》織物（広瀬絣、無形文化財）がある。ちなみに広瀬町にのこる富田《とだ》城址は、十六世紀、中国十一カ国に君臨した尼子《あまこ》経久《つねひさ》の本拠のあった城跡である。広瀬町の東の月山《がっさん》に、空《から》堀や石垣・井戸跡がのこっている。

母里《もり》藩一万石　松平家（子爵）

①能義郡伯太町　②陣屋　③八千二百人（明治二年〈一八六九〉）④二百二十人（安政元年〈一八五四〉）

寛文六年（一六六六）、松江初代藩主松平直政《なおまさ》の三男隆政《たかまさ》が、兄の松江二代藩主綱隆《つなたか》より一万石を分知され立藩した。三代直員《なおかず》は行状がわるく、財政が悪化し、領民の逃散《ちょうさん》（他領への逃亡）が多かった。四代直道《なおみち》のとき、藩主に嗣子がなく、藩主愛妾を妻とした家臣平山弾右衛門が、妻の子を藩主のお胤《たね》と称し、お家乗っ取りを企む事件が発生した。本藩が介入し、平山は斬首に処せられ、一味はことごとく追放された。伯太《はくた》町は鳥取県との県境いの町で、伯太中学校の西の高台に母里《もり》藩庁跡がある。なお伯太町は、西日本一のチューリップの栽培地として有名である。

松江藩十八万六千石　松平家（伯爵）

①松江市　②城　③二十九万五千五百人（明治二年〈一八六九〉）④一万九千六百人（家族を含む。明治二年〈一八六九〉）

慶長五年（一六〇〇）、中国地方に広大な領土をもち松江を支配した毛利氏が、周《す》防《おう》・長門《ながと》（山口県）へうつされ、遠江《とおとうみ》浜松（静岡県浜松市）十二万石城主堀尾《ほりお》忠氏《ただうじ》が、二十四万石で松江城主となった。このあと、京極忠高《きょうごくただたか》（二十四万石）をへて、信濃《しなの》松本より松平直政《なおまさ》が十八万六千石で松江城主となり、松平氏は幕末まで在封する。

松江の産物で有名なのは、鉄と蠟燭《ろうそく》、朝鮮人参、そして木綿である。鉄は、この地方特有の、砂鉄から製錬《せいれん》する〝タタラ製鉄〟である。初代直政の頃から鉄に目をつけ、その後製鉄を藩営の事業にしている。享保十一年（一七二六）から、鑪株《たたらかぶ》（一種の同業組織）を設定し、鉄師（業者）仲間の独占を免許した。有力な鉄山師として、田部《たなぶ》・桜井・絲原《いとはら》の三家がある。田部家は二万四千町歩、桜井家三千四百町歩、絲原家三千町歩の大山林地主だった。大きな鉄山になると、大鍛《か》冶《じ》屋が一、二軒付属し、家族をあわせ三百人を越える人たちが、一つの山内に暮らした。

七代藩主として治好《はるたか》（のち治郷《はるさと》）が登場する。不昧《ふまい》の号が有名である。治好は、国老朝日丹波を起用した。丹波の徹底改革が成功し、藩主襲封時、六百九十両に過ぎなかった藩の金は、翌年早くも、七千二百三十余両に激増した。財政好転をみて茶道愛好家の藩主は湯水のように黄金を散じ、天下の名器をあつめはじめた。蒐集《しゅうしゅう》と研究は、『古今名物類聚《るいじゅう》』十八巻、『瀬戸《せと》陶器濫觴《らんしょう》』三巻となって結実し、茶道史上の好資料として今日も高く評価されている。

最後の藩主十代定安《さだやす》は、慶応四年（一八六八）の鳥羽伏見の戦いに、新政府軍側に立ち、京都守衛のため上洛した。ちなみに、定安の先代九代藩主斉貴《なりたけ》は、時計マニアとしてきこえ、いまも国立科学博物館に、斉貴所蔵の「葵《あおい》紋入りの二挺天府目覚《めざまし》付櫓《やぐら》時計」が収蔵展示されている。

ＪＲ山陰本線松江駅北西の城山《じょうざん》公園に、松江城址がある。天守閣のほか、多聞櫓《たもんやぐら》や本丸・二ノ丸の堀・石垣がのこっている。昭和九年（一九三四）国の史跡に指定され、昭和十年天守閣が国の重要文化財となった。城址の裏手の塩見《しおみ》縄手《なわて》に、武家屋敷がのこり、ここの西端に、小泉八雲旧居がある。八雲は、旧藩の風情の漂う松江の町を愛し、その著作にたびたび描いている。また市の北方に、茶人松平不昧《ふまい》の好みによって建てられた茶亭菅田庵《かんでんあん》が建っている。

浜田藩六万一千石　松平家（子爵）

①浜田市　②城　③八万四千七百人（天保十年〈一八三九〉）　④三千九百七十人（鶴田藩。家族を含む。明治二年〈一八六九〉）

元和五年（一六一九）、伊勢松阪（三重県松阪市）城主古田重治《しげはる》が、五万五千石で浜田城主となり、立藩した。子の重恒《しげつね》のとき、嗣子にめぐまれず改易《かいえき》となった。慶安二年（一六四九）、播磨《はりま》山崎（兵庫県山崎町）より松平（松井）康映《やすてる》が五万石で入封した。

松平（松井）氏は、康映のあと、康官《やすのり》・康員《やすかず》・康豊《やすとよ》・康福《やすよし》と在封し、宝暦九年（一七五九）、康福は下総《しもうさ》古河（茨城県古河市）へ移封した。このあと、本多忠敞《ただひさ》（五万石）・忠盈《ただみつ》・忠粛《ただとし》、松平（松井）康福《やすよし》（六万石、再封）・康定《やすさだ》・康任《やすとう》・康爵《やすたか》と在封した。そして天保七年（一八三六）、上野《こうずけ》館林《たてばやし》（群馬県館林市）より松平（越智）斉厚《なりあつ》が六万一千石で入封し、松平氏は幕末まで在封する。

松平氏の初代清武《きよたけ》は六代将軍家宣《いえのぶ》の弟、二人の父綱重《つなしげ》は、三代将軍家光の三番目の子だった。兄が五代将軍綱吉の世子となると、清武は、宝永四年（一七〇七）、上野館林二万四千石の藩主となり、正徳二年（一七一二）五万四千石に加増された。三代目の武元《たけちか》は老中を三十二年つとめ、禄高も六万一千石にふえた。

浜田初代の斉厚は、天保七年の大飢饉にさいし、「永康倉《えいこうそう》」と名づけた米穀貯蔵庫を領内各村に設置させた。また藩校道学館をもうけた。

幕末浜田藩は、慶応二年（一八六六）の第二次長州戦争で破滅の瀬戸際に追い詰められる。長州軍の参謀大村益次郎《ますじろう》ひきいる千余名が、幕軍を蹴散らして浜田城に迫った。城下は大混乱となり、城中は恐慌《パニック》におちいった。まず藩主夫人が世子熊若丸《くまわか》（のち武修《たけなが》）をつれ、数人の侍女とともに、宵闇にまぎれて松原湾から日本海上に逃れ、ついで、病身の四代藩主武聡《たけあきら》は、用人生田精《いくたくわし》に背負われて城中を脱し、海上の船に逃れた。藩主一族は、一時松江に身を寄せ、浜田藩の飛地《とび》領美作《みまさか》鶴田《たづた》（岡山県久米《くめ》町）にたどりついた。浜田松平家は、慶応三年鶴田八千石に二万石をくわえられ、四年五月、新政府より加増されて六万一千石となった。

ＪＲ山陰本線浜田駅の西、松原湾に面して浜田城址がある。城の建物は長州戦争でことごとく焼失し、わずかに石垣がのこっている。桜と紅葉の名所である。

津和野藩四万三千石　亀井家（伯爵）

①鹿足《かのあし》郡津和野町　②城　③六万八千六百人（文化二年〈一八〇五〉）④五千七十人（家族を含む。明治二年〈一八六九〉）

慶長六年（一六〇一）坂崎直盛《なおもり》が三万石で津和野城主となり、のち一万石を加増された。直盛は、元和二年（一六一六）、本多忠刻《ただとき》（桑名城主本多忠政の子）に嫁《とつ》ぐ千姫（豊臣秀頼未亡人、秀頼死後忠刻に嫁す）を途中奪おうとして発覚、切腹を命ぜられ、お家は断絶した。坂崎氏のあと、因幡《いなば》鹿奴《しかの》（鳥取県鹿野町）より亀井政矩《まさのり》が四万三千石で入った。亀井氏は幕末まで在封した。

亀井氏初代茲矩《これのり》は、温泉で有名な玉造《たまつくり》（島根県玉湯町）の出身だった。はじめ湯新十郎国綱と称し、元亀二年（一五七一）山中鹿之介（主家尼子家再興に尽し殺害される）の養女をめとり、妻の実家の姓「亀井」を名乗った。尼子氏につかえ、主家がほろびてから、豊臣秀吉につかえた。

初代藩主政矩が三十歳で急逝し、三歳の大力《だいりき》（茲政《これまさ》）が跡目をつぐが、従来藩政を牛耳ってきた尼子旧臣グループと、新興の執政多胡《たご》真清《さねきよ》とのあいだにお家騒動がおこった。幕府が介入し、結局旧臣グループの首謀者は切腹に処せられ、連累《れんるい》七十七名が追放された。勝ちのこった多胡は三人の子どもと藩政に力をふるい、産業振興につくして、津和野藩に莫大な富の蓄積をもたらした。

真清の子真益《さねます》は家老に就任するや、まず津和野の町の東につらなる連山に着目、山の傾斜面に、雛《ひな》段状の田畑開発をくわだてた。百姓はもちろん、家中の物頭《ものがしら》以下足軽小者、町人が開墾《かいこん》にかり出され、牛が身動きできないような狭い土地にも鍬《くわ》がいれられた。米作はじめ楮《こうぞ》（紙の原料）・櫨《はぜ》（蠟燭《ろうそく》の原料）・漆《うるし》・茶が植え付け栽培された。やがて成果があがり、元禄元年（一六八八）、五千三百余石の増収をみた。また、「石州半紙」の名で知られる和紙生産も飛躍的に伸びた。

災害がつづき藩財政が窮乏化したにもかかわらず、八代藩主矩賢《のりかた》は藩校創設という教育投資に踏みきった。天明六年（一七八六）城下に校舎が完成、養老館と名づけられた。十一代をついだ茲監《これみ》は弘化四年（一八四七）、江戸深川の下屋敷を売却し、その代金七千両に御納戸《おなんど》非常手当金三千両をあわせ一万両を教育基金にした。手はじめに、藩校養老館に武道教場がつくられた。施設を大増築し、蘭医・国学を科目にもうけた。国学はやがて、津和野藩の教育のバックボーンとなる。幕末の代表的国学者大国隆正《おおくにたかまさ》が中心で、隆正にまなんだ福羽美静《ふくばよししず》が京にのぼって尊王攘夷の諸藩と交流し、そしてのち徴士《ちょうし》（各藩より選出）として朝廷太政官《だじょうかん》（内閣）の御用をつとめた。戊辰戦争がおこるや、藩主茲監は上洛して親征大総督錦旗《きんき》守衛をつとめた。そして茲監は明治政府の宗教行政のかなめともいえる神祇《じんぎ》官副知事、福羽美静、大国隆正は権判事となった。

JR山口線津和野駅の南に、津和野城址がある。雄大な石垣が往時の偉容を偲《しの》ばせる。また城址と駅の中間に、家老多胡《たご》家の表門がのこされている。城址の南方の津和野川河畔に、明治の文豪森鷗外《おうがい》の生家がある。

山口

長州藩三十六万九千石　毛利家（公爵）

①萩市　②城　③六十万八千人（明治四年〈一八七一〉）④五千六百七十人（明治元年〈一八六八〉）

元勲として大正末まで政界に君臨した山県有朋《やまがたありとも》は、長州藩最下層の蔵元付仲間《くらもとつきちゅうげん》の家にうまれた。

小助といった少年時代、藩校明倫《めいりん》館の使い走りの手子役をしていたが、某日、学頭の使いで往来に出たところ、折り悪しく土砂降りの雨となった。そのとき向こうから上士で明倫館に学ぶ有地《ありち》品之《しなの》允《じょう》がやってきた。下級の者は上士に会えば、下駄を脱《ぬ》いで土下座せねばならない。烈しい吹き降りのなか、小助は下駄を脱ぎ泥濘《でいねい》の地面に手をついた。たまたま、泥の飛沫《ひまつ》が、品之允の袴《はかま》の裾にとび、怒った有地は佩刀《はいとう》に手をかけ、斬りかかろうとした。さすがの小助も堪忍袋の緒《お》が切れそうになったが、ようやく我慢し、ことなきをえた。幕末当時、長州藩の身分制のきびしさを物語るエピソードである。しかしその身分制の壁を打ち破り、百姓町人主体の奇兵隊を誕生させ、維新革命のエネルギーを噴出させたのも長州藩だった。

そのはじまりは、関ヶ原役に、西軍の総大将にかつがれた毛利輝元《てるもと》が、敗戦により中国八カ国百十二万石の大封から周防《すおう》・長門《ながと》二カ国三十六万九千石に減封となり、慶長九年、萩に築城した。毛利家は、安芸《あき》吉田（広島県吉田町）の小領主の家にうまれた元就《もとなり》（輝元の祖父）によって大をなした。元就ははじめ尼子《あまこ》晴久《はるひさ》に属し、のち大内義隆《おおうちよしたか》の麾下《きか》に転じ、弘治元年（一五五五）、陶《すえ》晴賢《はるかた》を厳島《いつくしま》に破って周防・長門を平定、そして中国十カ国を領したのだった。長州藩創設当初、分家の吉川広家《きっかわひろいえ》に岩国（岩国市）三万石、毛利秀元《ひでもと》（輝元の養子）に長府《ちょうふ》（下関市）三万六千石、さらに輝元の次男就隆《なりたか》に徳山（周南市）三万一千石を分封している。そして一門六家がもうけられた。

藩の文化興隆につくしたのは、六代藩主吉元《よしもと》である。萩に藩校明倫館を創設。『萩藩閥閲《ばつえつ》録』

『防長寺社由来』『地下上申《じげじょうしん》』などが編纂《へんさん》された。

八代藩主重就《しげたか》は悪化した藩財政にメスをいれた。宝暦元年（一七五一）襲封するが、この頃長州藩は、銀三万貫（米に換算し六十万石に相当）の負債をかかえ、収支も毎年赤字だった。宝暦十一年（一七六一）重就は、現在の開発局ともいえる「撫育方《ぶいく》」をもうけ、本格的な財政再建に乗り出した。また藩御用達の酒造業者、熊谷《くまや》五右衛門を御用商人に起用し、御用金の調達を命じた。五右衛門は九年間で藩内の豪農商より銀五千百五十六貫五百匁を調達し上納した。そして下関・中関《なかのせき》（防府《ほうふ》市）・室積《むろづみ》（光市）に港をもうけ、港の倉庫業と融資業務をはじめた。従来、京・大坂へ荷を送る船は敦賀で陸揚げして琵琶湖経由で運んでいたのが、下関を経て瀬戸内海を通る西回り航路にかわり、瀬戸内海における商品流通量は、飛躍的に増大した。その有利な地理的条件を活用し、藩管理の港が賑わった。

いま一つ撫育方の事業に、塩田の開発がある。二百十七町余におよび、年産二十一万七千余石の塩を生産し、国内では播磨《はりま》（兵庫県）につぐ塩生産地となった。

しかし幕末、十四代敬親《たかちか》が襲封した頃は財政が窮乏化し、藩の負債総額は歳入の二十四倍に達していたという。敬親は、藩内きっての財政家村田清風《せいふう》を、「仕組掛《しくみがかり》」に抜擢し、藩政改革をまかせた。清風は農民らに不評の、藩の国産方会所専売の藍《あい》の統制を撤廃《てっぱい》し、綿《わた》・木綿織《おり》の自由販売をみとめた。櫨《はぜ》（蠟《ろう》の原料）についても統制をゆるめた。莫大な負債は、無利息元金据置《すえおき》、元金据置利払い、年賦《ねんぷ》償還で切り抜けた。藩士・農民に俸禄半減、馳走米（増税）などの新たな負担を求めた。その一方で港々の越荷方《こしに》（倉庫金融業）の業務が拡大された。下関に物産総会所がもうけられ、奥羽・北陸・山陰・九州・四国ら他国の廻船の積荷《つみに》を担保に金融がおこなわれた。

村田清風にかわって、安政（一八五四～六〇）にはいり、政務役（家老）周布政之助《すふまさのすけ》が登場し、長州藩は幕末政界の雄としての顔を見せはじめる。政之助は、安政改革を断行した。有能な下級武士を登用し、洋学の振興・洋式兵器の整備による軍事改革をはじめた。

一時、直目付《じきめつけ》長井雅楽《うた》による、幕府と協調し開国貿易をめざす「航海遠略策《えんりゃくさく》」が、幕府の支援をえて脚光を浴《あ》びるが、文久二年（一八六二）、尊王攘夷派の久坂玄瑞《くさかげんずい》がこれに反対した。高杉晋作・桂小五郎らが久坂に同調した。文久三年（一八六三）二月、長井雅楽が切腹し、長井にくみする佐幕派は鳴りをひそめた。

長州藩尊攘派の精神的支柱となったのは吉田松陰である。松下村塾《しょうかそんじゅく》より、久坂・高杉はじめ維新激動の世紀にはばたく人材が多く輩出した。文久三年五月、長州藩は下関沖通行のアメリカ商船、フランス・オランダ軍艦を砲撃した。アメリカ・フランスはただちに報復し、下関砲台を攻撃、上陸して諸砲台を占領し、のち引き揚げた。外敵の攻撃に無力を痛感した長州藩は、高杉晋作に新たな軍隊の創設を命じた。奇兵隊である。山県有朋は、奇兵隊軍監として参加した。以後、遊撃隊・八幡隊・集義隊《しゅうぎ》・義勇隊など百姓町人脱藩浪士ら参加の混成精鋭部隊が編成された。

同年八月十八日、尊攘急進派長州藩の京における擡頭を懸念《けねん》した薩摩・会津両藩は、朝廷をうごかしてクーデターを敢行し、京より長州勢力を追い落した。翌元治元年（一八六四）七月、京での主導権奪還を狙い上洛した長州軍は、御所蛤《はまぐり》御門付近の戦闘で敗退した。さらに英米仏蘭四カ国艦隊により下関砲台が攻撃され、長州藩は屈服を余儀なくされた。追討ちをかけるように、幕府の長州征伐がはじまり、長州藩は敗北した。度かさなる敗北により、長州藩尊攘派は凋落《ちょうらく》した。佐幕派の俗論党が政権をにぎるが、高杉ひきいる奇兵隊の挙兵により、尊攘派は再び藩内の主導権をにぎった。

木戸孝允《たかよし》・井上馨《かおる》・広沢真臣《ひろさわさねおみ》・伊藤博文《ひろぶみ》・前原一誠《いっせい》ら尊攘派の主導のもと、新政策がつぎつぎ打ち出された。藩庁が萩から山口にうつされ、下関の越荷方《こしにかた》の商業活動が活発化した。村医者大村益次郎《ますじろう》が抜擢され、西洋式軍隊が創設された。また、井上・伊藤が長崎に派遣され、軍艦・ゲベール銃等最新式の西洋銃器が購入された。慶応二年（一八六六）正月、坂本竜馬の斡旋により長州藩と薩摩藩の和解がなる。そして長州藩の近代装備の軍隊は、慶応四年の鳥羽伏見の戦いにおいて薩摩と協同して幕府軍を破り、維新革命の主役となったのだった。勝者となった長州藩主毛利敬親《たかちか》は、戊辰戦争後、薩摩藩主島津忠義《ただよし》とともに、賞典禄最高の十万石をえた。

ＪＲ山陰本線萩駅の北西、日本海に突き出た指月《しづき》山麓に、萩城址がある。明治七年（一八七四）天守閣・矢倉などの建物が解体されるが、石垣・堀に広大な城郭の面影をうかがわせる。また城址の東南菊屋横丁に、高杉晋作旧宅、隣接した呉服町に木戸孝允《たかよし》旧宅がある。山県有朋《やまがたありとも》の誕生地は、萩市の南郊橋本川にかかる橋本橋の袂《たもと》にある。吉田松陰をまつる松陰神社は東郊にあり、松下村塾《しょうかそんじゅく》の建物がのこされている。神社の南にわが国最初の首相伊藤博文《ひろぶみ》の旧宅がある。

長府藩五万石

毛利家（子爵）

①下関市　②城のち陣屋　③七万六千人（明治二年〈一八六九〉）④八千六百六十人（家族を含む。明治二年〈一八六九〉）

慶長四年（一五九九）、毛利輝元の養子秀元《ひでもと》が、山口に封ぜられ二十万石を分知されるが、翌五年の関ヶ原役で毛利が属した西軍が敗れ、毛利輝元は大幅に領土をけずられ、秀元は長府三万六千石となった。串崎《くしざき》城をきずくが、幕命により破却。天明三年（一七八三）十代藩主匡芳《まさよし》のとき五万石となった。また匡芳《まさよし》は寛政四年（一七九二）、藩校敬業館を創立した。慶応元年（一八六五）報国隊が結成され、翌二年の第二次長州戦争から戊辰戦争にかけて、本藩に協力して幕軍と戦った。長府は下関市の北郊で、ＪＲ山陽本線長府駅付近にある。町に城下町の風情がのこっている。

清末《きよすえ》藩一万石

毛利家（子爵）

①下関市　②陣屋　③一万一千人（明治二年〈一八六九〉）④千五百二十人（家族を含む。明治二年〈一八六九〉）

承応二年（一六五三）、長府藩三代藩主毛利綱元《つなもと》の叔父元知《もととも》が、綱元より一万石を分知され立藩した。四代政美《まさみ》の天明七年（一七八七）藩校育英館が創立された。幕末、蛤《はまぐり》御門ノ変、四国連合艦隊の下関砲撃事件、幕府の第一次・第二次長州征伐に、本藩に協力し出陣した。

徳山藩四万石

毛利家（子爵）

①周南市　②陣屋　③六万五千人（弘化三年〈一八四六〉）④千七十人（幕末頃）

元和三年（一六一七）、長州藩二代藩主毛利秀就《ひでなり》の弟就隆《なりたか》が、本藩より三万一千石を分知され立藩した。寛永二年（一六二五）検地により四万石とされた。正徳五年（一七一五）、本藩長州藩と確執《かくしつ》をおこし、一時幕府より改易《かいえき》処分をうけるが、享保四年（一七一九）、幕府より再興をゆるされた。最後の藩主元蕃《もとみつ》は、慶応四年（一八六八）の戊辰戦争に新政府軍に協力し、その功により賞典禄八千石をえた。周南市は、山口県の瀬戸内海沿岸のほぼ中央部にある港湾都市である。

岩国藩六万石

吉川家（子爵）

①岩国市　②城のち陣屋　③八万七千九百人（明治二年〈一八六九〉）④千四百七十人（安政四年〈一八五七〉）

毛利元就の次男吉川元春《きつかわもとはる》の子広家《ひろいえ》が関ヶ原役後、岩国三万石（のち六万石）城主となった。吉川家は、毛利元就の三人の子、嫡男隆元《たかもと》・次男元春・三男小早川隆景《たかかげ》のうちの元春を家祖とする。元就はその遺言状に、三本の矢にたとえ、三人の子の一致団結を強く求めた。のちに吉川家は、二度、本家毛利家の危機を救っている。

広家は天正十九年（一五九一）、豊臣秀吉より出雲富田《いずもとだ》（島根県広瀬町）十四万石の城主とされた。関ヶ原役で、本家毛利輝元が敗北するや、東軍徳川方に味方した広家は、本家のために弁明し、ようやく毛利家を安泰ならしめたのだった。最初広家に、周防《すおう》・長門《ながと》（山口県）二国があたえられる予定だったという。

岩国藩主は、二代広正《ひろまさ》から正式には大名でなく陪臣《ばいしん》とされたが、幕府の待遇は諸侯並みであった。慶応四年（一八六八）になって、正式に諸侯に列している。

岩国藩が特産の和紙に着目《ちゃくもく》し、これを藩専売にしたのは寛永十七年（一六四〇）。寛文年中（一六六一〜七三）生産高は三〇パーセント上昇した。専売利益は、藩に多大の利益をもたらした。

吉川家が二度目に本家の危機を救ったのは、幕末である。元治元年（一八六四）七月、長州藩は大挙軍を上洛させ、蛤《はまぐり》御門ノ変をおこし敗退し、幕府より追討される。いわゆる第一次長州征伐である。長州藩はこの時期、まだ俗論党（佐幕派）により運営され、国力は弱体だった。幕府軍に大挙攻めこまれれば、藩の存立が危ぶまれた。この危機に、十二代吉川経幹《つねまさ》は周旋に乗り出し、征長総督たる尾張藩主徳川慶勝《よしかつ》、征長軍参謀西郷吉之助（隆盛）に裏面工作した。工作は功を奏《そう》し、幕軍の征長戦は延期された。ちなみに、経幹は兵制を改革し、藩校養老館を創設した。

岩国市の標高二〇〇メートルの城山頂上に、初代広家のきずいた岩国城址がある。幕命により破却されたが、昭和三十七年（一九六二）天守閣が復元された。また城址のふもとに、日本三奇橋の一つ錦帯《きんたい》橋がある。三代藩主吉川広嘉《ひろよし》が、当時の最高技術をもちいて、橋脚のないアーチ型の橋をつくった。毎年四月二十九日錦帯橋祭がおこなわれる。

広島

広島藩四十二万六千石

浅野家（侯爵）

①広島市　②城　③七十二万六千百人（文政八年〈一八二五〉）　④三千九百十人（慶応四年〈一八六八〉）

毛利輝元が萩城主に転じたあと、東軍の勝利に貢献した尾張清洲《おわりきよす》（愛知県清洲町）二十四万石城主の福島正則《まさのり》が四十九万八千石で広島城主となった。元和三年（一六一七）の長雨により崩壊した広島城の城囲い修覆《しゅうふく》を、正則は幕府の許可をえないまま工事をすすめた。これが幕府につけ込まれ、「謀叛のきざし――」と、言いがかりをつけられる。元和五年四月正則は江戸へ上府して弁明するが、六月、にわかに幕府は改易《かいえき》を命じ、隠居料として川中島（長野市）四万五千石をもらい、正則は高井野村（長野県須坂《すざか》市）に蟄居《ちつきょ》させられた。

そのあと、紀伊《きい》和歌山三十七万六千石の浅野長晟《ながあきら》が四十二万六千石で入封。浅野家の家祖長政《ながまさ》は、豊臣秀吉夫人ねねの妹ややの婿《むこ》養子にはいり浅野家をついでいる。秀吉とは、相婿の仲だった。長晟は、広島入封の前の元和元年（一六一五）、家康の三女振《ふり》姫と婚約をむすび、そして元和五年広島へ加増入封したのだった。

江戸中期の著名な経済学者海保青陵《かいほせいりょう》は、「芸侯《げいこう》（浅野家）の商売上手」と、評した。他国米を割り安に買い入れて、自国の年貢《ねんぐ》米と一緒に、大坂の米相場の値段を見さだめ、有利に売りさばき、大きな利益をえたという。製鉄、製紙を藩専売下におき、製塩業をさかんにした。沿海部の干拓《かんたく》地や新開地で、綿花栽培をおこない、「御当地新開吹綿之儀ハ御国産第一ノ品柄」と、評判をとった。

他国商品の移入を抑制《よくせい》し、国産品を奨励する政策がとられた。八代斉賢《なりかた》の文化十四年（一八一七）、藩の勘定所に諸品方《しょしな》（産物方）がもうけられた。城下の豪商数名が御用聞（参与）として登用され、領内諸物産を買い占め、江戸・京大坂へ移出販売された。造船用コルク材のあべまき皮、線香・奈良晒風布《さらさ》・稲扱器《いねこき》・石灰《せっかい》などをあつかった。直接藩営による生産品に、黒砂糖・櫨《はぜ》（木蠟《もくろう》の原料）・藍玉《あいだま》・陶器・墨《すみ》・小倉《こくら》織（帯地《おびじ》・袴地《はかま》等）がある。また特定の業者に、広島特産の傘、藩営を中止した砂糖製造、ベンガラ・櫨実《はぜのみ》・生蠟《きろう》・晒蠟《さらしろう》類の一手販売を特許した。九代斉《なり》粛《たか》の天保十二年（一八四一）、勘定所に「御殖し方《おふや》」なる職がおかれ、城下の豪商二名が担当した。

しかし藩の財政は窮乏化した。天保初年以来のあいつぐ暴風雨・冷害による凶作、藩主斉粛《なりたか》と十一代将軍家斉《いえなり》の二十四女末《すえ》姫との婚儀、饒津《にぎつ》神社（城下）の造営に莫大な費用がかかった。幕府から課せられた普請《ふしん》手伝の公役《くやく》もあいついだ。ついに藩は、嘉永五年（一八五二）、領内通用の銀札《ぎんさつ》の価値を五〇〇分の一にする、一種の平価切り下げを断行した。

藩主浅野家は歴代学問に関心が強く、とくに五代吉長《よしなが》は幕府の儒官林家《りんけ》門下の学者を多数登用した。享保十年（一七二五）講学所（のち講学館）をもうけた。教師の一人に、朱子《しゅし》学者頼春水《らいしゅんすい》がいる。その子頼山陽《さんよう》は『日本外史《がいし》』の著述により、幕末日本にその名をとどろかせた。蘭方医学にも、人材があらわれた。江戸で『解体新書《かいたいしんしょ》』が上梓《じょうし》された安永三年（一七七四）、広島の医学者星野良悦は、みずから解剖に従事し、独学苦心のすえ木製の人体骨骼《こっかく》模型をつくった。「身《しん》幹儀《かんぎ》」と名づけられ、幕府の医学館におさめられた。わが国最初の骨骼標本という。

幕末の安政五年（一八五八）、十一代長訓《ながみち》が襲封。文久二年（一八六二）、藩政改革の旗手ともいうべき辻将曹《しょうそう》（維岳《いがく》）が年寄役（家老）に任命された。甲州流の軍制から西洋式にあらため、領内の寺院の梵鐘《ぼんしょう》を献納させ、大砲が鋳造《ちゅうぞう》された。長崎から洋式小銃六百挺が購入され、農兵が採用された。元治元年（一八六四）七月、第一次長州征伐がはじまり、長州と国境を接する広島城下に、幕府はじめ諸藩の軍勢二万八千余が集結し、城下は一時的に戦争景気にわいた。戊辰戦争に、民間志願の農兵隊三百人が参加し、奥羽を転戦した。

ＪＲ山陽本線広島駅の西に広島城址がある。城の建物は、明治維新後も天守閣や楼閣の一部がのこされ、国宝となったが、昭和二十年（一九四五）の原爆投下によりすべて失われた。昭和三十三年（一九五八）五層の天守閣が復元され、また最近平櫓《やぐら》・表御門・御門橋が再建された。広島駅と城址の中間に、初代藩主長晟《ながあきら》がもうけた別邸縮景園《しゅくけいえん》がある。原爆で荒廃したが、その後復興され、かつての大名庭の面影を伝えている。

福山藩十一万石　阿部家（伯爵）

①福山市　②城　③十八万五千八百人（明治二、三年〈一八六九、七〇〉）　④二千二百九十人（天明年間〈一七八一～八九〉）

元和五年（一六一九）、安芸《あき》・備後《びんご》両国を領した福島正則《まさのり》が所領を没収されるや、大和郡山《やまとこおりやま》（奈良県大和郡山市）より水野勝成《かつなり》が入封した。勝成の父忠重《ただしげ》は、徳川家康の生母於大《おだい》の弟にあたり、勝成は家康と従兄弟《いとこ》同士になる。大坂夏ノ陣において、豊臣の部将後藤又兵衛と戦って破り武名を高めた。慶長十年（一六〇五）日向守《ひゅうがのかみ》に任官し、世人はかれの勇武を「鬼日向」とたたえた。勝成は、福山城を築城した。勝成の事績で特筆すべきは、上水道の建設である。江戸神田の上水道についで古いものという。城下の幹線道路の中央に溝《みぞ》川を掘り、四つ辻に堀留《ほりどめ》をつくり、そこから自由に水をくめるようにした。まもなく町人の負担で、溝川・堀留に石の蓋《ふた》がかぶせられ、堀から各屋敷裏へ底樋《そこひ》（水道の樋《とい》）で水を引きいれられるようにした。

水野時代から、木綿の生産がさかんだった。鉄・塩・煙草・古手《ふるて》（古着）・茶がおもな産業だった。福山の外港ともいえる鞆《とも》（福山市）も、瀬戸内海航路の賑わいとともに繁昌した。有数の米穀市場であり、国産の畳表《たたみおもて》・煙草・木綿・古手・鉄・漁網が積み出された。酒造業者は元禄時代、鞆《とも》だけで二十軒をかぞえた。鞆特産の保命酒は、幕府の御用銘酒として毎年買いあげられたという。

水野氏は五代つづくが、元禄十一年（一六九八）五代当主勝岑《かつみね》が二歳で没し、改易《かいえき》となった。十三年出羽《でわ》山形より松平（奥平）忠雅《ただまさ》が十万石で入るが、宝永七年（一七一〇）伊勢《いせ》桑名へ移封。下野《しもつけ》宇都宮より阿部正邦《まさくに》が十万石で入った。阿部氏は、幕末まで在封した。

天保七年（一八三六）、英明の藩主とうたわれた七代正弘《まさひろ》が就任し、のち一万石を加増される。安政元年（一八五四）、それまでの藩校弘道館を廃し、誠之館《せいしかん》が建設された。藩士の子弟だけでなく、町人百姓も入学をゆるされた。

私塾で有名なのは、神辺《かんなべ》（広島県神辺町）の廉塾《れんじゅく》（閭塾《ろ》）である。幕末詩壇の第一人者で朱子学者の菅茶山《かんさざん》が運営した。安芸《あき》の碩学頼春水《せきがくらいしゅんすい》とは、一生兄弟のごとく交際した。茶山は幕末の荒廃した世相をなげき、教育こそ日本再生の特効薬ではないか、と考えた。茶山は藩から扶持《ふち》米をあたえられ、弘道館教授になった。頼春水の子頼山陽《さんよう》も、一時茶山の廉塾にまなんでいる。文化二年（一八〇五）、茶山が命名し、豪商豪農の金により「福山義倉《ぎそう》」が設立された。ふつう義倉は、凶作にそなえ米穀を貯蔵する施設だが、ここでは文化教育活動もおこなった。

藩主正弘は、幕末の難局に老中首座の要職をつとめた。ペリーが来航し、外敵の脅威に国内が騒然とした時期だった。正弘は、幕末の賢侯徳川斉昭《なりあき》（水戸藩主）、松平慶永《よしなが》（越前福井藩主）、島津斉彬《なりあきら》（薩摩藩主）らと親交をたもった。しかし惜しくも、安政四年（一八五七）、三十九歳の若さで急逝《きゅうせい》した。慶応四年（一八六八）戊辰戦争がはじまり、新政府の長州軍に福山城を包囲されるが、福山藩は勤王を誓い帰順した。そして福山藩軍七百は、新政府軍にしたがい、箱館に出陣した。

ＪＲ山陽本線福山駅のすぐ北側に、福山城址がある。城の建物は昭和二十年（一九四五）の戦災で、伏見櫓《やぐら》・筋鉄《すじがね》御門をのぞき焼失した。昭和四十一年（一九六六）天守閣・月見櫓・御湯殿が復元された。福山の北方の神辺《かんなべ》町に、廉《れん》塾と菅茶山《かんさざん》旧宅がのこされている。

岡山

岡田藩一万石　伊東家（子爵）

①吉備郡真備《まび》町　②陣屋　③一万六千二百人（明治二年〈一八六九〉）④百七十人（明治二年〈一八六九〉）

元和元年（一六一五）、豊臣秀頼につかえた伊東長実《ながざね》が、大坂落城後徳川家につかえ、一万石で岡田に陣屋をおいた。寛政六年（一七九四）、陣屋内に演武場・藩校敬学館が創設された。戊辰戦争には、岡山藩主池田茂政《もちまさ》のすすめで新政府に帰順し、幕府側の備中《びっちゅう》松山（岡山県高梁《たかはし》市）の鎮撫《ちんぶ》にあたった。

浅尾藩一万石　蒔田家（子爵）

①総社市　②陣屋　③六千六百人（明治二年〈一八六九〉）④五百人（家族を含む。明治二年〈一八六九〉）

豊臣秀頼につかえ一万石を領した蒔田広定《まきたひろさだ》が関ヶ原役で西軍に味方し改易《かいえき》となるが、浅野幸長《よしなが》（紀伊《きい》和歌山城主）のとりなしにより、備中《びっちゅう》（岡山県）、山城《やましろ》（京都府）・摂津《せっつ》（大阪府・兵庫県）で一万石余の領地をあたえられた。二代定正《さだまさ》のとき弟長広《ながひろ》に三千石を分知し、襲封前の領地とあわせて八千余石の旗本となった。文久三年（一八六三）十二代広孝《ひろたか》の江戸市中警備の功により、一万石に高直しされ、諸侯に復した。幕末は佐幕の立ち場に立つが、戊辰戦争では、岡山藩主池田茂政《もちまさ》のすすめにより、新政府に帰順した。

備中《びっちゅう》松山藩五万石　板倉家（子爵）

①高梁《たかはし》市　②城　③四万二千二百人（慶応四年〈一八六八〉）④四百六十人（明治三年〈一八七〇〉）

松山は慶長五年（一六〇〇）の関ヶ原役後、幕府領となり、幕府の代官小堀正次《こぼりまさつぐ》が支配した。二代目の政一《まさかず》は、遠江守《とおとうみのかみ》に任官し、のち小堀遠州《えんしゅう》の名できこえた。茶人として遠州流を開き、書画・和歌・建築・庭園に才能を発揮した。

元和三年（一六一七）、因幡《いなば》鳥取より池田長幸《ながよし》が六万五千石で入り立藩した。長幸の子長常《ながつね》に子がなく、池田家は絶家となる。あとに備中成羽《びっちゅうなりわ》（岡山県成羽町）より水谷勝隆《みずのやかつたか》が入り、三代が在封した。水谷氏時代、塩田や新田が開発され、松山煙草・草間煙草と呼ばれる煙草栽培や楮《こうぞ》・麻・漆《うるし》・鉱山業が振興された。そして鉄山開発の総合計画がたてられた。三代目の勝美《かつよし》のとき水谷氏は改易《かいえき》となり、このあと、安藤重博《しげひろ》（六万五千石）・信友《のぶとも》、石川総慶《ふさよし》（六万石）が在封し、延享元年（一七四四）伊勢《いせ》亀山（三重県亀山市）より板倉勝澄《かつずみ》が五万石で入封、以後幕末まで板倉氏が在封した。

板倉家は、天正二年（一五七四）、先祖勝重《かつしげ》が徳川家康につかえた。勝重は、江戸町奉行・京都所司代を歴任し、子の重宗《しげむね》も京都所司代をつとめ、父を上まわる名所司代といわれた。

歴代松山藩主のなかで、幕末の七代勝静《かつきよ》が名君のほまれがたかい。寛政の改革の松平定信《さだのぶ》の孫で、六代松山藩主勝職《かつつね》の養子となった。それまで藩の財政は、借財に借財をかさね、累計《るいけい》十万両、毎年の利息が一万両もあった。藩収入は、年間約五万両で、二年分の借財だった。勝静は、山田方谷《ほうこく》を元締《もとじめ》役兼吟味《ぎんみ》役に抜擢し、藩政改革を断行した。方谷は庶民の出身で、文政十二年（一八二九）八人扶持《ぶち》を給され、苗字帯刀《みょうじたいとう》をゆるされた。藩校有終《ゆうしゅう》館の学頭となり、藩主の近習《きんじゅう》をかねていた。改革の第一目標は、「節約」であった。藩主勝静みずから、木綿の衣服をもちい日常粗食を実践して範を示した。二番目は、借財の整理。新旧に応じ、十年あるいは五十年の返済計画をたてた。第三に、殖産興業のため「撫《ぶ》育銀《いくぎん》方」が設置された。あらたに発行した藩内流通紙幣「永銭札《えいせんさつ》」を資金として貸し付けた。生産物は、撫育銀方に納入させた。鉄山を開掘して砂鉄を採取し、鉄器・農具・稲扱器《いねこき》・釘をつくった。銅山を買収し、巨額の利益をえた。山野に、杉・竹・漆《うるし》・茶を植え、煙草の作付けをふやした。柚餅子《ゆべし》（蒸し菓子）・檀《だん》紙（厚手の和紙）・陶器がつくられた。ついで軍制改革である。西洋式の兵制に着目した方谷は、農兵隊を組織した。元治元年（一八六四）八大隊が編成され、農兵頭（大隊長）に藩士があたり、大締《おおしめり》（中隊長）に大庄屋、小締《こしめり》（小隊長）に庄屋があてられた。山田方谷の藩政改革は、成功した。十万両の負債を償却し、なお十万両の蓄積をのこし、一世の経世家として知られた。ちなみに、方谷の家塾にまなんだ越後長岡藩の河合継之助は、方谷の改革手法を踏襲《とうしゅう》している。

勝静はまた幕府老中として将軍慶喜を補佐して幕末の難局にあたった。慶応三年十月、土佐の坂本竜馬献策の「大政奉還建白書」を、土佐藩参政《さんせい》（家老）後藤象二郎《しょうじろう》が老中板倉勝静に提出、勝静、若年寄永井尚志《なおむね》らのはからいで、ここに歴史的な、将軍慶喜による大政奉還が実現したのだった。しかし同四年正月の鳥羽伏見の一戦により勝静は一転、歴史の非情に翻弄《ほんろう》される。江戸へもどった敗軍の将慶喜に新政府は追討令を発した。行をともにした勝静もまた朝敵となり、新政府より岡山藩に松山藩追討の命がくだった。勝静は東北にのがれ、五月、新政府に抗する奥羽越列藩同盟が成立するや、軍事総督に就任し、北海道箱館へのがれた。その後東京に連れもどされ、上州安中藩《あんなか》（群馬県安中市）江戸屋敷へ預けられた。松山藩はいったん岡山藩へ預けられるが、勝静のあとをついだ勝弼《かつすけ》に、明治二年（一八六九）二万石をもって再興をゆるされ、藩名は高梁藩《たかはし》とあらためられた。

　ＪＲ伯備《はくび》線備中高梁駅の北方、標高四二〇メートルの臥牛《がぎゅう》山上に、備中松山城址がある。典型的な山城で、城全体が国の史跡に指定されている。二重の天守閣は、国の重要文化財である。臥牛山は樹木にめぐまれ、五百種類をかぞえ、植物学上貴重な資料となっている。

成羽《なりわ》藩一万二千石

山崎家（男爵）

①川上郡成羽町　②陣屋　③一万七千人（明治四年〈一八七一〉）　④百五十人

　元和三年（一六一七）因幡《いなば》若桜《わかさ》（鳥取県若桜町）より山崎家治《いえはる》が三万石で入封し、立藩した。寛永十五年（一六三八）家治は肥後《ひご》天草富岡《あまくさとみおか》（熊本県苓北《れいほく》町）へ移封し、翌十六年常陸下館《ひたちしもだて》（茨城県下館市）より水谷勝隆《みずのやかつたか》が五万石で入封した。そして、勝隆は備中松山へ移封し、一時廃藩となった。万治元年（一六五八）、交代寄合《こうたいよりあい》（大名に準ずる旗本）の山崎豊治《とよはる》（家治の次男）が五千石で成羽《なりわ》に陣屋をかまえ、慶応四年（一八六八）、十一代治正《はるまさ》のとき、禄高を高直しされ一万二千石の諸侯に列した。

新見藩《にいみ》一万八千石　関家（子爵）

①新見市　②陣屋　③一万五千百人（明治二年〈一八六九〉）④三百三十人（嘉永四年〈一八五一〉）

元禄十年（一六九七）、関長治《ながはる》が一万八千石で新見《にいみ》に封ぜられ立藩した。長治の祖母は津山（岡山県津山市）藩主森忠政《ただまさ》の三女お郷《ごう》で、長治の養父長政《ながまさ》は、忠政より一万八千石を分封されている。長治は、この禄高を継承し、新見に封ぜられたのだった。三代政富《まさとみ》は、藩校思誠館をもうけた。八代長道《ながみち》の安政三年（一八五六）、領内庄屋の案により、領内産の鉄や和紙を専売制にした。

戊辰戦争には、新政府より佐幕派の備中松山藩鎮撫《ちんぶ》を命ぜられた。

足守藩《あしもり》二万五千石　木下家（子爵）

①岡山市　②陣屋　③一万七千人（明治四年〈一八七一〉）④三百十人（明治四年〈一八七一〉）

慶長六年（一六〇一）、木下家定《いえさだ》が播磨《はりま》姫路からうつされ、二万五千石で足守《あしもり》に立藩した。家定は、豊臣秀吉夫人ねねが、浅野家に養女入りする前の実家木下家の兄である。家定は豊臣時代、羽柴《はしば》・豊臣の姓をさずけられ、従三位《じゅさんみ》中納言にのぼった。慶長十三年（一六〇八）、家定が死去し、嫡男勝俊《かつとし》と次男利房《としふさ》に遺領相続を命ぜられるが、勝俊が独占したため、徳川家康の逆鱗《げきりん》にふれ、所領を没収された。勝俊は、歌人長嘯子《ちょうしょうし》として有名。同十五年、浅野幸長《よしなが》（紀伊和歌山城主）の弟長晟《ながあきら》が足守二万四千石に封ぜられるが、十八年長晟は兄幸長のあとをつぎ、和歌山城主に転じた。慶長二十年（一六一五）、大坂ノ陣に戦功をあらわした木下利房は、父の遺領足守二万五千石をあたえられ、木下氏が幕末まで在封した。

利房の子利当《としまさ》は槍術の達人で、心流の一派をおこした。七代利彪《としとら》は、凶作によりおちこんだ藩財政の再建をはかり、藩校追琢舎、支校三余舎をもうけた。

幕末の蘭方医学の大家緒方洪庵《おがたこうあん》の父佐伯瀬左衛門《さえき》は、足守藩の大坂蔵屋《くら》敷留守居だった。また最後の藩主利恭《としもと》の養嗣子利玄《としはる》は、明治大正の「白樺派《しらかば》」歌人利玄《りげん》として有名である。

ＪＲ吉備《きび》線足守駅付近の近水《おみず》公園は、木下家の庭園で、木下利玄の歌碑がある。園内の足守文庫に、豊臣秀吉の千成瓢簞《せんなりびょうたん》や北政所《きたのまんどころ》（ねね）使用の道中風呂がある。

岡山藩三十一万五千石

池田家（侯爵）

①岡山市　②城　③三十五万八千八百人（明治二年〈一八六九〉）**④五千百六十人**（明和二年〈一七六五〉）

関ヶ原役で、備前《びぜん》・美作《みまさか》（岡山県）五十七万四千石を有する宇喜多秀家《うきたひでいえ》が西軍にくみして改易《かいえき》となった。そのあと、関ヶ原役で西軍を裏切り東軍大勝のきっかけをつくった筑前名島《ちくぜんなじま》（福岡市）三十五万七千石城主小早川《こばやかわ》秀秋《ひであき》が、五十一万石の岡山城主として入封した。秀秋が慶長七年（一六〇二）没すると、後嗣がなく絶家となった。

あとに、播磨《はりま》姫路城主池田輝政《てるまさ》の次男忠継《ただつぐ》が二十八万石で入り、慶長十八年（一六一三）父の遺領を加増され、三十八万石となった。元和元年（一六一五）、後継ぎがなく死去し、弟の淡路《あわじ》洲本《すもと》（兵庫県洲本市）藩主池田忠雄《ただかつ》が三十一万五千石で岡山藩主となった。寛永九年（一六三二）、忠雄の子光仲《みつなか》がつぐが、幼少を理由に、従兄弟《いとこ》の因幡《いなば》鳥取藩主池田光政《みつまさ》（輝政の嫡男利隆《としたか》の子）と国替えを命ぜられ、ここに岡山藩は光政の子孫が代々継承するところとなった。

池田家のもとをたどると、五代恒利《つねとし》が足利十二代将軍義晴《よしはる》につかえ従五位下《げ》紀伊守《きいのかみ》にすすんでいる。その夫人養徳院《ようとくいん》が織田信長の乳母《めのと》となり、子の恒興《つねおき》が織田家で累進《るいしん》した。永禄三年（一五六〇）桶狭間《おけはざま》の決戦の功により侍《さむらい》大将にあげられ、十三代足利将軍義輝《よしてる》と主君信長の諱《いみな》をもらい恒興の名を「信輝《のぶてる》」とあらためた。天正十年（一五八二）、信長没後、秀吉が家康と戦った尾《お》張《わり》の小牧長久手《こまきながくて》の戦いで、秀吉軍の将として出陣、戦死した。次男輝政が遺領をついだが、輝政は関ヶ原役で東軍にくみし、播磨《はりま》姫路五十二万石の大封をえたのだった。

初代藩主光政の父は、前述のように輝政の嫡男利隆、母は二代将軍秀忠の養女鶴子（榊原康政《さかきばらやすまさ》の娘）で、このため、光政は家康に可愛がられ、幼いとき脇差を拝領している。学問への関心が強かった光政は藩士で陽明《ようめい》学者として著名な熊沢蕃山《くまざわばんざん》を重用、蕃山は、三百石から三千石の番頭《ばんがしら》へ破格の昇進をした。

光政は全国にさきがけて寛文九年（一六六九）、藩校（国学・岡山学校）を開設した。開業式に熊沢蕃山がまねかれた。小生（八歳以上、前髪のある者）には、習字・読書・槍術をまなばせた。前髪をとった十八歳以上の者は、大生といわれた。また、町人のための手習《てならい》所を百二十三カ所設置した。手習所が発展し、寛文十年、建築がはじまったのが庶民教育の殿堂閑谷《しずたに》学校である。やがて学房・講堂・聖堂がととのい、学校経営のため、四百五十石の田地と二百町歩の山林が設定された。そこからの収入が財源となったのである。現在、岡山の東方の備前市に閑谷学校の建物がのこっており、国宝に指定されている。孔子をまつる大成殿や光政をまつる閑谷神社（芳烈《ほうれつ》祠《し》）がある。他領からの入学者も多く、赤穂《あこう》の医者の子大鳥圭介《おおとりけいすけ》（のちに枢密顧問官・男爵）もその一人である。嘉永四年（一八五一）学校を視察した横井小楠《しょうなん》（熊本藩士、明治政府参与）は、「天下に、江戸の聖学（幕府の最高学府昌平黌《しょうへいこう》）以外このような規模の学校はない」と、評した。幕末の偉材高山彦九郎・菅茶山《かんさざん》・頼山陽《らいさんよう》・大塩平八郎たちも参観している。

幕末にちかづくにつれ、藩は産業を藩の専売にし、天災・凶作・兵制改革・国事周旋などで窮乏化した財政を立て直そうとした。領内産の繰綿《くりわた》（未精製の綿）と薩摩産の藍玉《あいだま》（染料）の交易のため繰綿寄場《よせば》がもうけられた。弘化元年（一八四四）城下に木綿会所がつくられ、領外へ移出する商品をすべて藩がとりあつかった。嘉永二年（一八四九）小倉織《こくらおり》（帯地・袴《はかま》地）の専売が実施され、安政六年（一八五九）、城下に御国産砂糖御用所がもうけられた。

慶応二年（一八六六）軍事改革令が出され、弓馬・槍術中心から鉄砲中心へきりかえられた。

町人兵一大隊・社軍隊（神官）一小隊、そして農民千余人よりなる農兵隊（耕戦隊）が編成された。

文久三年（一八六三）、水戸藩主徳川斉昭《なりあき》の九男九郎麿《くろうまろ》（茂政《もちまさ》）が九代藩主をついだ。のちの十五代将軍慶喜《よしのぶ》の弟である。岡山藩はかねて、勤王討幕派の雄長州藩と交流し、藩主の兄が将軍であるにもかかわらず、戊辰戦争ではその情誼《じょうぎ》を断ち、勤王討幕に踏みきった。新政府より、徳川征討の東海道先鋒を命ぜられた。藩軍五百七十人と耕戦隊（農兵隊、のち遊奇隊）二百十二人が出陣した。慶喜の弟茂政はこの時点で隠居し、鴨方《かもがた》支藩から政詮《まさあき》（章政《あきまさ》）が入り、十代藩主となった。

JR山陽本線岡山駅の東方に岡山城址がある。明治の廃城後も天守閣・月見櫓《やぐら》・西丸西手櫓・石山門がのこり、国の重要文化財に指定されるが、昭和二十年（一九四五）の空襲で天守閣と石山門が焼失した。昭和四十一年（一九六六）天守閣や諸門・土塀が復元された。現在烏城《うじょう》公園といわれる。城址の北に、日本三名園の一つ後楽《こうらく》園がある。

生坂《いくさか》藩　一万五千石　池田家（子爵）

①倉敷市　②陣屋がなく本藩岡山城下に居所　③九千人（明治二年〈一八六九〉）　④四百九十人（家族を含む。明治二年〈一八六九〉）

寛文十二年（一六七二）岡山二代藩主池田綱政《つなまさ》が家督をついだとき、初代光政《みつまさ》の三男輝録《てるとし》に一万五千石が分封され、立藩した。

鴨方《かもがた》藩二万五千石　池田家（子爵）

①浅口郡鴨方町　②陣屋がなく本藩岡山城下に居所　③二万七千七百人（明治二年〈一八六九〉）④七百八十人（家族を含む。明治二年〈一八六九〉）

寛文十二年（一六七二）、岡山二代藩主池田綱政《つなまさ》が家督をついだとき、初代光政《みつまさ》の次男政言《まさこと》に二万五千石が分知され、立藩した。

庭瀬藩二万石　板倉家（子爵）

①岡山市　②陣屋　③二万一千四百人（明治二年〈一八六九〉）④百十人（元禄十六年〈一七〇三〉）

慶長五年（一六〇〇）関ヶ原役後、宇喜多秀家（岡山城主、関ヶ原役で西軍に味方し所領没収）の旧臣戸川逵安《みちやす》が東軍にくみし二万九千石をあたえられ、立藩した。四代安風《やすかぜ》に後嗣がなく断絶した。その後、久世《くぜ》重之《しげゆき》（五万石）、松平（藤井）信通《のぶみち》（三万石）が在封した。元禄十二年（一六九九）板倉重高《しげたか》が二万石で入封し、板倉氏が幕末までつづいた。明和五年（一七六八）三代勝興《かつおき》のとき一揆がおこった。文政元年（一八一八）七代勝資《かつすけ》は、藩校誠意館を開いた。ちなみに、五・一五事件の凶弾に倒れた犬養毅《いぬかいつよし》の曾祖父犬養仙右衛門は、板倉家の郡《こおり》奉行をつとめた。

津山藩十万石　松平家（子爵）

①津山市　②城　③十万六千人（明治四年〈一八七一〉）④二千三百人（家族を含む。明治二年〈一八六九〉）

慶長八年（一六〇三）信濃《しなの》川中島（長野市）城主森忠政《ただまさ》が、美作《みまさか》津山十八万六千石をあたえられ、立藩した。忠政は、織田信長の部将森可成《よしなり》の六男。兄に、本能寺ノ変で主君信長に殉じた森蘭丸《らんまる》（長定《ながさだ》）がいる。忠政のとき、津山城（鶴山《かくざん》城）がきずかれた。豊前《ぶぜん》小倉城（城主細川忠利《ただとし》〈忠興《ただおき》の嗣子でのち熊本城主〉）の築城プランを参考にしたという。近江《おうみ》安土《あづち》城（織田信長の居城）をつくった当時最高の石工戸波《となみ》平右衛門が石垣を築造した。森家は四代つづくが、元禄十年（一六九七）四代長成《ながなり》が没したあと、末期《まつご》養子にたてられた関衆利《あつとし》（二代長継《ながつぐ》の子）が発狂し、森家は改易《かいえき》となってしまう。

森家のあと元禄十一年、もと越後《えちご》高田（新潟県上越市）藩主松平光長《みつなが》の養子宣富《のぶとみ》が十万石で封ぜられる。光長の父は越前北庄《きたのしょう》（福井市）城主松平忠直《ただなお》である（忠直の父は、徳川家康の次男結《ゆう》城《き》秀康《ひでやす》）。忠直は乱行のため豊後《ぶんご》（大分）に配流され、子の光長は高田二十六万石をあたえられるが、越後騒動をおこし、天和元年（一六八一）改易となった（一五八ページ）。しかし名門家のため、忠直の弟直基《なおもと》の系統の川越松平家より宣富《のぶとみ》が光長の養子としてむかえられ、松平家が再興されたのだった。

二代藩主浅五郎の享保十一年（一七二六）、領内で大一揆が勃発《ぼっぱつ》した。藩主浅五郎は、まだ十一歳の幼少だった。先代宣富のときから藩政が乱れ、江戸屋敷の火災などにより、藩財政が極端に悪化した。藩はそのため、飢饉・大風・水害・洪水で疲弊《ひへい》した農民に、過酷な年貢《ねんぐ》の増徴《ぞうちょう》を押しつけた。新たに猟師や鉄山の労働者、木地師《きじ》（木彫りの細工師）に税がかけられた。その強行策がおこなわれるさなか、十一歳の藩主が江戸藩邸で急死した。浅五郎の跡目《あとめ》に、一族より長熙《ながひろ》が入り三代藩主をつぐが、五万石に減封となった。しかし文化十四年（一八一七）七代斉孝《なりたか》の養子に、十一代将軍家斉《いえなり》の十四男斉民《なりたみ》が入り、十万石に加増された。

津山は幕末、洋学に人材を輩出《はいしゅつ》させた。宇田川玄随《うだがわげんずい》は、前野良沢《りょうたく》・杉田玄白《げんぱく》ら当時の蘭方医学の最高権威にまなび、日本最初の内科医書（蘭語）の翻訳『西説内科撰要』を著述し、当時の五代藩主康哉《やすちか》より賞された。玄随の系統をついだ宇田川榕庵《ようあん》は、本草《ほんぞう》学（薬用植物学）の書『菩多《ぼた》尼訶《にか》経』をあらわしている。また、津山藩医の子にうまれた箕作阮甫《みつくりげんぽ》は、藩医となりのち幕府天文方蕃書和解御用に任命された。

慶応四年（一八六八）二月、当時隠居し確堂《かくどう》と称した八代藩主斉民《なりたみ》は、最後の徳川将軍慶喜《よしのぶ》より江戸城西ノ丸入り（将軍補佐）を命ぜられた。確堂は、新政府より追討令を発せられた将軍助命のため、勝海舟らと画策した。慶喜のあと、田安《たやす》徳川家より亀之助（のち家達《いえさと》）が後嗣にはいるが、確堂は亀之助の後見人となった。

ＪＲ姫新《きしん》線津山駅の北に津山城址がある。五層の天守閣はじめ城郭のすべては、明治七年（一八七四）破却されたが、石垣がそびえたつ遺構は、かつての威容を偲《しの》ばせ、春には五千本の桜の花が咲きほこる。城址のさらに北方に、森家二代長継《ながつぐ》のつくった回遊式庭園衆楽《しゅうらく》園がある。ちなみに、昭和十四年（一九三九）首相となった平沼騏一郎《ひらぬまきいちろう》は、津山藩士の出身である。また旧藩主家松平康春《やすはる》の弟明《あきら》は、文豪谷崎潤一郎夫人松子の妹重子《しげこ》（名作『細雪』の雪子のモデル）を夫人としており、その縁により潤一郎は戦争中、津山に疎開し、旧藩主御殿宕々《とうとう》庵に住い『細雪』を執筆したという。

美作《みまさか》勝山藩二万三千石　三浦家（子爵）

①真庭郡勝山町　②城　③二万六千人（明治三年〈一八七〇〉）④二千九百五十人（家族を含む。明治二年〈一八六九〉）

明和元年（一七六四）三河《みかわ》西尾（愛知県西尾市）藩主三浦明次《あきつぐ》が二万三千石で入封し、立藩した。三浦氏は、鎌倉幕府の重職で相模《さがみ》（神奈川県）の豪族三浦の後裔である。幕末、備中《びっちゅう》松山藩とともに佐幕同盟を結ぶが、勝山藩はこれを脱し、藩論を勤王に転換し、戊辰戦争では新政府軍に参加した。ちなみに、戦後首相をつとめた鳩山一郎（民主党前代表鳩山由紀夫の祖父）の父和夫（明治に衆議院議長）は、勝山藩士鳩山博房の四男である。

Ⅷ　四国

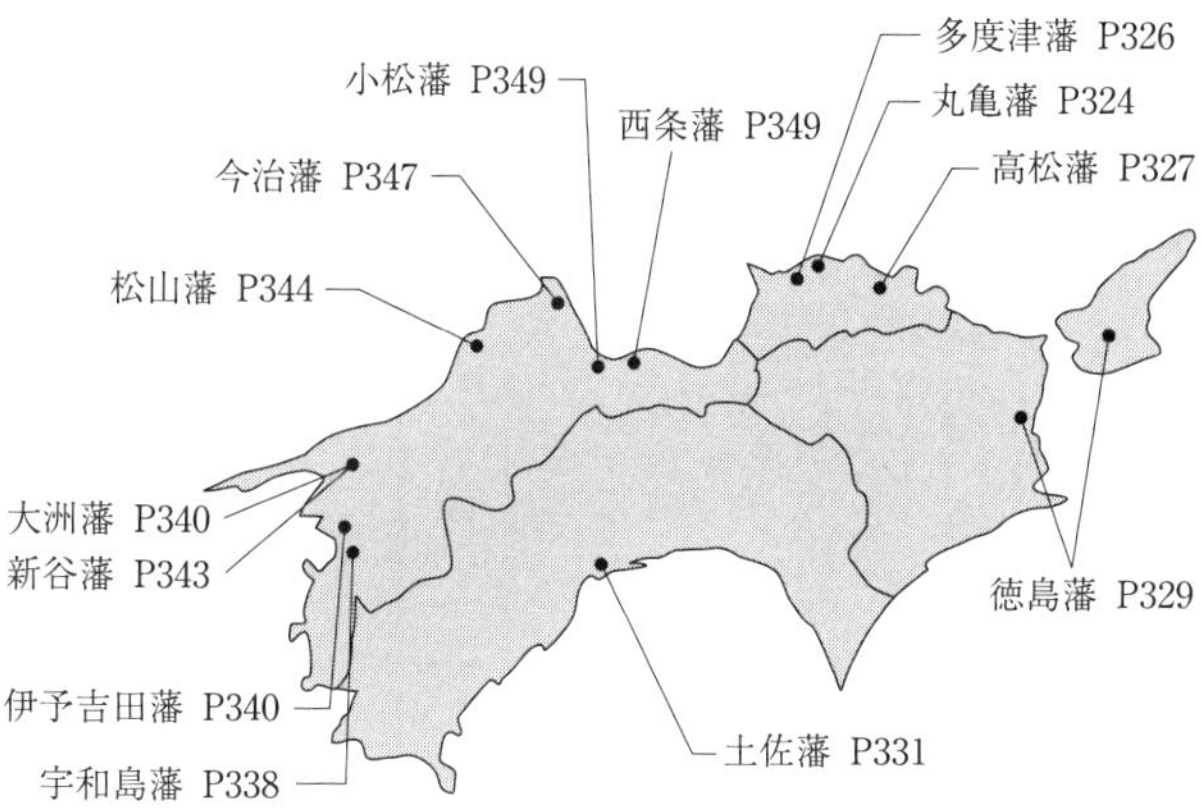
多度津藩 P326
丸亀藩 P324
高松藩 P327
小松藩 P349
西条藩 P349
今治藩 P347
松山藩 P344
大洲藩 P340
新谷藩 P343
伊予吉田藩 P340
宇和島藩 P338
土佐藩 P331
徳島藩 P329

丸亀《まるがめ》藩五万石　京極家（子爵）

①丸亀市　②城　③十三万五千百人（明治二年〈一八六九〉）④七千九百五十人（家族を含む。明治二年〈一八六九〉）

豊臣秀吉の四国平定後の天正十五年（一五八七）生駒親正《いこまちかまさ》は、六万石で讃岐《さぬき》丸亀城主となり子の一正《かずまさ》のとき高松十七万一千石となるが、寛永十七年（一六四〇）、四代高俊《たかとし》のときお家騒動をおこし、出羽矢島《でわやしま》（秋田県矢島町）へうつされた。翌十八年、肥後富岡《ひごとみおか》（熊本県苓北《れいほく》町）より山崎家治《いえはる》が五万石で丸亀藩主となるが、三代目の治頼《はるより》が没したとき後嗣がなく改易《かいえき》となった。そして万治元年（一六五八）、播磨龍野《はりまたつの》（兵庫県龍野市）より京極高和《きょうごくたかかず》が六万石で入封。以後京極氏が幕末まで在封した。三代高或《たかもち》のとき、庶兄高通《たかみち》に一万石を分知し、多度津《たどつ》藩ができた。

京極氏は、近江源氏の佐々木信綱《のぶつな》の後裔で、高次《たかつぐ》のとき妹松丸が豊臣秀吉の側室となり、従三《じゅさん》位《み》参議に叙《じょ》せられた。高次夫人は、淀君の妹初《はつ》で、高次死後常高院《じょうこういん》と号《ごう》し、大坂冬ノ陣のとき豊臣、徳川の講和につくした。徳川二代将軍秀忠夫人江は、常高院の妹である。

歴代のなかで六代高朗《たかあきら》が、英名の名が高かった。学問を好み、琴峰《きんぽう》と号して詩文をよくし、詩集『琴峰詩集』をのこした。地元の地誌として名高い『西讃府志《せいさんふし》』六十一巻が、高朗の時代に編《へん》纂《さん》された。また、先代高中《たかなか》のもうけた藩校正明館のほかに、国許に敬止《けいし》堂、江戸藩邸に集議《しゅうぎ》館がもうけられた。

高朗治政の弘化二年（一八四五）、江戸より鳥居耀蔵《ようぞう》が丸亀藩にお預けとなり、二十五年間幽閉されている。耀蔵は老中水野越前守忠邦《ただくに》に重用され、〝妖怪〟の異名があった。

幕末にちかづくにつれ、丸亀藩の財政は窮乏化した。七代朗徹《あきゆき》の安政元年（一八五四）からきびしい節約令がしかれ、減封となった藩士らは、半ば公然と傘の骨や団扇《うちわ》の骨作りの手内職をした。その伝統が現代に生き、団扇の生産高では全国首位という。節約令により、衣類は木綿着用とされ、女の髪飾《かざり》の櫛《くし》・笄《こうがい》・かんざしはすべて真鍮《しんちゅう》製とされた。遊芸・勝負事が禁止された。慶弔の料理、正月の門松《かどまつ》、子供の凧《たこ》、羽子板《はごいた》まで取り締った。

四国で最初に種痘《しゅとう》（天然痘《てんねんとう》予防接種）をはじめたのは、丸亀の蘭方医河田雄禎《ゆうてい》だった。大坂の蘭方医の権威緒方洪庵《おがたこうあん》の門にはいり、種痘術をまなんだという。藩に召し出され、御典医《てんい》として禄十二石をうけた。

慶応四年（一八六八）、七代藩主朗徹《あきゆき》は、鳥羽伏見の戦いに新政府側に立ち、佐幕派の高松藩追討の軍にくわわった。

ＪＲ予讃《よさん》線丸亀駅の南東亀山に、丸亀城址がある。天守閣・大手一ノ門・大手二ノ門が現存し、国の重要文化財となっている。丸亀駅のつぎのＪＲ讃岐《さぬき》塩屋《しおや》駅の西に、京極二代藩主高豊《たかとよ》がもうけた別邸がある。中津《なかづ》万象《ばんしょう》園とよばれる。

多度津《たどつ》藩一万石　京極家（子爵）

①仲多度郡多度津町　②陣屋　③二万一千六百人（明治二年〈一八六九〉）④千二百五十人（家族を含む。明治二年〈一八六九〉）

元禄七年（一六九四）、丸亀三代藩主京極高或《たかもち》がわずか三歳で襲封したとき、夭折《ようせつ》をおそれ庶兄高通《たかみち》を後見人とし、高通に多度津一万石があたえられた。

四代高賢《たかかた》のときの文政十年（一八二七）多度津に陣屋ができ、藩校自明《じめい》館がつくられた。五代高琢《たかてる》の天保九年（一八三八）に、五年余の歳月をかけた多度津港の施設が完成した。多度津は、九州・中国・上方《かみがた》（関西）・江戸からの金毘羅《こんぴら》参詣の船客で賑わい、諸国の物資の集散地として繁昌した。

農民の生活についての貴重な記録がのこされている。麦・いも・雑穀が主食で、副食は漬物・諸味《もろみ》（まだ粕《かす》ののこる未精製の醬油・酒）醬油・野菜。特別なとき以外、鮮魚は食べることができなかった。ヤマクジラといわれる猪《いのしし》肉が鳥肉とともにご馳走であった。うどん・そば・赤《せき》飯《はん》・餅《もち》は、特別な日に食べた。梅干・搔餅《かいもち》・カンコロ・切干《きりぼし》・高黍《たかきび》餅・芋茎《ずいき》が保存食だった。食事は、皿《さら》や椀《わん》を台所か茣蓙《ござ》に直接おいてとった。のちには箱膳《はこぜん》をもちいた。台所と寝間《ねま》が一《ひ》と間《ま》か二間《ふたま》、寝間は板敷で、土間《どま》には藁《わら》のうえに筵《むしろ》をしいた。掛蒲団《ぶとん》は紙布であった。

さて六代藩主高典《たかまさ》は、木造三階建の集英院という建物をたて、三階に大太鼓をおいて時報を知らせたという。階下には蔵書を並べ、一般に開放した。図書館のはしりであった。

慶応三年（一八六七）の暮から翌年正月へかけ維新の大変革がなされているが、そのさなか讃《さぬ》岐《き》全土で、「ええじゃないか」の騒動が湧きおこった。そして正月三日、京都郊外鳥羽伏見で新政府軍と幕軍のあいだに激戦の火蓋がきられるが、多度津藩は、本藩丸亀藩とともに新政府軍にくみした。そして佐幕派の高松藩征討にくわわった。高松藩は恭順の意を表したため、戦わずして引き揚げた。

JR予讃《よさん》線多度津駅の北西海岸付近に、多度津陣屋跡がある。鉤《かぎ》の手の袋小路が昔を偲《しの》ばせる。

高松藩十二万石　松平家（伯爵）

①高松市　②城　③三十万五千百人（明治二年〈一八六九〉）**④五千二百七十人**（家族を含む。天保九年〈一八三八〉）

寛永十九年（一六四二）、常陸下館《ひたちしもだて》（茨城県下館市）より松平頼重《よりしげ》が十二万石ではいり、立藩した。頼重は、徳川御三家水戸徳川家初代頼房《よりふさ》の嫡男にうまれた。頼房は、兄義直《よしなお》（尾張藩初代）・頼宣《よりのぶ》（紀州藩初代）より先に子をもうけたことを公《おおやけ》にするのを遠慮し、頼重をひそかに家臣の手で養わせ、水戸家は頼重の弟光圀《みつくに》につがせたといわれる。

頼重の高松移封にあたり、将軍家より四国・中国を監察する重要な役目をあたえられた。高松松平家は、幕府内では会津《あいづ》松平家・彦根井伊家と同格で、閣老と大政を議する地位にあったという。名実ともに、四国・中国の探題《たんだい》の役目をした。頼重は、高松城下に水の乏しいのをみて、水道工事を完成し、領内各地に旱害《かんがい》用の溜池《ためいけ》四百六カ所をつくった。海岸の埋立《うめた》てをおこない、屋《や》島《しま》（高松市）に塩田をつくった。また京都から職工をまねき、保多織《ほたおり》（綿織物、一名讃岐《さぬき》上布《じょうふ》）をはじめた。理平《りへい》焼という陶器もつくられた。

五代藩主頼恭《よりたか》は、中興の英主といわれた。薬草の専門家で江戸の戯作《げさく》者として名をはせた平賀《ひらが》源内《げんない》を起用し、城下の栗林《りつりん》荘（高松市、現栗林公園）に薬草を栽培させた。また医者の向山《さきやま》周慶《しゅうけい》に命じ製糖をまなばせた。周慶は、たまたま薩摩人関良助が四国遍路の途中高松で大病にかかったのを助け、関良助の協力によって薩摩の甘蔗茎《かんしょくき》を高松の地に植え、寛政六年（一七九四）、白砂糖製造に成功した。いま、砂糖神《かみ》さんと崇拝される周慶をまつる向良《こうら》神社が、香川県東端の東かがわ市白鳥《しろとり》にある。六代頼真《よりざね》は安永八年（一七七九）、藩校講道館をたて、儒学・習字・音楽・武家礼式・武技をまなばせた。

藩財政は諸藩の例にもれず、幕末にいたるにつれ、窮乏化した。文政末頃、江戸・上方《かみがた》からの借財は五十万両に達した。このため文政十二年（一八二九）、収入増を狙い、日本有数の規模の坂出塩田《さかいでえんでん》を築造した。また向山周慶が成功した砂糖製造を、さらに大々的にした。領内沿岸九カ所に砂糖会所をおき、大坂の蔵《くら》屋敷内の大坂砂糖会所と連繫《れんけい》して、藩の砂糖専売の事業が促進《そくしん》された。この仕法《しほう》により、天保末（一八四四）には、藩財政を再建させることができた。

慶応四年鳥羽伏見の戦いに、高松藩兵は幕府軍についた。このため新政府より朝敵とみなされ、土佐藩はじめ丸亀・多度津らの藩軍が高松城下に進駐するが、戦わずして帰順し、のち新政府よりゆるされた。

ＪＲ高徳《こうとく》線高松駅の東方、高松港岸壁の南側に高松城址がある。天守閣跡や石垣・堀があり国指定の史跡になっている。二ノ丸月見櫓《やぐら》・二ノ丸水手御門《みずのて》・二ノ丸渡櫓・旧東ノ丸・艮《うしとら》櫓が国の重要文化財となっている。

徳　島

徳島藩二十五万七千石

蜂須賀家（侯爵）

①徳島市　②城　③七十一万四千人（明治二年〈一八六九〉）④三千百四十人（寛文年間〈一六六一～七三〉）

蜂須賀家が徳島に入封したのは、天正十三年（一五八五）、豊臣秀吉による四国征伐の直後、播磨《はりま》龍野《たつの》（兵庫県龍野市）城主蜂須賀家政《いえまさ》が阿波《あわ》徳島十七万五千石に封ぜられた。慶長五年（一六〇〇）関ヶ原役で家政は、豊臣恩顧の大名として苦慮し、いったん阿波の領土を豊臣秀頼に返上し、自身は蓬庵《ほうあん》と号して出家し高野山へ入った。表面中立的立ち場をとるが、嫡男至鎮《よししげ》に兵をつけ東軍に参加させたのだった。ちなみに至鎮は、徳川家康の養女（小笠原秀政の娘）を夫人としていた。関ヶ原役後、あらためて阿波が蜂須賀家にあたえられるが、元和元年（一六一五）の大坂ノ陣において、至鎮が功をあらわし、淡路《あわじ》（兵庫県）八万一千石を加増され、二十五万七千石の大封となった。

蜂須賀家は、小六《ころく》と称した家祖正勝《まさかつ》（家政の父）のとき、運をひらいた。最初美濃《みの》（岐阜県）の梟雄《きょうゆう》として名高い斎藤道三《どうさん》につかえた。その後小六は、織田信長家中の木下藤吉郎とめぐりあい、藤吉郎が羽柴と名を変え、豊臣秀吉と大きく成長する上昇運に乗って大名にのしあがったのだった。

塩田に目をつけた初代家政は、撫養《むや》（鳴門《なると》市）の海岸に、播州赤穂《あこう》（兵庫県赤穂市）につぐ一大塩田地を開発、四百三十七町歩におよんだという。その後正保二年（一六四五）塩方代官所がもうけられ、藩に塩租（税金）が徴収された。

染料となる藍玉《あいだま》製造もまた、阿波の主要産業の一つに成長した。享保二十年（一七三五）にはこれを藩専売のもとにおき、明和三年（一七六六）、藍玉の他国売りを藩が一手にあつかった。

徳島藩に藩校ができたのは寛政三年（一七九一）、十一代治昭《はるあき》のときだった。寺島学問所といわれる学館がつくられた。また寛政六年、心学講舎が城下と撫養《むや》に開かれ、翌七年、医学校が設置された。学者には、柴野栗山《りつざん》（朱子《しゅし》学派、幕府昌平黌《しょうへいこう》教授）や屋代弘賢《やしろひろかた》（国学者、『群書類従《ぐんしょるいじゅう》』の編集に貢献）、小杉榲邨《こすぎすぎむら》（『阿波国続風土記』編纂《へんさん》）など多数の人材が出た。日本近代助産学の基礎をつくった藩医賀川玄悦《かがわげんえつ》、シーボルトにまなんだ眼科医の高良斎《こうりようさい》ら洋学者も輩出した。

幕末、幕府との協調を唱《とな》える十三代斉裕《なりひろ》と勤王討幕の世子茂韶《もちあき》が対立した。しかし斉裕が死去し、茂韶が十四代藩主につき、藩は新政府側の旗幟を鮮明にした。戊辰戦争にさいし、奥羽征討に出兵した。

ＪＲ高徳《こうとく》線徳島駅のすぐ東に、徳島城址がある。明治二年（一八六九）の版籍奉還《はんせきほうかん》のとき徹底的に破壊され、現在は石畳と堀がのこっているのみである。城址にある藩主御殿の庭「表御殿庭園」が、わずかに往時の面影をつたえる。徳島名物の「阿波踊り」は、初代藩主蜂須賀家政がきずいた徳島城の落成祝いに、町人たちが無礼講《ぶれいこう》で踊ったのが起源ともいわれている。

高知

土佐藩二十万二千石　山内家（侯爵）

①高知市　②城　③五十一万六千人（明治四年〈一八七一〉）　④四万八千百八十人（家族を含む。明治二年〈一八六九〉）

土佐山内《やまうち》家の旧藩時代、藩士のあいだでうたわれた歌曲に「盛節《さかんぶし》」というのがある。『南国遺事』（寺石正路）は、「一度之《これ》を唱《とな》ふれば士気凜然《りんぜん》として振ひ起り壮士皆腕を扼《やく》し一死をも軽んずるの概《がい》あり」と、書いた。その一節に、「問ふ文と武は昼励み、夜は衆道《しゅうどう》（男色）で血気をば」とある。また「花鳥踊《はなどりおどり》」がある。十人、二十人の壮士が、刀をおび采配《さいはい》を持ち、二列向かいあわせに、鉦《かね》を打ち鳴らして歌い踊る。歌曲が俄然《がぜん》急調子となるや、白刃を抜き放ち、采配を打ち振る。踊り狂って采配の紙片が飛び散る様子は、さながら白雪の霏々《ひひ》と舞うがごとくであったという。土佐侍《ざむらい》の一面をほうふつとさせる歌謡であった。

土佐が山内家の所領となるのは、関ヶ原役直後である。土佐一国を支配した長宗我部盛親《ちょうそかべもりちか》は、関ヶ原役に西軍にくみして敗れ、領地を没収された。そして、遠江《とおとうみ》掛川（静岡県掛川市）より山内《やまうち》一豊《かずとよ》が二十万二千石で入封した。一豊は、最初織田信長につかえ、のち羽柴秀吉の麾下《きか》に属し累進した。

土佐藩の政治改革の旗手野中兼山《のなかけんざん》は、寛永八年（一六三一）執政として藩政の表舞台に登場した。五千七百石取りであった。先ず、新田開発工事のため用水路をつくった。そして、長宗我部遺臣の一領具足《いちりょうぐそく》と称せられた郷士に、その開発新田を「領知《りょうち》」という名目であたえた。待遇は、士格に准ずるものであった。さらに兼山は、大規模な郷士の起用をくわだてた。

強力に藩政を押しすすめる余り、執政兼山はややもすれば独裁になりがちだった。譜代《ふだい》の重臣間に反撥がおこり、寛文三年（一六六三）、三代藩主忠豊《ただとよ》に、兼山弾劾《だんがい》書が提出された。一言の申し開きもせず、兼山は辞意を表明した。

こうして、三十三年間の兼山時代は終りを告げ、藩主親政の新方針が決定された。反兼山派は、その辞職だけで満足せず、庄屋に命じ兼山への苦情を庶民から上申させた。辞職の三カ月後、兼山は急死した。反対派はさらに、兼山の遺族を流罪にし、土佐南端の宿毛《すくも》（宿毛市）に幽閉した。

野中時代の強力な統制が緩和された。三代忠豊は、寛文三年八月、国中に大赦令を発した。

茶・紙・漆《うるし》の藩専売が廃止され、酒・糀《こうじ》・油にかけられた運上銀《うんじょうぎん》（税）が軽減された。町や村に割り当てられる課役もへらされた。

やがて土佐藩も、諸藩なみに藩財政の赤字がふくれあがる。幕府から川普請《ふしん》、日光東照宮修復、献木などを命ぜられ、また参勤交替《さんきんこうたい》の費用がくわわり、大火災、稲の害虫発生による飢饉等がかさなった。

八代藩主豊敷《とよのぶ》の宝暦二年（一七五二）、財政再建をめざし、藩専売を復活し、国産方役所を設置した。しかし藩指定の御用商人らが、楮《こうぞ》・茶・椎茸《しいたけ》を安く買いたたき、農民の反撥をまねいたため、宝暦十年には国産方役所を廃止し、自由販売にした。豊敷は財政再建に苦労したが、藩校教授館《こうじゅかん》をもうけるなど文化面では顕著な業績をのこした。

九代豊雍《とよちか》は、小身の下級藩士久徳台八《きゅうとくだいはち》の大胆な藩政改革の意見を取り入れ、台八を奉行に抜擢。徹底的な経費節減をおこなった。二十万石の格式を十万石に縮小。贈答品をなくし、藩主の愛鳥を放ち、愛蔵の骨董品を売り払った。藩主みずから紙衣《かみこ》をきて、一汁一菜の食事にきりつめた。こうして、前年度の半額で藩政がおこなわれ、ようやく財政の立て直しに成功したのだった。

十二代豊資《とよすけ》の天保十二年（一八四一）、町方に対抗し、農村の庄屋が同盟を結成した。ここに、尊王思想がおこり、やがてこれが、土佐一藩を席捲《せつけん》した土佐勤王党運動に発展する。天保十四年（一八四三）十三代藩主に就任した豊熙《とよてる》は、「おこぜ組」と呼ばれる新進気鋭の改革派を起用した。改革派の中心馬淵嘉平《まぶちかへい》ははじめ心学（神・儒・仏を融合した庶民教学）に傾倒し、その研究グループが改革派に成長したという。改革派は、藩主山内家の血筋を引く東・南・追手《おうて》の諸家が門閥を形成し、その歳費が莫大なことに目をつけ経費削減を主張した。病根をえぐるのにあまりに性急だった。俄然、門閥家から反対の火の手があがった。追手邸の豊栄《とよよし》は他の家と連盟し、先代藩主豊資《とよすけ》に「おこぜ組は徒党を組み、藩政を壟断《ろうだん》しようとしている」と、訴えた。改革派の信奉する心学は、元来藩が異端の学問として禁止している。これが命取りになった。おこぜ組を信頼した藩主豊熙は、門閥派、老侯豊資らの糾弾の声に苦境に立たされ、ついに天保十四年（一八四三）、おこぜ組を処罰し、藩政から失脚させた。豊熙は五年後嘉永元年（一八四八）急死し、弟豊惇《とよあつ》がつぐが、おなじ年の暮隠居し、翌年二十六歳の若さで死去する。

さてここに、十五代藩主をついだのが、門閥の南家からはいった豊信《とよしげ》である。のち、容堂《ようどう》の名で知られる。十二代藩主豊資の弟豊著《とよあきら》の子である。分家南屋敷の家禄は千五百石であった。

豊信時代の出色の人物は、吉田東洋《とうよう》（元吉《もときち》）である。馬廻役《うままわり》二百石の吉田正清《まさきよ》の子にうまれ、船奉行・郡《こおり》奉行をつとめた。豊熙死去ののち、辞職し野にくだった。帯屋町《おびや》の私邸を「静遠居《せいえんきょ》」と号し、学問研究の場として同学の士をあつめた。グループは世に、「新おこぜ組」といわれ、気鋭の改革志向の侍たちだった。やがてこのグループが、安政の改革に力を発揮する。

嘉永六年（一八五三）藩主豊信は、東洋を仕置《しおき》役（参政）に抜擢し、藩政改革に乗り出すが、その直後の安政元年（一八五四）六月、東洋は藩主親戚筋の幕府旗本松下嘉兵衛とトラブルをおこし、突如失脚し、謹慎の身となった。その蟄居《ちっきょ》の日々、東洋は高知城南の長浜村（高知市長浜）にうつり、少林塾を開いた。ここに後年土佐藩を背負って立つ偉材があつまる。後藤象二郎《しょうじろう》（のち参政）・福岡孝弟《たかちか》（のち参政）・岩崎弥太郎らだった。三年後の安政四年、ゆるされてふたたび藩参政に復職した東洋は、無能な保守派の重職をしりぞけ、有能な人材を発掘した。少林塾門下の後藤、福岡、岩崎はじめ、乾《いぬい》（板垣）退助、谷干城《たてき》らである。

藩主豊信はしかし、十三代将軍家定《いえさだ》の継嗣問題がおこるや、一橋慶喜《ひとつばしよしのぶ》擁立派にくみして、紀州慶福《よしとみ》（家茂《いえもち》）擁立の大老井伊直弼《なおすけ》に敗れ、安政六年（一八五九）の安政の大獄によって隠居謹慎となり、十六代豊範《とよのり》が襲封した。

幕末の土佐は、土佐勤王党の出現により、新しい政治の時代をむかえた。勤王党首領武市瑞山《たけちずいざん》（半平太）は郷士の家にうまれ、安政三年（一八五六）江戸に出て知名の剣客桃井春蔵の道場に入門し、安政四年（一八五七）塾頭をつとめた。諸国の尊攘志士とまじわり、江戸築地《つきじ》の土佐藩別邸で土佐勤王党を結成した。盟約《めいやく》署名の党員は百九十二名、志を通ずる者は数百人を越えた。坂本竜馬、中岡慎太郎、吉村虎太郎らが参加した。武市は、参政吉田東洋を説《と》き、土佐藩を薩摩・長州とおなじく勤王にかためようとした。しかし幕府との協調路線をとる東洋は説得に応じない。焦った武市はついに、東洋暗殺を決意した。合議の結果、五組の刺客がえらばれ、文久二年（一八六二）四月八日、三組目の刺客那須信吾、安岡嘉助、大石団蔵が決行した。

さらに情勢は急転回する。参政吉田東洋亡《な》きあと武市瑞山は、東洋に敵対していた保守派の門閥家老らと結び、新政権を誕生させた。瑞山は門閥家老らの政権をかげで操縦した。

しかし翌文久三年八月十八日、薩摩・会津両藩が主導し、尊攘急進派の長州藩を京都より追い落すクーデターを敢行。京都の尊攘派は、急激に凋落《ちょうらく》した。

さきに謹慎を解《と》かれた老侯容堂は、江戸より土佐に帰国し、藩政を掌握。尊攘派衰退の機運をみるや、土佐勤王党の弾圧に乗り出した。股肱の吉田東洋を暗殺された報復であった。瑞山はじめ多数の勤王党員が投獄され、首領瑞山はついに切腹を命ぜられたのだった。これより前、勤王党員の多数が脱藩して長州に走り、尊攘運動にくわわった。

脱藩の一人坂本竜馬は、町人郷士坂本直足《なおたる》の次男として、天保六年(一八三五)にうまれた。嘉永六年(一八五三)十九歳で江戸へゆき北辰一刀流千葉定吉(千葉周作の弟)の道場で修業し、長州の桂小五郎、土佐の先輩武市瑞山とまじわり、土佐勤王党に加盟した。東洋暗殺の直前に脱藩し、幕府軍艦奉行勝海舟《かいしゅう》の弟子となり、神戸海軍操練所の設立に尽力した。越前の松平春嶽《しゅんがく》(慶永《よしなが》)の知遇をうけ、幕府の大久保忠寛《ただひろ》(のち若年寄)、横井小楠《しょうなん》(熊本藩士、のち明治政府参与)らと交流した。慶応元年(一八六五)長崎に航海運輸業「亀山社中」を発足させ、そして翌二年一月二十二日、歴史的な薩長攻守同盟を斡旋成立させた。脱藩の竜馬はさらに、土佐藩参政となった後藤象二郎と意気投合し、象二郎のはからいで亀山社中は土佐藩の支援をうけ、海援隊としてうまれかわる。

一方、象二郎は竜馬との接触により目を開かれ、富国強兵・殖産興業を押しすすめるべく開成《かいせい》館を設立した。一種の総合商社である。軍艦・貨殖（貿易）・勧業・税課・捕鯨・鉱山・火薬・鋳造・泉貨、山虞、医の各局があった。開成館の事業に、漂流し渡米した土佐の漁師出身の中浜万次郎（ジョン万次郎）が、そのアメリカ仕込みの知識をもって参加した。のち三菱の創業者となる岩崎弥太郎は、象二郎の引き立てをうけ、長崎の土佐商会をあずかり、藩の船舶・鉄砲購入にあたった。この時代の活動が、明治の起業家《ベンチャー》としての原動力となった。

竜馬の海援隊とともに、京都の土佐藩白川藩邸に陸援隊が誕生する。竜馬同様、土佐勤王党の一人で脱藩者の中岡慎太郎が隊長となった。維新の政局はさらに前進した。慶応三年（一八六七）六月、竜馬は、維新革命のモデルプラン「船中八策」の構想を後藤象二郎に託し、そしてこれが、象二郎の手により幕府に提言され、十月十四日の十五代将軍慶喜《よしのぶ》の「大政奉還」となって結実した。その直後の十一月十五日、竜馬は京都において中岡慎太郎とともに、幕府刺客の刃に倒れたのだった。

慶応四年の鳥羽伏見の戦いに土佐藩は、薩摩・長州とともに参戦した。板垣退助指揮の土佐藩兵は、戊辰戦争に奥羽へ転戦し、会津若松城攻めに功をあらわした。

ＪＲ土讃《どさん》線高知駅の南西大高坂《おおたかさ》山の丘陵上に、高知城址がある。現在、天守閣のほか追手《おうて》門・本丸書院・黒鉄《くろがね》門・詰《つめ》門・矢狭間《やざま》塀など十五棟がのこっており、国の重要文化財に指定されている。坂本竜馬の誕生地は、城址の南西にあり、後藤象二郎誕生地は、城址の南東鏡川河畔にある。

宇和島藩十万石

伊達家（侯爵）

①宇和島市　②城　③十六万九千人（明治四年〈一八七一〉）④六千六百七十人（家族を含む。明治二年〈一八六九〉）

文禄四年（一五九五）藤堂高虎《とうどうたかとら》が七万石で宇和島に入封するが、慶長五年（一六〇〇）国府《こくぶ》（愛媛県今治市《いまばり》）へ移封。同十三年、伊勢津《つ》（三重県津市）より富田信高《のぶたか》が十万石で入封し、十八年改易《かいえき》となった。慶長十九年（一六一四）仙台藩主伊達政宗の嫡男秀宗《ひでむね》が十万石で入封し、ここに伊達氏は幕末まで在封する。秀宗は明暦三年（一六五七）隠居し、二代宗利《むねとし》があとをつぐが、このとき五男宗純《むねずみ》に吉田藩三万石を分知した。七万石となるが、元禄九年（一六九六）幕府より十万石高直しがみとめられた。

四代藩主村年《むらとし》の享保十三年（一七二八）から十八年にかけ大風雨がつづき、十七年にはうんかの害がひどかった。九万一千石減収の被害を出し、飢人は五万六千余人に達した。

五代村候《むらとき》は中興の英主といわれた。寛保三年（一七四三）倹約令とともに、家臣に二十五カ条の定《さだめ》を発令した。忠孝・学問・武芸の奨励のほか、博奕《ばくち》・好色の禁止、軍制強化をうたった。木蠟《もくろう》（蠟燭の原料）を藩の重要国産品とし、泉貨紙《せんか》（厚手の紙）を藩の専売にした。製糸業もさかんで、これも専売にし、大坂の問屋に一手販売させた。漁業は鰯《いわし》網がさかんで、乾燥したものを干鰯《ほしか》とし、金肥《きんぴ》（肥料）として大坂に輸出された。藩主村候《むらとき》は文武に意をもちい、寛延元年（一七四八）侍と庶民共学の藩校内徳《ないとく》館（のち敷教《ふきょう》館、明倫《めいりん》館）を創設した。

島津斉彬《なりあきら》（薩摩藩主）・山内豊信《とよしげ》（容堂、土佐藩主）・松平慶永《よしなが》（春嶽《しゅんがく》、越前福井藩主）とともに、四賢侯とうたわれた八代藩主宗城《むねなり》は、天保十五年（一八四四）に襲封した。幕府旗本山口直勝《なおかつ》の次男にうまれている。祖父直清《なおきよ》が、五代村候《ごだいむらとき》の次男だった。宗城は、幕末の農政家佐藤信淵《のぶひろ》の稲作法を農民に実習させ、重要産物木蠟《もくろう》を専売にした。また福岡から専門家をまねき、石炭の埋蔵調査をさせ、ギヤマン・樟脳《しょうのう》・陶器・藍玉《あいだま》の製造なども計画した。天保年間（一八三〇〜四四）から、軍事近代化に着手した。三人の家臣を江戸の西洋砲術家下曾根《しもそね》金三郎に入門させている。火薬の製法をまなばせ、天保十五年火薬製造場を城下にもうけた。翌弘化二年（一八四五）大砲鋳造場をつくり、弘化四年鉄砲隊を編成し、オランダ式の兵式訓練をはじめた。

慶応三年（一八六七）十二月、京都朝廷に新政府が成立するや、宗城は議定《ぎじょう》（閣僚）となった。

JR予讃《よさん》線宇和島駅の南に、宇和島城址がある。城山の南登山口の上立門《のぼりたち》と、山上の天守閣がのこっている。天守閣は、国の重要文化財である。城構えは殆ど昔のままという。マキ・ウバメガシの大樹は、築城以来の古木である。ちなみに、「汽笛一声新橋を……」の鉄道唱歌の作詩者大和田建樹《たけき》は、安政四年（一八五七）宇和島藩士の家にうまれた。宇和島駅頭に記念碑が建てられている。

伊予《いよ》吉田藩三万石　伊達家（子爵）

①北宇和郡吉田町　②陣屋　③五万三千人（明治四年〈一八七一〉）④二千八百八十人（家族を含む。明治二年〈一八六九〉）

明暦三年（一六五七）、宇和島初代藩主伊達秀宗《ひでむね》が、五男宗純《むねずみ》に三万石を分知し立藩した。享保十七年（一七三二）、大飢饉により二万七千余石の損害を出し、幕府より三千両を借りた。農民の副業の製紙を藩の専売にし、紙方役所を設置した。しかし藩御用商人法華《ほけ》屋が利益を独占した。寛政五年（一七九三）、これに怒った農民一万人が蜂起し、本藩宇和島藩に、紙専売反対の強訴をおこなった。寛政六年六代藩主村芳《むらよし》は、藩校時観《じかん》堂をもうけた。慶応四年（一八六八）の戊辰戦争に、新政府への出仕がおくれるが、宇和島藩のとりなしで、八代宗孝《むねみち》が隠居し九代宗《むね》敬《よし》が家督相続してことなきをえた。JR予讃《よさん》線伊予吉田駅の北に陣屋跡があり、長屋門の一部がのこされている。

大洲《おおず》藩六万石　加藤家（子爵）

①大洲市　②城　③九万七千八百人（明治四年〈一八七一〉）④三千四百九十人（家族を含む。明治二年〈一八六九〉）

豊臣秀吉の四国統一後大洲《おおず》は、戸田勝隆《かつたか》（秀吉古参の家臣）、藤堂高虎《とうどうたかとら》の支配下におかれ、慶長十四年（一六〇九）、淡路洲本《あわじすもと》（兵庫県洲本市）より脇坂安治《やすはる》が五万三千石で入封した。子の安《やす》元《もと》の元和三年（一六一七）信濃飯田《しなのいいだ》（長野県飯田市）に転じた。そして伯耆米子《ほうきよなご》（鳥取県米子市）より加藤貞泰《さだやす》が六万石で入封し、加藤氏は幕末まで在封した。

加藤家は、貞泰の父光泰《みつやす》によって世に出ている。光泰ははじめ、美濃《みの》国主斎藤竜興《たつおき》（道三《どうさん》の孫）につかえた。主家没落後豊臣秀吉につかえ、天正十年（一五八二）明智光秀討伐に功をあらわし、丹波周山《たんばしゅうざん》城（京都府京北《けいほく》町）一万七千石の大名に取り立てられた。天正十八年（一五九〇）の小田原北条征伐後、一躍甲斐《かい》（山梨県）二十四万石の大封をえるが、文禄元年（一五九二）の朝鮮出兵に参陣し、翌年急病死した。一説には、石田三成の謀略により毒殺されたともいう。父光泰の死により貞泰は、美濃《みの》黒野（岐阜市）四万石と大幅に所領をへらされた。そして関ヶ原役に徳川に味方し、二万石の加増をうけ米子六万石となった。なお初代貞泰が死去したとき遺言により嫡男五郎八（二代泰興《やすおき》）に五万石、次男大蔵（直泰《なおやす》）に一万石が分与されるが、のち泰興の五万石は、六万石の格式をみとめられた。

家祖光泰は片鎌槍の達人という武人の半面、学者としてもきこえた。朝鮮出兵中も、朝鮮本の論語・孟子《もうし》を入手し座右《ざゆう》においたという。

家祖の好学の気風をうけつぎ、大洲藩に学問尊重のムードが高まった。出色の人物は、陽明学派の祖として名高い中江藤樹《なかえとうじゅ》である。近江《おうみ》（滋賀県）にうまれるが、祖父中江吉長が加藤貞泰につかえる百石取りの侍だった。吉長は米子《よなご》時代、孫藤樹を養子にした。大洲へ移ったのち吉長が没し、藤樹が百石の家督をつぎ新谷《にいや》藩に任用替えとなるが、遠く近江《おうみ》に老後の身を養う母の身を心配した藤樹はついに寛永十一年（一六三四）、二十七歳で新谷藩を脱藩する。しかしその間、教えた門人は多数にのぼり、藤樹学は大洲藩に隠然たる根をはって、後世に継承された。五代藩主泰温《やすあつ》は、陽明学者三輪《みわ》執斎《しっさい》に傾倒し、執斎の高弟を藩に招いた。その高弟の一人川田雄琴《ゆうきん》は、大洲伝統の藤樹学をひろく領内庶民に講説した。六代泰衒《やすみち》の延享四年（一七四七）藩校明倫堂が完成し、この新しい学堂で川田雄琴により、藤樹百年祭が執行された。

十代藩主泰済《やすずみ》は、幕府老中として名高い松平定信《さだのぶ》に愛された学者大名だったという。当時のそうそうたる学者の林述斎《じゅつさい》・古賀《こが》精里《せいり》・柴野《しばの》栗山《りつざん》・尾藤《びとう》二洲《じしゅう》らの教えをうけた。中国の名宰相韓琦《かんき》（一〇〇八〜七五）の全集を出版している。

大洲藩の特産物に、茶・繭《まゆ》・木蠟《もくろう》・紙がある。藩は木蠟・半紙を専売にしようとしたが、半紙のほかは専売にできなかった。

幕末、政情が流動化する中で、慶応二年（一八六六）、大洲藩の銃器購入のため藩士国島六左衛門が長崎に派遣された。坂本竜馬や薩摩藩外交掛五代才助《ごだいさいすけ》らの周旋で、国島独断で外国蒸気船を購入。オランダ商人から四万二千五百両、五回払いの約束で商談が成立した。いろは丸と名づけられた。いろは丸は、一航海五百両で土佐藩に貸し付けられ、坂本竜馬の海援隊員が小銃・弾薬を輸送した。その航海途中、瀬戸内海で紀州藩船明光《めいこう》丸に衝突され沈没した。ここに、日本の海難史上に特筆すべき賠償請求がなされた。万国公法にくわしい竜馬の奔走により紀州藩に請求され、賠償金七万両が支払われたのだった。

　さて幕末ぎりぎりの政局、大洲藩はもともと尊王の気風がつよく、慶応三年（一八六七）秋、薩摩・長州に討幕の密勅がくだされるや、大洲藩より長州に密使が派遣された。その結果、鳥羽伏見決戦直前の三年末、長州軍が出兵し、京都進軍のため西宮へ千三百人の兵が上陸した。大洲藩は、端舟百隻、賄《まかない》、草鞋《わらじ》一千足を用意した。鳥羽伏見の勝利に、大洲藩は大きく貢献したのだった。このあと大洲藩は、新政府軍の一員として奥州に転戦した。

　JR予讃《よさん》線伊予大洲駅の南、肱《ひじ》川の西岸に大洲城址がある。高欄櫓《こうらんやぐら》や台所櫓・苧綿《おわた》櫓・隅《すみ》櫓がのこり、いずれも重要文化財に指定されている。

新谷《にいや》藩一万石　加藤家（子爵）

①大洲市　②陣屋　③一万三千四百人（明治三年〈一八七〇〉）　**④八十人**

　元和九年（一六二三）、大洲藩初代加藤貞泰《さだやす》が死去したとき、次男直泰《なおやす》に一万石が分知され、新谷《にいや》藩が立藩した。大洲藩学の祖中江藤樹《とうじゅ》は、寛永九年（一六三二）新谷藩に任用替えになり、そして同十一年、母への孝養のため脱藩して生地近江《おうみ》へ帰国している。藤樹を慕い、藩主の許可をえて近江へ赴《おもむ》いた藩士の門人は、三十二人にのぼったという。六代泰賢《やすまさ》は、藩校求道軒を創設した。肱《ひじ》川の洪水と風水害、火災により藩財政は火の車となり、ついに五カ年間、本家大洲藩の支配により藩が運営された。大洲市内新谷町の小学校敷地に陣屋跡があり、麟鳳《りんぽう》閣と呼ばれ県文化財となっている。

松山藩十五万石　久松家（伯爵）

①松山市　②城　③二十一万一千八百人（明治三年〈一八七〇〉）　④一万四千三百人（家族を含む。明治三年〈一八七〇〉）

明治の俳人正岡子規《まさおかしき》は慶応三年（一八六七）松山藩御馬廻《おうままわり》正岡家にうまれた。子規は旧藩を偲《しの》び、「春や昔十五万石の城下かな」との句をつくっている。

松山藩は、慶長五年（一六〇〇）の関ヶ原役に東軍徳川にくみした加藤嘉明《よしあき》が二十万石で入封し、立藩した。嘉明は寛永四年（一六二七）会津へ移封し、蒲生忠知《がもうただとも》が二十万石で入り、寛永十一年（一六三四）嗣子にめぐまれず断絶した。翌十二年、伊勢《いせ》桑名より松平定行《さだゆき》が十五万石で入封し、ここに松平氏（のち久松《ひさまつ》）は幕末まで在封した。

松平家の先祖久松俊勝《としかつ》夫人於《お》大《だい》は、徳川家康の生母である。定行の父定勝《さだかつ》は、於大の子で家康の異父弟であった。このため久松家は徳川一門として松平の称号をゆるされ、将軍家の引き立てをうけ、中国・四国の探題《たんだい》役として松山に配置されたのだった。

定行は、入封以来加藤嘉明《よしあき》が築城した松山城を改修し、殖産興業につとめた。城下の町人に命じ、広島名産の牡蠣《かき》をとり寄せ、領内の浦々で繁殖させた。旧領桑名から取り寄せた白魚《しらうお》も養殖し、松山名産にした。茶・楮《こうぞ》の栽培をさかんにし、製紙業をおこした。異色は、西洋菓子の「タルト」である。正保元年（一六四四）、長崎に入港したポルトガル船警備のため、松山藩は幕閣より長崎警備を命ぜられた。このとき藩主定行は、ヨーロッパから長崎に伝えられたこの洋菓子の製菓技術を藩士にまなばせた。それが松山城下に持ち帰られ、和風味をくわえた銘菓につくりあげられたという。

四代定直《さだなお》のとき高内《たかない》又七が抜擢されて総奉行に就任し、延宝七年（一六七九）税制を改革した。従来、秋の収穫時に決めていた年貢《ねんぐ》の割り合いを、収穫前の春に実状を調査して割り当てる制度に変えた。このため藩の歳入は、一五パーセントの増収をみたという。

藩の経済的余裕を背景に、江戸の元禄文化に刺戟されて松山城下に地方文化がさかえた。藩主定直は俳諧に興味をいだき、芭蕉《ばしょう》の高弟榎本《えのもと》其角《きかく》の教えをうけた。藩士の俳句づくりがさかんになった。国許松山城下に、中央俳壇の俳風が持ち込まれた。のちの天明から文化にかけ、伊予俳壇は黄金時代をむかえる。

五代藩主定英《さだひで》の享保十七年（一七三二）三月頃より気候不順がつづき、七月の豪雨により河川が氾濫《はんらん》、多くの稲が立ち腐れ枯死《こし》した。六月からうんかが大量発生し田畑の作物はおろか、雑草まで食い荒らされ、伊予郡の田圃に青草の一本も生《は》えぬ惨状が広がった。収穫時の米作のとり入れは皆無、麦は二、三分作、貯えの雑穀や野草をとって食べた。飢えた農民は、貯蔵米のある松山城下へ押し寄せ、集団の物乞いをはじめた。餓死者の骸《むくろ》が、城下の辻々に横たわっているのが見られた。藩は諸頭《がしら》を緊急召集し、全家中「人数扶持《ぶち》給与」の指令を発した。禄高に関係なく、すべて一日一人五合の扶持米にしたのである。藩創設以来の大英断であった。

飢饉さなか、領内の百姓作兵衛が、種麦をいれた袋を枕に餓死した。作兵衛は、家族が飢え、老衰の父につぎ長男が餓死したが、ひるまず麦畑一反五畝《せ》を耕作しつづけ、やがて精根つき餓死一歩手前となった。隣家の者が見かね、一斗の種麦を食べ、命をつなぐように、と勧めた。作兵衛はしかし、種麦は命より大事で、死ぬのはやむをえない、とそういい切って餓死した。死没四十五年後の安永六年（一七七七）、八代藩主定静《さだきよ》は、祭祀《さいし》料年米一俵をあたえた。三百六十余人の百姓の奉仕により、義農碑が建てられた。現在、松山市の西隣りの松前町に、その碑がのこっている。

大飢饉九年後の寛保元年（一七四一）、大規模な百姓一揆がおこった。三千人の農民が、藩の新しい紙専売仕法に反対し、隣接の大洲藩に越境し、大洲藩主加藤家に、専売仕法緩和の斡旋を嘆願した。紙の原料楮《こうぞ》の強制買い上げや紙生産の無理な督励《とくれい》に反対するのが表向きの理由だが、本音は年貢《ねんぐ》の荷重負担だった。藩は百姓らに苦心の説得工作をつづけ、ようやく騒ぎは鎮静した。百姓らに犠牲者は出なかったという。かわりに、責任者の家老・奉行が遠島となり、のち打ち首となった。

安永（一七七二〜）から寛政（一七八九〜）にかけ、四代藩主定直によってはじめられた俳諧が、領内に普及した。豪商栗田樗堂《ちょどう》（酒造業・大年寄）が中心となった。樗堂の名声を慕い、小林一茶が二回松山にきている。

文化六年（一八〇九）十一代藩主に就任した定通《さだみち》は、藩政を改革し藩校明教館を創立した。

幕末、松山藩は慶応四年（一八六八）正月の鳥羽伏見の一戦に幕府方として参加し、窮地におちいる。戦闘にはくわわらず、もっぱら後方警備を担当したが、「朝敵」とみなされた。土佐藩兵の追討をうける直前、十四代藩主定昭《さだあき》はひたすら恭順の意をあらわし、城を退去して謹慎した。そのため五月、新政府より所領召し上げをゆるされ、定昭にかわり前藩主勝成《かつしげ》を再勤させ、十五万石を安堵《あんど》の沙汰がくだされた。同時に、戊辰戦争の軍費十五万両献納を申しつけられたのだった。七月、新政府よりさらに、「松平」の姓を旧姓久松に復するよう命ぜられた。

ＪＲ予讃《よさん》線松山駅のすぐ東の標高一三一メートルの勝《かつ》山山頂に、松山城址がある。白亜の天守閣を中心に、多くの楼閣・堀がのこり、往時の面影をよく伝えている。国の指定史跡である。古城ムード豊かな城址で、春は桜の古木が色どりをそえている。また城址とＪＲ松山駅の中間に、俳人栗田樗堂《ちょどう》の草庵庚申《こうしん》庵がある。

今治《いまばり》藩三万五千石　久松家（子爵）

①今治市　②城　③七万四千人（明治四年〈一八七一〉）④千百四十人

慶長五年（一六〇〇）、関ヶ原役に東軍について功をあらわした藤堂高虎《とうどうたかとら》が、伊予《いよ》板島《いたじま》（愛媛県宇和島市）より二十万石で伊予国府《こくぶ》（今治市《いまばり》）に移った。同七年今治浦（今治市）に本拠をうつし、今治城を築城した。高虎は慶長十三年伊勢津《いせつ》へ転封した。なお高虎の養子高吉《たかよし》は、二万石で今治城にのこり、寛永十二年（一六三五）まで在城し、伊賀名張《いがなばり》（三重県名張市）へ転じた。さて寛永十二年、松平（久松）定房《さだふさ》が兄定行《さだゆき》の松山入封と同時に、伊勢長島（三重県長島町）から三万石で今治にはいった。定房は大御留守居役を命ぜられ一万石を加増されるが、三代定陳《さだのぶ》のとき弟定昌《さだまさ》（定道）に五千石分知し、三万五千石の禄高となった。

藩は塩田の開発に力をいれ、領内男女の別なく十五歳から六十歳までの農民を動員して塩田造成工事をすすめた。また入江の干拓《かんたく》新田三十二町余を開発した。小幅《こはば》の白木綿の製造販売に力をいれ、天保十五年（一八四四）、三千反が大坂へ積み出された。

七代藩主定剛《さだよし》の文化二年（一八〇五）、朱子学者長野恭度《やすのり》を教授に講書場が創立された。文化四年（一八〇七）この施設が拡充され克明館と改称された。定剛は庶民教学「心学」に関心をもち、当時の心学の第一人者大島有隣《うりん》を江戸藩邸にまねき教えをうけた。そして松山藩の盲目の心学者田中一如《いちによ》を招聘《しょうへい》し、領内各村で巡回講話の会をもよおした。のちの嘉永二年（一八四九）、心学の講義所「新民舎」がもうけられる。

慶応四年（一八六八）戊辰戦争が勃発したが、今治藩は新政府の召命により天応隊百十名を上洛させ、京都守護の任についた。そして、新政府の征東軍にしたがい、甲府から奥羽に転戦した。明治元年（一八六八）藩主家は「久松」姓に復した。

ＪＲ予讃《よさん》線今治駅の東、今治港にちかい市街地に今治城址がある。五層の天守閣が復元されている。城跡に高台・内堀・石垣がのこり、市街地や瀬戸内海を一望できる景勝の地である。

小松藩一万石　一柳家（子爵）

①周桑郡小松町　②陣屋　③一万二千七百人（嘉永六年〈一八五三〉）④百三十人（文久三年〈一八六三〉）

寛永十三年（一六三六）西条《さいじょう》藩主一柳直盛《ひとつやなぎなおもり》の子直頼《なおより》が父の死後、遺領一万石を分与され、小松に立藩した。享保十七年（一七三二）の大飢饉では、当時の人口の半分五千四百余人が飢人となった。享和三年（一八〇三）藩校養正館が創立された。戊辰戦争では、新政府軍として越後・会津へ転戦した。

西条藩三万石　松平家（子爵）

①西条市　②陣屋　③五万八千人（明治四年〈一八七一〉）④千三百六十人（天保十二年〈一八四一〉）

寛永十三年（一六三六）伊勢神戸《いせかんべ》（三重県鈴鹿市）より一柳直盛《ひとつやなぎなおもり》が六万八千石で西条へ移封となるが、直盛はその赴任途中大坂で死去した。このため、遺領のうち西条三万石を嫡男直重《なおしげ》がつぎ、弟直家《なおいえ》に二万八千石（播磨《はりま》小野〈兵庫県小野市〉）、直頼《なおより》に一万石（小松）が分けあたえられた。西条藩をついだ直重のあと、三代直興《なおおき》のときの寛文五年（一六六五）、江戸への参勤遅参、役目不行届《ふゆきとどき》の理由で改易《かいえき》となった。

寛文十年（一六七〇）紀州藩主徳川頼宣《よりのぶ》の次男松平頼純《よりずみ》が三万石で入封し、松平氏が幕末まで在封した。瀬戸内海の燧灘《ひうちなだ》沿岸の干拓《かんたく》にあたり、数十の新田を開発している。八代頼啓《よりゆき》のとき藩校擇善《たくぜん》堂が創設され、勤王家が輩出した。徳川御家門大名であるが、慶応四年（一八六八）の戊辰戦争には、新政府に恭順し、京都・江戸を警衛し、奥州へ出兵した。

JR予讃《よさん》線伊予西条駅の北西にある西条高校の敷地内に、西条藩陣屋跡がある。大手門が校門となっており、堀・石垣・矢来《やらい》に昔の面影がうかがえる。

Ⅸ　九州

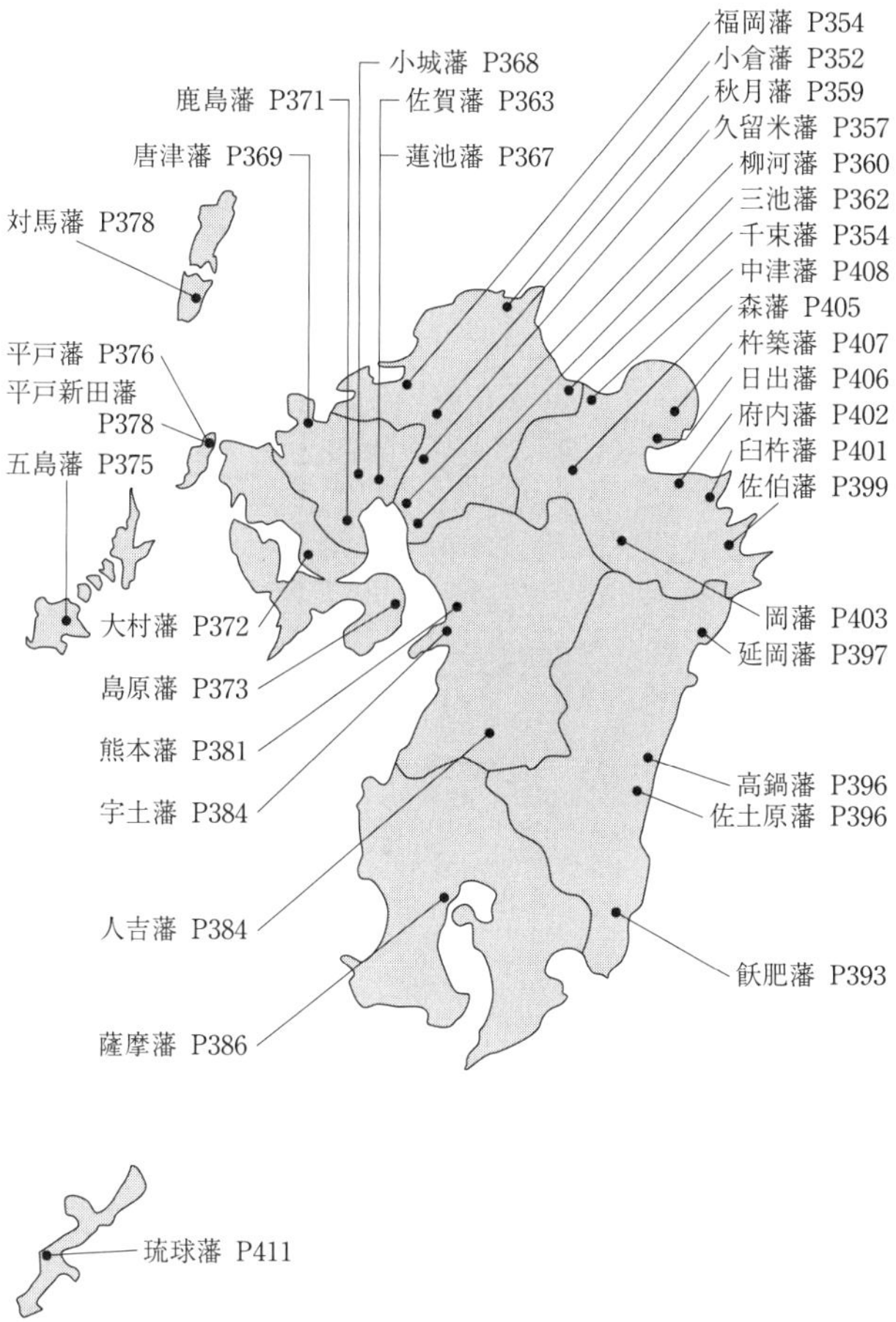

福岡藩 P354
小倉藩 P352
秋月藩 P359
久留米藩 P357
柳河藩 P360
三池藩 P362
千束藩 P354
中津藩 P408
森藩 P405
杵築藩 P407
日出藩 P406
府内藩 P402
臼杵藩 P401
佐伯藩 P399
小城藩 P368
鹿島藩 P371
佐賀藩 P363
唐津藩 P369
蓮池藩 P367
対馬藩 P378
平戸藩 P376
平戸新田藩 P378
五島藩 P375
大村藩 P372
島原藩 P373
熊本藩 P381
宇土藩 P384
人吉藩 P384
薩摩藩 P386
岡藩 P403
延岡藩 P397
高鍋藩 P396
佐土原藩 P396
飫肥藩 P393
琉球藩 P411

小倉《こくら》藩十五万石　小笠原家（伯爵）

①北九州市　②城　③十一万七千八百人（明治四年〈一八七一〉）④一万五千二百三十人（家族を含む。明治二年〈一八六九〉）

慶長五年（一六〇〇）関ヶ原役に、東軍徳川に味方した細川忠興《ただおき》が、丹後《たんご》宮津《みやづ》（京都府宮津市）より豊前《ぶぜん》中津《なかつ》へ入ったあと、慶長七年に三十九万九千石で小倉に入封、つぎの忠利《ただとし》のとき肥後《ひご》熊本へ移封した。細川氏の時代、五層の天守閣をもつ小倉城が築城された。寛永九年（一六三二）播磨《はりま》明石《あかし》より小笠原忠真《ただざね》が十五万石で入封し、以来幕末まで小笠原氏が在封した。

小笠原氏は清和《せいわ》源氏の出で、源頼朝の時代から信濃《しなの》の地頭《じとう》をつとめた名門である。代々「小笠原礼法」を家の伝統礼式とした。頼朝の家臣となった長清《ながきよ》の時代（応保元年〈一一六一〉～仁治三年〈一二四二〉）武家礼法・射礼の式を定め、騎射の儀式をつくった。いわゆる武家必須の「弓馬《きゅうば》の道」で、現在に伝えられる「流鏑馬《やぶさめ》」の元祖である。六代目の貞宗《さだむね》は後醍醐天皇につかえ、勅命により「起居動静の式」をさだめ、「神伝糾方《しんでんきゅうほう》精神論」をあらわした。後世に伝えられた小笠原礼法の奥儀《おうぎ》であった。

幕末、小倉領内は関門海峡に接し、北面に遠く朝鮮半島をのぞむ要衝《ようしょう》の地だけに、海岸の軍備を強化した。文久三年（一八六三）砲台をもうけ、寺院の梵鐘《ぼんしょう》を鋳《い》つぶして大砲鋳造がはじめられた。農兵が徴発《ちょうはつ》され、銃砲が装備された。

そして小倉藩の危機ともいえる第二次長州征伐が慶応二年（一八六六）勃発した。藩主小笠原家の同族唐津《からつ》小笠原家の世子で老中をつとめる壱岐守《いきのかみ》長行《ながみち》が、長州征討の総督として小倉に進駐してきた。長州は当時、尊攘派が政権をとり、高杉晋作の奇兵隊はじめ諸隊が幕軍を破り、破竹の勢いであった。六月、山県狂介（有朋《ありとも》）指揮の長州軍が門司に上陸、幕軍と小倉藩兵を果敢に撃破した。小倉藩の危機が迫った。九代藩主忠幹《ただよし》は、前年九月死去しているが、厳秘《げんぴ》に付《ふ》されていた。七月、小倉城で軍評定《いくさひょうじょう》が開かれ、すでに死去した忠幹の名で「城を枕に討死——」の布令が出された。しかし幕府の総督小笠原長行がひそかに脱出して幕軍は解散し、応援の熊本藩兵も引き揚げる。もはや藩単独の戦いは無理だった。こうして小倉藩は、城を焼き、南方の山岳地帯香春《かわら》（福岡県香春町）へ落ちのび、ここに藩庁をもうけた。忠幹未亡人、四歳の嗣子豊千代丸（忠忱《ただのぶ》）は熊本の細川家をたより、家臣・家族三万人が香春へ移動した。進駐してきた長州軍との和睦がようやく成立したのは、翌三年一月であった。香春に藩庁を開いた藩は、財政が極端に窮迫し、藩士の給与は、禄高に関係なく、一人一日米五合の面扶持《めんぶち》制をとったという。戊辰戦争には、新政府の命令にしたがい、奥羽へも出兵した。

ＪＲ鹿児島本線西小倉駅の南に小倉城址がある。昭和三十四年（一九五九）天守閣が復元された。月見櫓《やぐら》や三百六十年前の井戸跡がある。

千束《ちづか》藩一万石　小笠原家（子爵）

①豊前市　②陣屋　③五千八百人（明治四年〈一八七一〉）④九百二十人（家族を含む。明治二年〈一八六九〉）

小倉二代藩主小笠原忠雄《ただお》の弟真方《さねかた》が、寛文十一年（一六七一）兄より新田一万石を分知され、立藩した。最初、小倉城下に居館をおいたが、明治二年（一八六九）千束《ちづか》（豊前市）にうつした。

福岡藩五十二万三千石　黒田家（侯爵）

①福岡市　②城　③三十八万八千人（明治四年〈一八七一〉）④五千七百人

慶長五年（一六〇〇）の関ヶ原役後、筑前《ちくぜん》一国、筑後《ちくご》・肥前《ひぜん》の一部を領した小早川秀秋《ひであき》が備前《びぜん》岡山へ移封し、そのあと、豊前中津《ぶぜんなかつ》（大分県中津市）城主黒田長政《ながまさ》が五十二万三千石で入封した。黒田氏はこれより、幕末まで在封する。

長政の父官兵衛孝高《よしたか》は機略縦横《じゅうおう》の戦国武将で、羽柴秀吉の播磨《はりま》攻略、中国攻めに参謀として働き、豊前中津十二万三千石の城主にのしあがる。関ヶ原役に、官兵衛は嫡男長政を徳川家康の上杉景勝《かげかつ》攻めの軍に参加させ、自身は九州において、西軍側の諸城を攻め功をたてた。

長政は元和九年（一六二三）五十六歳で生涯を終えるが、まだ二十二歳の若さで福岡藩主をついだ忠之《ただゆき》は、寵愛の小姓倉八《くらはち》十太夫を一万石の重職に抜擢して、藩政を危うくし、あわや藩改易《かいえき》か、と危惧《きぐ》された騒動をおこした。寵臣十太夫の側近政治により藩政が乱れ、そして寛永二年（一六二五）、幕府禁制の五百石積《づみ》を越える大船鳳凰《ほうおう》丸をあえて建造し、幕府より咎めをうけた。譜代《ふだい》の老臣らは現状を憂慮した。このままいけばお取り潰しもまぬがれない。ここに、三家老の一人で一万八千石を食《は》む栗山大膳《くりやまたいぜん》が立ち上り、「主君忠之に、幕府に謀叛の疑いあり」との、爆弾宣言を発したのである。幕府より召喚《しょうかん》され、老中、大目付列座の場で訊問《じんもん》をうけた大膳は、堂々の陳述をした。そして最後に、「主君謀叛のこと、拙者の計略でござる」と、本音を明かしたのである。福岡藩の現状を打破するため、あえて荒療治をしたのだと、その真情をせつせつと訴えた。列座の老中らはみな感動したという。大膳の一世一代の騒動劇は効を奏し、幕閣より福岡五十二万石安泰のお墨付きをえたが、大膳自身は騒ぎの責めをおって、奥羽の盛岡藩に預けられ、一生を終えている。

三代光之《みつゆき》のとき、江戸の儒《じゅ》者で『養生訓《ようじょうくん》』で名高い貝原益軒《かいばらえきけん》が、福岡藩の学者として脚光を浴《あ》びている。前藩主忠之のとき、十九歳で御納戸召料役《おなんどめしりょう》（藩主の衣服調度の出納係）に召し出されるが、二年後主君の怒りにふれ浪人、数年後、右筆《ゆうひつ》役の父のとりなしで三代光之に召し抱えられた。益軒は藩命により、『黒田家譜』を編纂《へんさん》し、地誌として不朽の名声をのこす『筑前国続風土記《ちくぜんのくにぞくふどき》』を編纂した。また、益軒にまなんだ宮崎安貞は、百五十種にわたる作物《さくもつ》や畜《ちく》類（牛や豚・鶏など）の栽培飼育法を述《の》べた『農業全書』を上梓《じょうし》した。本邦農業書の嚆矢《こうし》ともいわれる。

福岡藩の特産品の中で、櫨蠟《はぜろう》（蠟燭の原料）・石灰・鶏卵・陶器・皮革が藩専売品に指定され、藩営により上方《かみがた》市場へおくられた。中でも櫨蠟は市場の八割を占めたという。三代光之《みつゆき》は、天和二年（一六八二）有田焼の陶工を誘致して窯《かま》場をもうけ、製品を藩の一手販売にした。

九代斉隆《なりたか》の天明四年（一七八四）、藩校修猷《しゅうゆう》館（東学館）、甘棠《かんとう》館（西学館）がもうけられた。

激動の幕末期、十一代藩主をついだ長溥《ながひろ》は、薩摩藩主島津重豪《しげひで》の九子にうまれた。嘉永五年（一八五二）から安政五年（一八五八）にかけ、家臣を長崎に派遣し、医学・蒸気船運転・軍艦製造・砲術・蘭式操縦・調練太鼓・洋式馬術・軍学・諸器械・測量・化学・硝子・写真・染料をまなばせた。このなかに、耐火煉瓦製造に瓦《かわら》職与七・幸吉、靴製法伝習に革師切付屋善七など庶民の職人も入っていたという。文久二年（一八六二）、藩の医学校賛生館がはじめられ、慶応三年（一八六七）付属病院がもうけられた。長溥は軍備も熱心で、同じ年アメリカの運漕船をもとめ日華丸と名づけ、翌年大鵬丸はじめ三隻を外国より購入した。ゲベール銃・ウユルサンス銃・エンヒエール銃を輸入し、これを研究して製銃所をつくり、小銃・大砲付属品・弾丸を製造した。弘化四年（一八四七）には博多中洲《なかす》中の島に製錬所を開き、硝子・青貝塗・陶器・綿布・染料・薬品を製造させた。

幕末の政局が激動化しはじめた慶応元年（一八六五）、最初藩内勤王派が要職を占めるが、保守派の巻き返しにより、急転勤王派は、七名が切腹、十四名斬首という徹底弾圧をくらい、他に数十人が捕縛され、ほぼ壊滅状態となった。しかし同四年、鳥羽伏見の戦いがおこるや、再び福岡藩の政情は急変し、佐幕派の家老は切腹、勤王に再転向した。

ＪＲ鹿児島本線博多駅の西、地下鉄大濠公園《おおほり》の付近に、福岡城址がある。現在、国の重要文化財の大手門・南多聞櫓《たもんやぐら》や母里太兵衛《もりたへえ》（家老、黒田節で名高い）邸長屋門がのこっている。また雄大な石垣が往時を偲《しの》ばせる。

久留米《くるめ》藩二十一万石　有馬家（伯爵）

①久留米市　②城　③二十六万二千人（明治四年〈一八七一〉）④八百人（宝永三年〈一七〇六〉）

慶長五年（一六〇〇）の関ヶ原役で西軍に属し敗れた毛利秀包《ひでかね》が除封となり、三河《みかわ》岡崎（愛知県岡崎市）より田中吉政《よしまさ》が筑後《ちくご》一国三十二万五千石に封ぜられ久留米《くるめ》を領するが、つぎの忠政《ただまさ》の元和六年（一六二〇）嗣子がなく絶家となった。この年、丹波《たんば》福知山（京都府福知山市）より有馬豊氏《とようじ》が二十一万石で入封し、有馬氏は幕末まで在封した。

有馬氏は、足利尊氏《たかうじ》の部将赤松則村《のりむら》の後裔という。摂津《せっつ》有馬郡有馬荘（神戸市北区有馬町）を発祥の地としている。豊氏の父則頼《のりより》は播磨《はりま》三木（兵庫県三木市）にうまれ、三木城が羽柴秀吉に攻略されたあと、秀吉のもとに身を寄せ、御伽衆《おとぎ》（話し相手の側役）に取り立てられ、天正十九年（一五九一）一万余石の所領をえた。関ヶ原役では徳川に味方し、生国有馬に二万石の領地をあたえられたのだった。

則頼の子豊氏《とようじ》は、関ヶ原役の戦功により福知山六万石（のち八万石）の城主となり、そして二十一万石に加増となり、久留米にうつされた。豊氏は領民に慕われ、久留米へ移封のとき、「丹波よりお跡を慕ひて来りたる町人若狭屋、竹屋、丹波屋、鍋屋なり」と、古記録は伝えている。

二代忠頼《ただより》、三代頼利《よりとし》は若死し、四代頼元《よりもと》の代になり、財政悪化のため藩主頼元が冗費《じようひ》節約の先頭に立った。みずから模範を示し、違反者はきびしく処分した。

五代頼旨《よりむね》は在任一年で死去し、六代則維《のりふさ》が藩主に就任し、さらに藩政改革をすすめた。綱紀《こうき》をただすため、死罪・追放の法令をさだめた。

七代頼徸《よりゆき》の享保十七年（一七三二）、西日本にうんかの大災害がおこり、平年の二割の収穫しかなかった。餓死者二万、斃馬四千という。宝暦四年（一七五四）、城内に建てた花畑御殿の経費、幕命による東海道諸河川普請《ふしん》手伝の費用捻出《ねんしゆつ》のため、領内百姓に、畝掛《せがけ》銀・人別《にんべつ》銀といった税金をかけたため、百姓らはお上《かみ》横暴を唱《とな》えて立ちあがった。一揆はついに六万人にふくれあがった。藩はようやく鎮圧したが、首謀の大庄屋が処刑され、刎首《ふんしゆ》七人、梟首《きようしゆ》八人、追放四十六人の犠牲者が出た。ちなみに七代藩主頼徸《よりゆき》は、数学者として有名で、参勤交替《さんきんこうたい》の駕籠のなかでも数学の問題を解《と》いたという。わが国和算学の祖ともいうべき関孝和《たかかず》の流れをくみ、点竄《てんざん》学（代数）や弧脊《こせき》術（円の研究）の書『拾璣《しゆうき》算法』五巻をあらわし刊行した。

八代頼貴《よりたか》の天明五年（一七八五）、城下に学問所がもうけられ、江戸藩邸でも碩学樺島石梁《せきがくかばしませきりよう》の講義がはじめられた。城下の学問所は、天明七年修道館の名がつけられるが、寛政六年（一七九四）に焼失した。その後再建され明善堂といわれた。九代頼徳《よりのり》は、月船《げっせん》・水鷗《すいおう》の号をもつ趣味人で、陶芸・能楽・造園・狩猟を好んだ。この時代がもっとも文化水準が高かったといわれる。

また幕末、久留米藩士からカラクリ儀右衛門こと田中久重《ひさしげ》が出ている。わが国ではじめて汽船のヒナ型を琵琶湖で運転した。また佐賀藩にまねかれ近代装備の蒸気船・銃砲製造に従事した。そして久留米絣《がすり》の考案者の井上伝《でん》がいる。

幕末激動の政局にあたったのは、十一代頼咸《よりしげ》だった。頼咸は時代の胎動《たいどう》を実感し、「いかようの事態にも即応できる体制を、上下一体となってつくり出す」との決意をかため、大倹令を発し、藩校明善堂に文武両館を設置した。

久留米藩は一時佐幕派が政権をとるが、慶応四年、戊辰戦争の勃発により勤王派が主導権をにぎり、新政府の東征軍に参加し、奥羽・箱館へ出兵した。

ＪＲ鹿児島本線久留米駅の北の、筑後川東岸に久留米城址がある。石垣・堀がのこり、本丸跡に藩祖豊氏《とようじ》と幕末の藩主頼永《よりとう》・頼咸《よりしげ》をまつる篠山《ささやま》神社がある。

秋月藩五万石　黒田家（子爵）

①甘木市　②城　③三万三千人（明治四年〈一八七一〉）　④五百二十人

元和九年（一六二三）、福岡藩初代黒田長政《ながまさ》の三男長興《ながおき》が福岡二代藩主忠之《ただゆき》より五万石を分知された、立藩した。寛永五年（一六二八）、立藩以来長興を補佐した家老堀平右衛門が出奔する事件がおきた。安永四年（一七七五）藩校稽古亭《けいこ》がもうけられ、天明四年（一七八四）稽古観（のち稽古館）とあらためられた。十二代藩主長徳《ながのり》は慶応元年（一八六五）新銃隊を組織し、翌年洋式訓練をはじめた。慶応四年（一八六八）戊辰戦争がはじまるや、家老吉田右近が五小隊をひきいて上洛し、新政府軍に参加した。JR鹿児島本線基山《きやま》から出ている甘木《あまぎ》鉄道の終点に、甘木市がある。豊後《ぶんご》街道の宿場町で、市内の藩校稽古館跡に秋月郷土館がある。

柳河《やながわ》藩十万九千石

立花家（伯爵）

①柳川市 ②城 ③十一万九千人（明治四年〈一八七一〉）④九百十人

天正十五年（一五八七）、立花宗茂《むねしげ》が豊臣秀吉の九州平定に功をあらわし、十三万二千石の柳《やな》河《がわ》城主となった。しかし関ヶ原役に西軍に味方し所領を没収され失脚した。かわって三河《みかわ》岡崎（愛知県岡崎市）より田中吉政《よしまさ》が筑後一国三十二万五千石を領し柳河を居城とするが、吉政のあとをついだ忠政《ただまさ》の元和六年（一六二〇）、嗣子にめぐまれず改易《かいえき》となった。同年、旧城主立花宗茂が十万九千石で再入封する。

徳川幕府編纂《へんさん》の『寛政重修《かんせいちょうしゅう》諸家譜』によると、立花系図の冒頭「貞載《さだとし》」の項に、「大友近江守貞宗が二男」とある。九州の戦国大名大友氏の一族で、その後豊後《ぶんご》戸《へ》次《つぎ》（大分市）にいて「戸《べ》次《つき》」を称するが、戦国時代の鑑連《あきつら》の代に、大友宗麟《そうりん》（豊後臼杵《うすき》城主、六カ国を支配）の家臣として筑前《ちくぜん》立花城（福岡市）の城主となり、立花を称した。鑑連（晩年道雪《どうせつ》）には男子がなく、娘の誾千代《ぎんちよ》に、大友家中の高橋紹運《じょううん》の嫡男宗茂《むねしげ》を婿養子としてむかえる。天正十三年（一五八五）道雪は死去、弱冠十七歳で宗茂が城主となった。十五年、豊臣秀吉が九州征伐の軍をおこすや、宗茂は秀吉より直参《じきさん》大名の朱印状《しゅいん》をもらい、秀吉に抗する薩摩島津勢と戦った。この功により柳河城主に取り立てられたのだった。しかし関ヶ原役に西軍にくみして敗れ、宗茂の雌伏《しふく》の時代がくる。加藤清正（熊本城主）が宗茂の人柄に惚れ、浪々のかれに一万石の扶持《ふち》米をくれた。宗茂を慕う旧家臣は百人を越えたという。慶長七年（一六〇二）、加藤家を去りふたたび浪々の身となるが、翌八年江戸城中に呼び出され、陸奥《むつ》棚倉《たなぐら》（福島県棚倉町）一万石に取り立てられ、同十五年、二万石を加増された。そして元和六年、旧城柳河への転封となったのだった。

八代鑑寿《あきひさ》の寛政元年（一七八九）、家老立花寿睹らが寛政改革を実施し、勤倹尚武《きんけんしょうぶ》の風をおこすが、保守派の家老小野勘解由らが巻き返し、立花ら改革派を解職し、寺社奉行など改革一派数十人を蟄居逼塞《ちつきょひっそく》処分にした。世に「豪傑崩れ」といわれた。のち、改革派の多くは復職した。

九代鑑賢《あきかた》の文政七年（一八二四）、藩校伝習館が創立された。十一代鑑備《あきのぶ》は、財政再建と軍備強化をはかる安政改革を断行した。物産会所をもうけ、国産の商品を長崎におくって販売した。その利益により、洋式銃を購入している。戊辰戦争には、新政府軍にくみして戦後、最後の藩主鑑寛《あきとも》に賞典禄五千石があたえられた。

福岡から出ている西鉄天神大牟田《おおむた》線西鉄柳川駅の西南に柳河城址があり、その西方に柳河旧藩主立花家の邸宅がある。九州の鹿鳴館《ろくめいかん》と呼ばれる明治の建物で、庭園松濤園《しょうとうえん》が旧藩の面影を偲《しの》ばせる。現在、立花家の末裔が料亭「御花」を経営している。

三池藩一万石　立花家（子爵）

①大牟田市　②陣屋　③九千人（明治四年〈一八七一〉）④六百八十人（家族を含む。明治二年〈一八六九〉）

慶長十九年（一六一四）、柳河藩初代藩主立花宗茂《むねしげ》の弟直次《なおつぐ》が五千石の旗本として取り立てられ、子の種次《たねつぐ》の元和七年（一六二一）、五千石を加増され三池《みいけ》一万石の大名として入封した。元文三年（一七三八）領内の三池稲荷《とうか》山で石炭の掘り出しがはじまり、寛政二年（一七九〇）、石山法度《はっと》（炭山取締規則）がつくられ、のちの三池炭鉱の基盤となった。六代藩主種周《たねちか》は、幕府大番《おおばん》頭《がしら》から寺社奉行をへて、寛政五年（一七九三）若年寄に昇進した。先の老中松平定信《さだのぶ》らと対立した派閥に属し、その内紛により解任され蟄居謹慎《ちつきょきんしん》を命ぜられた。嫡男順之助（種善《たねよし》）は五千石の旗本に左遷された。

その後明治元年（一八六八）にいたり、種善の後裔の種恭《たねゆき》が一万石の三池藩主として再入封した。大牟田市に現在、三池二代藩主種長《たねなが》がつくらせた石造の早鐘眼鏡橋がのこっている。

佐賀

佐賀藩三十五万七千石　鍋島家（侯爵）

①佐賀市　②城　③四十二万五千人（明治四年〈一八七一〉）　④六万七千三百人（家族を含む。明治二年〈一八六九〉）

江戸時代の佐賀藩に、奇妙な風習があった。日頃窮屈なお城暮らしを余儀なくされた殿中の奥女中連中が、一年の終りの大晦日《おおみそか》、この日一日だけ無礼講《ぶれいこう》の大騒ぎを演じたという。拝領の酒を飲み、一同白鉢巻、白だすき姿で、城外からたち小路に勢ぞろいする。家老であれ誰であれ、いさいかまわず多勢で取り囲んで押し倒し、いやがるのを無理やり胴上げする。美貌の若侍などは災難だった。抱きつき頬ずりし、空中にほうり投げ、いっせいにはやしたてたという。

佐賀藩主となり、幕末までこの地に君臨した鍋島家は、その草創の直茂《なおしげ》のとき、佐賀城主竜《りゅう》造寺《ぞうじ》隆信《たかのぶ》の家臣だったという。『寛政重修《かんせいちょうしゅう》諸家譜』は、「天正十八年（一五九〇）政家（隆信の子）病により致仕《ちし》（隠居）するにをよびて、其男（子）高房幼稚たるにより直茂その家を相続し……」と書いている。

竜造寺高房が没した慶長十二年（一六〇七）、鍋島直茂の子勝茂《かつしげ》は、佐賀三十五万七千石の家督をついでいる。そして慶長十八年、幕府は勝茂にたいし、三十五万七千石安堵《あんど》の朱印状を交付し、ここに鍋島氏の肥前国守たる地位は承認されたのだった。ちなみに勝茂のあと二代目は、嗣子の忠直《ただなお》が早世したため、孫の光茂《みつしげ》がついだ。

佐賀一藩の精神的支柱といえる「葉隠《はがくれ》武士道」は、二代藩主光茂《みつしげ》の御側付小姓をつとめた山本常朝《じょうちょう》談話の『葉隠聞書』を原典としている。常朝は、万治二年（一六五九）六月、山本重澄《しげずみ》七十歳のときの末子としてうまれた。常朝は後年、「我は老人の子なる故、水少なしと覚え候《そうろう》。若年の時、医師などは二十歳越すまじくと申され候ニ付」（『葉隠』）と、回顧している。厳格な家庭教育をうけた。七歳のとき、佐賀城下から往復二十キロの小城《おぎ》深川の菩提《ぼだい》寺勝妙《しょうみょう》寺に参詣させられた。寛文七年（一六六七）九歳で二代藩主光茂の御側付小僧にあげられ、小小《こご》姓・御側付小姓をへて天和二年（一六八二）御書物役になった。常朝はその在職中の殆どを、主君光茂の側で過した。光茂から特別の寵愛をうけ、参勤《さんきん》の途中大坂の宿で、主君の蒲団《ふとん》を拝領した。常朝は殿の愛顧《あいこ》に感激し、「——此の蒲団を敷き、此の夜着をかぶり追腹《おいばら》（切腹、殉死）仕るべきものを」とまで思い詰めている。殉死礼讃者だったという。

『葉隠』の根本は、「武士道に於ておくれ取り申すまじき事。主君の御用に立つべき事。親に孝行仕るべき事。大慈悲を起し、人の為になるべき事」の、四誓願につきていた。

八代藩主治茂《はるしげ》は中興の英主で、藩政改革を断行した。厳格な性格で、夜更《ふ》けても袴《はかま》を脱せず、寝所に入り初めてこれをとった。襲封時、藩財政は、虫害・旱害《かんがい》の被害による凶作、江戸桜田屋敷の火災、大雨等により、借財が累積《るいせき》していた。また、江戸の頽廃《たいはい》の士風が佐賀にもち込まれ、質実剛健の葉隠武士は姿を消し、家中の侍たちは、目先の利欲にかられ、役得の多い地位につこうとした。治茂は、有明海《ありあけ》をへだてて隣接する熊本六代藩主細川重賢《しげかた》の改革手法の影響をうけた。その一つに、徒罪《ずざい》刑がある。追放の罪を、徒罪（懲役《ちようえき》）にあらためたのである。罪人を普請場《ふしんば》に連行し、終日働かせる。三年無事勤めあげれば、赦免された。

天明三年（一七八三）末、六府方という役所がもうけられた。山仕事や陶器製造、金融、干拓《かんたく》事業をふくめた殖産興業局で、有明海に堤防がきずかれ干拓がはじめられた。費用は、「万人講」と呼ばれる一種の富くじにより調達された。こうして、天明三年から文化元年（一八〇四）にいたる二十一年間に、百八十町の新田が開発された。

天保元年（一八三〇）、鍋島家出色の藩主直正《なおまさ》（号は閑叟《かんそう》）が、弱冠十七歳で十代藩主に就任した。当時、藩財政は破綻にひんし、国許へ入部のため江戸を発しようとしたとき、品川宿に出入りの商人が押しかけ、掛売り代金を請求した。直正はその恥辱に涙を流し、藩政改革を決意したという。まず襲封直後に「粗衣粗食令」を発した。そして御側組所（藩主直属の企画室）の立案により、一挙に四百人の人員整理を断行した。藩役人全体の五分の一の大削減である。二十四万五千両におよぶ負債は、二割を支払い、残りは献金または五十年賦にした。しかし教育費用はむしろふやし、藩校弘道館を移転して三倍に拡張し、費用を一千石にふやした。文武稽古不心得の者には、俸禄を減らす制裁をくわえた。

嘉永元年（一八四八）、国産方が独立した役局となり、積極的に領内の産業を活性化させた。

櫨《はぜ》の栽培、石炭採掘が奨励された。安政元年（一八五四）には、代品方《かわりじな》（外国貿易局）が設置された。蒸気船購入資金のため、陶器・白蠟（晒《さら》して精製された白色の日本蠟）・石炭・小麦等の輸出をあつかった。高島・香焼島《こうやぎ》の石炭採掘は、五千六百六万斤に達した。

佐賀藩ではすでに天保三年（一八三二）より、カノン、モルチールなど洋式大砲鋳造の研究がはじめられていた。十三年（一八四二）藩営の蘭伝石火矢《らんでんいしびや》製造所がもうけられ、新式銃の鋳造が開始された。嘉永三年（一八五〇）大銃製造方により、反射炉《はんしゃろ》（大砲鋳造用）建設が始まり、嘉永五年鉄製三十六ポンド砲四門の鋳造に成功した。幕府から注文をうけ、公儀御用石火矢鋳立所がつくられた。文久三年（一八六三）、ついに当時の世界最新式のイギリス式アームストロング砲の鋳造に成功した。安政四年（一八五七）大銃製造方に小銃製造方がもうけられ、ドンドル銃の製作がはじめられた。文久元年（一八六一）、久留米藩士田中久重《ひさしげ》の指導で蒸気船凌風丸《りょうふうまる》が進水した。田中はのちの明治に東京に出て電信機の製造をはじめ、これが芝浦製作所に発展した。

諸藩にさきがけ軍艦洋風化の先鞭《せんべん》をつけた佐賀藩だが、藩主直正は佐幕派だった。直正の最初の夫人は、十一代将軍家斉《いえなり》の娘盛姫であり、後妻の筆姫は徳川御三卿田安《たやす》徳川斉匡《なりまさ》の娘だった。徳川家とは、閨閥《けいばつ》により結ばれていた。このため、尊王攘夷の薩摩・長州にくみせず、終始傍観の立ち場をとった。しかし慶応三年（一八六七）十月の大政奉還により時勢の急転回を知り、脱藩し京都に潜行して長州尊攘派と気脈を通じた江藤新平（のち明治政府の司法卿）らの尽力で、ようやく新政府に味方する旗幟を鮮明にしたのだった。翌年の戊辰戦争では、江戸の彰義隊《しょうぎ》征伐に、佐賀自慢のアームストロング砲が威力を発揮し、奥羽・箱館の戦いに戦果をあげた。

JR長崎本線佐賀駅の南に佐賀城址がある。偉容をほこった五層の天守閣は、二度の火災で焼失した。現在、鯱《しやち》の門・続櫓《つづきやぐら》がのこり国の重要文化財となっている。

蓮池《はすのいけ》藩五万二千石　鍋島家（子爵）

①佐賀市　②陣屋　③三万一千四百人（明治三年〈一八七〇〉）　④千人（嘉永五年〈一八五二〉）

寛永年中（一六二四〜四四）、鍋島直澄《なおずみ》が父佐賀初代藩主勝茂《かつしげ》より五万二千石を分与され、立藩した。最初、佐賀城三ノ丸に居所をいとなむが、のち佐嘉《さか》郡蓮池《はすのいけ》（佐賀市）に居所をうつした。二代直之《なおゆき》は殖産興業に熱心で、櫨《はぜ》（蠟燭《ろうそく》の原料）の栽培を奨励した。飢饉・風水害により藩財政は極度に悪化し、江戸への参勤費用を、藩有林の売却、大坂商人からの借入金でまかなった。享保十五年（一七三〇）、本藩に江戸への参勤免除の上申を依頼したが、拒否された。天明四年（一七八四）藩校成章《せいしょう》館が創立された。

幕末の対外情勢緊迫化にともない、八代藩主直与《なおとも》は、長崎の砲術家高島秋帆《しゅうはん》の子浅五郎をまねき、新式大砲を鋳造させた。また、佐賀蘭学の祖島本良順《しまもとりょうじゅん》をまねき侍医に登用し、多くの蘭書を翻訳させた。戊辰戦争には、五百余名の藩兵が新政府軍として奥州に出兵した。佐賀市内の蓮池公園に陣屋跡がある。

小城《おぎ》藩七万三千石

鍋島家（子爵）

①小城郡小城町　②陣屋　③四万一千人（明治四年〈一八七一〉）④五百八十人

佐賀藩初代藩主鍋島勝茂《かつしげ》の嫡男元茂《もとしげ》が、父勝茂より七万三千石を分知され、二代直能《なおよし》のとき小城《おぎ》に居所をいとなみ立藩した。元茂は勝茂の嫡男にうまれるが、弟忠直《ただなお》の生母（勝茂の後妻）が徳川家康の養女であるため、本家をつがず分家し、弟忠直（早世）の子光茂が本藩の二代目をついだ。

小城二代藩主直能《なおよし》は学問に造詣《ぞうけい》ふかく、『夫木類句和歌集』を編纂《へんさん》し、庭園「自楽園」をつくった。九代藩主直堯《なおたか》は、文化十三年（一八一六）城主格への昇進を本藩から幕府へ申請してもらうよう願書を出すが、本藩の支持がえられず実現しなかった。ちなみに小城藩主が詰める江戸城柳間詰《やなぎのまづめ》の大名のうち、五万石以上の大名はすべて城主か城主格であった。享保十七年（一七三二）、西日本を襲ったうんかの大災害に、小城領内では二千六百余人の餓死者を出した。文政十一年（一八二八）八月の台風でも大水害をおこした。七代藩主直愈《なおます》の天明七年（一七八七）、藩校興譲館《こうじょうかん》が創立された。慶応四年（一八六八）の戊辰戦争には新政府軍として七百人の藩兵が奥州へ出兵した。

小城町は佐賀市の西方にある。JR唐津《からつ》線小城駅の西北方に小城陣屋跡の小城公園がある。またこの付近の桜岡小学校の地に、藩校興譲館が建てられていたという。

唐津《からつ》藩六万石　小笠原家（子爵）

①唐津市　②城　③六万二千人（明治四年〈一八七一〉）④五千二百二十人（家族を含む。明治二年〈一八六九〉）

文禄二年（一五九三）、豊臣秀吉の家臣寺沢広高《ひろたか》が六万三千石で入封した。広高は慶長三年（一五九八）二万石を加増され、五年の関ヶ原役で東軍にぞくして、さらに四万石を加えられ、十二万三千石の大名となった。十三年（一六〇八）唐津城をきずいた。二代堅高《かたたか》のときの寛永十四年（一六三七）藩領天草《あまくさ》（熊本県）で島原ノ乱がおき、翌年天草四万石が幕府に没収され、正保四年（一六四七）藩主堅高が自害して、改易《かいえき》となった。その後、大久保忠職《ただもと》（八万三千石）・忠《ただ》朝《とも》、松平（大給《おぎゅう》）乗久《のりひさ》（七万石）・乗春《のりはる》（六万石）・乗邑《のりさと》（六万石）、土井利益《とします》（七万石）・利《とし》実《ざね》・利延《としのぶ》・利里《としさと》、水野忠任《ただとう》（六万石）・忠鼎《ただかね》・忠光《ただみつ》・忠邦《ただくに》が交替して在封した。そして文化十四年（一八一七）陸奥《むつ》棚倉《たなぐら》（福島県棚倉町）より小笠原長昌《ながまさ》が六万石で入封し、小笠原氏が幕末まで在封する。

さて唐津藩の産物としては、米・麦・稗《ひえ》・蕎麦《そば》のほか桑・楮《こうぞ》・漆《うるし》・茶・麻・大豆・煙草・木綿・菜種があり、紅花《べにばな》・甘藷《かんしょ》・砂糖きびも栽培した。紙の原料である楮は、藩の専売品として重要な財源となった。漁業がさかんで干鰯《ほしか》は領外移出品として藩専売になった。捕鯨は一時、組《くみ》

（御手網《おてあみ》）と称し藩が直接経営した。享保年間（一七一六〜三六）唐津炭田が発見された。はじめ農家の自家消費用だったが、瀬戸内海の製塩用の燃料としての需要がふえ、開発がすすめられた。

文化十四年入封した小笠原氏は、棚倉《たなぐら》以来の借財が二十三万両、おまけに東北から九州への転封にぼう大な費用がかかり、財政難に直面した。藩は領内の豪農や豪商に献金を命じ、御国益方役所をもうけ、楮《こうぞ》の植え付けを奨励し増収をはかった。文政六年（一八二三）二代藩主長泰《ながやす》は、はじめて人頭税《じんとう》（個人に一律の税金）をもうけた。年貢率《ねんぐ》を引き上げ、楮・干鰯《ほしか》の専売、藩営による石炭・捕鯨事業を促進し、赤字財政を改善しようとしたが、負債はへらず、文政九年三十三万三千九百余両に達した。

藩は出入りの御用商人近江屋九兵衛、平野屋仁兵衛に、財政立て直しを依頼した。彼らの発案により、領内十歳から六十歳の男女に一日二文ずつの銭《ぜに》を「寸志」という名目でわりあて、月ごとに村役人が徴収した。この「人頭税」は、十年間予定のところ、文政十一年（一八二八）の台風、天保年間（一八三〇〜）の凶作により、天保四年（一八三三）打ち切られた。

諸藩同様、赤子の間引きが絶えなかった。とくに天保初年は、凶作により人口が激減した。天保四年、藩に「赤子方」がもうけられた。前任地棚倉でおこなわれた赤子養育制度を模倣《もほう》したものだった。「赤子養育のうた」がつくられ、そして「赤子養育取締仕法」が制定され、懐胎届、出産時の村役人の立ち会い、流産防止、死産の検屍などこまかく規定された。貧困者には養育米が支給された。赤子方で審査のうえ、出産にさいし米一俵、百日目に金一分、二年目三年目に米一俵ずつが支給された。

幕末、唐津藩は新政府側だという旗幟を明らかにし、奥州へ銃隊百名を参加させた。さらに、新政府軍艦の燃料に、石炭五百万斤を献上した。

ＪＲ筑肥《ちくひ》線東唐津駅の西北、唐津湾にそそぐ松浦川の河口に唐津城址がある。昭和四十一年（一九六六）天守閣が復元された。

鹿島《かしま》藩二万石　鍋島家（子爵）

①鹿島市　②陣屋　③一万三千人（明治四年〈一八七一〉）④七百九十人（安政五年〈一八五八〉）

慶長十五年（一六一〇）、鍋島忠茂《ただしげ》が兄の佐賀初代藩主勝茂《かつしげ》より二万石を分与され、立藩した。忠茂のつぎの正茂《まさしげ》のときの寛永十九年（一六四二）、佐賀藩主勝茂は正茂に二万石を返還させて、自らの九男直朝《なおとも》にこれをあたえ、鹿島藩三代藩主とした。以後、直朝の系統が歴代をついだ。財政難にくるしみ、本藩の援助をあおいだため、佐賀藩は二度にわたり鹿島の廃藩をくわだてたという。

直朝のつぎの四代直條《なおえだ》、六代直郷《なおさと》は漢詩や和歌をよくし、漢籍・国書を蒐集《しゅうしゅう》した。その蔵書は現在、鹿島市内の祐徳《ゆうとく》稲荷神社社務所「中川文庫」に収蔵されている。ちなみに祐徳稲荷は伏見稲荷・豊川稲荷とともに日本三大稲荷の一つに数えることがある。祐徳博物館に、鹿島歴代藩主の鎧《よろい》や刀剣・道中駕籠《かご》が展示されている。

長崎

大村藩二万七千石　大村家（伯爵）

①大村市　②城　③十二万五千人（明治四年〈一八七一〉）④千人（安政年間〈一八五四〜六〇〉）

大村藩主大村家は、古代より肥前彼杵《ひぜんそのき》地方を領有し、幕末まで藩主をつとめた。戦国時代、大村氏の名を高めたのは、島原の領主有馬家（のち越前丸岡《まるおか》五万石藩主）から養子として入った純《すみ》忠《ただ》である。天正十五年（一五八七）豊臣秀吉が九州平定の軍をおこすや、いちはやく豊臣の傘下《さんか》にはいり、嗣子喜前《よしさき》を薩摩川内《せんだい》（鹿児島県川内市）の秀吉の本営へ出頭させた。

七代藩主純富《すみひさ》の享保十七年（一七三二）うんかの大発生により西日本一帯が大凶作となるが、大村領も平年作の九割の被害をうけた。しかし大村藩はへいぜい琉球芋《りゅうきゅういも》（甘藷《かんしょ》）を栽培してそなえていたため、多数の餓死者を出さなかった。

十一代藩主純顕《すみあき》により、藩政改革がくわだてられ、中級藩士を優遇した。下級侍より身をおこした江頭《えがしら》官太夫を家老に抜擢し、海防を担当させた。特権的な御用商人を取り潰し、魚問屋のほかいっさいの商売の自由をみとめた。木綿・楮《こうぞ》・櫨《はぜ》・藍《あい》・煙草・菜種・茶などの特産物のほかに、陶器や松島炭鉱・大串金山・雪浦金山・波佐見銅山等の鉱山があった。

幕末、藩士渡辺昇《のぼる》（のち大阪府知事、子爵）ら尊攘派は改革同盟（三十七士同盟）を組織し、佐幕派に対抗した。元治元年（一八六四）十二代藩主純熙《すみひろ》が長崎奉行を辞任し、改革同盟が藩権力を掌握した。渡辺昇は坂本竜馬と「薩長連合」を画策し、長州の伊藤俊輔《しゅんすけ》（のち博文《ひろぶみ》）、高杉晋作、桂小五郎らと交流した。佐幕派は反撃したが、改革同盟は却って士気を高め、長州の奇兵隊にならう大村十三隊を編成し、薩摩・長州と行動をともにし、戊辰戦争には新政府軍として活躍した。維新後、藩主純熙は賞典禄三万石をあたえられたのだった。

ＪＲ大村線大村駅の南西、大村湾を望む景勝の地に大村城址がある。桜の名所でもある。枡《ます》形石垣や内堀跡に往時の面影がのこっている。本丸跡に、歴代藩主をまつる大村神社がある。

島原藩六万五千石

松平家（子爵）

①島原市　②城　③十七万五千人（明治四年〈一八七一〉）　④千人（文化十一年〈一八一四〉）

島原半島を領有し日野江《ひのえ》城主（長崎県北有馬町）となったキリシタン大名有馬晴信《はるのぶ》は、慶長十七年（一六一二）失脚し自刃するが、嫡男直純《なおずみ》が遺領をつぎ、十九年、日向県《ひゅうがあがた》（宮崎県延岡《のべおか》市）へ移封した。元和二年（一六一六）大和《やまと》五条（奈良県五條市）より松倉重政《しげまさ》が四万石で入封した。重政ははじめ日野江城に入るが、元和四年から島原（森岳《もりたけ》）城の築造に着手し、七年間で完成した。重政のつぎの勝家の時代、島原一揆の責めをうけ領地を没収された。

松倉氏のあと、寛永十五年高力忠房《こうりきただふさ》が遠江《とおとうみ》浜松（静岡県浜松市）より四万石で入封するが、つぎの高長《たかなが》のとき失政を咎められ改易《かいえき》となった。寛文九年（一六六九）、丹波《たんば》福知山（京都府福知山市）より松平（深溝《ふこうず》）忠房《ただふさ》が六万五千石で入封した。松平家は徳川家と同族で、先祖が深溝《ふこうず》（愛知県幸田町《こうた》）に城をおいたため、深溝松平と称した。忠房のあと忠雄、忠俔《ただみ》、忠刻《ただとき》とつづき、つぎの忠祗《ただまさ》のとき藩主幼少を理由に下野《しもつけ》宇都宮（栃木県宇都宮市）へ転封となった。

宇都宮から交替で、戸田忠盈《ただみつ》が七万七千石で島原へ入るが、つぎの忠寛《ただとお》のとき、再度領地が交替され、忠寛は宇都宮へうつり、松平忠祗の養子忠恕《ただひろ》が六万五千石で島原へもどってきた。これより松平氏が幕末まで在封する。

再封初代の忠恕は、前期松平氏の三代忠俔《ただみ》がはじめた生蠟《きろう》生産を引きつぎ、これを藩専売にして生産をさかんにした。ところが忠恕の寛政四年（一七九二）領内の雲仙岳《うんぜんだけ》が大噴火をおこし、島原の城下は殆ど全滅状態となった。島原の人口の約半数一万余人が死亡したといわれる。

再封二代藩主忠馮《ただより》は、災害から復興をめざし藩政改革に取り組んだ。糺司《ただすし》（会計監督）・勘定（出納）・米金（執行）の三府の役所をつくり、行政に目を光らせた。文化八年（一八一一）国産方役所がもうけられ、明礬《みようばん》の生産がはじまった。そして領内の治安と裁判の公正をはかるため公事《くじ》方役所ができた。また家臣整理《リストラ》にも手がつけられた。

これより前の寛政五年（一七九三）、藩校稽古館《けいこ》が設立されている。三代忠侯《ただこれ》は文学を好み、藩校の規模をさらに大きくし、試験制度をとりいれ、優秀生に賞品をあたえた。城下に私塾がうまれ、女子教育の塾ができた。農村には三百の塾ができたという。この時代島原に一種の文化ブームがおこり、有名な文人の来訪が多かった。文庫をもうけて、図書を貸し出す村もあった。

文政四年（一八二一）、島原城内に蘭学の「医学校済衆《さいしゅう》館」がもうけられた。医学校と病院をかねたものだった。四代忠誠《ただなり》の弘化元年（一八四四）、藩医市川泰朴《たいぼく》がシーボルト門人賀来《かく》佐一郎と協同で屍体解剖をおこなった。

文久二年（一八六二）、水戸藩主徳川斉昭《なりあき》の十六男で慶喜《よしのぶ》の弟忠和《ただかず》が、島原藩最後の藩主に就任した。戊辰戦争には、新政府の命にしたがい、奥州に出兵した。

島原鉄道島原駅のすぐ西に、島原城址がある。昭和三十九年（一九六四）復元の天守閣がそびえ、付近に武家屋敷跡がのこっている。

五島《ごとう》藩　一万二千石　五島家（子爵）

①福江市　②城　③六万二千二百人（明治二年〈一八六九〉）④二千九百十人（家族を含む。明治二年〈一八六九〉）

東支那海に浮かぶ日本最西端の列島五島列島の領主宇久《うく》純玄《すみはる》は、天正十五年（一五八七）豊臣秀吉に謁して臣従し、本領を安堵《あんど》された。文禄元年（一五九二）純玄は、姓を五島《ごとう》に改称した。つぎの玄雅《はるまさ》が慶長八年（一六〇三）徳川家康に謁し、正式に一万五千石の大名として承認された。

四代盛勝《もりかつ》の寛文元年（一六六一）、叔父盛清《もりきよ》に富江《とみえ》領三千石が分知された。

産業は漁業が中心だが、捕鯨《ほげい》がさかんで、慶長十年（一六〇五）頃は、捕鯨組十組が毎年八十頭を捕獲したという。江戸時代後期にさしかかり財政が逼迫《ひっぱく》し、十代藩主盛成《もりあきら》の天保五年（一八三四）殖産興業のため産物会所がもうけられた。鯨・綿・塩・酒・苧《お》（麻）を販売し、発足当初は利益をあげたが、役人のスキャンダルにより経営が頓挫《とんざ》した。

これより前の九代盛繁《もりしげ》の文政四年（一八二一）、藩校育英館が創立され、城下福江《ふくえ》の南富江には藩校成章《せいしょう》館ができていた。

幕末異国船の来航があいつぎ、日本最西端の五島列島にもにわかに緊張が高まった。弘化二年（一八四五）郷士や農民に鎌・熊手《くまで》を用意させ、大浜で農兵隊の訓練がおこなわれた。

福江市中心街の南東に、嘉永二年（一八四九）から十五年の歳月をかけて造られた福江城址がある。石垣・横丁口・渡り門がのこり、心字《しんじ》ヶ池を中心とする林泉式庭園が昔の面影をつたえる。

平戸藩六万一千石　松浦家（伯爵）

①平戸市　②城　③十四万八千五百人（明治二年〈一八六九〉）　④一万五千三百五十人（家族を含む。明治二年〈一八六九〉）

のち平戸藩主となる松浦《まつら》氏は、平安時代後期の康和四年（一一〇二）すでに松浦地方（平戸市・松浦市周辺）に多くの所領を有し、豪族として威勢を張っていたという。戦国時代となり、当時の当主隆信《たかのぶ》のとき、九州平定の豊臣秀吉より旧領を安堵《あんど》された。隆信の子鎮信《しげのぶ》（法印）は関ヶ原役に東軍に味方し、六万三千石で江戸時代の平戸初代藩主となった。

四代藩主鎮信《しげのぶ》（天祥）の寛永十八年（一六四一）六万一千石となり、これまで外国貿易の中心として栄えた平戸は、オランダ商館が長崎に移転して急速にさびれ、貿易収入が減って大きな痛手をうけた。

九代藩主清《きよし》は、安永八年（一七七九）藩校維新館をもうけ、これを藩政改革の精神的な支柱とした。清は号を静山《せいざん》といい、二百八十巻ちかくの『甲子夜話《かっしやわ》』の著述で知られている。

幕末の異国船渡来により、対馬海峡を望む平戸の地も防備体制が強化された。十一代藩主曜《てらす》は、天保十二年（一八四一）家臣団を上・中・下の三軍に分けた。これまでの長槍隊のほかに大銃隊を編成し、大砲四門をそなえた。

さて慶応三年（一八六七）十月、将軍慶喜《よしのぶ》が大政奉還し、同時に薩長両藩に討幕の密勅がくだされ、時代は急転回する。十二代藩主詮《あきら》はただちに上洛を決意した。翌年正月、鳥羽伏見の決戦が火蓋をきり、戊辰戦争がはじまる。正月三日、藩主詮以下平戸藩兵を乗せた一言丸が大坂に到着、以後平戸藩は新政府の一員として討幕戦にくわわり、近畿平定に従軍し、奥州へ出兵した。

平戸市の北方に平戸城址がある。昭和三十七年（一九六二）天守閣・乾櫓《いぬいやぐら》・見奏櫓《けんそう》が復元された。天守閣にのぼると、遠く玄海灘《げんかいなだ》や壱岐《いき》の島影をのぞむことができる。

平戸新田《しんでん》藩一万石

松浦《まつら》家（子爵）

①平戸市 ②陣屋 ③四万六千八百人（明治二年〈一八六九〉）④六百七十人（家族を含む。明治二年〈一八六九〉）

元禄二年（一六八九）平戸四代藩主松浦鎮信《しげのぶ》（天祥）の次男昌《まさし》が、新田一万石を分知され、立藩した。九代にわたり在封した。

対馬《つしま》藩五万二千石

宗《そう》家（伯爵）

①下県《しもあがた》郡厳原《いづはら》町 ②城 ③八万三千人（明治四年〈一八七一〉）④四百三十人（文政年間〈一八一八〜三〇〉）

対馬は朝鮮半島にちかい対馬海峡の島で、交通・防衛の要衝《ようしょう》だった。宗《そう》氏は、鎌倉時代以来この地方を支配し、朝鮮貿易を独占してきた。米の生産が少なく、朝鮮貿易の収入が主要な財源だった。天正十五年（一五八七）宗義智《よしとし》は、豊臣秀吉により旧領を安堵《あんど》された。しかし文禄元年（一五九二）にはじまる朝鮮出兵により朝鮮貿易は絶え、宗氏は最大の収入源を失った。秀吉が死去して朝鮮遠征軍は撤退《てったい》し、宗氏は朝鮮との和解交渉をはじめた。その直後の慶長五年（一六〇〇）関ヶ原役がおこった。宗氏は西軍にくみするが、勝利した家康から咎めをうけず、お家を保った。そして朝鮮との長い折衝《せっしょう》の末、慶長十四年（一六〇九）、宿願の朝鮮との通商貿易の協定を結ぶことに成功。この協定により宗氏は、将軍の代替りにさいし、朝鮮から来日し江戸幕府に慶賀の意を表する通信使使節団護衛の責任者となり、貿易船派遣の特典をあたえられた。朝鮮釜山《ふざん》には倭《わ》（日本）館がおかれ、対馬藩の役人が駐在した。江戸時代唯一の、海外居留地であった。

　山地の多い対馬は、農作物の作付面積がきわめて少なく、森林原野を焼いてつくる焼畑《やきはた》農業がさかんだった。これを木場《こば》作《さく》といった。麦・蕎麦《そば》・粟・豆を植えた。対馬の農政史上出色の人陶《す》山訥庵《やまとつあん》は、三代藩主義真《よしざね》治世の後期に登場した。藩医の子にうまれ、有名な朱子《しゅし》学者木下順庵《じゅんあん》（五代将軍綱吉の侍講《じこう》）の門にはいり、門弟六百人のうち、室鳩巣《むろきゅうそう》、雨森芳洲《あめのもりほうしゅう》らと並び称された。そして、対馬藩の、家老につぐ要職郡《こおり》奉行に登用された。訥庵は猪《いのしし》殲滅《せんめつ》作戦を、元禄十三年（一七〇〇）から宝永六年（一七〇九）にかけて全島で実施した。成果は、顕著にあらわれ、以前は一万四、五千人だった人口が、実施以後一万七千人にふえた。

　四面海の対馬は、海産物にめぐまれた。鮑《あわび》・鰯《いわし》・鰤《ぶり》・鯛《たい》がとれ、鯨《くじら》漁がおこなわれた。対馬の捕鯨業者亀谷卯《かめたにう》右衛門《えもん》は、多いときは年間四十頭を捕獲し、三千六百両を藩に献じて中士となり、さらに上士に列せられ、捕鯨差配役兼産物方頭取役浦奉行に任ぜられた。

　銀山の開発がすすめられ、最盛期は、全領内の田畠収入の三倍、対馬藩財政の八割をうるおしたという。朝鮮陶磁の技法がつたえられ、陶器が各地でつくられた。また、釜山《ふざん》に薬種方がおかれ、人参はじめ多くの薬種を手に入れ、売薬もさかんにおこなわれた。人参・沈香《じんこう》・麝香《じゃこう》・

熊胆《くまのい》・金薄《きんぱく》を調合した奇応丸《きおうがん》が有名だった。櫨《はぜ》の栽培にはじまる蠟燭《ろうそく》製造も、嘉永五年（一八五二）生蠟《きろう》会所がもうけられ藩専売となった。

釜山の倭館でおこなわれた朝鮮貿易は、年間五万両から多いときは十万両にのぼった。官営と私営にわけられた。私貿易の額が大きく、対馬から銀が輸出され、朝鮮から中国産の生糸や朝鮮人参が輸入された。生糸の輸入量は、長崎貿易より多かったという。

前記木下順庵門下雨森芳洲《あめのもりほうしゅう》は、近江《おうみ》のうまれだが、元禄二年（一六八九）師順庵の推薦で三代藩主義真《よしざね》につかえた。対馬の藩校小学校はこれより前の貞享二年（一六八五）に設立されている。芳洲は小学校での教育とともに、余暇に私塾を開き教えた。八十八歳で世を終えるまで、島の教育につくした。藩校は小学校のほか、思文館、日新館が創立された。

さて幕末風雲の時節、対馬は軍事上の重要拠点として国際的な注目をあつめた。万延元年（一八六〇）イギリス軍艦が来島し、翌文久元年（一八六一）ロシア軍艦がきて上陸している。藩内では、長州尊攘派と気脈を通ずる尊攘派と佐幕派が抗争し、尊攘派が主導権をにぎった。

厳原《いずはら》港の西に、宗《そう》氏の金石《かねいし》城址がある。城壁や城門の跡があり、平成二年（一九九〇）に大手櫓門が復元された。城址の奥に藩主菩提《ぼだい》寺万松《ばんしょう》院があり、歴代藩主の壮大な墓石が並んでいる。加賀金沢前田家・長州萩《はぎ》毛利家とともに日本三大墓地にかぞえられる。

熊本藩五十四万石　細川家（侯爵）

①熊本市　②城　③七十一万九千九百人（明治二年〈一八六九〉）　④八万七千七百八十人（家族を含む。明治二年〈一八六九〉）

熊本は天正十五年（一五八七）豊臣秀吉の九州平定後佐々《さっさ》成政《なりまさ》が領し、成政の失脚後、加藤清正、小西行長が領有した。関ヶ原役で西軍に味方した小西行長が没落し、加藤清正が肥後一国五十二万石の熊本城主となった。しかし清正の子忠広《ただひろ》のとき、将軍家光の弟駿河《するが》大納言《だいなごん》忠長《ただなが》の失脚事件に連座し、寛永九年（一六三二）領地を没収され、忠広は出《で》羽《わ》庄内《しょうない》（山形県櫛引《くしびき》町）に流罪となった。そして細川忠利《ただとし》が、豊前《ぶぜん》小倉三十九万九千石より加増され入封したのだった。

細川氏は、三河額田《ぬかだ》郡細川村（岡崎市）の発祥である。足利将軍家の管領《かんれい》（将軍補佐役）細川家のわかれだった。戦国時代細川藤孝《ふじたか》（号幽斎《ゆうさい》）が、十三代足利将軍義輝《よしてる》の弟覚慶《かくけい》（のち義昭《よしあき》）を奉じて足利将軍家の復興につくし、名をあげる。義昭は織田信長のおかげで十五代足利将軍となるが、やがて信長と衝突し、反織田陣営へ奔《はし》った。しかし藤孝は信長の麾下《きか》に転じ、子の忠興《ただおき》のとき丹後《たんご》宮津《みやづ》（京都府宮津市）十二万石の城主に、さらに関ヶ原役後、豊前《ぶぜん》小倉城主となり、この時代、忠興の子忠利《ただとし》が家督をついだ。

江戸中期にさしかかり、熊本藩の財政は悪化した。五代藩主宗孝《むねたか》就任の享保十七年（一七三二）、西日本一帯はうんかの被害で大凶作となり餓死者は六千余人に達した。寛保二年（一七四二）、幕府から関東の利根川改修の命をうけるが、十五万三千両の大金を捻出《ねんしゅつ》する余力はなかった。

そして延享四年（一七四七）八月十五日、宗孝は江戸城で旗本板倉勝該《かつざね》に斬られ死去した。急遽、後継ぎが立てられ、宗孝の弟重賢《しげかた》が六代藩主に就任した。

重賢は、歴代随一の名君といわれる。用人堀平太左衛門勝名《かつな》を抜擢し、大奉行とし改革に着手させた。最初刑法を改正し、穿鑿役《せんさく》（司法官）をおき、行政と司法を分離させた。追放の刑を減じ、笞《ち》刑（むち打ち）・徒《と》刑（現在の労役を課す懲役刑《ちょうえき》）をくわえた。つぎに教育である。宝暦五年（一七五五）、城内二ノ丸に藩校時習館をもうけ武芸所を併設、軽輩や百姓・町人の子も入学をゆるされた。また医師養成のため、再春館を設立した。

重賢就任以前の藩収入は三十五万石、支出が四十二万九千石という大赤字だった。藩士の俸禄は、百石に十五石という最低水準である。藩財政破綻の瀬戸際だった。重賢はまず、藩直営として櫨蠟《はぜろう》の生産からはじめた。櫨生産は急ピッチで上昇し、年間五百万斤を越えた。宝暦十三年（一七六三）、民間委託の製蠟が藩直営となった。ついで楮《こうぞ》も藩専売品として諸国に出荷された。農業政策では、隠し田畑七百町歩を摘発《てきはつ》している。天明三年（一七八三）、前年に引きつづき異常気象が日本全土を襲った。大凶作であった。全国で餓死者が続出し、米価が高騰した。このとき重賢は、いち早く手を打った。「今日より白米一升百文とすべし。高く売る者は厳罰に処すべし」との布令《ふれ》を出した。そして、藩の常平倉《じょうへいそう》の米を、一般に放出した。米価はたちまち十分の一に下落した。肥後《ひご》国内では餓死者皆無だった。重賢は、鷹狩りにも書物をたずさえる読書家だったが、本だけの知識におわらず、自然観察の目をもち、蝶や蛾を飼育してその生態を写生した。博物図を集録した『昆虫胥化図《しょかず》』『毛介綺煥《もうかいきかん》』（細川家永青《えいせい》文庫蔵）がのこされている。

宝暦以来、文教の中心は藩校時習館で、ここの出身者が藩政の主導権をにぎった。なかでも、幕末の横井小楠《しょうなん》は出色の人物だった。天保十年（一八三九）江戸留学のとき、水戸藩の藤田東湖《とうこ》とまじわった。藩内では、佐幕派の学校党に対抗する実学党の首領と目《もく》された。安政五年（一八五八）越前の松平慶永《よしなが》にまねかれ、福井藩の殖産貿易事業を推進し、慶永が幕府政事総裁職となるや、これを助けて幕政に大きな影響をあたえた。京都に新政府が設立されると熊本藩から十一代藩主韶邦《よしくに》の弟長岡護美《もりよし》と横井小楠が参与《さんよ》にえらばれた。

ＪＲ鹿児島本線熊本駅の北東に、熊本城址がある。昭和三十五年（一九六〇）大小の天守閣が復元された。宇土櫓《うとやぐら》・源之進櫓・不開門《あかずのもん》・長塀など十三棟がのこり、国の重要文化財に指定されている。江戸城・名古屋城と並ぶ名城で、全域が国の特別史跡となっている。また熊本駅の東部に、初代藩主細川忠利《ただとし》が建てた別邸水前寺成趣園《すいぜんじじょうじゅ》がある。明治の中期旧制第五高等学校で教鞭《きょうべん》をとった夏目漱石《そうせき》は、たびたびこの庭園をおとずれ、「しめ縄や春の水湧く水前寺」の句を詠んだ。ここも、国の指定史跡である。

宇土《うと》藩三万石　細川家（子爵）

①宇土市　②陣屋　③十二万四千九百人（明治二年〈一八六九〉）　④三百九十人（明治二年〈一八六九〉）

加藤清正とともに肥後半国を領有した豊臣秀吉子飼いの小西行長《ゆきなが》は、宇土《うと》城主だったが、関ヶ原役に西軍に味方し、京都六条河原で斬首され、除封となった。正保三年（一六四六）熊本初代藩主細川忠利《ただとし》の弟立孝《たつたか》の遺児宮松（行孝《ゆきたか》）が十歳で宇土三万石の藩主となった。この時代、水の悪い宇土に、全長四・八キロメートルの水道が引かれ飲料に供された。五代興文《おきのり》は、藩財政を立て直すため櫨《はぜ》・楮《こうぞ》の栽培をさかんにし、製紙・製蠟場をもうけた。宝暦七年（一七五七）富講《とみこう》（宝クジ）をおこした。水道が百年をへて漏水《ろうすい》がはなはだしいため、明和年間（一七六四〜七二）これを改修し、飲料のほか灌漑《かんがい》・防火にも役立てた。宝暦年中（一七五一〜六四）藩校温知館が設立された。JR鹿児島本線宇土駅の南西に、小西行長のきずいた宇土城址がある。わずかに本丸跡の石垣がのこるのみである。

人吉藩二万二千石　相良家（子爵）

①人吉市　②城　③五万三千五百人（明治四年〈一八七一〉）　④五百六十人（天保元年〈一八三〇〉）

人吉藩主相良《さがら》氏の先祖が、鎌倉時代より球磨《くま》地方（熊本県南部の山岳地帯）を支配した。天正十五年（一五八七）豊臣秀吉の九州平定のとき、当時の当主相良長毎《ながつね》が秀吉より人吉二万二千石を安堵《あんど》された。関ヶ原役には、表面西軍にくみするが、東軍の井伊直政に内通の使者をおくり、御家を安泰にした。

領内の産物に、胡麻《ごま》・辛子《からし》・芋殻《いもがら》・荒糠《あらぬか》・山椒《さんしょう》・実樫《みがし》・柿・栗から猪肉《いのこしし》・鹿肉《かのしし》があり、縄・藁莚《わらむしろ》・萱《かや》莚・茶・渋・漆《うるし》等におよんでいる。「長崎買物《かいもの》」と称し、色緞子《どんす》・黒繻珍《しゅちん》・白綸子《りんず》・猩々緋《しょうじょうひ》・毛氈《もうせん》・天鵞絨《びろうど》を仕入れ、京都で売りさばいた。

人吉の城下の中央を日本三大急流の一つ球磨《くま》川が流れているが、川底から突出した奇礁《きしょう》と両岸の岸壁により、舟航が不可能だった。この改修工事に商人林藤左衛門が挑戦し、寛文五年（一六六五）完成した。不知火《しらぬい》海の八代《やつしろ》河口までの球磨川水路が開通し、人吉領の物産の搬出《はんしゅつ》が容易となったのだった。

人吉藩は薩摩とおなじく、領内での真宗（本願寺派）の布教を禁じた。幕府禁制のキリシタンとおなじく春秋二回、真宗の宗門改《あらため》をおこなった。貞享四年（一六八七）八月、領内の川に十四人の死体が浮いた。互いに細紐《ひも》で結びあった覚悟の自殺だった。その淵《ふち》のそばに、形見の杉苗が植えられ、別離の宴の焼酎の徳利がころがっていたという。仏飯《ぶっぱん》講と呼ぶ秘密の信者組織があり、有髪《うはつ》の説教僧「毛坊主《けぼうず》」が中心となった。

幕末、勤王派と佐幕の洋学派のあいだに熾烈《しれつ》な抗争がおこり、慶応元年（一八六五）、勤王派が洋学派の寝込みを襲って上意討ちし、十四人を斬った。二人は自刃した。世に「丑歳騒動《うしのとし》」という。戊辰戦争には、薩摩軍にしたがい会津攻撃に参加した。

JR肥薩《ひさつ》線人吉駅の南東、球磨川の南岸にのぞむ高台に人吉城址がある。本丸石垣や石段、古井戸がのこっている。わが国最初の洋式城郭で、北海道函館の五稜郭《ごりょうかく》と似た構造という。城跡全体が国の指定史跡である。球磨川には、江戸時代の舟運を偲《しの》ばせる川下りが、いまも観光用につづけられている。

鹿児島

薩摩藩七十二万八千石　島津家（公爵）

①鹿児島市　②城　③八十九万六千八百人（明治二年〈一八六九〉）**④〈城下〉三千六百八十人〈郷士〉二万二百九十人**（宝暦六年〈一七五六〉）

薩摩藩の家臣団には独特の制度があり、鹿児島城下に住む侍と、地方に分散して居住する外城《とじょう》郷士がいた。廃藩後の明治十二年（一八七九）一月十日の朝野《ちょうや》新聞は「旧城士族（鹿児島城下居住の侍）は草高《くさだか》（領地）を持たねば、傘、櫛、箸、魚串等の内職にて今日を送る様子なり。田舎士族（郷士）の草高持ちは之《これ》に反して大いに富めり、草高を持たぬ者ですら皆自分持ちの田地にて農業をなし、三年稼げば一年の貯えを余すと云《い》ふ」と、報じている。

薩摩藩主島津家は、鎌倉時代以来薩摩・大隅《おおすみ》（鹿児島県）・日向《ひゅうが》（宮崎県）に勢力をひろげ、以来八百年この地方に君臨した稀有《けう》の豪族だった。始祖の惟宗忠久《これむねただひさ》は、源頼朝の落胤《らくいん》といわれる。最初忠久が日向島津荘（宮崎県 都 城《みやこのじょう》市）に赴任《ふにん》し、地元の名にちなみ「島津」を名乗ったという。戦国時代の貴久《たかひさ》の時代、薩摩・大隅を平定し、その子義久《よしひさ》は、九州の有力大名竜造寺《りゅうぞうじ》・大友を破って、北九州に進出し、全九州を席捲《せっけん》する勢いだった。天正十五年（一五八七）、豊臣秀吉が九州平定の軍をおこし、島津の九州平定の夢は破れるが、秀吉と和睦し、薩摩・大隅・日向の領土をまもった。

慶長五年（一六〇〇）の関ヶ原役で島津氏は、御家興廃の危機に立たされる。義久の弟義弘《よしひろ》が出陣し、西軍に味方した。やがて小早川秀秋《ひであき》の裏切りにより、西軍は東軍徳川方の攻撃の前に総崩れとなった。義弘はこの敗戦のさなか、勇猛にも敵陣を突破し、領国薩摩への脱出を敢行する。六十六歳の義弘は、死を覚悟した退陣作戦を奇蹟的に成功させた。そして徳川家康の側近の謀臣井伊直政、本多正信らをうごかし、所領をけずられることなく、薩摩・大隅・日向にまたがる大封を維持したのだった。

冒頭に記したように、薩摩藩は独特の家中制度をしき、城下に住む藩士のほか、多くの領内諸郷に、外城《とじょう》と称し郷士を配置した。各郷の中心は数カ村からなり、郷の中心は麓《ふもと》と呼ばれ、ここに郷支配の役所があり郷士が住んだ。殆どは農業に従事し、半農半士の生活だった。城下の侍たちは、郷士を「一日兵児《ひしてべこ》」と呼んで軽蔑したという。一日は耕作し一日は武士になることをさした。郷士の大半は、禄高一石程度で、医者・大工・鍛冶《かじ》・紙漉《かみすき》・紺屋《こうや》（染物屋《そめもの》）・石工などに従事し、質屋・酒屋をいとなむ者もあった。城下士の軽輩も事情はおなじで、竹製品や櫛けずりの内職をおこなう者が多く、出稼ぎにゆく者もいた。

いま一つ、薩摩が他藩と異なるのは、琉球《りゅうきゅう》（沖縄県）を属国として支配したことだった。慶長十四年（一六〇九）、藩により琉球出兵がおこなわれ、勝利した島津氏は、琉球十二万三千石を事実上領有した。琉球王は表面、中国皇帝より王位をさずけられるが、実際は、薩摩藩が現地に琉球在番奉行を駐在させ、諸儀式・貿易を裏面から指揮監督した。琉球をへておこなわれる中国貿易と砂糖の生産が、藩にかなりの利益をもたらした。

薩摩領内では、樟脳《しょうのう》（防虫・医薬・火薬製造に使用）の製造がおこなわれ、藩専売により中国・オランダ向けに輸出された。年間一千両の純益をえたという。また金山採掘がさかんだった。永野・山ヶ野《やまの》・芹ヶ野《せりの》・鹿籠《かご》の金山が開発された。たばこ・甘藷《かんしょ》も特産物として栽培された。ちなみに、明治時代鹿児島旧城下に焼酎屋・酒屋が多く、「およそ薩摩程多く酒を飲む国はなし」（『薩摩見聞記』本富安四郎《ほんぷ》）と、評された。

宝暦三年（一七五三）七代藩主重年《しげとし》は、幕府より木曾・長良《ながら》・揖斐《いび》三川の合流する下流の治水工事を命ぜられた。難工事で病死者、切腹の者百名ちかくを出し、四十万両の巨額の金を費消した。惣奉行として工事を担当した家老平田靭負《ゆきえ》は、責任をおって自刃して果てた。

重年の後をつぎ藩主に就任した重豪《しげひで》は、隠居中をふくめ六十年、藩政の実権をにぎった。三女茂姫が十一代徳川将軍家斉《いえなり》に嫁《とつ》ぎ、いわば将軍の義父にあたり、型破りの大名だった。安永二年（一七七三）藩校造士《ぞうし》館・演武《えんぶ》館を創立し、翌三年医学院、八年明時《めいじ》館をつくった。近郊吉野村に薬園をもうけ、薬草を栽培させた。農業書『成形図説』百巻、『南山俗語考』（中国語辞書）ほか各種の図書を編纂《へんさん》刊行させた。みずからも、中国語やオランダ語を習得し、歴代オランダ商館長と親交をむすんだ。わが国に西洋医学をもたらしたドイツ人医官シーボルトと交際した。豪放な重豪は、これら事業に湯水のように金を散じたため、藩の財政は悪化の一途をたどり、重豪のつぎの九代藩主斉宣《なりのぶ》の文化四年（一八〇七）、負債はついに百二十六万八千余両の巨額に達した。斉宣は、徹底した藩政改革を決意した。前代からの重職を追放し、若い樺山《かばやま》主税《ちから》や、中国朱子《しゅし》学の名著『近思録《きんしろく》』をまなぶ一派の秩父《ちちぶ》太郎を抜擢して家老にし、近思録を信奉する一派を要職につけた。荒療治であった。冗費《じょうひ》節約のため、重豪のつくった施設や役目がつぎつぎ廃止された。改革を沈黙して見守っていた老侯重豪も、ついに激怒した。文化五年（一八〇八）、強権を発動、樺山、秩父の二家老を罷免《ひめん》切腹させ、他に十一名切腹、遠島二十五名、寺入り四十二名、逼塞《ひっそく》二十三名、そして免職・謹慎十二名をかぞえ、全部で百五十名におよぶ大量処分であった。世に近思録崩れといわれた。

　斉宣が隠居し、子の斉興《なりおき》が十代藩主となり、薩摩藩は新しい段階をむかえる。重豪が老侯として事実上、藩政を掌握した。文政末年（一八三〇）、負債は五百万両にのぼっていた。幕府への公用金はもちろん、家中の藩士への俸禄にもこと欠いた。

ここに、お茶坊主上りの側用人調所笑左衛門《ずしよしようざえもん》が登場する。天保元年（一八三〇）、重豪朱印の書付をもらい、一切を委託され、財政再建に乗り出した。先ず、五百万両の大負債の始末である。当時経済学者として著名な佐藤信淵《のぶひろ》の知恵を借り、「利子切り捨て、元金五百万両を年二万両返済の二百五十年賦《ねんぷ》」という思いきった償還計画をたて、業者にこれをのませた。そして調所は、大島・徳之島・喜界島《きかいがしま》特産の砂糖に目をつけ、藩専売にした。島民が勝手に売買することを禁じ、違反者は死刑という過酷な手段をとった。大坂で三倍から五倍の値段で売れ、十年間で百万両の利益をあげた。

さらに、偽金《にせがね》作りまではじめた。天保四、五年（一八三三〜三四）頃からはじめ、笑左衛門死後の最後の藩主忠義《ただよし》の時代までつづけられた。維新革命遂行のための、薩摩藩軍資金となったといわれる。調所笑左衛門は、嘉永元年（一八四八）密貿易の責任を負い江戸藩邸で自害した。

調所が自害する前から、藩を二分するお家騒動がおこっていた。斉興の嫡男斉彬《なりあきら》とその庶弟久《ひさ》光《みつ》による跡目《あとめ》争いである。

調所ら一派は、英明で洋学好きの斉彬が重豪とおなじく、湯水のごとく金をつかうのではないかと危ぶみ、地味な地元育ちの久光を擁立しようとした。調所の死後、急激に斉彬派、久光派の暗闘が高まった。久光派による斉彬の子女毒殺の噂《うわさ》が流れ、斉彬派を刺戟した。斉彬派はひそかに会合し、久光派の重職暗殺をくわだてた。これが藩当局に探知され、斉彬派の町奉行ら首謀者が切腹を命ぜられ、連累《れんるい》五十名が切腹・遠島・慎《つつしみ》処分となった。久光の生母お由羅《ゆら》（斉興の側室）の名にちなみ、世に「お由羅騒動」といわれた。斉彬派は潰滅にひんしたが、一党の四人が脱藩して筑前《ちくぜん》福岡藩主黒田長溥《ながひろ》（重豪の子、斉溥《なりひろ》）を頼った。こうして長溥の斡旋により、幕府老中首座阿部正弘《まさひろ》がうごき、斉興隠居、斉彬藩主就任が実現したのだった。

　幕末激動の嘉永四年（一八五一）、藩主に就任した斉彬はこの年鹿児島城内に製錬《せいれん》所をつくって理化学実験をこころみ、その実用化のため、「集成館機械工場」を、嘉永六年（一八五三）には大反射炉《はんしゃろ》（金属製錬の施設）をつくった。ガラス・陶磁器・刀剣・ガス灯・地雷・水雷製造に手がつけられた。最盛期には職工人夫千二百人が働いた。ガラスは、薩摩の紅ビードロといわれて評判となり、将軍や大名に贈られた。水晶《クリスタル》ガラス・鉛ガラス・板ガラス・耐酸性壜《びん》類が製造された。

　造船に着手し、安政元年（一八五四）西洋型帆船伊呂波《いろは》丸が建造された。また洋式軍艦昇平丸がつくられ、幕府に献上された。これより前の嘉永六年斉彬は、日の丸の旗を船印にもちいることを幕府に建議、幕府は、翌安政元年日章旗を日本船章として採用した。造船事業とともに、帆布自給のため木綿紡績事業をはじめた。のち斉彬の死後、イギリス留学の五代友厚《ごだいともあつ》（外国掛、のち大阪財界のパイオニア）らにより、イギリスから紡績機械が購入され、白木綿・縞《しま》類が製造され、わが国最初の洋式紡績に発展した。

　斉彬は中央政界に目をそそぎ、島津一族の娘敬子《すみ》（島津忠剛の長女）を自分の養女にし、いったん右大臣近衛忠煕《ただひろ》（のち関白）の養女にいれ、十三代将軍家定《いえさだ》に嫁《とつ》がせた。のちの天璋院篤《てんしょういんあつ》姫である。

また、十三代将軍の後嗣に、越前松平慶永《よしなが》や土佐山内豊信《やまうちとよしげ》、宇和島伊達宗城《むねなり》、肥前鍋島直正《ひぜんなべしまなおまさ》らとともに一橋慶喜《よしのぶ》を推《お》した。しかし安政五年（一八五八）四月井伊直弼《なおすけ》が大老に就任し、井伊の推《お》す紀州藩主徳川慶福《よしとみ》（家茂《いえもち》）が十四代将軍に決定する。そして一橋派弾圧の、安政の大獄がはじまる。斉彬は、武力クーデターをもって幕政改革の意をかため、五千の兵をひきい上洛しようとした。その矢先の七月、城下天保山《てんぽうざん》練兵場で兵士の訓練を閲兵《えっぺい》したあと急死した。ちなみに西郷吉之助（隆盛）は、斉彬により庭方役（側役）に引き立てられ、斉彬死後、その遺志をつぎ、維新の原動力となったのだった。

さて、斉彬の遺言により、弟久光の子忠義《ただよし》が後継藩主に就任した。事実上、久光が藩政の実権をにぎった。これより薩摩藩は、長州藩とともに維新革命の主役として幕末政界をリードする。

老侯久光に遠ざけられ遠島処分をうけた西郷吉之助が、元治元年（一八六四）放免され軍賦役《ぐんぷ》となって藩政の表舞台に復帰するや、久光の側役大久保一蔵（利通《としみち》）とともに、維新へ向け行動を開始しはじめた。慶応二年（一八六六）正月、坂本竜馬の斡旋により、薩摩長州秘密同盟が成立した。翌三年十月十四日、十五代将軍慶喜《よしのぶ》が大政奉還した。そして十二月九日、西郷の指揮する薩摩藩兵を中心に、土佐・安芸《あき》（広島）・尾張《おわり》・越前の五藩兵が御所禁門を警衛するなか、新政府が設立され、総裁・議定《ぎじょう》・参与《さんよ》の、政府首脳人事が発表された。薩摩藩から議定に藩主忠義《ただよし》、参与に西郷・大久保と岩下方平《いわしたまさひら》（江戸詰《づめ》側用人、のち貴族院議員、子爵）が任ぜられた。慶応四年戊辰戦争が始まり、薩摩藩諸隊は、新政府軍の主力として、関東・北陸・奥羽に転戦した。

ＪＲ鹿児島本線西鹿児島駅の北東に、鶴丸《つるまる》城址がある。いわゆる天守閣をもつ城郭でなく、屋形造りの居館だった。石垣と塀だけがのこっている。城址の南に、幕末の藩主斉彬をまつる照国《てるくに》神社がある。ＪＲ鹿児島駅の北方磯《いそ》街道に面し、集成館機械工場（重要文化財）がある。また隣接して島津家別邸仙巌《せんがん》園が建っている。

宮崎

飫肥《おび》藩五万一千石　伊東家（子爵）

①日南市　②城　③四万八千九百人（明治二年〈一八六九〉）　④千八百五十人（明治元年〈一八六八〉）

明治三十八年（一九〇五）日露戦争終結のとき、日露講和条約締結《ていけつ》の大任を果した小村寿太郎全権大使（外務大臣、侯爵）は、幕末の飫肥《おび》藩士小村寛平《かんぺい》の子にうまれた。寛平は藩の物産方をつとめ、明治になり飫肥会社をつくり社長となるが、会社は巨額の負債を背負い倒産した。

さて飫肥藩主伊東氏の祖先は、源頼朝の時代曾我兄弟から仇と狙われた工藤祐経《くどうすけつね》といわれる。祐経から六代目の伊東祐持《すけもち》が、足利尊氏より日向《ひゅうが》都於郡《とのごおり》（宮崎県西都《さいと》市）をあたえられ、以来この地方の豪族として系譜をつづけた。祐持の後裔義祐《よしすけ》は島津氏の領地飫肥を奪い日向の大半を勢力下におさめるが、元亀三年（一五七二）木崎原《きざきばる》（宮崎県えびの市）で島津氏に大敗し、つぎの祐兵《すけたけ》のとき島津氏に追われ豊後《ぶんご》（大分県）に逃れている。そして天正十五年（一五八七）、豊臣秀吉が九州平定の軍をおこすや、その先導をつとめ、戦後旧領飫肥に封ぜられたのだった。慶長五年関ヶ原役に、祐兵の嫡男祐慶《すけのり》は東軍に味方して旧領を安堵《あんど》された。

飫肥地方は、高温多雨のため林産物にめぐまれた。杉をはじめ檜《ひのき》・松・楠《くす》などの造林がおこなわれた。飫肥の林業を活性化させたのは、寛政八年（一七九六）植木方となった野中金右衛門といわれる。金右衛門は寛政八年三十歳で植木方となり、弘化三年（一八四六）八十歳で没するまで指導した植木は幾千万本にのぼり、大木場《おおきば》（一万株以上の森林）は百二十四カ所に達した。文化・文政年間（一八〇四〜三〇）、飫肥林業は最盛期をむかえ、藩の木場《こば》三千五百余カ所、民有林八千余カ所におよんだ。

三代祐久《すけひさ》の寛永十七年（一六四〇）、岩切村（宮崎市）に溝渠《こうきょ》（水路）をひらき干害になやむ八カ村二百二十余町歩の水田をうるおした。

五代祐実《すけざね》の寛文二年（一六六二）九月、日向《ひゅうが》一帯に大地震がおこった。七カ村の水田が陥没《かんぼつ》して海と化し罹災《りさい》家屋千四百五十余戸、罹災民二千三百余人を出した。祐実は飫肥城下の庶民の夏の祭典盆踊りに、侍もくわわることができるようにした。若侍たちは盆踊りの時期がちかづくと稽古にはげみ、当日七月十四日、組ごとに纏《まとい》や提灯を先頭に、黒染《ぞめ》の襦袢《じゅばん》、白木綿の帯という揃いの格好で、陣鉦《じんがね》・陣太鼓にあわせ練《ね》りあるいた。現在もその催しが地元に、「飫肥泰平《たいへい》踊り」としてのこっている。

年代がさがるにつれ藩財政が窮迫をつげた。六代祐永《すけなが》は享保三年（一七一八）節約令を発し、音信《いんしん》贈答を軽くし、婚礼以外の饗応を廃し、講《こう》や新規の祭礼を禁じた。盆踊り・婚礼・葬儀等を派手にせぬよう通達した。

飫肥は漁業もさかんだった。鰹《かつお》・鮪《まぐろ》・しび、鰤《ぶり》・にべがとれた。製紙を藩の専売にし、紙役所が原料の楮《こうぞ》の栽培を指導し、紙漉《かみすき》の工程を藩が管理した。地元の需要をみたすほか、大坂の藩蔵《くら》屋敷におくって売りさばいた。製紙だけでなく、木材・椎茸《しいたけ》・木炭・樟脳《しょうのう》・鰹節《かつおぶし》も藩専売にし、藩の財政の助けにした。

十一代祐民《すけたみ》は学問を好み、享和元年（一八〇一）城下に学問所をたてた。文政十年（一八二七）、城下の学者安井滄洲《そうしゅう》が門人らと学舎明教堂をつくった。滄洲の子安井息軒《そつけん》が、幕末の学者として名を高めた。息軒はのち、江戸に出て三計塾をいとなみ、門下から谷干城《たてき》（土佐藩士出身・農商務大臣）・品川弥二郎（長州藩士出身・内務大臣）・陸奥宗光《むつむねみつ》（紀州藩士出身・外務大臣）らそうそうたる人物を輩出させた。息軒はこののち昌平黌《しょうへいこう》の教授となった。

慶応四年（一八六八）一月、戊辰戦争がはじまった。飫肥藩は、薩摩藩により「王事（朝廷）につとめるよう」布告《ふこく》をうけ、京都二条城や御所の唐門を守備し、甲府城に出兵した。

ＪＲ日南《にちなん》線飫肥駅の西に飫肥城址がある。周囲二・五キロで飫肥杉の茂る城跡に、城門・大手前の広い石段や、苔むした壮大な石垣が往時を偲《しの》ばせる。城址の東側に藩校振徳《しんとく》堂の建物がのこっている。

佐土原《さどわら》藩二万七千石

島津家（伯爵）

①**宮崎郡佐土原町**　②**城**　③**二万六千人**（明治四年〈一八七一〉）④**六千九百人**（家族を含む。明治二年〈一八六九〉）

天正五年（一五七七）島津義久《よしひさ》が伊東義祐《よしすけ》を倒し日向の実権をにぎり、弟家久《いえひさ》を佐土原城主とした。慶長五年（一六〇〇）の関ヶ原役で家久の子豊久《とよひさ》が戦死し、佐土原は一時幕領となった。慶長八年島津一門の島津以久《もちひさ》が佐土原に封ぜられ、以後後裔が藩主をついだ。文政八年（一八二五）、藩校学習館・郷学所が創設された。

慶応四年（一八六八）戊辰戦争がはじまるや、五百名の将兵が新政府軍として出陣し、一割が戦死するという働きを示した。このため最後の藩主忠寛《ただひろ》に賞典禄三万石が下賜された。佐土原町は宮崎市の北にあり、佐土原城址と藩校学習館跡（佐土原小学校）がある。

高鍋《たかなべ》藩二万七千石

秋月家（子爵）

①**児湯《こゆ》郡高鍋町**　②**城**　③**四万三千三百人**（明治二年〈一八六九〉）④**九千五百人**（家族を含む。明治二年〈一八六九〉）

藩主秋月氏は筑前《ちくぜん》秋月（福岡県甘木《あまぎ》市）の発祥だが、天正十五年（一五八七）豊臣秀吉の九州平定のとき、秋月種長《たねなが》が日向財部《ひゅうがたからべ》（のち高鍋《たかなべ》）にうつされた。慶長五年（一六〇〇）の関ヶ原役では、当初西軍に属するが、のち東軍徳川に属し、本領三万石を安堵《あんど》された。四代種政《たねまさ》のとき弟種封《たねくに》に三千石を分与し、二万七千石となった。江戸後期名君とうたわれた米沢藩主上杉鷹山《ようざん》（治《はる》憲《のり》）は、六代藩主種美《たねみ》の次男である。七代藩主種茂《たねしげ》の安永七年（一七七八）藩校明倫堂が創設された。漢学中心だが、幕末国学・医学・洋学がくわえられた。JR日豊本線高鍋駅の西の高鍋農業高校の所に、高鍋城址がある。隣接して藩校明倫堂跡がある。

延岡藩七万石　内藤家（子爵）

①延岡市　②城　③十二万二千人（明治四年〈一八七一〉）　④千四百三十人（明治初年〈一八六八〉）

天正十五年（一五八七）、豊臣秀吉の九州平定後、高橋元種《もとたね》が豊前香春《ぶぜんかわら》（福岡県香春町）から県《あがた》（延岡）五万石に封ぜられた。慶長十八年（一六一三）元種は幕府により改易《かいえき》となり、翌十九年有馬直純《なおずみ》が肥前日野江《ひぜんひのえ》（長崎県南有馬町）から五万三千石で入封する。キリシタン大名として有名な晴信《はるのぶ》の子だった。

有馬時代の元禄三年（一六九〇）から翌四年にかけて、領地山蔭村《やまかげ》（宮崎県東郷町）で、大規模な農民の逃散《ちょうさん》（逃亡）事件がおこった。男女千四百余人が、いっせいに村をはなれ、高鍋藩領へうつったのである。家財をまとめて牛馬をひき、弓・鉄砲の武器をたずさえていた。延岡藩の、苛酷な年貢《ねんぐ》取り立てが原因だった。幕府評定所が乗り出し、逃散の農民に帰村を命じて騒動はおさまった。農民に、獄門・斬首・流罪になった者が多かったという。この責めをおい、藩主有馬清純《きよずみ》はいったん改易《かいえき》となり、あらためて越後《えちご》糸魚川《いといがわ》（新潟県糸魚川市）五万石をあたえられた。

この以後、三浦明敬《あきひろ》（二万三千石）、牧野成央《なりなか》・貞通《さだみち》（八万石）がはいり、延享四年（一七四七）、磐城平《いわきたいら》（福島県いわき市）より内藤政樹《まさき》が七万石で入封し、内藤氏が幕末まで在封した。

内藤氏時代も、財政難によるきびしい年貢《ねんぐ》の取り立てがつづき、農民は一揆や逃散《ちょうさん》の手段にうったえて、抵抗した。

内藤氏初代藩主政樹は、好学心に富んでいたという。算学・儒学をはじめ、兵学・砲術・弓術・馬術・槍術の師範を召し抱え、家臣にまなばせた。二代政陽《まさあき》のとき、領内の銅山事業に手を出すが、採掘量が少なく、銅山をもとの所有者に返却した。明和五年（一七六八）、藩校学問所・武芸所をもうけた。

最後の八代藩主政挙《まさたか》の時代になると、藩の負債は累積《るいせき》して七十八万六千両にのぼった。藩総収入の二十倍で、利子返済は、年間収入の五六パーセントであった。大坂商人の津田・鴻池《こうのいけ》・加島屋などを上士或いは中士待遇の藩士にして、財政沈下をささえた。特産物の専売制をおこなった。紙方会所・皮方会所・薬店会所があり、砂糖の国産化をくわだて、薬の一手販売や海産物にも手を出した。

幕末の激化する政情のもとでは、一貫して佐幕の態度をとった。鳥羽伏見の戦いがおこるや、幕府軍として京都郊外をまもった。幕府軍敗北後、新政府より謹慎を命ぜられた藩主政挙は、新政府に哀訴しゅるされた。

　JR日豊《にっぽう》本線延岡駅の南西、五ヶ瀬・大瀬両川にはさまれた海抜五三メートルの高所に延岡城址がある。頂上の天守閣跡にいまも鐘つき堂があり、時を告げている。この地で旧制中学時代を過した歌人若山牧水は、「なつかしき城山の鐘鳴りいでぬをさなかりし日聞きしごとくに」とよみ、その歌碑が三ノ丸に建っている。また詩人野口雨情は、「鐘が鳴る鳴る城山の鐘が桜吹雪は町に散る」とうたった。

大分

佐伯藩二万石　毛利家（子爵）

①佐伯市　②城　③五万二千四百人（文化七年〈一八一〇〉）④八百三十人（文化七年〈一八一〇〉）

　関ヶ原役後の慶長六年（一六〇一）、毛利高政《たかまさ》が豊後《ぶんご》隈《くま》（大分県日田《ひた》市）より佐伯二万石に入封し、毛利氏は幕末まで在封した。毛利家は近江《おうみ》源氏佐々木氏の後裔で、近江鯰江《なまずえ》荘森村（滋賀県愛東町）に住し森を姓とした。高政のとき羽柴秀吉につかえ三千石に取り立てられる。天正十年（一五八二）秀吉にしたがい、備中《びっちゅう》高松城攻めに従軍した。秀吉は、本能寺ノ変により主君織田信長倒るの報に接するや、毛利輝元と和睦。そのとき高政は、毛利への人質として送られるが、毛利の当主輝元は高政の人柄を愛し、「毛利」の姓を贈ったという。

六代藩主高慶《たかやす》は名君といわれた。最初高定と名乗り、元服後とくに幕府に乞うて、五代将軍綱《つな》吉《よし》の奥小姓になり、幕府の儀式典礼《てんれい》をまなんだ。藩主に就任するや、政事十五カ条を布告した。公正な裁判をすすめ、苛税をいましめ、博奕《ばくち》を禁ずる等の内容だった。

領内では木炭の生産がさかんで、炭山奉行がおかれた。佐伯木炭の声価が高く、年産二万四千俵に達した。領内の百姓に、紙の原料となる梶《かじ》・三椏《みつまた》を栽培させ、紙を漉《す》かせた。城下の紙座であつかい、佐伯判紙の名が上方《かみがた》で高まった。九十九浦の海岸の地の利をえて、豊富な海産物がとれ、海からの運上銀《うんじょうぎん》（税金）は、米に換算し九千五百余石におよんだという。

佐伯の教学は、六代藩主高慶《たかやす》によりはじめられたという。城中で「大学」を講義させた。八代高標《たかすえ》は安永六年（一七七七）、城中に藩校四教堂《しこうどう》を開いた。このそばにまた、直心影《じきしんかげ》流の道場が開かれた。「佐伯文庫」は世に名高く、蔵書八万冊をかぞえた。大部分は中国からの輸入原書で、清《しん》国船が長崎に入港するたびに、書物掛が派遣され、毎回数十冊、数百冊が講入された。二万石の屋台は、このため傾いたともいわれる。のちに、二万七百余冊が幕府に献上された。

幕末、佐伯藩は英式調練をおこない、海岸に砲台をきずいて防備をかためた。藩は佐幕派で、たった一人の勤王志士青木猛比古は、慶応三年（一八六七）、京都三条大橋で暗殺された。

JR日豊《にっぽう》本線佐伯駅の南西に、佐伯城址がある。中江川の西岸標高一四〇メートルの城山で、黒門と呼ばれる三ノ丸櫓《やぐら》門がのこっている。大手門から城山のふもとにそった道が、日本の道百選にえらばれた。明治の文豪国木田《くにきだ》独歩《どっぽ》はこの地で私立学校の教師をしており、城山の風物を愛し、作品に取りあげた。

臼杵《うすき》藩五万石　稲葉家（子爵）

①臼杵市　②城　③七万八千人（明治四年〈一八七一〉）　④千四百六十人（天保十一年〈一八四〇〉）

国の特別史跡「臼杵《うすき》石仏」で有名なこの地は、戦国時代、九州六カ国に覇《は》を唱《とな》え、キリシタン大名として有名な大友宗麟《そうりん》（義鎮《よししげ》）の本拠地だった。永禄五年（一五六二）臼杵城をきずき、ポルトガルから大砲を輸入して城中にそなえた。大砲は、〝国崩《くにくず》し〟といわれた。キリスト教の宣教師がおとずれ、ノビシヤド（修練所）がもうけられた。宗麟の子吉統《よしむね》のとき府内《ふない》（大分市）にうつり、慶長五年（一六〇〇）の関ヶ原役で西軍に加担して没落した。おなじ年、美濃《みの》郡上八幡《ぐじょうはちまん》（岐阜県八幡町）より稲葉《いなば》貞通《さだみち》が五万石で入った。稲葉氏は美濃の豪族で、貞通の父良通《よしみち》は一鉄と号し、その豪勇をうたわれ、斎藤道三《どうさん》、織田信長、羽柴秀吉につかえた。諸藩同様、幕末にいたるにつれ藩財政は窮乏化し、十三代藩主幾通《いくみち》の天保元年（一八三〇）、借財は二十六万両にのぼった。家老村瀬庄兵衛が御勝手方総元締《もとじめ》として改革に着手した。緊縮財政をしき、債権者には、「御手段」と称し、棄捐《きえん》（借金棒引き）或いは支払猶予を交渉した。土地の実態調査をし、年貢《ねんぐ》の確実な徴収を期した。弘化元年（一八四四）猟師を中心とする鉄砲組の農兵隊が編成された。

JR日豊《にっぽう》本線臼杵駅の北西、臼杵湾岸丹生《にう》島に臼杵城址がある。櫓《やぐら》や石塁がのこり、桜の名所として知られている。

府内藩二万一千石　大給家（子爵）

①大分市　②城　③四万百人（正徳二年〈一七一二〉）　④二百七十人（元文五年〈一七四〇〉）

九州六カ国の太守大友宗麟《そうりん》が臼杵《うすき》へうつってから、豊臣秀吉の家臣早川長敏《ながとし》、福原直高《なおたか》が入封するが、関ヶ原役の翌慶長六年（一六〇一）、豊後《ぶんご》高田（大分県豊後高田市）より竹中重利《しげとし》が二万石で入封した。子の重義《しげよし》の寛永十一年（一六三四）、長崎奉行在任中の重義の不正が露顕《ろけん》し改易《かいえき》となった。ついで下野壬生《しもつけみぶ》（栃木県壬生町）より日根野吉明《ひねのよしあきら》が二万石で入るが、明暦二年（一六五六）子がなく絶家となった。万治元年（一六五八）、松平忠昭《ただあき》が豊後高松（大分市）より二万二千石で入封し、幕末まで在封する。二代近陣《ちかのぶ》のとき二万一千石となった。松平氏は、徳川と同族で三河大給《みかわおぎゅう》（愛知県西尾市）を発祥地とするため、大給松平と称した。明治元年（一八六八）姓を「大給《おぎゅう》」にあらためている。

藩財政逼迫《ひっぱく》のため六代藩主近儔《ちかとも》は寛政元年（一七八九）、倹約令を発し、国産品として、櫨《はぜ》（蠟燭の原料）、楮《こうぞ》（紙の原料）の生産をさかんにし、七島藺《しちとうい》と呼ばれる畳表《たたみおもて》を専売品にして統制保護した。八代近訓《ちかくに》の天保元年（一八三〇）から藩政改革がはじまった。近訓が若年のため、父親で隠居中の先々代近儔《ちかとも》がこれに当った。町家に、「お頼《たの》み銀」と称する献金が割り当てられた。十代近説《ちかよし》の天保十二年（一八四一）さらに改革を推進するため、天領（幕府領）日田《ひた》（大分県日田市）の富商広瀬久兵衛に改革を委託した。

幕末激動の時局にさいし、藩は大筒を鋳造し、堺の鉄砲師の許に職人をやり、製作技術を習わせ、藩内で鋳造がおこなわれた。元治元年（一八六四）には、農兵隊を募集している。慶応四年（一八六八）正月、鳥羽伏見の決戦が勃発した。府内藩主家の草創は、徳川の同族である。佐幕か勤王か、ぎりぎりの選択に迫られる。二月十五日、薩摩藩主島津忠義《ただよし》の使者がきて、新政府へくわわるよう勧告した。二日後、かねて勤王の旗幟を鮮明にした豊後《ぶんご》岡《おか》（大分県竹田市）藩主中川久昭《ひさあき》を介し、新政府に忠誠を誓った。

ＪＲ日豊《にっぽう》本線大分駅の北に府内城址がある。昭和四十一年（一九六六）復元された白壁の隅櫓《すみやぐら》があり、堀や石垣に昔の面影がのこっている。付近に、藩主の祖先をまつる松栄《しょうえい》神社がある。

岡藩七万石　中川家（伯爵）

①竹田市　②城　③七万七千五百人（明治三年〈一八七〇〉）　**④六千三百九十人**（家族を含む。明治二年〈一八六九〉）

文禄三年（一五九四）、中川秀成《ひでなり》が播磨《はりま》三木《みき》（兵庫県三木市）より七万石で入封し、以来中川氏は幕末まで在封した。中川氏は、戦国時代織田信長につかえた清秀《きよひで》により歴史に登場した。天正元年（一五七三）、織田信長の庇護《ひご》をうけていた十五代足利将軍義昭《よしあき》が信長にそむいたとき、清秀は敵陣に潜入して敵将和田惟政《これまさ》の首をとった。明智光秀の謀叛により信長が倒れ、羽柴秀吉が光秀討伐の弔《とむらい》合戦をおこすが、京郊外山崎の合戦で清秀は先陣の功をたてた。秀吉が柴田勝家と争った賤《しず》ヶ岳《たけ》の戦いで清秀は奮戦し、討死した。子の秀政も、秀吉の朝鮮役出征中戦死した。岡藩初代秀成は、秀政の弟である。

三代藩主久清《ひさきよ》が、中興の英主といわれた。岡山から陽明学者熊沢蕃山《くまざわばんざん》をまねき、その教えをうけた。久清はまた、堺《さかい》から鉄砲職人を呼んで銃を生産し、城下から遠くはなれた大船《たいせん》山の奥地で、隠密裡《り》に軍事調練をおこなった。八代藩主久貞《ひささだ》は、無名の浪人中川三郎左衛門を起用して、困窮化した藩の財政改革をし、由学館（文）・経武館（武）・博済館（医）等の藩校を設立した。十代久貴《ひさたか》の時代の文化元年（一八〇四）、幕命により、豊後《ぶんご》一国の地誌『豊後国志』が編纂《へんさん》され、幕府に献上された。文化八年秋、近隣諸藩領に波及する大一揆がおこっている。幕末の藩主十二代久昭《ひさあき》は、勤王派の越前福井藩主松平慶永《よしなが》（春嶽《しゅんがく》）らと交流し、維新政府成立に尽力した。

JR豊肥《ほうひ》本線豊後竹田駅の東方に岡城址がある。本丸跡・西ノ丸跡がのこり、月見櫓《やぐら》跡の石垣が断崖上にそそり立っている。父の任地の大分に住んだ作曲家滝廉太郎《たきれんたろう》は、岡城址への郷愁をメロディにのせ、「荒城の月」をつくったといわれる。本丸跡に廉太郎の像が建ち、土井晩翠《どいばんすい》の「荒城の月」の詩碑も建てられている。

森藩一万二千石　久留島家（子爵）

①玖珠《くす》郡玖珠町　②陣屋　③一万四千人（明治四年〈一八七一〉）④百四十人（慶応元年〈一八六五〉）

慶長六年（一六〇一）来島長親《くるしまながちか》が伊予来島《いよくるしま》（愛媛県今治市《いまばり》）より一万四千石で入封し、幕末まで在封した。来島氏は伊予来島を根拠に水軍として働き、〝来島海賊〟の威名を高めた。元和二年（一六一六）来島の姓を久留島《くるしま》にあらためた。三代通清《みちきよ》のとき弟二人にあわせて千五百石を分知した。藩の特産物に明礬《みょうばん》（製茶・製紙用）生産がある。藩の大きな財源になったという。六代藩主通祐《みちすけ》は文武を奨励し、これがのち藩校修身舎の開設につながった。最後の藩主通靖《みちやす》は、勤王の雄藩薩摩と接触し、豊後ではじめて藩論を統一して勤王討幕を宣告した。慶応四年（一八六八）正月、天領（幕府領）日田《ひた》の郡代が日田を放棄するや、郡代役所を占拠し、薩摩軍の進駐をむかえた。

ＪＲ久大《きゅうだい》本線豊後森駅からバスで十分の地に玖珠《くす》町森がある。町の北側角埋《つのむれ》山のふもとに久留島氏陣屋跡がある。界隈《かいわい》は三島公園といわれ、旧藩主家の血筋を引く童話作家久留島武彦《たけひこ》の童話碑が建っている。また地元では、八代藩主通嘉《みちひろ》が江戸から連れてきた側室により伝えられたという、山路踊りが、いまも夏の盆踊りとして演ぜられている。折編笠《おりあみがさ》をかぶり、武士や御殿女中に扮《ふん》して踊る。

日出《ひじ》藩二万五千石　木下家（子爵）

①速見郡日出町　②城　③二万九百人（明治二年〈一八六九〉）　④千九百九十人（家族を含む。明治二年〈一八六九〉）

慶長六年（一六〇一）、播磨《はりま》姫路より木下延俊《のぶとし》が三万石で入封した。延俊の父家定《いえさだ》は、豊臣秀吉夫人ねねの兄で、妹の縁により従来の杉原の姓を木下にあらため、のち豊臣の姓をさずけられ、従《じゅ》三位中納言にまでのぼった。備中足守《びっちゅうあしもり》藩主となった利房《としふさ》は、延俊の兄である。延俊の寛永九年（一六三二）、領内で鶴成金山が開発され、御直山《おじきやま》として藩に収益をもたらした。二代俊治《としはる》が襲封のとき、弟延次《のぶつぐ》に五千石が分知され、二万五千石となった。万治三年（一六六〇）薩摩から藺草《いぐさ》（花むしろ・畳表《たたみおもて》の原料）が移入され、「七島藺《しちとうい》」として声価を高めた。

六代長保《ながやす》の享保年間（一七一六〜三六）より財政がゆきづまり、幕府より三千両を借用した。十代俊胤《としたね》・十一代俊懋《としまさ》の時代文教の制度がととのえられ、文化年中（一八〇四〜一八）に藩校稽古堂が設立された。俊懋はまた、水利事業をおこし、製紙業に手をつけた。十三代藩主俊敦《としあつ》の天保三年（一八三二）藩の儒官帆足万里《ほあしばんり》を家老に起用し、藩政改革をおこなった。万里は、オランダ語を習得し、ヨーロッパの自然科学をまなんで名著『窮理通《きゅうりつう》』をあらわした。万里没後の安政五年（一八五八）藩校致道館が開設された。幕末期、藩論は尊王・佐幕に二分するが、いずれにも決せず維新をむかえている。

ＪＲ日豊《にっぽう》本線日出《ひじ》駅の西方に日出城址がある。本丸の崖下の海でカレイがとれ、城下《しろした》カレイと呼ばれ珍重されている。また藩主家の菩提《ぼだい》寺松屋《しょうおく》寺のそばに、帆足万里の墓のある竜泉《りゅうせん》寺がある。作曲家滝廉太郎の先祖も藩士で、この寺に墓がある。

杵築《きづき》藩三万二千石　松平家（子爵）

①杵築市　②城　③五万一千人（明治四年〈一八七一〉）④三百七十人（嘉永五年〈一八五二〉）

当初杵築は「木付《きつき》」（正徳年間〈一七一一〜一六〉杵築に改称）といわれ、戦国時代の木付は、杉原長房《ながふさ》、早川長政《ながまさ》が入封し、ついで細川忠興《ただおき》の領地となった。寛永九年（一六三二）小笠原忠知《ただとも》が四万石で入封し、立藩した。正保二年（一六四五）忠知は三河《みかわ》吉田（愛知県豊橋市）へ転封し、かわって松平英親《ひでちか》が豊後《ぶんご》高田（大分県豊後高田市）より三万二千石で入封し、松平氏は幕末まで在封した。松平氏は能見《のみ》松平と称し、徳川の同族で三河額田《ぬかた》郡能見（岡崎市）を発祥としている。

初代英親の治政は、約五十年におよんだ。新田開発に積極的で、浪人須崎五郎右衛門が中心になった工事は千七百両余を要する大工事になり、藩主英親みずから工事の指図をしたという。入植者の募集に困り、三河《みかわ》（愛知県）から農夫百余人を移住させたため、「三河新田」といわれた。この時代に、畳表《たたみおもて》の原料七島藺《しちとうい》（豊後表《ぶんごおもて》）が開発奨励され、肥後《ひご》から良質の松苗をとり寄せ領内各地に植林された。英親治政の寛文四年（一六六四）、領内今在家《いまざいけ》村（国東《くにさき》町）で奇妙な事件がおこった。「秘事法門《ひじほうもん》」という一向《いっこう》宗（真宗）の一派の、怪しげな秘密の儀式で、領内にうまれ高名な学者となった三浦梅園《みうらばいえん》は、その著『帰山録』にその密儀を、「子母姑姉妹に論なし奸《かん》（姦）を行ふ」と、書いた。この事件を契機に藩は、一向宗をきびしく弾圧した。

四代藩主親純《ちかずみ》のとき郡《こおり》奉行となり、五代親盈《ちかみつ》の侍講《じこう》（教師）となった綾部絅斎《あやべけいさい》は、家庭教育の指標書『家庭指南』を著述している。また弟子に、前記三浦梅園がいる。梅園は、宇宙の構造を説明する条理《じょうり》学を提唱《ていしょう》し、天球儀で天体観測をおこなった。日本近代科学史の先覚者であった。七代親賢《ちかかた》の天明年間（一七八一～八九）、藩校学習館が設立された。

幕末、杵築藩は勤王・佐幕にわかれるが、慶応三年（一八六七）末勤王に藩論を統一し、九代藩主親良《ちかよし》の子親貴《ちかとう》が上洛して新政府に忠誠を誓った。

杵築市は、国東《くにさき》半島の東側にあり、JR日豊《にっぽう》本線杵築駅の東方、守江《もりえ》湾にのぞむ三〇メートルの高台に、杵築城址がある。本丸跡に昭和四十五年（一九七〇）復元された天守閣がそびえる。

中津藩十万石　奥平家（伯爵）

①**中津市**　②**城**　③**九万八千五百人**（明治二年〈一八六九〉）　④**七千百三十人**（家族を含む。明治二年〈一八六九〉）

慶応義塾の創立者の福沢諭吉《ゆきち》は、『福翁自伝』の冒頭《ぼうとう》に、「父は豊前《ぶぜん》中津奥平藩の士族福沢百助《ひゃくすけ》、母は同藩士橋本浜右衛門《はまえもん》の長女、名を於順《おじゅん》と申し、父の身分はヤット藩主に定式《じょうしき》の謁見が出来るというのですから、足軽よりは数等宜《よろ》しいけれども、士族中の下級――」と、書いている。

さて中津藩の草創は、天正十五年（一五八七）、豊臣秀吉の謀将黒田孝高《よしたか》（如水《じょすい》）が十二万三千石で入封したときよりはじまる。慶長五年（一六〇〇）黒田氏にかわり、細川忠興《ただおき》が領有し、ついで二年後に豊前小倉に移るといったん廃藩となった。その後寛永九年（一六三二）に播磨龍野《はりまたつの》（兵庫県龍野市）より小笠原長次《ながつぐ》が八万石で中津藩主となった。小笠原氏は、二代長勝《ながかつ》の晩年より私行が乱れ三代長胤《ながたね》も遊蕩三昧《ゆうとうざんまい》にふけって藩政は乱脈をきわめた。不行跡《ぎょうせき》のため四代長円《ながのぶ》は四万石に削減された。長円もまた吉原の花魁《おいらん》をかこい贅沢な暮らしをした。三十八歳で亡《な》くなり、三歳の子造酒介《みきのすけ》（長邕《ながさと》）が五代をつぐが、わずか六歳で死去した。弟嘉三郎（長興《ながおき》）に跡目がゆるされ、播磨安志《はりまあんし》（兵庫県安富《やすとみ》町）一万石へ転封となったのだった。

享保二年（一七一七）奥平昌成《おくだいらまさしげ》（昌春《まさはる》）が、丹後宮津《たんごみやづ》（京都府宮津市）より十万石で入封し、奥平氏が幕末まで在封した。小笠原時代の乱れきった暗い政治がつづいただけに、領民はほっと一息ついた気分だったという。

奥平氏は、武蔵《むさし》武士の名門児玉党から出ている。上野《こうずけ》から三河《みかわ》へうつり、戦国時代の信昌《のぶまさ》のとき、その偉名をとどろかせる。奥平氏は、駿河《するが》の今川家や甲斐《かい》の武田信玄に属したりしたが、天正元年（一五七三）信昌は徳川につかえ、徳川家康と武田勝頼（信玄の子）が戦った天正三年、信昌は長篠《ながしの》城（愛知県鳳来《ほうらい》町）を死守し、徳川勝利に大きく貢献した。落城寸前、信昌の家臣鳥《とり》居《い》強《すね》右《え》衛門《もん》が、「織田の援軍来る!」と叫び、奥平勢を力づけた。家康は信昌の戦功を賞し、長女亀姫を信昌に嫁《とつ》がせている。信昌より六代目が昌春（昌成）だった。昌春は、小笠原時代極度に疲弊《ひへい》した領内を再建するため、まず倹約の令を発した。飲食を節約し、絹布の着用を禁じた。消防組をおこし、酒造・質屋・綿業・製蠟などの商売を保護育成した。しかし享保十七年（一七三二）旱魃《かんばつ》や虫害のため大凶作となり、百姓は蟹《かに》や木の葉を食べつくし、雀や鼠すらとらえて飢えをしのぐ有様だった。藩は、窮民救助のため男子一人一日米二合、女子一合を給した。それでも餓死者が絶えず、お椀を手にしたまま野垂死《のたれじに》する者が多かったという。

二代昌敦《まさあつ》の寛延三年（一七五〇）、領内耶馬渓《やばけい》に青《あお》の洞門《どうもん》が竣工《しゅんこう》した。菊池寛の『恩讐《おんしゅう》の彼方《かなた》に』で有名である。越後《えちご》高田の人禅海《ぜんかい》は、絶壁《ぜつぺき》をなす耶馬渓の危険な山道に着目し、ほら穴の通路を造るため、最初独力でノミをふるい岩石をくり抜こうとしたという。やがて評判となり、中津藩主がその善行を賞し、奉加《ほうが》帳をまわして寄付金をあつめ、ついに大洞門（ほら穴の通路）が完成したのだった。禅海は、権大僧都《ごんだいそうず》の僧位をうけた。

三代藩主昌鹿《まさか》のとき、江戸時代の蘭方医学者として高名な前野良沢《まえのりょうたく》が出ている。中津藩江戸屋敷にうまれ、蘭学者青木《あおき》昆陽《こんよう》にまなび、明和八年（一七七一）杉田玄白《げんぱく》らとともに、江戸の千住《せんじゅ》小塚原《こつかつぱら》刑場で刑死者の遺体解剖に立ち会った。そしてドイツ人の著『解体図譜』の翻訳をこころざし、四年の歳月をついやし、幕末の西洋医学の金字塔ともいえる『解体新書《かいたいしんしょ》』を世に出したのだった。医学のほか、地理・風俗に関する著書も多く書いた。

五代藩主となった昌高《まさたか》は、島津重豪《しげひで》の二子で四代昌男《まさお》の養子となった。この時代の寛政八年（一七九六）藩校進脩《しんしゅう》館がもうけられた。昌高は蘭学研究をし、天文・地理などについて記述した『蘭語訳撰』を、自身編纂《へんさん》者となり出版した。

六代昌暢《まさのぶ》のとき、国学者の渡辺重名《しげな》が出た。進脩館教授となり、九州国学の三大家の一人といわれた。柴野栗山《りつざん》・頼春水《らいしゅんすい》（山陽の父）・三浦梅園《ばいえん》・田能村竹田《たのむらちくでん》（画家）・円山応挙《まるやまおうきょ》（画家）らと交流した。勝海舟の師匠となった江戸の剣客島田虎之助も、中津城下のうまれであった。

最後の藩主九代昌邁《まさゆき》の慶応四年（一八六八）戊辰戦争がはじまるが、中津藩は新政府軍の傘下《さんか》にはいり、この年三月会津攻撃に藩士百四十五名が参加した。

ＪＲ日豊本線中津駅の北西、山国川《やまくに》沿いに中津城址がある。本丸の石垣や薬《や》研堀《げんぼり》がのこり、昭和三十九年（一九六四）旧藩主家の子孫により五層の天守閣が復元された。

沖縄

琉球藩十万石格　尚家（侯爵）

①那覇《なは》市　②城　③二万四千九百人（明治十三年〈一八八〇〉）　④千七百三十人

日本の最南端にくらいする琉球《りゅうきゅう》は、江戸大名のなかでもきわめて特殊な立ち場にあった。明治四年（一八七一）、廃藩置《はいはんち》県《けん》により全国の大名が藩主の地位をはなれるが、琉球のみ、翌明治五年、従来の薩摩藩に従属した関係を脱し、琉球藩として独立したのである。それまで実質は薩摩藩に属したが、表面中国皇帝に臣従した。最後の国王尚泰《しょうたい》は、慶応二年（一八六六）清《しん》国皇帝より、琉球国王に封ぜられている。日本政府はこの曖昧な関係をはっきりさせ、琉球を日本国の一部とするため、琉球王子を東京に呼び、「琉球藩王」の辞令をわたしたのだった。このとき、三万円の新貨幣と、飯田町（千代田区飯田橋）の邸宅が下賜された。

最初に琉球全島を統一したのは、佐敷《さしき》（沖縄県佐敷町）の領主尚巴志《しょうはし》といわれる。一四二九年（永享元年）全島を統一し、七代つづいた。一四七〇年（文明二年）、時の貿易官尚円《しょうえん》がかわって王となり、つぎの尚真《しょうしん》のとき、さらに大島・宮古《みやこ》島・八重山《やえやま》諸島をくわえた。

そして七代尚寧《しょうねい》王の一六〇九年（慶長十四年）、薩摩藩主島津家久《いえひさ》の発した琉球征討軍三千余人により武力占領されたのだった。

琉球はこうして薩摩藩の属国となったのだが、薩摩藩は全島の総石高を八万九千余石とし、うち五万石を王家の収入とした。そして残りを、諸士に配分するよう命じた。このとき、奄美《あまみ》大島はじめ喜界《きかいが》島・徳之島・沖永良部《おきのえらぶ》島・与論《よろん》島が、薩摩藩の直轄《ちょっかつ》にされた。また薩摩へは、年貢《ねんぐ》米として約九千石、そのほか芭蕉布《ばしょうふ》三千反・琉球上布《じょうふ》六千反・下布一万反・唐苧《とうう》（麻）千三百斤・綿子《めんす》三貫目・棕梠縄《しゅろなわ》百斤・黒綱《くろつな》百斤・筵《むしろ》三千八百枚・牛皮二百枚が毎年おさめられた。

しかし薩摩の真の目的は、中国貿易にあったという。これまで琉球より中国へ進貢《しんこう》のかたちで貿易がおこなわれていたが、これは「唐一倍《トウイチペイ》」といわれ、十割の利益をうみ出した。また琉球を拠点とする密貿易の利益も大きかった。七代尚寧《しょうねい》王の慶長十年（一六〇五）、中国から甘藷《かんしょ》が持ちこまれ、その栽培が急速に広まった。甘藷は、凶作による被害をなくした。宝永二年（一七〇五）には、薩摩の漁夫が琉球から甘藷を持ち帰り、これが日本全土に広がる機縁となった。砂糖も有利な特産物だった。首里《しゅり》王府は、領内生産の砂糖を全部買いあげ専売制をしいた。寛文二年（一六六二）砂糖奉行がもうけられた。

十代尚質《しょうしつ》王（二年後十一代尚貞《しょうてい》王就任）の寛文六年（一六六六）、向象賢《こうしょうけん》が摂政《せっしょう》に就任し、琉球王政が改革された。革新の第一歩は、虚礼廃止であった。象賢自身、任官直後範を示した。

薩摩藩の属国となり、百年の歳月が流れた。正徳三年（一七一三）、十三代尚敬《しょうけい》王が即位した。ここに、新たな改革者として、尚敬王の後見役蔡温《さいおん》が登場する。正式の職名は三司官、首相的な役どころであった。もっとも蔡温が力をそそいだのは、植林という。山林造成に、七、八十年の年月を要する当時、琉球の山林は荒廃していた。蔡温は、植林と監督の規定をさだめ、植林育成を徹底指導した。これらのこまかい規定は、十九世紀末まで実施されたという。都市の商工業をさかんにするため、都市の住民はすべて免税にした。享保十六年（一七三一）蔡温は、「御教条」三十二条をさだめた。琉球人民の心得について、こまかく述べたものだった。主君と奉公人（役人）の職分、農商工者の心得、元服と婚礼、夫婦の道、教育、勤倹貯蓄、酒色の戒、葬祭の心得、家運挽回の心得等々が述べられた。

さて幕末――。賢侯としてきこえた薩摩藩主島津斉彬《なりあきら》は安政二年（一八五五）、「琉球救助」の名目で、琉球にかぎり通用させる貨幣の鋳造を幕府に願い出た。「中山開宝《ちゆうざんかいほう》」「琉球大宝」の二種類の鉄銭で、十カ年間で鋳造するという内容だった。翌三年、この計画は幕府により却下されるが、斉彬死後の文久二年（一八六二）、後継藩主忠義《ただよし》により、ふたたび「琉球通宝《つうほう》」の鋳造が幕府に願い出された。当初幕府は、その形・重さが当時出まわっていた「天保通宝」と同一だったため難色を示した。しかし、幕府勘定奉行小栗上野介《おぐりこうずけのすけ》を動かし、向こう三カ年間、一年百万両という条件で許可された。薩摩藩は、城下の磯《いそ》海岸に鋳造所をつくり、藩直営事業としてとりかかっている。最初は、「琉球通宝」約十万両をつくるが、のちには主として、おなじ形、重さの「天保通宝」を密造した。三カ年に鋳造された二百九十余万両中、二百六十七万両は、密造の「天保通宝」だった。ちなみに、密造通貨がのち、薩摩藩の討幕資金として流用された。

那覇市の東方の丘陵上に、琉球王の居城であった首里城址がある。守礼門《しゆれいもん》・歓会門《かんかいもん》・瑞泉門《ずいせんもん》・白銀門《はくぎんもん》が戦前国宝に指定されていたが、第二次世界大戦により焼失した。昭和三十三年（一九五八）守礼門が復元され、平成四年（一九九二）正殿が復元された。また守礼門の西側に、琉球王歴代の墓のある「玉陵《たまうどうん》」がある。

中嶋繁雄（なかじま　しげお）

昭和4年福井市生まれ。福井保護観察所（法務省）につとめたあと、福井新聞記者、『歴史読本』編集長をへて歴史ノンフィクション執筆。著書に『物語　大江戸牢屋敷』、『閨閥の日本史』（以上文春新書）、『明治犯科帳』（平凡社新書）、『日本の名門200』、『諸藩騒動記』（以上立風書房）、『日本の名僧100人』（河出文庫）、『日本の大名家はいま』（学研）、『秘話・幕末明治の101人』（新人物往来社）など。

文春新書

352

大名《だいみょう》の日本地図《にほんちず》

2003年（平成15年）11月20日　第1刷発行
2012年（平成24年）6月20日　第14刷発行

著　者　中　嶋　繁　雄
発行者　飯　窪　成　幸
発行所　株式会社　文　藝　春　秋

〒102-8008　東京都千代田区紀尾井町3-23
電話（03）3265-1211（代表）

印刷所　理　想　社
付物印刷　大　日　本　印　刷
製本所　大　口　製　本

定価はカバーに表示してあります。
万一、落丁・乱丁の場合は小社製作部宛お送り下さい。
送料小社負担でお取替え致します。

ISBN4-16-660352-3